编委会成员

人文新视野·第七辑
New Perspectives in Humanities Vol. 7

Idea and Poetics

思想与诗学

合 办
中国社会科学院比较文学研究中心
Center of Comparative Literature
Chinese Academy of Social Sciences
西安外国语大学欧美文学研究中心
Foreign Literature Research Center
Xi'an International Studies University

主 编
史忠义 户思社 叶舒宪 刘越莲

河南大学出版社
·郑州·

图书在版编目(CIP)数据

思想与诗学/史忠义,户思社,叶舒宪,刘越莲主编. 一郑州:河南大学出版社,2011.1

(人文新视野·第七辑)

ISBN 978-7-5649-0363-3

Ⅰ.①思… Ⅱ.①史… Ⅲ.①文学研究 Ⅳ.①I0

中国版本图书馆 CIP 数据核字(2011)第 010458 号

责任编辑 何 新
责任校对 李利敏
封面设计 马 龙

出 版 河南大学出版社
地址:郑州市郑东新区商务外环中华大厦 2401 号 邮编:450046
电话:0371-86059701(营销部) 网址:www.hupress.com
排 版 郑州市今日文教印制有限公司
印 刷 河南省公安厅文印中心
版 次 2011 年 5 月第 1 版 **印 次** 2011 年 5 月第 1 次印刷
开 本 787mm×1092mm 1/16 **印 张** 20.75
字 数 383 千字 **定 价** 42.00 元

目　录

思想研究

文化研究

诗学研究

思 想 研 究

Idea Studies

论孔子伦理思想的跨时代延异

孟凡君①

内容提要：时人论孔，辄以今义揣测古语，跨时代延异难免。是故防止儒学传播失真，将孔子真面示于世人，便成当务之急。本文重点探究孔子伦理思想在汉语文化语境下的跨时代延异。为便于探究，笔者将孔子伦理思想的跨时代延异分类为三，即语义性延异、结构性延异与语境性延异。其中，语义性延异可分为歧解语义性延异和文本语义性延异；结构性延异可分为修辞结构性延异和句读结构性延异；语境性延异可分为篇章语境性延异和文化语境性延异。笔者通过分类探析，冀以洞悉避免孔子思想传播失真的途径。

关键词：孔子伦理思想　跨时代延异

一、引　论

新世纪伊始，"孔子学院"各国纷立，标志着"中国儒学国际化"时代的到来。对该文化现象予以关注探究，无疑意义深远。

时人论孔，辄以今义揣测古语，跨时代延异难免。故而德·巴瑞（T. de Bary 1991：xi）慨叹："实际上，即便是本世纪初那些反对儒学的谩骂，也没有骂及孔子本人的观点，他们骂的只是后来改编或歪曲了的东西。"既如此，防止儒学传播失真，将孔子真面示于世人，便成当务之急。

儒学自《论语》滥觞，经历代传扬，良多增益，蔚为大观，若一一肇论，恐不得要领。且时至今日，儒学已出国门，多向发皇，若面面俱到，亦恐力有不逮。有鉴于此，笔者拟选取儒学核心——《论语》中孔子伦理思想——肇论，以达正

---

① 孟凡君，北京师范大学外国语言文字学院博士后，研究方向为翻译学与比较文化。

本清源之功。

孔子伦理思想的传播,同样存在着跨时代、跨文化延异,鉴于篇幅所限,本文探究难以二者得兼,唯执其一可也。既如此,本文探究以孔子伦理思想的跨时代延异肇始。

本文所探究的孔子伦理思想的跨时代延异,主要是孔子伦理思想在汉语文化语境下进行跨时代解读时产生的延异。

二、孔子伦理思想的跨时代延异探究

孔子伦理思想,肇于春秋,兴于汉宋,盛于明清,因年月古久,文义雅奥,解之不易,是以注者蜂起,疏者骛趋,世代承传之际,难免歧解丛生。故欲究其真,不可不留意其跨时代延异。然汉宋以来,各家怀诚执敬,皓首穷经,上自孔子伦理大要,下至《论语》言语句读,无不探隐钩沉,详考琐证,能事毕矣。既如此,笔者似已无须步古人之后尘,拾先贤之牙慧。然孔子伦理思想的跨时代延异,又与其跨文化延异有莫大关联,故为进一步探究铺垫计,本文探究无须逐章逐句而恂恂步趋,唯观其要略可也。

统言之,孔子伦理思想的跨时代延异表现有三:一曰语义性延异,二曰结构性延异,三曰语境性延异。其中,语义性延异可分为歧解语义性延异和文本语义性延异;结构性延异可分为修辞结构性延异和句读结构性延异;语境性延异可分为篇章语境性延异和文化语境性延异。下面将分而论之。

1. 孔子伦理思想的跨时代延异探究之一:语义性延异

因年代变迁,《论语》文义颇多流变,致使后人解读,于言义之际多有歧见,是谓语义性延异。该延异分为两类:其一,因汉字本身的多义性,或因汉字的历史性流变而产生的对孔子伦理思想的歧解,是谓歧解语义性延异;其二,因文本编纂、誊录等原因造成的孔子伦理思想的语义性延异,是谓文本语义性延异。其中,孔子伦理思想的歧解语义性延异占有较大的比重。

(1)孔子伦理思想的歧解语义性延异

中国文字象形表义,长于入诗而昧于尽理,故古人于"诗无达诂"之际,犹有"书不尽言,言不尽意"之叹。是谓中国汉字的多义性特征。而该多义性特性自然衍生了孔子伦理思想的歧解语义性延异。下面将《论语》例句分别进行个案式探究。

①个案探究之一:君子周而不比,小人比而不周

《论语》之"为政第二"章中有言:"子曰:君子周而不比,小人比而不周。"今人对该句进行了各异的阐释。且看下列两个现代汉语的译文:

译文一：

君子讲道义上的团结，而不为利害而苟合；小人因利害而勾结，而不是道义上的团结。（孔令河《论语句解》第8～9页）

译文二：

君子待人忠信，但不阿私。小人以阿私相结，但不忠信。（钱穆《论语新解》第36页）

从以上两个译文可看出，译文一并未译出“周”、“比”的原意，而唯以今义附会之；译文二的翻译虽然从古，但拘于汉儒注释而非《论语》原语境之意①。

那么，自《论语》原语境角度而言，何谓“周”？何谓“比”？

在中国最古老的辞书《尔雅》或《广雅疏证》中，“周”、“比”之义渺然无考，然在（汉）许慎所著《说文解字》中，“周”、“比”之义方有含混界定：

周，密也。从用口。（《说文解字·二篇上》）

比，密也。二人为从，反从为比。（《说文解字·八篇上》）

若从许慎所说，“周”、“比”皆“密”，恐难判定君子、小人之别。况在先秦文化语境下，“比”字似无贬义。《周易》以“比”设卦，堪为劲凭。② 然既然孔子以“周”、“比”之义喻君子、小人，其中定然有别。别在何处？恐以原语境解读为妥。在《论语》中，除“周”、“比”之论外，孔子亦曰：“君子和而不同。小人同而不和。”（《论语·子路第十三》）该句可与上句比附而解读之。和者，容异而成全也，故荀子曰：“君子贵其全也。”（《荀子·劝学篇》）以此义观之，周者，周全不偏也。同者，盟党而伐异也，故有所偏。以此义观之，比者，偏私也。基于此义，“君子周而不比，小人比而不周”可译如下：

---

① 汉儒郑玄在《论语正义》中注曰：“孔曰。忠信为周。阿党为比。……夫子恶似是而非。故于周比和同泰骄。及巧言令色足恭乡原。皆必辨之。所以正人心。”（郑玄《论语正义》第31页）由此可见，钱穆先生译文，实由郑玄注解而出。

② 《周易》第八卦曰“比卦”，该卦卦辞曰：“比：吉。”该卦象辞曰：“比，吉也；比，辅也，下顺从也。”另，《周易》杂卦传亦曰：“《比》乐《师》忧。”由此可见，在先秦时期，“比”者，比附也，非朋比为奸之谓也。

君子周全而不偏私，小人偏私而不周全。

②个案探究之二：无友不如己者

《论语·学而第一》章中“无友不如己者”之句，历来多有争论。争论焦点，源于其现代汉译：

译文一：

没有朋友不跟自己友好的。（孔令河《论语句解》第3页）

译文二：

莫和不如己的人交友。（钱穆《论语新解》第11页）

译文三：

不要结交不如自己的人。（陈立夫《四书道贯》第309页）

该句延异处有三：一、对“无”字的解读；二、对“友”字的解读；三、对“如”字的解读。下面将分解之。

首先，稍有汉语知识者，可知“无”有二义。一、“无”者，“亡”也。同“没有”之义。如许慎《说文解字·六篇上》中曰：“无，从亡。”二、“无”者，“勿”①也，“毋”②也。同“不要”之义。在三译文中，译文一所译，从第一义；译文二、三所译，从第二义。故有所异。

其次，“友”之意蕴，古今有异。古人云：“同门为朋”（郑玄《论语正义》第2页），“同志为友”（《说文解字·三篇下》）。可见“朋”、“友”微义，古之有别。而时至今日，往往二者并称，以“朋友”统称之。在三译文中，译文一从今称，译文二从古说，译文三则未涉此义。

再次，“如”在汉语中有二义。一、“如”者，“从随”也。如许慎《说文解字·十二篇下》中曰：“如，从随也。从女，从口。”宋司马光亦曰：“如：人余切，《说文》从随，往也。”（《类篇》第451页）二、“如”者，“似”也，“若”也。如司马光曰：

---

① 许慎《说文解字》曰：“勿，州里所建旗，象其柄，有三游，杂帛，幅半异，所以趣民，故遽称勿。”（《说文解字·九篇下》）由此可见，“勿”像旗形，借为否定之词。

② 许慎《说文解字》曰：“毋，止之也。从女，有奸之者。”（《说文解字·十二篇下》）

"如……如倨切，似也。……又，乃个切，若也。"(《类篇》第 451 页)在三译文中，译文一似从第一义，而译文二、三从第二义。

总而言之，三家所解，各有所凭，然不免存仁智之见。其中译文一所解，多从今义；译文二、三所解，虽藉之以古注，亦不免度之以今义①，故不敢确然为训。然孔子真义到底为何？此亦可以孔子原语境推论之。

古之尊者有五，天、地、君、亲、师是也；侪者有四，兄、弟、朋、友是也。大凡古人相交，长者为师，侪者为友。孔子曰："三人行，必有我师焉，择其善者而从之，其不善者而改之。"(《论语·述而第七》)三人之中，尚可有师，岂可无友？孔子亦曰："朋友切切偲偲。"(《论语·子路第十三》)郑玄解之曰："切切偲偲，相切责之貌。"(郑玄《论语正义》第 298 页)既然同志为友，唯有志同道合，方可相互切磋。故孔子曰："道不同，不相为谋。"(《论语·卫灵公第十五》)其辞略异，然其旨大同。

可以断言，"无友不如己者"，实"勿友不若己"之义，非"不跟不如自己者交朋友"之义也。基于以上所论，该句可译为：

> 勿与志向不同者相交。

③个案探究之三：三人行，必有我师焉

孔子曰："三人行，必有我师焉。"(《论语·述而第七》)今人对该句解读，似乎并无疑义，故各家将该句译如下：

译文一：

> 三个人在一起走路，其中必有人可做我的老师。(孔令河《论语句解》第 42 页)

译文二：

> 三人同行，其中必有我师了。(钱穆《论语新解》第 174 页)

---

① 郑玄引周公之言曰："不如我者。吾不与处。损我者也。与吾等者。吾不与处。无益我者也。吾所与处者。必贤于我。"(郑玄《论语正义》第 13 页)此句中，"不如"似有"比不上"之今义，可为译文二、三译法之凭藉。然郑玄所引周公之言，已渺不可考，疑为后人托名伪作。

译文三：

三个人在一起走，其中一定有人可以做我的老师。（俞忠鑫译注《白话四书·论语篇》第101页）

以上各家译文，皆将“三人行”之“行”译作“行走”之“行”，似有望古文而生今义之嫌。“行”固然具“行走”之义，如许慎《说文解字·二篇下》曰：“行，人之步趋也。”而《尔雅·释宫》则曰：“行，道也。”然世易时移，文多假借，是以古人修道，名之曰“道行”；修性成德，曰“德行”；亲身致事，曰“躬行”；品性有亏，曰“无行”。且《论语·述而第七》中，犹有“子以四教：文、行、忠、信”及“躬行君子，则吾未之有得”之言。故此处之“行”，乃“修行”、“品行”、“行为”之“行”，非“行走”之“行”也。

基于此论，该句可译如下：

三人同修共事，必有一人可以做我的老师。

④个案探究之四：寝不尸

《论语·乡党第十》言及孔子燕居之容曰：“寝不尸。”各家解之曰：

译文一：

睡觉时，不挺着身子像死人一样。（孔令河《论语句解》第64页）

译文二：

寝卧时，不（直挺着四肢）像个尸。（钱穆《论语新解》第254页）

译文三：

孔子睡觉时不挺直身子仰卧。（陈立夫《四书道贯》第363页）

自今义度之，译文一、二似乎皆通，然自古义训之，两句言义均有错讹。今人言“尸”，每谓“尸首”、“尸体”之“尸”，然古之异然。古人言“尸”，象卧之形；而“尸体”之“尸”，原为“屍”字，后假借为“尸”。许慎《说文解字·八篇上》曰：“尸，陈也。象卧之形。”又曰：“屍，终主。从尸，从死。”由此可见，“屍”借为

“尸”，简则简矣，然意蕴犹别，若不辨微义，率尔用之，恐有差池。如郑玄注曰：“偃卧四体。布展手足似死人。”(《论语正义》第 232 页)古人尚且如此，今人更是以讹传讹。故译文一、二所解，皆由此也。

基于以上所论，可以看出，译文三所译，应为正解。

⑤个案探究之五：子之迂也

观《论语》孔子师徒言行，刻画最生动者，莫过于子路：孔子哀道不行，假称携子路乘桴入海，子路闻之喜；孔子见南子、公山，子路不悦；子路侍坐，行行如也；在陈绝粮，子路愠见。由此可见，子路者，率性君子是也。然《论语·子路第十三》之中，有子路“子之迂也”之语，有出言无状而蔑师之嫌。且看以下各家译文：

译文一：

您真迂腐啊！(孔令河《论语句解》第 81 页)

译文二：

先生真个迂到这样吗！(钱穆《论语新解》第 309 页)

译文三：

夫子也算得是迂阔的了。(陈立夫《四书道贯》第 622 页)

今人谓“迂”，多指“迂腐”、“迂阔”之贬义；而古人谓“迂”，则指“远”之中辞。如郑玄注曰：“迂犹远也。言孔子之言远于事。”(《论语正义》第 283 页)司马光亦曰：“迂，云俱切，远也，曲也，避也。”(《类篇》第 58 页)可见，译文一、三所解，度之以今义，译文二则存而不译。试想，即便现今师道尊严斯文扫地之时，亦无大胆狂徒敢直面指谓恩师“迂腐”，况子路于万世师表孔子者乎？故由是观之，此解不妥，试改译如下：

夫子，您说远了吧！

另，与该句“子之迂也”相对应，今人对孔子“野哉由也”答语的解读，往往亦多滑入“子路，你真粗野啊”的歧解。简言之，对“野”字之原义的把握，应遵循孔子“质胜文则野”的原辞，明其“质直少文”之谓，而不能以“粗野”、“野蛮”

之今义一言以蔽之。此不赘论。

总之,通过以上个案分析,可以看出,因汉语古今流变,加之汉字本身多义,致使《论语》颇多延异,故欲探究孔子伦理思想者,于言义之际不可不慎也。此类歧解语义性延异,在《论语》中比比皆是,笔者因篇幅所限,无法一一探析,唯列举一二而已。

(2)孔子伦理思想的文本语义性延异

前已提及,所谓"文本语义性延异",指因《论语》的文本誊录的差异而衍生的文义变异,从而产生对孔子思想的异读。且看下列两例个案。

①个案探究之一:"五十以学易,可以无大过矣"和"五十以学,亦可以无大过矣"

古文本《论语·述而第七》中曰:

> 子曰。加我数年。五十以学易。可以无大过矣。

然定州简本《论语·述而第七》中则曰:

> 子曰。加我数年,五十以学,亦可以无大过矣。

易者,《周易》也。故郑玄注曰:"易。穷理尽性以至于命。年五十而知天命。以知命之年,读至命之书。故可以无大过。正义曰。孔子世家。孔子晚而喜易。序彖系象说卦文言。读易韦编三绝。曰。假我数年。若是。我于易则彬彬矣。"(《论语正义》第144页)基于此义,该句可解之如下:

> 如果增加我几年的寿命,五十岁时学习《易经》,就可以没有大的过错了。(孔令河《论语句解》第39~40页)

然而,钱穆先生依据定州简本《论语》,解之曰:"加我数年,五十以学:古者养老之礼以五十始,五十以前未老,尚可学,故曰四十五十而无闻焉,斯亦不足畏也已。如孔子不知老之将至,如卫武公耄而好学,此非常例。加,或作假。孔子为此语,当在年未五十时。又孔子四十以后,阳货欲强孔子仕,孔子拒之,因谓如能再加我数年,学至五十;此后或出当大任,庶可无大过也。或以五十作卒,今不从。亦可以无大过矣:此亦字古文《论语》作易,指《周易》,连上句读。然何以读易始可无过,有何必五十始学易,孔子常以诗书礼乐教,何以独不以易教,此等皆难解。今从《鲁论》作亦。"(钱穆《论语新解》第169页)由此论观之，钱先生亦持之有据。基于此论，钱先生将该句译为：

再假我几年，让我学到五十岁，庶可不致有大过失了。（钱穆《论语新解》第169页）

可见，因文本誊录差异而导致解读不同，亦为《论语》中语义性延异的另一表现。固然各家解释均能自圆其说，但可以断言，自孔子原语境角度而言，二者之中，必有一谬。其真谬之判，须依据其“原本”方可以甄别之。以该句为例，虽“易”、“亦”辨误一时难以奏效，但从“五十以学易”或“五十以学”的古汉语句法可看出，该“以”字结构应译作“从五十岁开始学习……”为佳，而钱穆先生“让我学到五十岁”之说似不合古汉语表达。果若如此，应以古文《论语》所载为正，亦与司马迁“孔子晚年喜易”之说相契：唯因晚年读易而得其妙，方悔不曾早习之，故有“加我数年，五十而学易”之叹。此种解释，庶可差强人意，然未准之以原本，难以遽而定论。

此外，有人曾将该句断为：“子曰：‘加我数年，五、十以学易，可以无大过矣。’”译为现代汉语，则为：“孔子说：‘再给我几年的时间，或五年，或十年，来学习《周易》，就可以没有大的过错了。’”若将定州简本《论语》的文句亦如此断句，则为：“孔子说：‘再给我几年的时间来学习，或五年，或十年，也就可以没有大的过错了。’”但严格说来，“五、十以学易”的歧解，实因后人断句而成，应归于句读结构性延异的探究范畴，故此不赘论。

②个案探究之二：“居不容”和“居不客”

《论语·乡党第十》中，有“居不容”之语，今人多解为“居家随顺，不生硬拘礼”之义，庶无大谬。

然唐《石经》所载《论语》中，该句却为“居不客”。“容”、“客”字形相近，应系誊录之误。若以“居不客”为原本而解读之，必又生出“居家随便，不像做客一样拘谨”之义。故解义之异，缘自文本文字错讹。解读之下，不同版本间自然大相径庭。此不多论。

总之，较之歧解语义性延异，文本语义性延异因版本因素，不仅纠葛于文义训诂，而且牵涉版本考正，故犹须慎而辨之。

2. 孔子伦理思想的跨时代延异探究之二：结构性延异

所谓“结构性延异”，即因古今汉语表达结构的差异而导致的延异性解读。结构性延异又可细分为二：修辞结构性延异和句读结构性延异。下面将分而论之。

(1)孔子伦理思想的修辞结构性延异

所谓“修辞结构性延异”，是因古今汉语文法中修辞结构的差异而导致的异读。该延异表现在因汉语搭配次序而产生的对原文的异读。下面以个案探究之法一一探析之。

①个案探究之一：父母唯其疾之忧

《论语·为政第二》之中，当孟武伯问孝之时，孔子答曰：“父母唯其疾之忧。”该句指称有含混之处，致使今人解读大相径庭：

译文一：

对待父母，当他们患了疾病时，做儿女的唯一忧愁的便是他们的病。（孔令河《论语句解》第7页）

译文二：

让你的父母只忧虑到你的疾病上。（钱穆《论语新解》第29页）

可以看出，译文一所解，谓孝子忧父母；而译文二所解，谓父母忧孝子。然究竟何人在忧？自原文“父母唯其疾之忧”表述中，恐难企及。按郑玄所注：“孝子不妄为非。唯疾病然后使父母忧。”（《论语正义》第26页）译文二似乎与此义相合。然郑玄亦曰：“武伯善忧父母，故曰惟其疾之忧。”（同上）按此注观之，译文一似乎合辙。然则孔子真义为何？唯从原语字面及郑氏注解，恐渺不可得。

幸华夏先贤于此端多有论及，故可缘此而判之。其一，《淮南子》之“说林”曰：“忧父之疾者子，治之者医。”（转引自同上）其二，《孝经》之“纪孝行”章云：“子曰，孝子之事亲也，病则致其忧。”（同上）其三，《礼记》之“曲礼”章云：“父母有疾，冠者不栉，行不翔，言不惰，琴瑟不御，食肉不至变味，饮酒不至变貌，笑不至矧，怒不至詈，疾止复故。”（同上）以此言观之，“父母唯其疾之忧”者，实“唯忧父母之疾”是也。

②个案探究之二：窃比于我老彭

《论语·述而第七》之中，孔子有言：“窃比于我老彭。”各家解读如下：

译文一：

我私下把自己比作商朝的一位贤大夫老彭。（孔令河《论语句解》第39页）

译文二：

把我私比老彭吧！（钱穆《论语新解》第156页）

译文三：

私心效法我那商朝的贤大夫老彭。（陈立夫《四书道贯》第25页）

对比译文一、二可看出，译文三“我那商朝的贤大夫老彭”，实从原文“我老彭”直译而来。此处有一疑窦：老彭臣于商，孔子仕于鲁，既不同代，亦不同朝，如何以“我那老彭”而昵称之？故为不妥。以古汉语词序表达习惯观之，“窃比于我老彭”者，实“窃比我于老彭”也。由是观之，译文一、二所解无误，而译文三则以白话文法解读原文，故有所谬。

由以上二例观之，因古今汉语文法略异，故《论语》解读之际，因文法差异造成的延异恐亦在所难免，故今人于古文今解，须刻意甄别之。

(2)孔子伦理思想的句读结构性延异

古汉语文本本无标点，故欲解文判义之际，须先断句，是谓“句读”。今人所读《论语》版本，往往是由后人加标点之后的版本。因标点加法不同，其意蕴也因之有异，是谓“句读结构性延异”。例如，《论语·泰伯第八》中，“民可使由之，不可使知之”之句，曾因其“愚民”之见而遭人微词。今人将该句解之如下：

译文一：

可以使老百姓按照我们的意见去做，不容易使他们知道为什么要这样做。（孔令河《论语句解》第48页）

译文二：

（在上者）指导民众，（有时）只可使民众由（我所指导而行），不可使民众尽知（我所指导之用意所在）。（钱穆《论语新解》第197页）

译文三：

人民可把当然的道理立下规矩来使他们遵行，却没法使人人知晓怎样是当然的道理。（陈立夫《四书道贯》第611页）

比较之下可看出，以上三译文实际意趣大同，这与孔子之后的各家言论相契合，如《易》曰："百姓日用而不知。"①《孟子》曰："行之而不著焉，习矣而不察焉，终身由之而不知其道者众也。"(转引自钱穆《论语新解》第197页)郑玄亦注曰："由。用也。可使用而不可使知者。百姓日用而不能知。"(《论语正义》第161页)由此观之，孔子"愚民"之意，凿凿矣。

然自《论语》之中，亦可看出孔子反"愚民"的倾向。如《论语·子路第十三》章中，当冉有问孔子，民"既富矣，又何加焉"，孔子答曰："教之。"教者，教化而开民智也。以此语观之，"不可使知之"之说，似有悖于此。但若将原文句读更动一二，则悖逆全消：

民可使，由之；不可使，知之。②

在古汉语中，"知"者通"智"。如《易·系辞传》曰："仁者见之谓之仁，知者见之谓之知。"此处言"知之"，应谓设教化民之义也。故换言之，该句则曰：

民众可使，则使之；不可使，则教之。

《论语》中，另有孔子其他言辞，可作为此义之劲凭。如孔子曰："自古皆有死，民无信不立。"(《论语·颜渊第十二》)又曰："以不教民战，是谓弃之。"(《论语·子路第十三》)又曰："君子学道则爱人。小人学道则易使也。"(《论语·阳货第十七》)在古人看来，"小人"具二义：一曰微贱之人，二曰无德之人。(参见郑玄《论语正义》第31页)此处"小人"，应为"小民"之谓。由是观之，孔子"愚民"之说谬矣！

另外，前节所论"五十以学易，可以无大过矣"、"五十以学，亦可以无大过矣"及"五、十以学易，可以无大过矣"的断句差异，也是造成《论语》异解的典型例证，此论从略。

---

① 语出《周易》之"系辞传"(上)。《周易》可分为两大部分：一曰"经"，即卦辞与爻辞部分；二曰"传"，包括"系辞传"、"说卦传"、"序卦传"、"杂卦传"等，该部分动辄出现"子曰"字样，是为后世儒者所撰，而非孔子亲为(孔子自称曰"丘"，而非"子"。如《论语·公冶长第五》："子曰。巧言令色足恭。左丘明耻之。丘亦耻之。匿怨而友其人。左丘明耻之。丘亦耻之。")。钱穆《论语新解》第197页引之曰："《中庸》曰：百姓日用而不知。"疑引之有误。

② 该句系笔者师从辜正坤先生读博期间，听辜先生论学时所得，不见于其他典籍，故在此处标出。

以上所论，为孔子伦理思想的结构性延异。可以看出，古文辞章，与今略异；断句格义，于今尤殊。故后辈学人，于辞章句读之际，不可不明也。

3. 孔子伦理思想的跨时代延异探究之三：语境性延异

孔子伦理思想的延异，也与语境因素有关，故称之为语境性延异。语境性延异又可分而为二：小而言之，谓篇章语境性延异；大而言之，谓文化语境性延异。下面将分述之。

(1)孔子伦理思想的篇章语境性延异

所谓篇章语境性延异，是指今人在语篇解读之际因文句衔接或语义呼应等环节产生的解读变异。下面以个案分析之法探究之。

①个案探究之一：夫子哂之

《论语·先进第十一》章“子路曾皙冉有公西华侍坐”一节中，当子路率尔言志之后，有“夫子哂之”之语，今人解之曰：

译文一：

> 孔子微微一笑。（孔令河《论语句解》第 71 页）

译文二：

> 先生向他微笑。（钱穆《论语新解》第 281 页）

译文三：

> 孔子听了，讥讽地笑了笑。（邓球柏《论语通解》第 221 页）

该句解读关键在“哂”字。可以看出，译文一、二将该词译为“微笑”①，译文三则译作“讥笑”。然以郑注校之，便知孔子之“哂”，既非微笑，也非讥笑。郑玄注曰：“哂。笑。正义曰。曲礼。笑不至矧。……齿本曰矧。大笑则见。释文。矧本又作哂。是哂本与矧同。……说文。弞。笑不坏颜曰弞。从欠引省声。说文无哂字。作弞为正。矧是叚借。凡笑以至矧为度。过此则坏颜。且失容。故曰笑不坏颜。非微笑之谓。曾皙亦以夫子有异常笑。故问之尔。”（《论语正义》第 253～254 页）

---

① 钱穆先生解之曰：“哂，微笑。孔子既喜子路之才与志，而犹欲引而进之，故微笑以见意。”语出《论语新解》第 279 页。

既如此，孔子之“哂”，究竟为何种笑？其实，同节所记孔子所言，已显孔子真意。当曾皙问“夫子何哂由也”之时，孔子答曰：“为国以礼，其言不让，是故哂之。”由此可见，孔子之“哂”，并非如钱先生所解，为“启发之微笑”，而应是对子路“其言不让”的批评性反应，但若如译文三解之为“讥讽地笑了笑”，恐言过其实。因此，既然此处“哂”字译为“微笑”或“讥笑”皆不妥，故不妨采用以经解经之法，将该句译为：

夫子付之以哂笑。

而对于孔子后面解释之句，亦可译为：

治理国家靠的是礼，而子路言谈不知礼让，所以我才哂笑他。

总之，该句所指，虽与孔子伦理思想无涉，然自该句今解可以看出，《论语》文句命义之显露，既不可度之以今义，亦不可执之以古注，而应考之以篇章上下言义之呼应，方可洞明其真。

②个案探究之二：足食足兵民信之矣

据《论语·颜渊第十二》所载，子贡问政时，孔子答曰：“足食。足兵。民信之矣。”今人解之曰：

译文一：

有充足的粮食，充足的军队和武器，百姓就信任你了。（孔令河《论语句解》第75页）

译文二：

先求充足粮食，此乃讲究武备，民间自然信及此政府了。（钱穆《论语新解》第291页）

译文三：

民生最重要的粮食要充足，保卫国家的军备要充足，而且要人民信服。（陈立夫《四书道贯》第615～616页）

可以看出,译文一、二所解,“足食”、“足兵”二者为“民信之”的条件,以此观之,为政之要,唯有二端——“足食”、“足兵”而已,二端既具,则“民信之矣”。若参之以子贡与孔子后来问答,则知孔子为政要略,不在二端,而在“三者”:“足食”、“足兵”、“民信之”。由此观之,译文三所解,应合乎孔子本义,而译文一、二则因前后未能相顾而有所异解。

自古文表达角度观之,“民信之矣”或令人联想到条件句式,先入为主之际,恐忽略后文“三者”之论,故有所偏。①

总之,据以上所论可看出,篇章语境性延异是在篇章解读时,因对语篇逻辑关系的误解或忽略而导致的文义解读的延异,故此类延异亦可称之为逻辑性延异。

(2)孔子伦理思想的文化语境性延异

所谓文化语境性延异,是因对《论语》所涉及的特定文化因素的误读而造成的延异。且看下面个案探析。

①个案探究之一:雍也可使南面

孔子在《论语·雍也第六》章中言曰:“雍也可使南面。”今人解之曰:

译文一:

> 冉雍这个人,可以让他做一地之长的官。(孔令河《论语句解》第32页)

译文二:

> 雍呀!可使他南面(当一国君之位)了。(钱穆《论语新解》第131页)

译文三:

> 雍这个人大有人君的气度,可以叫他南面坐在君位上。(陈立夫《四书道贯》第611页)

译文四:

---

① 该例句引自古本《论语》,后世诸版本多有更易,如正平本《论语》改之曰:“足食,足兵,使民信之。”皇本《论语》改之曰:“足食,足兵,令民信之。”如此改动,无伤大意,但已使文句延异几率大为降低。参见黄怀信《论语新校注》第287页。

冉雍(这个人)吧,可以使他做君主。(黄怀信《论语新校释》第120页)

从以上所引四译文可看出,今人对“南面”一词解读各异。一、“南面”即“为君”之谓。如钱穆先生释之曰:“南面:人君听政之位。”(《论语新解》第130页)黄怀信先生亦释之曰:“南面:面朝南,作君主。”[①]此解与中国帝王“面南称孤”[②]之说相合。二、“南面”即“为官长”之谓。中国自古有“衙门口朝南开”之说,历代官者亦面南而治事。故该句解读,有“为君”或“为官”之异。

另,必须指出,“国君”之谓,在秦代前后迥然有别。在先秦时期,以周朝为例,周室之主,曰周王,或曰周天子;其所封功臣,史称诸侯,各有其封地,曰国,或曰国家,史称诸侯国,各国之主,史称国君,亦称君侯。然自秦代之后,海内一统,天下一家,称国家者,天下也;称国君者,天子也。故秦前之“国君”,公侯也;秦后之“国君”,帝王也。

然孔子所言“面南”,究竟是为君,还是为官?必须指出,孔子既为鲁臣,倡“君君、臣臣”之为政伦理规范,享“编《春秋》而乱臣贼子惧”之令名,应恪尽为臣之道,若有拥徒为君之异志,既不容于当政,亦有悖于其说。故使冉雍为“君”之说,恐难成立。使其为天子之说,更为非分之想。

由是观之,在孔子时代,冉雍因德馨业隆,而得以裂土封侯,面南称“君”,或许尚可,但若径以“国君”谓之,自秦汉之后文化语境解读之,实大逆不道之举,圣贤不为也。

因此,自孔子原语境观之,冉雍或具“诸侯卿相之才”(郑玄《论语正义》第111页)而堪“任诸侯治”(同上),但估计文化语境的前后差异,实不便以“为国君”统称之,故不妨改之如下:

冉雍这个人,可授其官爵,使之为政。

另,该句“可使南面”的文句解读,特别是对“使”字的格义,似有从今之势。“使”字在古汉语中,亦应解为“为……而出使”之义。如《论语·子路第十三》之中,孔子曾曰:“使于四方,不辱君命,可谓士矣。”自古汉语表达范式言之,“为君(面南称治者)出使”,亦可称之曰“使南面”。果若如此,将该句解之如

---

① 语出黄怀信《论语新校释》第120页。黄先生亦曰:“古代以坐北面南为尊,‘南面’恒指天子、诸侯。或释卿大夫或地方官,非是,地方官不得称南面。”

② 郑玄亦曰:“人君向明而治。故位皆南面。”语出《论语正义》第111页。

下，似亦无不可：

冉雍这个人，可以肩负君命而出使四方。

总之，通过以上探析，可以看出，《论语》文义之辨，实不应脱离其原语境表述，亦不应忽视文化语境因素的流变。即便如此，原文真趣之把握，亦恐渺不可得。以此言之，孔子伦理思想传译中的文化语境性延异，亦可称之为广义的语义性延异。

②个案探究之二：君子不器

孔子在《论语·为政第二》章中曰："君子不器。"古今高贤对该句的解读，似乎拘于"器"字的外延意义，而未在文化语境的前提下对该字进行进一步解读。且看各家译文：

译文一：

君子不像器皿一样，只有固定的用途。（孔令河《论语句解》第8页）

译文二：

一个君子不像一件器具（只供某一种特定的使用）。（钱穆《论语新解》第35页）

译文三：

君子学文广博，不像一件器皿只限一种用途。（陈立夫《四书道贯》第310页）

许慎曰："器。皿也。"（《说文解字·三篇上》）郑玄亦引申曰："器者。各周其用。至于君子。无所不施。"（《论语正义》第30页）故以上三家所解，实因循先儒训诂之义。若该句之"器"，具"器皿"、"器具"之义，则自然生出另一处疑窦——在《论语·公冶长第五》章，孔子答子贡曰："女器也。"子贡问："何器也？"孔子曰："瑚琏也。"郑玄注曰："瑚琏。黍稷之器。夏曰瑚。殷曰琏。宗庙之器贵者。"（《论语正义》第89页）尽管瑚琏为"宗庙之贵器"，然按孔子"君子不器"之言，应推出"子贡非君子"之论。

实不尽然。自汉字多义性特征观之，"君子不器"之"器"，非"女器也"之

“器”。君子进德修业，所臻之境，以“器皿”之实义格之，恐浅陋不经。故欲解其微言妙义，可参之以先秦文化正典而探悉之。《周易·系辞传》曰：“形而上者谓之道，形而下者谓之器。”基于此言，后世方有“道器”、“体用”之论。故以此义观之，君子上达而体道成德，小人下达而为物所役。故孔子曰“君子不器”之余，犹言“君子上达，小人下达。”（《论语·宪问第十四》）异辞而同旨也。基于该特定文化语境下对“器”字含义的特定解读，不妨将“君子不器”解之为：

君子达乎道体，而不周乎器用。

可见，世易时移，事过境迁，文义亦随之流变，故欲把握孔子真义而正解之，在注重其文本的篇章语境性延异之时，亦不可忽略其语境性延异因素。

总之，以上所究，为孔子伦理思想的三类（语义性延异、结构性延异及语境性延异）跨时代延异；细而分之，即成六种（歧解语义性延异、文本语义性延异、修辞结构性延异、句读结构性延异、篇章语境性延异及文化语境性延异）。此番归类推究，实难穷其全貌，唯粗略勾勒而已。

三、结　语

大致勾勒之下，笔者几将孔子伦理思想跨时代延异的主要倾向呈于纸上，虽难曲尽其妙，但希望能对孔子伦理思想的跨时代正解有所裨益。

通过该文探究，可以看出，孔子伦理思想在汉语文化语境中的传播歧义迭生，其原因就在于自古至今，对孔子思想体系的跨时代解读缺乏统一的权威定本。因此，克服孔子伦理思想失真的方式似乎很简单：推出定本。

然而，必须注意一个历史性现象：跨时代的人类思潮，往往通过必要的延异，才能被异时的人们更好地接纳兼容。因此，孔子伦理思想的跨时代延异，似乎又成为孔子思想传播的时之所需。

因此，在孔子思想的跨时代传播中，既应杜绝延异，还应诉求必要的延异。前者能确保孔子伦理思想的跨时代传播免于失真，而后者则促使孔子伦理思想与特定的时代要求达成融会。

但，必须指出，在孔子伦理思想的跨时代传播中，在杜绝延异和容许必要延异的对立统一关系中，确保孔子伦理名义的原真性是为首要关键。以孔子原语一言以蔽之，其必曰：必也正名乎！

另外还应注意，在儒学国际化大潮日渐高涨的今天，孔子思想的传布，在存在着跨时代延异的同时，也存在着跨文化的延异，而探究孔子思想传播的跨文化延异，将孔子不曾歪曲的真面示之万国世人，似乎具有更大的学术意义和文化意义。不过，这将是另一篇论文的探究范畴。

主要参考书目

陈立夫：《四书道贯》，北京：中国友谊出版公司，1991年。

杜维明：《儒家传统的现代转化》，北京：中国广播电视出版社，1992年。

黄怀信校释：《论语新校释》，西安：三秦出版社，2006年。

孔令河、李民：《论语句解》，济南：山东友谊书社，1988年。

钱穆：《论语新解》，成都：巴蜀书社，1985年。

[宋]司马光编：《类篇》，上海：上海古籍出版社，1987年。

苏宝荣：《〈说文解字〉今注》，西安：陕西人民出版社，2000年。

徐朝华注：《尔雅今注》，天津：南开大学出版社，1987年。

张立文等主编：《中外儒学比较研究》，北京：东方出版社，1998年。

[清]刘宝楠注：《论语正义》，上海：上海书店，1998年。

[宋]朱熹：《四书章句集注》，上海：上海古籍出版社，2001年。

论孔子伦理思想的跨文化延异

孟凡君

内容提要：本文对孔子伦理思想的跨文化延异予以探究。该延异主要发诸两端：一曰时代性跨文化延异，二曰非时代性跨文化延异。前者源于对孔子伦理思想的现代汉语文化语境的解读而生成，而后者则源于中英文化语境的固有差异而衍出。细而究之，后者又可分为两类：一曰主动性跨文化延异，是随孔子伦理思想传播者的传播策略而产生的跨文化延异；二曰被动性跨文化延异，是随孔子伦理思想的解读者因跨语境解读接受而造成的延异。

关键词：孔子伦理思想　跨文化延异

一、引论

新世纪伊始，"孔子学院"各国纷立，标志着"中国儒学国际化"时代的到来，对该文化现象予以探究，无疑意义深远。然时至今日，尚无人自翻译学视角关注该文化现象，故笔者不揣浅陋，欲尽微薄之力，致拓荒之功。是为该论文的撰写初衷。

儒学兴衰，与孔子际遇密切相关。观古今中外，孔子际遇，无人堪比：孔子生前，坎坷困顿，沉浮无定；孔子殁后，殊荣奇辱，共集一身。国人对孔子称谓，如"孔夫子"、"孔圣人"、"孔老二"、"孔子"等，已显孔子之尊卑、儒学之沉浮，此处勿容细论。在西方诸国，西人对孔子及儒学，亦或誉或毁，恭倨不一。如，利玛窦首先将孔子神圣化，指出国人待孔子"正如对待一个共同的主宰那样"；忽而又将孔子世俗化，声称孔子"从未像神那样受到宗教式的崇拜"，充其量不过是一名"可以与异教哲学家相媲美"的"博学的伟大人物"。（利玛窦 2001：

23)理雅各则认为,孔子连伟大人物都不是①。可谓见解各别。另一方面,对儒学的评判,西人也异见迭生:利玛窦将孔子神圣化之后,随即将孔氏学说宗教化,称之曰儒教,并认定,作为宗教,“儒教是中国固有的,并且是国内最古老的一种”(利玛窦 2001:23)。罗茨曼(Rozman 1991: 45)甚至认为,孔子学说不仅是一门宗教,而且是“国教之正宗”(a state orthodoxy)。而诺曼却断定,孔子学说并非宗教,只是一门“有学问的人不感兴趣”②的学问。确乎莫衷一是。

孔子亘古一人,儒学代代相陈,一朝传至西方,何其歧见纷纭?

杜维明先生一语道破玄机,他道:“儒学真义的显现,仍然无法摆脱中文的表达方法。”(1992:289)但杜先生又言,儒学国际化若成为可能,儒学须“用除汉语以外的其他语言来传播”(ibid)。

既如此,防止儒学国际化传播中的跨文化延异,将孔子真面示于世人,便成为当务之急。

鉴于篇幅所限,笔者在本文中对儒学国际化传播的探究无法面面俱到。为便于分析,姑选取儒学的核心——孔子伦理思想——的跨文化延异进行探究,以达正本清源之功。因笔者语域所限,孔子伦理思想的跨文化语境延异探究,主要集中于汉英文化语境。

统言之,孔子伦理思想的跨文化延异主要发诸两端:一曰时代性跨文化延异,二曰非时代性跨文化延异。前者源于对孔子伦理思想的现代汉语文化语境的解读而生成,而后者则源于中英文化语境的固有差异而衍出。细而究之,后者又可分为两类:一曰主动性跨文化延异,是随孔子伦理思想传播者的传播策略而产生的跨文化延异;二曰被动性跨文化延异,是随孔子伦理思想的解读者因跨语境解读接受而造成的延异。

下面将分而论之。

二、孔子伦理思想的时代性跨文化延异探究

笔者曾在前章《论孔子伦理思想的跨时代延异》一文中,将孔子伦理思想的延异大致归为三类,即语义性延异、结构性延异及语境性延异。其中语义性

---

① 理雅各(Legge)原文为:“It is impossible for me to regard him as a great man.”(Wilhelm 1972: 91-92)

② 引语为笔者译文,原文为:“They should not claim the attention of intelligent human beings.”(Nauman 1979: 66)

延异又可细分为歧解语义性延异和文本语义性延异，结构性延异又分为修辞结构性延异和句读结构性延异，语境性延异又分为篇章语境性延异和文化语境性延异。

在该文探究中，笔者欲遵循原有理路，按以前所分六种延异类型分别探究，该六种分类所归属的三大分类可略而不论。

1. 孔子伦理思想的时代性跨文化延异探究之一：歧解语义性延异

在孔子伦理思想的跨文化传播中，歧解语义性延异恐在所难免，姑以前章个案探究之例句分析之，所引译文，皆出自英美等国影响较大的权威译本，包括刘殿爵(D. C. Lau)译本、理雅各(James Legge)译本、庞德(Ezra Pound)译本、舒兹尔(William Edward Soothill)译本和韦利(Arther Waley)译本。分别简称"刘译"、"理译"、"庞译"、"舒译"和"韦译"。下同。

(1)个案探究之一："君子周而不比，小人比而不周"的英译

在现代汉语语境下，各家对"君子周而不比，小人比而不周"句中"周"、"比"二字的解读各有其偏。① 此种偏颇是否亦影响该句的英译？且从以下英译文细观之：

译文一(刘译)：

> The gentleman enters into associations but not cliques; the small man enters into cliques but not association. [直译：绅士们进入协会，而不是小集团；小男人进入小集团，而不是协会。②](Lau 1983: 25)

译文二(理译)：

> The superior man is catholic and no partisan. The mean man is a partisan and not catholic. [直译：优越的男人是普遍的，没有党派性偏袒；低劣的男人是党徒，并不是普遍的。] (Legge 1998: 150)

---

① 孔令河将该句译为："君子讲道义上的团结，而不为利害而苟合；小人因利害而勾结，而不是道义上的团结。"(孔令河《论语句解》第8～9页)钱穆译为："君子待人忠信，但不阿私。小人以阿私相结，但不忠信。"(钱穆《论语新解》第36页)笔者译为："君子周全而不偏私，小人偏私而不周全。"

② 大意为笔者译文，下同。

译文三(庞译):

A proper man is inclusive, not sectary; the small man is sectarian and not inclusive. [直译:正经的男人是包括性的,不是宗派分子;小男人是宗派分子,不是包括性的。] (Pound 1969: 99)

译文四(舒译):

The nobler type of man is broad-minded and not partisan. The inferior man is partisan and not broad-minded. [直译:更高贵类型的男人心胸开阔,没有党派性偏袒;低等的男人有党派性偏袒,心胸不开阔。] (Southill 1910: 163)

译文五(韦译):

A gentleman can see a question from all sides without bias. The small man is biased and can see a question only from one side. [直译:绅士能从各个方面看问题,没有偏见;小男人有偏见,只能从一个方面看问题。] (Waley 1938: 17)

对比之下可看出,以上各家所译,与所给的现代汉语译文相去甚远。"君子"、"小人"译法如何,姑且不论,其"associations"(协会)、"cliques"(小集团)、"catholic"(普遍的)、"partisan"(党徒;党派性的)的传译,展示出浓厚的西方党派政治和宗教色彩,汉语文化语境中的"周"、"比"之义,已几被延异殆尽了。由此可见,在相同文化语境内,跨时代延异固庶几难免,然在跨文化语境中,其文本延异更甚。故译家传译之际,不可不慎。

(2)个案探究之二:"无友不如己者"的英译

《论语》之"学而第一"章中,有"无友不如己者"句,因各家分解"如"字之时,以近义训古,歧义即生。① 且看下列英译文的处理——

译文一(刘译):

① 孔令河将该句译为:"没有朋友不跟自己友好的。"(孔令河《论语句解》第 3 页)钱穆译为:"莫和不如己的人交友。"(钱穆《论语新解》第 11 页)陈立夫译为:"不要结交不如自己的人。"(陈立夫《四书道贯》第 309 页)笔者译为:"勿与志向不同者相交。"

Do not accept as friend anyone who is not as good as you. [直译：不要接受任何不像你一样好的人做朋友。](Lau 1983：5)

译文二(理译)：

Have no friends not equal to yourself. [直译：没有朋友不与你自己平等。](Legge 1998：141)

译文三(庞译)：

Friendship with equals. [直译：跟地位相同的人发展友谊。](Pound 1969：196)

译文四(舒译)：

Let him have no friends unequal to himself. [直译：让他没有不跟他平等的朋友。](Southill 1910：131)

译文五(韦译)：

To refuse the friendship of all who are not like them. [直译：拒绝所有那些跟他们不同的人的友谊。](Waley 1938：7)

通过比较以上各译文可看出，在传译“不如”之时，前四家译文采用“比不上”之近义，而译文五则采用“不似”之古义。总体看来，在该句传译之际，依然是以今解古者多，而自原语境攫取原意者少。从此例之中，亦可窥知孔子思想的跨时代延异对跨文化传译的影响。

(3)个案探究之三：“三人行，必有我师焉”的英译

《论语》之“述而第七”章中“三人行”句，几乎都被解读为“三人走路”，而

“行”字在“道行”、“德行”中的古义，皆略而不论①，故该句跨时代延异难免。然该句英译之后，因存以近训古之弊，随即亦产生跨文化语境下的进一步延异。且看各家英译：

译文一(刘译)：

Even when walking in the company of two other men, I am bound to be able to learn from them. [直译：甚至当跟另外两个男人结伙走路的时候，我肯定能向他们学习。] (Lau 1983: 61)

译文二(理译)：

When I walk along with two others, they may serve me as my teachers. [直译：当我跟另外两人走路，他们可以作为我的老师来为我服务。](Legge 1998: 202)

译文三(庞译)：

Three of us walking along, perforce one to teach me. [直译：我们三个一起走路，必然一人要教我。](Pound 1969: 221)

译文四(舒译)：

When walking in a party of three, my teachers are always present. [直译：当三人一伙走路时，我的老师们总是在场。](Southill 1910: 353)

译文五(韦译)：

Even when walking in a party of no more than three I can always be certain of learning from those I am with. [直译：甚至仅三人一伙走路

① 孔令河将该句译为：“三个人在一起走路，其中必有人可做我的老师。”(孔令河《论语句解》第42页)钱穆译为：“三人同行，其中必有我师了。”(钱穆《论语新解》第174页)俞忠鑫译为：“三个人在一起走，其中一定有人可以做我的老师。”(俞忠鑫《白话四书·论语篇》第101页)笔者译为：“三人同修共事，必有一人可以做我的老师。”

时，我总是肯定能够向同行者学习。](Waley 1938：87)

“必有我师”的各种译法姑且不论，以上各家对“三人行”的译法皆如出一辙，是为以近义揣测古语的又一劲凭。若如此断言有冒失之嫌，且再举一例证之：《论语》之“述而第七章”中，有“子以四教：文、行、忠、信”句。各家将句中“行”字分别译为：“moral conduct”(刘译)、“ethics”(理译)、“procedure”(庞译)、“conduct”(舒译)、“conduct of affairs”(韦译)。由此观之，其中偏颇可见一斑。

(4)个案探究之四：“寝不尸”的英译

在古汉语中，“尸”、“屍”意趣有异①，而在现代汉语中，二者皆写为“尸”，故各家对《论语》“乡党第十”章中“寝不尸”句的解读，每存以今训古之弊②。且看该句的英译：

译文一(刘译)：

In bed, he did not lie like a corpse. [直译：在床上，他不像一具尸体那样躺着。](Lau 1983：95)

译文二(理译)：

In bed, he did not lie like a corpse. [直译：在床上，他不像一具尸体那样躺着。](Legge 1998：235)

译文三(庞译)：

In bed, he did not lie in the pose of a corpse. [直译：在床上，他没有摆出一具尸体姿势躺着。](Pound 1969：237)

译文四(舒译)：

---

① 许慎曰：“尸，陈也。象卧之形。”又曰：“屍，终主。从尸，从死。”(许慎《说文解字》之“八篇上”)

② 孔令河将该句译为：“睡觉时，不挺着身子像死人一样。”(孔令河《论语句解》第64页)钱穆译为：“寝卧时，不(直挺着四肢)像个尸。”(钱穆《论语新解》第254页)陈立夫译为：“孔子睡觉时不挺直身子仰卧。”(陈立夫《四书道贯》第363页)笔者赞同陈译。

In bed, he did not lie like a corpse. [直译:在床上,他不像一具尸体那样躺着。](Southill 1910: 499)

译文五(韦译):

In bed, he avoids lying in the posture of a corpse. [直译:在床上,他避免躺成一具尸体的姿势。](Waley 1938: 127)

由此可见,以上各家英译皆执于"尸"之今义,译之为"尸体"。是为《论语》传播的跨时代延异对跨文化延异影响的又一例证。

(5)个案探究之五:"子之迂也"的英译

《论语》第十三章中,有子路"子之迂也"之语。按古汉语语境下的阐释,迂者,远也。而今人望古文,生今义,将其解作"迂腐"、"迂阔"①,果如此,子路则有无礼蔑师之嫌。那么,该句英译之后,其英译者是否也如法炮制,以"迂腐"、"迂阔"指谓孔子?且看以下各家的译文:

译文一(刘译):

What a roundabout way you take! [直译:您兜了一个怎样的圈子呀!](Lau 1983: 121)

译文二(理译):

You are wide of the mark! [直译:您说得离谱了!](Legge 1998: 263)

译文三(庞译):

You're divagating. [直译:您离题了。](Pound 1969: 249)

译文四(舒译):

---

① 孔令河将该句译为:"您真迂腐啊!"(孔令河《论语句解》第81页)钱穆译为:"先生真个迂到这样吗!"(钱穆《论语新解》第309页)陈立夫译为:"夫子也算得是迂阔的了。"(陈立夫《四书道贯》第622页)笔者译为:"夫子,您说远了吧!"

Are you as wide of the mark as that, Sir! [直译：您离谱到如此地步，先生！](Southill 1910：609)

译文五(韦译)：

Surely what you say has nothing to do with the matter. ①[直译：您所说的当然与此无关。](Waley 1938：159)

对比之下，可以看出，以上各家译文所用“take roundabout way”(兜圈子)、“wide of the mark”(离谱)、“divagating”(离题)之说，尚可差强人意，唯译文五“has nothing to do with the matter”(与此无关)之说，似与原意有所出入。尽管如此，各家译文并未坠入“迂”即“迂腐”(pedantic)的现代汉语解读，可算一特例。

总之，通过以上各例句英译的比照探究，可以看出，汉语语境下的跨时代延异，对孔子伦理思想的跨文化传播过程中延异的产生，具有直接的影响。但必须看到，并非所有的跨时代延异一定导致孔子伦理思想跨文化传播的相应延异，若译者在传译之际避开以近义揣测古语的误区，此类延异可有望避免。

2. 孔子伦理思想的时代性跨文化延异探究之二：文本语义性延异

因《论语》的文本差异而衍生的文义变异，是孔子伦理思想的跨时代延异的另一途径。然经跨文化传译后，该文本语义性延异恐亦不可免。仍以前章所用例句探究之。

(1)个案探究之一：“五十以学易，可以无大过矣”和“五十以学，亦可以无大过矣”的英译

《论语》之“述而第七”章中，有“加我数年”的文句，因版本的差异，致使全句表达不同。现罗列如下：

原文一：

子曰。加我数年。五十以学易。可以无大过矣。(《论语·述而第七》)

原文二：

① 语出 Waley 译 *The Analects of Confucius* 第159页。

子曰。加我数年，五十以学，亦可以无大过矣。（定州简本《论语·述而第七》）

且看各家英译：

译文一（刘译）：

Grant me a few more years so that I may study at the age of fifty and I shall be free from major errors. [直译：给我更多的几年，以便我可以在五十岁时学习，我将免于主要的错误了。]（Lau 1983：91）

译文二（理译）：

If some years were added to my life, I would give fifty to the study of the Yî, and then I might come to be without great faults. [直译：如果一些年被加到我的生命中，我将把五十岁给予《易经》的学习，然后我或许逐渐没有大的过错了。]（Legge 1998：91）

译文三（庞译）：

If many years were added to me, I would give fifty to the study of the Book of the Changes, and might thereby manage to avoid great mistakes. [直译：如果许多年被加到我身上，我将把五十岁给予《易经》的学习，由此或许设法避免大的错误。]（Pound 1969：221）

译文四（舒译）：

Given a few more years to finish my study of the Book of Changes and I may be free from great errors. [直译：给我更多几年，让我学完《易经》，我或许就免于大的谬误了。]（Southill 1910：347）

译文五（韦译）：

Give me a few more years, so that I may have spent a whole fifty in study, and I believe that after all I should be fairly free from error. [直

译:给我更多几年,以便我可以把整个五十年花费在学习上,我相信毕竟应该大致免于谬误了。](Waley 1938: 85)

可以看出,译文一、五,基于原文二所出,而译文二、三、四,则基于原文一所成,其中差异不言自明矣。

(2)个案探究之二:"居不容"和"居不客"的英译

《论语》之"乡党第十"章中,有"居不容"之句,韦利将该句译为:

When at home he does not use ritual attitudes.(直译:当在家的时候,他不用礼节的态度。)

然唐《石经》所载该句却为"居不客"。刘殿爵先生依据此本,将该句译为:

nor did he sit in the formal manner of a quest when by himself.(直译:他独处时,也不表现出客人的正式举止。)

如此翻译,自然与"居不容"大相径庭。与韦利译文比较,延异顿生。

由此可见,在跨文化语境中,文本语义性延异仍难避免,此不多论。

3. 孔子伦理思想的时代性跨文化延异探究之三:修辞结构性延异

文言句法与白话有异,故文白传译之际,修辞结构性延异难免。此处需关注的问题是:在《论语》英译之时,汉语文言句式与英语文法之间,是否也存有修辞结构性延异?下面将以个案探究之法分析之。

(1)个案探究之一:"父母唯其疾之忧"的英译

《论语》之"为政第二"章中,当孟武伯问孝之时,孔子答曰:"父母唯其疾之忧。"笔者以为,该句真义,应为"唯忧父母之疾"①。然今人解读之下,产生二

---

① 华夏先贤于此端多有论及。其一,《淮南子》之"说林"曰:"忧父之疾者子,治之者医。"其二,《孝经》之"纪孝行"章云:"子曰,孝子之事亲也,病则致其忧。"其三,《礼记》之"曲礼"章云:"父母有疾,冠者不栉,行不翔,言不惰,琴瑟不御,食肉不至变味,饮酒不至变貌,笑不至矧,怒不至詈,疾止复故。"以此言观之,"父母唯其疾之忧"者,实"唯忧父母之疾"是也。

义：一曰“父母忧子女之疾”①(是以白话句法忖度所致)；二曰“子女忧父母之疾”②(是以文言句法解读所致)。此文义之延异，皆因文法表达之含混所致。该句英译之后，是否也会产生类似延异？且看下列译文：

译文一(刘译)：

Give your father and mother no other cause for anxiety than illness. [直译：除了疾病之外，不要给你的父亲和母亲其他焦虑的理由。] (Lau 1983: 64)

译文二(理译)：

Parents are anxious lest their children should be sick. [直译：父母们在忧虑，以防他们的孩子病了。](Legge 1998: 148)

译文三(庞译)：

A father or mother is only worried as to whether a child is sick. [直译：一个父亲或母亲仅仅担忧是否孩子病了。](Pound 1969: 198)

译文四(舒译)：

Parents should only have anxiety when their children are ill. [直译：父母们仅仅应该在他们的孩子生病时有忧虑。](Southill 1910: 157)

译文五(韦译)：

Behaving in such a way that your father and mother have no anxiety about you, except concerning your health. [直译：应当这样做，你的父亲和母亲没有为你担忧，关心你的健康除外。](Waley 1938: 15)

---

① 钱穆将该句译为：“让你的父母只忧虑到你的疾病上。”(钱穆《论语新解》第 29 页)

② 孔令河将该句译为：“对待父母，当他们患了疾病时，做儿女的唯一忧愁的便是他们的病。”(孔令河《论语句解》第 7 页)

很显然,所有译文皆以"父母忧子女之疾"而传译之,这实际是将原文句式按白话解读所致,故有此偏。无须多论。

(2)个案探究之二:"窃比于我老彭"的英译

《论语》"述而第七"章中,有"窃比于我老彭"一句,本为"窃比我于老彭"之异体。然各家解读,各各有异,其间延异,亦因以白话文法附会文言所致。且看该句的英译:

译文一(刘译):

I venture to compare myself to our Old P'eng. [直译:我冒昧地把我自己比作我们的老彭。](Lau 1983: 57)

译文二(理译):

I venture to compare myself with our old P'āng. [直译:我冒昧地把我自己比作我们的老彭。](Legge 1998: 195)

译文三(庞译):

I might get by in old P'ang's class. [直译:我或许侥幸混入老彭的阶级。](Pound 1969: 218)

译文四(舒译):

I venture to compare myself with our ancient worthy P'eng. [直译:我冒昧地把我自己比作我们杰出的老彭。](Southill 1910: 325)

译文五(韦译):

In these respects, I make bold to think, not even our old P'eng can have excelled me. [直译:在这些方面,我大胆认为,甚至我们的老彭都不能优越于我。](Waley 1938: 79)

可见,除译文三望文生义的活译之外,其余四家译文皆以"我们的老彭"指谓之,老彭何许人也?恐不得而知。比如,刘殿爵先生在译毕之时,加句附之曰:“It is not clear who Old P’eng was.”[老彭是谁?不清楚。](Lau 1983:57)以刘先生之国学造诣,尚且如此,其他诸子所晓几何?可知矣。

4. 孔子伦理思想的时代性跨文化延异探究之四:句读结构性延异

文言本无标点,解读之时,须先断句,各人断句之法有异,语义自然有别。《论语》之“泰伯第八”章中,有“民可使由之不可使知之”一句,因断为“民可使由之,不可使知之”①,而失“民可使,由之;不可使,知之”②之意趣,致使孔子蒙“愚民”之责。且看该句英译:

译文一(刘译):

> The common people can be made to follow a path but not to understand it. [直译:平常的人们可以被迫遵循一条道路,但不要了解它。](Lau 1983:71)

译文二(理译):

> The people may be made to follow a path of action, but they may not be made to understand it. [直译:人民可以被迫遵循一条行动的路径,但是他们不可以被迫了解它。](Legge 1998:211)

译文三(庞译):

> People can be made to sprout (produce, act, follow); they can not be commissioned to know. [直译:人们可以被迫生长(生产、行动、跟随);他们不可能得以知道。](Pound 1969:226)

译文四(舒译):

---

① 孔令河将该句译为:“可以使老百姓按照我们的意见去做,不容易使他们知道为什么要这样做。”(孔令河《论语句解》第48页)钱穆译为:“(在上者)指导民众,(有时)只可使民众由(我所指导而行),不可使民众尽知(我所指导之用意所在)。”(钱穆《论语新解》第197页)陈立夫译为:“人民可把当然的道理立下规矩来使他们遵行,却没法使人人知晓怎样是当然的道理。”(陈立夫《四书道贯》第611页)

② 笔者将该句译为:“民众可使,则使之;不可使,则教之。”

The people may be made to follow a course, but not to understand the reason why. [直译：人民可以被迫追随一项事业，但是不要去了解为什么这样的理由。](Southill 1910：359)

译文五(韦译)：

The common people can be made to follow it; they cannot be made to understand it. [直译：平常的人们能被迫去跟随它，他们不能被迫了解它。](Waley 1938：99)

显而易见，以上所有译文，皆由“民可使由之，不可使知之”的断句之法解读而来。跨时代延异中的句读结构性延异，无疑也影响到了孔子伦理思想的跨文化传译，至此已不言而喻。

5. 孔子伦理思想的时代性跨文化延异探究之五：篇章语境性延异

所谓“篇章语境性延异”，是指在篇章语境范围内的解读而产生的延异。在《论语》英译过程中，若译者不辨因由，据今人新解而传译之，其篇章语境性延异恐难避免。且看下两例个案。

(1)个案探究之一：“夫子哂之”的英译

在《论语》第十一章中，有“夫子哂之”之语。今人对“哂”字，或解之以“微笑”，或解之为“讥笑”，各有其异①：皆未明确把握语篇的前后呼应关系②。且看各家英译：

译文一(刘译)：

① 孔令河将该句译为：“孔子微微一笑。”(孔令河《论语句解》第71页)钱穆译为：“先生向他微笑。”(钱穆《论语新解》第281页)邓球柏译为：“孔子听了，讥讽地笑了笑。”(邓球柏《论语通解》第221页)

② 郑玄注曰：“哂。笑。正义曰。曲礼。笑不至矧。……齿本曰矧。大笑则见。释文。矧本又作哂。是哂本与矧同。……说文。弞。笑不坏颜曰弞。从欠引省声。说文无哂字。作弞为正。矧是叚借。凡笑以至矧为度。过此则坏颜。且失容。故曰笑不坏颜。非微笑之谓。曾皙亦以夫子有异常笑。故问之尔。”(郑玄《论语正义》第253～254页)当曾皙问“夫子何哂由也”之时，孔子答曰：“为国以礼，其言不让，是故哂之。”由此可见，孔子之“哂”，并非如钱先生所解，为“启发之微笑”，而应是对子路“其言不让”的批评性反应，但若如邓先生解之为“讥讽地笑了笑”，恐言过其实。因此，既然此处“哂”字译为“微笑”或“讥笑”皆不妥，故不妨采用以经解经之法，将该句译为：“夫子付之以哂笑。”

The Master smiled at him. [直译：大师对着他笑了。](Lau 1983：105)

译文二(理译)：

The Master smiled at him. [直译：大师对着他笑了。](Legge 1998：247)

译文三(庞译)：

The big man smiled (or grinned). [直译：这个大人物对着他笑了(或咧嘴笑了)。](Pound 1969：242)

译文四(舒译)：

The Master smiled at him. [直译：大师对着他笑了。](Southill 1910：549)

译文五(韦译)：

The Master smiled at him. [直译：大师对着他笑了。](Waley 1938：141)

可见，自以上五家译文中，不管是"smiled"，还是"grinned"，都没有体现出来与后文"为国以礼，其言不让，是故哂之"的那种轻微责备的内涵，夫子之哂，自然就变为泛泛一笑了。

(2)个案探究之二："足食足兵民信之矣"的英译

《论语》之"颜渊第十二"章中，孔子答为政之要曰："足食。足兵。民信之矣。"今人忽略后文"此三者"之称谓，曾有"有充足的粮食，充足的军队和武器，百姓就信任你了"①的异解，亦因忽略其篇章呼应所致。且看该句的英译：

译文一(刘译)：

① 语出孔令河《论语句解》第 75 页。

Give them enough food, give them enough arms, and the common people will have trust in you. [直译:给他们足够的食物,给他们足够的武装,那么一般的人们将会信任你。](Lau 1983: 111)

译文二(理译):

The requisites of government are that there be sufficiency of food, sufficiency of military equipment, and the confidence of the people in their ruler. [直译:对政府的要求有三:有足够的食物,足够的军事装备,还有人民对统治者的信任。](Legge 1998: 254)

译文三(庞译):

Enough food, enough weapons, and that the people stand by their word. (have confidence in their ruler) [直译:足够的食物,足够的武器,人民遵守他们的话(信任他们的统治者)。](Pound 1969: 245)

译文四(舒译):

Sufficient food, sufficient forces, and the confidence of the people. [直译:足够的食物,足够的力量,人民的信任。](Southill 1910: 257)

译文五(韦译):

Sufficient food, sufficient weapons, and the confidence of the people. [直译:足够的食物,足够的武器,人民的信任。](Waley 1938: 149)

比较以上五家译文可看出,译文一(刘译)的译法与孔令河先生的白话解读相契合,疑其在英译之际,受"民信之矣"一句的文言表达习惯影响,而忽视了对下文"此三者"三字的留意。另,其他译文则无此异解,唯对句中"足兵"二字译法不一,因与篇章语境性延异无关,故不多论。

6. 孔子伦理思想的时代性跨文化延异探究之六:文化语境性延异

所谓"文化语境性延异",是指对《论语》所涉及的特定文化因素的误读而造成的延异。且看以下两个个案的英译。

(1)个案探究之一:“雍也可使南面”的英译

《论语》之“雍也第六”章中,孔子言曰:“雍也可使南面。”今人每因中国文化语境中有“面南称帝”或“面南称孤”之说,每解之曰“为君”①,然在《论语》之中,孔子曾倡“君君、臣臣”之说教,以此说观之,拥徒为君,是为篡逆,即乱臣贼子,故“让雍也面南为君”,既悖孔氏信条,又悖臣子本分,是以圣者不为。然解者纷纷若此,恐亦影响及该文句的英译:

译文一(刘译):

Yung could be given the seat facing south (the seat facing south: the seat of the ruler). [直译:雍能够得到面朝南的座位(即统治者的座位)。](Lau 1983: 47)

译文二(理译):

There is Yung! —He might occupy the place of a prince. [直译:雍呀!他可以占据君主的位置。](Legge 1998: 184)

译文三(庞译):

Yung could be appointed to a throne. [直译:雍可以通过任命而坐上王位。](Pound 1969: 213)

译文四(舒译):

Yung! He is fit to occupy a ruler's seat. [直译:雍!他适合占据统治者的位置。](Southill 1910: 285)

① 孔令河将该句译为:“冉雍这个人,可以让他做一地之长的官。”(孔令河《论语句解》第32页)钱穆译为:“雍呀!可使他南面(当一国君之位)了。”(钱穆《论语新解》第131页)陈立夫译为:“雍这个人大有人君的气度,可以叫他南面坐在君位上。”(陈立夫《四书道贯》第611页)黄怀信译为:“冉雍(这个人)吧,可以使他做君主。”(黄怀信《论语新校释》第120页)笔者译为:“冉雍这个人,可授其官爵,使之为政。”或者可译为:“冉雍这个人,可以肩负君命而出使四方。”

译文五(韦译):

I should not mind setting him with his face to the south. [直译:我不应介意使他面朝南就位。](Waley 1938: 65)

与前章汉语今译相比较,可以看出:除译文五因过分直译令人费解之外,译文二、三将“南面”或译为“君主”,或译为“王位”;译文一、四则将“南面”笼统译为“统治者”,亦有君临之态。而为宰、为相、为郡守、为县令建府开衙,面南而治者,则无有涉及。由此可见,此种倾向,与该句汉语今译的主要倾向一脉相承。

(2)个案探究之二:“君子不器”的英译

孔子“君子不器”之论,见诸《论语》之“为政第二”章。古今高贤对“器”字的解读,每拘于“器”字的外延意义,而未顾及《周易》典籍“道器”①之论,故解读之时,每以“器皿”、“器具”②之辞附会之,故其微言妙义,必有所偏。若不究该词真趣,徒以近义英译之,其跨时代性延异,恐难免演化为跨文化延异。且看各家英译:

译文一(刘译):

The gentleman is no vessel. (i. e. he is no specialist, as every vessel is designed for a specific purpose.) [直译:绅士不是容器(换言之,他不是专家,因为每一件容器的设计,都有其具体的目的)。](Lau 1983: 13)

译文二(理译):

The accomplished scholar is not a utensil. [直译:有造诣的学者不

---

① 《周易·系辞传》曰:“形而上者谓之道,形而下者谓之器。”基于此言,后世方有“道器”、“体用”之论。故以此义观之,君子上达而体道成德,小人下达而为物所役。故孔子曰“君子不器”之余,犹言“君子上达,小人下达。”(《论语》之“宪问第十四”)异辞而同旨也。

② 孔令河将该句译为:“君子不像器皿一样,只有固定的用途。”(孔令河《论语句解》第 8 页)钱穆译为:“一个君子不像一件器具(只供某一种特定的使用)。”(钱穆《论语新解》第 35 页)陈立夫译为:“君子学文广博,不像一件器皿只限一种用途。”(陈立夫《四书道贯》第 310 页)笔者译为:“君子达乎道体,而不周乎器用。”

是一件用具。](Legge 1998：150)

译文三(庞译)：

The proper man is not a dish. [直译：正经男人不是一个盘子。](Pound 1969：199)

译文四(舒译)：

The higher type of man is not a machine. [直译：更高类型的男人不是一台机器。](Southill 1910：163)

译文五(韦译)：

A gentleman is not an implement. [直译：一个绅士不是一件器具。](Waley 1938：17)

从以上英译可看出，译文一、二、五所用的"容器"、"用具"和"器具"的译名，实由"器"字的具体外延意义转化而来；译文三、四所用的"盘子"、"机器"之类的译名，实望"器"生义，匪夷所思。"器"字本身所蕴涵的形而上内涵，皆渺然无得。

另，译文一中，刘殿爵先生为显露"器"之真意，又附加了一句"不是专家"的注解，在"君子贵全"的华夏文化语境中，通硕之儒往往受到尊崇，而"专家"则因其修业偏颇，而每每遭人贬斥。然而，在崇尚分科而治的西方学界，人们往往重"专家"而轻"通才"。因此，根据该句的表述逻辑，作为中国传统伦理楷模的"君子"竟然连"专家"都不是，在西人眼里，恐乏善可陈。由此可见，中西文化的差异性，使得对同一伦理规范的解读截然不同。此中跨文化延异，非一个"译"字可以了得。

前面，笔者将孔子伦理思想传承中的跨时代延异，置于跨文化传播的背景下分别探究之。探究之余，不难看出，孔子伦理思想在跨文化传播中，其产生的跨时代性延异会随之过渡到跨文化的译文中，此种倾向，以上各个案探析中已显露无遗，毋庸琐论。

但必须指出，孔子伦理思想的跨时代延异，与孔子伦理思想的跨文化延异并未存在着一一对应的必然关系，在特定情况下，容易导致跨时代延异的文句未必一定转化为跨文化延异。“子之迂也”一句的个案探究，堪为明证。

三、孔子伦理思想跨文化传播的非时代性延异探究

所谓“非时代性跨文化延异”，是指在跨时代延异之外，由非时代性因素导致的孔子伦理思想传播的延异。该延异主要表现有二：一、因译者自身的主观翻译倾向而导致的孔子伦理思想传播的延异，笔者称之为“主动性延异”；二、因解读者的跨语境被动接受而导致的孔子伦理思想的延异，笔者称之为“被动性延异”。

下面将分而论之。

1. 孔子伦理思想的非时代性跨文化延异探究之一：主动性延异

前已提及，因笔者语域所限，对孔子伦理思想跨时代、跨文化的延异性探究，主要限于中英文化语境。然而，孔子伦理思想的西传，肇始于天主教耶稣会士来华传教时期，此后，孔子思想便以各民族语的形式多向传播。基于此，下面的探究可分为两段：一、孔子伦理思想的拉丁语传播时期（the Latin Period），主要探究罗马天主教耶稣会士对孔子伦理思想进行传译时的主动性延异；二、孔子伦理思想的后拉丁语传播时期（the Post-Latin Period），主要探究晚清以来以英语为传播载体的孔子伦理思想在传播时的主动性延异。

(1)孔子伦理思想的主动性跨文化延异探究之一：拉丁语传播时期

西人最早接触的孔子译名“Confucius”，是耶稣会士的“发明”（Rule 1986：ix），目前已“广为西人所知”（Lau 1979：9）；西人所见的最早的孔子伦理思想，是耶稣会士在其拉丁译本中的“创造”（Rule 1986：ix）。孔子译名虽不无捏造，却已在西方根深蒂固；拉丁译本目前虽无人拜读，毕竟在西方影响深远。基于以上考虑，该节可分两部分探究：一、孔子的拉丁语译名对西方文化语境（特别是英语文化语境）所产生的暗示性延异；二、耶稣会士在传译孔子思想时所采取的主动性策略引起的延异。下面分而述之。

①孔子的拉丁语译名在英语文化语境中的暗示性延异

罗明坚（Michele Ruggieri）是来华耶稣会士中首位学习中文并向西方传布孔子思想者，故孔子译名“Confucius”应最先出自他之手。

在孔子译名中，罗明坚采用“Confu”后加拉丁词缀“cius”方法，表达出了“孔夫子”的含义，从而也产生了流传千载的谬误。

一方面，罗明坚在传译孔子之名之时，并未真正搞清孔夫子的内涵。自古以来，国人对孔子的尊称有二：一曰孔子；二曰孔夫子。名辞虽异，其实大同。罗明坚以“cius”译“子”，向孔子表示了拉丁式的尊崇，却将“孔夫”译成了孔子

的本名。其实，按其拉丁式译法，孔子的正确译名应是“Concius”。具有讽刺意味的是，罗明坚把孔子译为“Confucius”，反把孟夫子译成了“Mencius”，不能不说是对中国文化的一知半解。然而，正是罗明坚的无知所导致的谬误，才促成了西人对孔子这位东方圣人的了解。功过之间，似乎又不宜求全责备。

另一方面，罗明坚对孔子译名的拉丁语式的译法处理，直接导致了对孔子地位的异化和矮化。稍有宗教背景的西方人士都会知晓“cius”词缀所蕴涵的宗教意义。在基督教会内，按教会规范进行生活的神父或修士，其名后都可加带“cius”之词缀。一不知孟子何许人也的留学生，听到“Mencius”之名后，不假思索地译为“孟修士”。按照此理，孔子译名“Confucius”自然就是“孔夫修士”。由此可见，在罗明坚的传译下，华夏亘古一人的大圣人孔子，以“Confucius”之名进入西方文化语境后，即贬为俯拾即是的教会修士。其异化与矮化之甚，实匪夷所思。虽然英语中曾有“孔子是世界上最了不起的圣人”(Rule 1986:34)的说法，但是，回到英语原文及原文语境，就会看出，孔子依然是一位出色的神父或修士。另外西人称孔子为“圣”(sage 或 saint)，同样是对孔子形象的异化与矮化。容后细论。

以上所探究的，是孔子的“Confucius”译名在西方文化语境下的跨文化延异，以及该延异所造成的对孔子圣人形象的矮化。然而，正如鲁尔所说，“虽然孔子之名用罗马语言传入欧洲意义重大，但这不仅是拉丁化‘孔子’的名字的问题，关键问题是耶稣会士的孔子在多大程度上与中国的孔子相应”(Rule 1986: ix)。

耶稣会士的孔子与中国孔子的相应程度，应通过探究耶稣会士传译孔子思想的主动性策略而加以把握。

②耶稣会士在传译孔子思想时的主动性策略及其延异略论

据文献所载，在明末来华传教的耶稣会士中，罗明坚是孔子思想的“首位发现者和西向传播者”(Rule 1986: 3)。他对孔子思想的传述因其“不完备性”而“影响甚微”，相比之下，利玛窦(Matthoeus Ricci)对孔子思想的传译则“更胜一筹”。(ibid)正如鲁尔所说：“利玛窦的个人历史，是早期耶稣会士传译孔子思想的发展史。”(ibid: 2)利玛窦首先被儒学吸引，在于认定儒学“基本上说是一种伦理的、社会哲学的体系”(ibid: 46)。而在后来，利玛窦又改称儒学是“基于社会伦理哲学之上的自然宗教的纯粹形式”(ibid: 33)。因此，探究来华耶稣会士对孔子伦理思想的传译，可在利玛窦那里得到集中的体现。

同罗明坚一样，利玛窦将《四书》译为拉丁语(ibid: 11)，其最初目的有二：一、运用翻译教新来的传教士学习汉语；二、联儒排佛，以扩大基督教在中国的地盘。但是，利玛窦的拉丁译本传回西方，立刻在西方引起一场“文化震撼”

(cultural shock)并推进了欧洲的启蒙运动(ibid: ix)。正如鲁尔评价孔子时所说:"这个贴着'Confucius'标签的谜一般的人物,从十七、十八世纪耶稣会士著作的书页里盯着我们,是欧洲思想界许多其他令人困惑的新动向的关键。"(ibid: ix)此效应与利玛窦等人的传译方略息息相关。

利玛窦传述孔子思想的途径有二:一、他用西文撰写的文章,旨在向耶稣会士和欧洲公众介绍儒家思想;二、他用汉语撰写的文章,旨在确立儒学和基督教之间的和睦关系。(ibid: 26)其对儒家思想的成熟看法收录在他晚年撰写的《中国基督教传述》(*Storia dell' Introduzione del Cristianesimo in Cina*)一书中。

利玛窦的传教宗旨,是促成"儒家中国的基督教化"(ibid: 31);而利玛窦传译《论语》方略,一言以蔽之,即为孔子思想的基督教化。因此,他特别注意"许多有利于传布基督教信仰的篇章"(ibid: 29)。正如利玛窦本人所承认的:"我尽力把孔子著作中的含混之处按适合我们的口味翻译,把儒家之首孔子的思想转向为我们的道路。这样,我们的教士们就会赢得那些不崇拜偶像的儒士的喜爱。"(ibid: 1)其传译倾向由此可见一斑。

利玛窦在《论语》文本翻译时具体如何操作,已不得而知了。但有一点可以辨明:利玛窦所持的"调和儒学思想与欧洲传统"(ibid: 51)或"和睦儒学和基督教关系"(ibid: 24)的翻译倾向,一方面赢得了诸如徐光启等儒士的尊崇和对基督教的皈依,另一方面也赢得了欧洲文化传统对东方儒学的关注与接纳。

然而,必须指出,利玛窦向西方所传译的,是所谓"基督教儒家"(Christian Confucian)(ibid),而不是孔子思想的本真。质言之,这与其说是"跟中国文化创造性的交锋和融汇的结果"(ibid: 1),毋宁说是对孔子思想的"修正主义式"(ibid: xii)的改篡。换言之,是创造性的延异。而恰恰是利玛窦的这种延异,使得孔子伦理思想与欧洲基督教传统获得了和谐的对接,从而使儒学的西向传播跨出了弥足珍贵的一步。从这一意义上讲,在特定的历史文化语境下,孔子伦理思想的延异实为必要之手段。其关键有二:一、创造性延异的前提确定;二、创造性延异的度的把握。正因为如此,利玛窦又开始了"回归孔子原始思想的纯洁性"(ibid: 29)的努力,因为如若不然,孔子伦理思想必将混同于基督教伦理规范,而最终失其本真。

至于利玛窦的努力奏效与否,尚不得而知。但可以把握的是,在孔子伦理思想的后拉丁语传播时期,此种失真性延异将使孔子的形象面目渐非。

(2)孔子伦理思想的主动性跨文化延异探究之二:后拉丁语传播时期

在孔子思想的拉丁语传播时期,以利玛窦为代表的耶稣会士功不可没。

但是，其自相矛盾的传述，又将孔子思想在西方文化语境下引向了纷乱之途。例如，利玛窦一会儿说孔子学说不是宗教，而是一种“伊壁鸠鲁学派式的社会伦理哲学”(Epicurean socio-ethics)；一会儿又说是一种“文人教派”(a Sect of Literalti)，而且是“基于社会伦理哲学之上的自然宗教的纯粹形式”(Rule 1986：33)。该辞无定规的说教，直接导致了后来西方学者对儒学研究的主动性多向定位，其主动性延异也随之而生，主要表现在以下七端：一、儒学是宗教；二、儒学是哲学；三、儒学是伦理学；四、儒学是人类学；五、儒学是政治学；六、儒学是杂学；七、儒学是伪科学。下面将分述之。

第一，儒学是宗教。舒兹尔曾经说过：“孔子的言论，即人所共知的《论语》，不仅中国的学生不能忽视，而且至少所有的传教士都不能忽视。”(Soothill，1910：i) 此语一言道出了孔子思想的宗教倾向。中西有许多儒学研究者，直接将孔子思想归于宗教者大有人在(Lodén 2001 ：3)，甚至有人将其比附于基督教中的极端教派——清教(Allinson 1989：71)，只是“儒家不信仰任何人格化的上帝”(Lodén 2001：3)而已。更有甚者，费博认定儒学“只是对基督教启示录的学舌”(Faber 1999：82)，其作为宗教而存在的种种缺陷达24种之多(Faber 1999：82～84)，等等。儒学作为宗教似乎已成定规。

第二，儒学是哲学。儒学是哲学的说法，应由利玛窦的“社会伦理哲学说”秉承而来，不过几经变异而已。例如，考勒言道：“儒学、道学和新儒学初步形成了一种哲学根基，中国的文明和文化就依附其上。”(Koller 1998：237) 众所周知，中国传统文化的根基是儒道佛三位一体的统一结构。考勒虽然连这一点都不甚明了，但是，他将儒学定位于哲学这一点还是确定无疑的。

第三，儒学是伦理学。英国著名汉学家理雅各指出：“孔子的学说主要与政治伦理和社会伦理有关。”(Legge，1875：ix) 依此看来，儒学即伦理学。这与利玛窦的“社会伦理说”遥相呼应。

第四，儒学是人类学。很多东西方的学者承认，孔子学说所关注的首要问题，是人的问题。如罗登言道：“儒学以总体的或关联的视角关注人的状况。”(Lodén 200：4) 费博也道：“在世间万物中，唯一能引起他的兴趣是人。”(Faber 1999：25) 以此言观之，孔子学说之要，唯在于“人”。因此，欲对孔子思想作出学科定位，“‘人类学’之说似乎是更恰切的”(ibid：24)。

第五，儒学是政治学。儒学要义在于修身齐家治国平天下，故自古以来，儒学亦可称为“平治之学”。此种定位倾向亦可见诸西人言论。如费博曾曰：“孔子与其说是一位道德哲学家，不如说是一位政治家，因为他的伦理思想的宗旨在于政治。”(ibid：1) 以此言观之，孔子学说当属政治学范畴无疑矣。

第六，儒学是杂学。《论语》本来是孔子及其弟子关于论为学、论为政、论为人的言论总集，其内容实难以特定学科而界定之。故西人对《论语》思想了解愈深，其学科界限就愈模糊。如费博言道："总起来说，儒学在许多方面很重要，不仅可运用于传教活动，而且用于研究中国学和哲学。"(ibid) 以此观之，儒学应是与宗教、汉学和哲学相关的学科。再，费博又言："儒学一方面被看做是伦理学，另一方面又被看做是政治学和文学。"(ibid：2) 由此而论，儒学又是一种伦理学、政治学和文学的杂合。另，费博亦言："孔子的说教毫无例外地是伦理人类学的说教，如果你愿意，你可以笼统称之，也可称之为伦理学体系，或者人类学体系。"(ibid：24) 据此而言，孔子学说又是伦理学或人类学的混合学说。

第七，儒学是伪科学。《论语》所载孔子之言，无不彰显为学、为政、为人之要妙。妙则妙矣，然费博断言，孔子身上"没有表现出任何科学的痕迹"，因为"他随口道出自己的思想，不加论证，也不成系统"。(ibid：26) 鉴于此言，孔子思想述而不证，有悖西方的学术规范，故以伪科学判之。

总之，以上所论，是西人眼中孔子学说的学科定位，整部《论语》本来就是一部"孔子言行录"，本无学科性可言，可是西人执意以学科范畴规范之，方有学科归类之纷乱。既然如此，涉及孔子伦理思想的传布与解读，自然会产生"仁者见仁，智者见智"的主动性延异了。无怪乎西人谈及儒学，往往问一句："我们谈的是哪家的儒学？"(Theodore de Bary 1991：xi) 孔子伦理思想的跨文化主动性延异之大，由此可见一斑。

2. 孔子伦理思想的非时代性跨文化延异探究之二：被动性延异

本节所探究的，是孔子伦理思想跨文化传播中的被动性延异。所谓"被动性延异"，实指孔子伦理思想在传译过程中，因文化语境的差异性而造成的孔子伦理思想被动接受时产生的延异。

如果说孔子伦理思想跨文化传播中的主动性延异，使西人对孔子伦理思想的解读走向"仁者见仁，智者见智"的个体性异途，那么，孔子伦理思想跨文化传播中的被动性延异，则会使西人在对孔子伦理思想的接受中走向集体性误读。故该节以英语文化语境为例，予以探究之。

为论述方便计，本节探究可分而为三：一、英语文化语境下对孔子其人的延异性解读；二、英语文化语境下对孔子思想的延异性解读；三、英语文化语境下对孔子伦理概念的延异性解读。下面将分而论之。

(1)英语文化语境下对孔子其人的延异性解读

英语世界的人士对孔子的了解，往往是以英语为语言载体的。因此，英语人士所知晓的孔子，既非原古汉语文化语境中所记载的孔子，也非现代汉语文化语境中所传播的孔子，而是借助英语文化语境的解读而生成的孔子。三者之间，固然有极大的统一性，但其差异性恐不可免。鉴于此，笔者将在中英跨文化语境中，对孔子的公认性评价进行一一辨异。

为便于论述，该节对孔子的公认性评价的辨异围绕以下四点展开：一、作为“圣人”的孔子；二、作为“没落贵族分子”的孔子；三、作为“人文主义者”的孔子；四、作为“复古主义者”的孔子。

①“圣人”孔子的跨文化延异

国人谈及孔子，往往冠以“圣人”二字。

何谓圣？许慎曰：“圣者，通也。”(《说文解字·十二篇上》)。换言之，法天地，体人伦，正名物，化万方，具至德，成盛功之谓也。故周子曰：“天地圣人，其道一也。”(《太极图说·顺化》)孟子道：“圣人，人伦之至也。”(《孟子·离娄章句上》) 管子曰：“名当谓之圣人。”(《管子·心术上》)朱子曰：“圣人之道，蕴之为德行，行之为事业。”(《近思录·为学》)《易》亦曰：“圣人以通天下之志，以定天下之业，以断天下之疑。”(《易经·系辞传[上]》)总之，圣人贯通天地，协和阴阳，志道据德，依仁行义，妙应万物而工乎天，居正处常似拙乎人，诚修身成人之圭臬也。故自儒家观之，成圣为修身成人之极致。

英语中，孔子也被称之为“圣人”，如刘殿爵指称孔子是中国的“圣人”(the figure of the sage)(Lau 1979：9)，德·巴瑞认为孔子是“中国圣人的楷模”(the quintessential Chinese sage) (Theodore de Bary 1991：xii)，皆属此类。

然英语之中，“圣人”译名主要有三：一曰“sage”(Lau；Waley；Legge；Pound；Soothill；Bary)；二曰“inspired man”(Soothill)；三曰“holy man”(Rule)(Rule 1986：34)。三者含义，大相径庭，下面将一一探析之。

第一，“sage”(圣人)一词的英文语境考辨。若查阅一般的英汉词典，便会发现“sage”一词不仅有“贤明”、“聪明”、“明智”、“审慎”等形容词含义，亦有“哲人”、“贤人”、“圣人”等名词含义。撇开形容词含义不论，其名词含义便有诸多含混之处，因为现代汉语之中，虽有“贤哲”、“圣贤”、“圣哲”之混搭组词，但在古代汉语文化语境中，“哲人”、“贤人”、“圣人”三者确有差异之处，国人往往指孔子为“圣人”或“圣哲”，而往往指其徒(如颜回、曾参、子贡等人)为“贤人”(如孔子弟子三千，贤者七十有二)。而英语之中，三者一以贯之，故有所谬。另一方面，若自“sage”的英语释义观之，其延异程度更甚。如在《柯林斯英语词典》中，“sage”作为名词的英语释义为：“A sage is a person who is regarded as being very wise.”(汉译：sage 是一个被认为是非常有智慧的人。)在华夏传统文化语境中，有智慧的人可称之为“智者”，而“圣人”固然智通万方，然德、业、才、智俱兼，非一“智”字可以了得。故在汉语文化语境中，“圣人”品质有四(德、业、才、智)，然译至英语，四失其三，唯剩“聪明”而已。其间延异之大，由此可见一斑。

另外，韦利在其《论语》英译本中，还将"圣人"更准确地译为"Divine Sage"，字面有"神圣智者"①之意，这又把孔子更准确地归于了教会人士的范畴，其延异益甚。此不赘。

第二，"inspired man"（圣人）一词的英文语境考辨。舒兹尔在其《论语》英译本中，将"圣人"译为"inspired man"，意为"获得灵感的男人"。在西方文化语境中，"inspire"或"inspiration"与上帝神灵有着密切的联系。如"上帝感召"的英语表达即为"God's inspiration"。于是乎，孔子便具有了"通神"的神通。另一方面，说孔子是"获得灵感的男人"，也为对孔子的矛盾解读提供了素材。因为法国思想家伏尔泰曾道："我赞美孔子，因为他是第一个没有得到神的灵感的人。"②在现代英语文化语境中，固然不能将"inspiration"完全等同于"divine inspiration"，但其矛盾抵触之处，不言自明。

第三，"holy man"（圣人）一词的英文语境考辨。解读"holy man"（圣人）一词的关键是"holy"。该词固然有"神圣"之意，但在其英语释义中，该词的宗教化倾向一目了然，如《柯林斯英语词典》中解释道："If you describe something as holy, you mean that it is considered to be special because it is connected with God or a particular religion."③（汉译：如果你描述某事为holy，就意味着它因为与上帝或某种宗教有关而变得很特别。）由此可见，说孔子是"holy man"，实际上又把提倡"敬鬼神而远之"的孔子度入教门了。

总之，通过以上对"圣人"孔子的英文译名的评析，可以看出，当圣人孔子以"sage"的面孔进入英语文化语境，他所有的只有智慧，其为"万世师表"的德行已荡然无存；而当孔子以"inspired man"或"holy man"的面目进入英语文化语境后，其满身便带上了浓厚的西方宗教气息，那个随俗而近道的中国老人的可敬形象也已面目扭曲。

②"没落贵族分子"孔子的跨文化延异

国人对孔子出身的认定主要见诸两端：一、没落贵族分子；二、布衣之士。孔子出身于鲁国没落的贵族家庭。如汤一介先生言道："孔子的祖先是宋国的

① "divine"的英语释义为："You use divine to describe something that is provided by or related to a god or goddess."［汉译：人们用 divine 一词来描述由神赋予的或与神有关的事情。］（参见《柯林斯英语词典》中的"divine"词条）

② 参见英语原文："I admire Confucius. He was the first man who did not receive a divine inspiration."（Voltaire 1947：191）

③ 参见《柯林斯英语词典》中的"holy"词条。

贵族，大约在孔子前几代就没落了，失去了贵族的地位。”（汤一介 1998：3）又如孔子自言：“吾少也贱，故多能鄙事。”①然孔子虽身归布衣，矢志为学，继而为政，堪为一“布衣之士”耳。

然在英语文化语境中，此种意蕴却大异其趣，如魏尔海姆言道：“孔子就是一个朴素的、穿布料长袍的资产阶级分子。”②因孔子曾为官宰，有车驾，说其为“资产阶级分子”诚不为过，但在英语文化语境中，“资产阶级分子”（bourgeois）的真涵却为贬义，如《柯林斯英语词典》解道：“If you describe people，their way of life，or their attitudes as bourgeois，you disapprove of them because you consider them typical of conventional middle-class people.”（汉译：如果你把某些人、他们的生活方式或态度描述为 bourgeois，你对他们持有不满的态度，因为你认为他们是典型的因袭成性的中产阶级分子。）

从孔子出身没落贵族之家，到孔子“少也贱”，再到孔子聚徒大兴私人教育的经历来看，说孔子是一个“穿布衣的资产阶级分子”似无不妥。然在英语文化语境中，人们感受到的却是魏尔海姆不以为然的讥讽。这无形中已然贬损了孔子的国际形象。

③“人文主义者”孔子的跨文化延异

对人的关切构成了孔子伦理思想的核心。如孔子论“仁”，曰“爱人”③；论“智”，曰“知人”④。故言之，孔子是一位人本主义者，或曰人文主义者。

汉语语境中，此说亦无不可。然传译至英语之中，延异即生，如费博言道：“孔子是一位人文主义者，他的思想和准则并未高过世俗的生活。”⑤如上所说，孔子是“人文主义者”，因为他提倡仁者爱人，智者知人；说“他的思想和准则并未高过世俗的生活”，因为孔子的思想是入世的思想。费博所说，皆无可厚非。但是，若从英语文化语境中解读之，抵触立现。

其一，孔子注重人，但孔子不是“humanist”（人文主义者）。所谓“人文主义者”，就是信奉“人文主义”（humanism）的人。在英语中，“人文主义”的释义为：“Humanism is the belief that people can achieve happiness and live well

---

① 语出《论语·子罕第九》。

② 参见英语原文：“Confucius was，after all，a simple bourgeois in a cloth gown…”（Wilhelm 1972：97）

③ 语出《论语·颜渊第十二》。

④ 同上。

⑤ 参见英语原文：“Confucius … is humanist. His thoughts and doctrines do not rise higher than this temporal life.”（Faber 1999：25） without religion."①(汉译:人文主义是认为人们不靠宗教也能获得幸福、活得不错的信仰。)由此可见,在英语文化语境中,"人文主义者"即追求世俗之乐的反宗教主义者。前已论及,孔子的"Confucius"译名,已经极好地在西方树立了孔子的"圣徒"形象,但转而又说孔子是寻欢作乐的反宗教分子,实令西人百思不得其解。

其二,孔子注重"入世"的人生,但孔子关注的不是"temporal life"(世俗生活)。"temporal life"的英语释义为:"Temporal powers or matters relate to ordinary institutions and activities rather than to religious or spiritual ones."②(汉译:世俗是指那些不同于宗教的平常风俗或行为。)由此可见,在西人眼里,"temporal life"(世俗生活)实际上是"religious life"或"holy life"(宗教生活)的对立面。神谕一般的宗教教义或教规是人们日常生活的基本规范,宗教之外的世俗生活规矩则等而下之。若言孔子的"思想和准则并未高过世俗的生活",说明在东方堪称"万世师表"的孔子,其思想境界在西方恐不如一教徒。这无疑使"Confucius"的"圣者"形象添加了几许虚伪低俗的色彩。

也许,孔子思想的传布者在主观上并未有矮化或丑化孔子的意思,但当译者不假思索地根据某些辞藻的词典意义"对等"传译时,其延异便随文化语境的转换而生成。

④"保守主义者"孔子的跨文化延异

在《论语》中,孔子的"信而好古"③及"郁郁乎文哉,吾从周"④之论,使他一度背上了"顽固的保守主义者"(the diehard conservative)⑤之名。在汉语文化语境下,孔子持保守立场,似乎无可厚非,因为其所处时代,本来就是一个政纲崩坏、世风颓靡的乱世,故仰慕并复归清明之治,本属必然。

但在英语之中,其"保守"之义便面目全非。"保守"(conservative)一词的英语释义为:"Someone who is conservative or has conservative ideas is unwilling to accept changes and new ideas."⑥(汉译:保守或有保守思想的人不愿接受变化和新思想。)因此,自汉语语境观之,孔子是一位既仰慕先王圣

---

① 参见《柯林斯英语词典》中的"humanism"词条。

② 参见《柯林斯英语词典》中的"temporal"词条。

③ 语出《论语·述而第七》。

④ 语出《论语·八佾第三》。

⑤ 参见英语原文:"Anyone who has read the sayings of Confucius carefully and without prejudice will surely find it difficult to recognize the diehard conservative and arch-villain that he has sometimes been made out to be."(Lau 1979:51)

⑥ 参见《柯林斯英语词典》中的"conservative"词条。

道，又崇尚“毋意、毋必、毋固、毋我”的圣哲；然自英语语境观之，孔子就是一个抱残守缺、顽固不化的“元凶”（an arch-villain）①。个中真味，岂一“译”字了得？

（2）英语文化语境下对孔子思想体系的延异性解读

前已论及，不管是孔子思想的拉丁语传播阶段，还是后拉丁语传播阶段，其跨文化语境解读的主动性延异，使孔子思想产生了“仁者见仁，智者见智”的不同学科界定。此类学科界定反过来又会影响西人对孔子伦理思想的把握。

孔子的伦理思想，虽不等同于孔子的思想体系，但西人对孔子思想体系把握的错位，肯定会导致对孔子伦理思想的延异性解读。下面以英语文化语境为例，着重探究孔子思想在英语文化语境中的界定所引起的延异性解读。

为探究方便计，下面所进行的英语文化语境下对孔子思想体系的延异性解读的探究可分为两部分：一、对孔子思想的内容的把握所引起的延异性解读；二、对孔子思想的基本载体《论语》的文体形式的把握所引起的延异性解读。下面将分述之。

①对孔子思想的内容的把握所引起的延异性解读

孔子思想（或言儒学）是什么？简言之，孔子关注的是人，崇尚的是“爱人”，因此可以说儒学是人文主义的或人道主义的思想体系；孔子认为“人无信不立”，故也可以说，儒学是求“信”的文化传统。此番表述在汉语文化语境中并无悖逆之处，然自英语语境观之，其意迥然。

第一，孔子思想是人文主义的思想体系。上节已经论及，“人文主义”（humanism）一词在英语文化语境中有明显的追求世俗欢乐和反宗教的倾向，这与孔子“敬鬼神而远之”的中庸态度有异，是西人对孔子及其学说产生延异性解读的概念之一。② 另外，孔子思想为“社会人文主义”（social humanism）③的说法与此说大同小异。故不多论。

第二，孔子思想是人道主义的文化传统。孔子讲求“仁者爱人”，故其思想体系带有浓厚的人道主义色彩，将其推而广之，则成为“四海之内皆兄弟也”的

---

① 参见上页注5。

② 参见其他的英语原文：“In this sense we may speak about a Confucian humanism.”（Lodén 2001：1）

③ 参见英语译文：“In Confucianism this characteristic is manifested in the emphasis on social humanism.”（Koller 1998：238～239）［汉译：在儒学中，该特点是对社会人文主义的腔调来展示的。］

儒家文化传统。若将“人道主义”一词放诸英语文化语境中①，其基本内涵也差强人意②(虽然其内涵也带有慈善机构或红十字会的浓烈气息)。然而，若将这种人道主义的“兄弟”之情传译至英语文化语境中，就会产生跨文化的异解。如魏尔海姆言道：“实现孔子理想的绝对必要的方法，就是信奉所有人都是兄弟。”③在中国文化语境中，年龄相仿者都可称兄道弟，而在英语文化语境中，只有在教会内部，才能不分亲疏一律称“brothers”(兄弟)。可见，在英语文化语境中，“四海之内皆兄弟也”的人道主义理想，已经延异成了“所有男人都是教徒”的异解。这恐怕是西人把孔子思想宗教化的又一例证。

第三，儒学是思想和信仰的体系。一部《论语》，既充溢着对宇宙人生的深邃思考，也包含了对道德的真诚的诉求，特别是“自古皆有死，民无信不立”的思想。可以说，《论语》又是一种“求信”的说教。然而，若将此二端传译至英语文化语境中，随即会产生孔子思想是哲学思想还是宗教信仰的矛盾。如罗登将儒学定位为“思与信的体系”(Confucianism as a system of ideas and beliefs)(Lodén 2001:1)。在英语文化语境中，“ideas”(思想)一词往往把人引向哲学的思路，而“beliefs”(信仰)则会使人产生宗教信仰的联想。因此，“思”与“信”二字，在汉文化语境中可能平淡无奇，但在跨文化语境的传译中，便把孔子思想一端引向了哲学，一端引向了宗教。西人在纠缠不清之际，就读出了圣徒和哲人的混杂，也读出了非圣非哲的白痴。正如魏尔海姆所说，儒家当中，既有“与生俱来的圣徒和哲人”，也有“难以救药的白痴和傻瓜”。④ 诺曼也

---

① 例如魏尔海姆曾道：“Humanitarianism expresses itself in forms and ceremonials (li)…Humanitarianism is not incorporated in each individual with equal clarity.”(Wilhelm 1972：89-90)

② “人道主义”(Humanitarianism)在英语中的释义为：“Humanitarianism is humanitarian ideas or actions.”[汉译：人道主义是人道的思想或行为。](参见《柯林斯英语词典》的“humanitarianism”词条)而“人道的”(humanitarian)一词的释义为：“If a person or society has humanitarian ideas or behavior, they try to avoid making people suffer or they help people who are suffering.”(参见同前)[汉译：如果一个社会或个人具有人道的思想或行为，他们试图避免使人们受苦，或者帮助受苦的人们。](Wilhelm 1972：146)

③ 参见英语原文：“The absolute necessity for the realization of his ideal is the conviction that all men are brothers.”(Wilhelm 1972：146)

④ 参见英语原文：“There are saints and philosophers who have it from birth: they are the great heroes and civilizers of mankind; there are, on the other hand, dolts and fools who seem almost incorrigible.”(Wilhelm 1972：89～90)

断言，儒学“不应引起有智力的人类的注意”①。此之谓也。

②对孔子思想的表述形式的把握所引起的延异性解读

作为孔子伦理思想的基本载体，《论语》论而不证的独特体例，也许很少引起国人的惊异与品评。然而，经传译之后，却引起英语文化语境中的人士对其表述形式的评头论足。该品评主要见诸二端：

其一，孔子伦理思想表述形式与《圣经》体例的比附。比如，魏尔海姆认为，孔子伦理准则的展示方式，是与“希伯来先知们的说教相关的”②。此种见解，与费博所声称的儒学“只是对基督教启示录的学舌”③如出一辙，其用意无非在暗示，孔子伦理思想的生成模式，与基督教经典《圣经》之间存在着某些莫名其妙的关联。无独有偶，刘殿爵先生也承认：“先知往往以格言说教，孔子也许是另一个例子。”④既然孔子是“另一个”，那么其先例自然是《圣经》中的先知。可见，《论语》表述形式与《圣经》表述形式的比附，自然会有意无意地将英语文化语境中的读者引向西方宗教伦理规范的范畴。

其二，孔子伦理思想表述形式的反科学、反逻辑倾向。该倾向为西人攻讦孔子思想的非学术规范提供了口实。此端在前节已经论及，此不赘。

总之，通过以上对孔子思想的内容与表述形式的跨文化延异的探究，可以看出，经传译至英语文化语境后，孔子伦理思想无论在内容上，还是在表述形式上，都发生了难以逆转的延异。无怪乎德·巴瑞慨叹：“实际上，即便是本世纪初那些反对儒学的谩骂，也没有骂及孔子本人的观点，他们骂的只是后来改编或歪曲了的东西。”⑤如果孔子思想体系蒙此遭遇，作为其核心的孔子伦理思想恐亦难以幸免。在下节孔子伦理概念的跨文化解读中，其延异可显而易见。

(3)英语文化语境下对孔子伦理概念的延异性解读

---

① 参见英语原文：“they (Confucian ideas) should not claim the attention of intelligent human beings.” (Nauman 1979: 66)

② 参见英语原文：“His (Confucius') doctrines … are, in this respect, related to the teachings of the Hebrew prophets.”(Wilhelm 1972: 145)

③ 参见英语原文：“Confucianism almost echoes the doctrines of Christian revelation.”(Faber 1999: 82)

④ 参见英语原文：“Confucius is, perhaps, yet another instance of the proverbial prophet.”(Lau 1979:51)

⑤ 参见英语原文：“Indeed even the anti-Confucianism diatribes earlier in this century spoke rarely to Confucius' own view but only to later adaptation or distortions of them.” (Theodore de Bary 1991: xi)

该节着重探究孔子伦理思想的基本概念在英语文化语境中的延异。孔子伦理思想的基本概念是孔子伦理思想的基石，探究孔子伦理概念在跨文化传译中的延异，可以更直观地把握孔子伦理思想体系在跨文化语境中解读的准确度。

孔子伦理概念大致可分为两类：自修身的角度而言，有仁、义、礼、智、信等之别；自成人的角度而言，有圣人、贤人、君子、士人、小人之分。下面，笔者亦以前边所提及的五大著名《论语》英译本为蓝本，分别探析之。

①孔子伦理概念的跨文化延异探析之一：仁、义、礼、智、信、忠、孝

"五伦"(仁、义、礼、智、信)、"四德"(忠、孝、节、义)既是华夏传统伦理的基本规范，也是孔子伦理思想的基本概念。故欲探析孔子伦理思想的跨文化语境延异，应由兹始。鉴于"五伦"、"四德"之间有重合之处(如"义"字)，且某些概念在《论语》的传译中较少涉及(如"节"字)，故以下的探究可分为七端，即仁、义、礼、智、信、忠、孝。下面将分而论之。

其一，对"仁"的英语文化语境解读的探析。

"仁"是孔子崇尚的"最重要的道德规范"①，也是孔子伦理思想中的"核心概念"②。"仁"字在《论语》之中出现 108 次，归结之下，共具六义：其一，孝亲

---

① 参见英语原文："Benevolence (jen) is the most important moral quality a man can possess."(Lau 1979:14)

② 参见英语原文："If we seek the central concept which crystallizes the doctrines of Confucius in the oldest sources, we find the idea of mankind, humanity, humanitarianism, kindness, morality, or however we choose to translate the expression 'jen'."(Wilhelm 1972: 143)

爱人①;其二,言信貌恭②;其三,去恶改过③;其四,处静无忧④;其五,利人克己⑤;其六,大智大勇⑥。一言以蔽之,仁者,"恭、宽、信、敏、惠"是也。(《论语·阳货第十七》)

且看各家对"仁"字在英语文化语境中的解读:

1) benevolent/benevolence(直译:仁慈的、慈善的。英语释义直译:1. 好心、公平的⑦;2. 用金钱帮助需要的人⑧)[Lau; Legge]

2) the Good/Good/Goodness(直译:好的东西/善)[Waley; Legge]

3) virtue/Virtue/virtuous/Virtuous(直译:美德/有美德的)[Legge; Soothill]

4) True virtue/Truly virtuous(直译:真正的美德/真正有美德的)[Legge]

5) the virtues proper to humanity(直译:合乎人性的美德)[Legge]

6) perfect virtue/perfectly virtuous(直译:完美的美德/有完美美德

---

① 参见《论语·学而第一》:"子曰……孝弟也者,其为仁之本与?"《论语·里仁第四》:"不仁者,不可以久处约,不可以长处乐。"《论语·颜渊第十二》:"樊迟问仁。子曰:'爱人。'"

② 参见《论语·学而第一》:"子曰,巧言令色。鲜仁矣。"《论语·颜渊第十二》:"仲弓问仁。子曰:'出门如见大宾,使民如承大祭。己所不欲,勿施于人。在邦无怨,在家无怨。"《论语·子路第十三》:"樊迟问仁。子曰:'居处恭,执事敬,与人忠。'"《论语·子路第十三》:"子曰,刚毅木讷近仁。"《论语·里仁第四》:"子曰,里仁为美。"

③ 参见《论语·里仁第四》:"子曰……苟志于仁矣,无恶也。……恶不仁者,其为仁矣。……人之过也,各于其党,观过,斯知仁矣。"

④ 参见《论语·里仁第四》:"子曰,仁者安仁。"《论语·雍也第六》:"仁者乐山。……仁者静。"《论语·子罕第九》:"子曰,仁者不忧。"

⑤ 参见《论语·雍也第六》:"夫仁者,己欲立而立人,己欲达而达人,能近取譬,可谓仁之方也已。"《论语·颜渊第十二》:"颜渊问仁。子曰:'克己复礼为仁。一日克己复礼,天下归仁焉。为仁由己,而由人乎哉?'"

⑥ 参见《论语·里仁第四》:"子曰,智者利仁。"《论语·雍也第六》:"先难而后获,可谓仁矣。"《论语·宪问第十四》:"子曰,仁者必有勇,勇者不必有仁。"

⑦ 参见英语释义原文:"If you describe a person in authority as benevolent, you mean that they are kind and fair." [汉译:如果你把有权威的人描述为 benevolent,你的意思是他们是好心的、公平的。](参见《柯林斯英语词典》中的"benevolent"词条)

⑧ 参见英语释义原文:"Benevolent is used in the names of some organizations that give money and help to people who need it." [汉译:Benevolent 用来作为对需要的人们提供金钱和帮助的组织的名称。](参见《柯林斯英语词典》中的"benevolent"词条)

的）[Legge]

7）the man of perfect virtue（直译：有完美美德的人）[Legge]

8）beneficence（直译：慈善。英语释义直译：助人的、取得好结果的①）[Legge]

9）manhood（直译：男子气概。英语释义直译：是男人而不是男孩的状态②）[Pound]

10）friendship（直译：友谊）[Pound]

11）humanity（直译：人性）[Pound]

12）whole humanity（直译：整个的人性）[Pound]

13）the complete man（直译：完全的男人）[Pound]

14）the real man（直译：真正的男人）[Pound]

15）a full man（直译：全面的男人）[Pound]

16）the total man（直译：整个的男人）[Pound]

17）the humane（直译：有人情味的人）[Pound]

18）the proper man（直译：正经男人）[Pound]

19）full manhood（直译：全面的人性）[Pound]

20）manly qualities（直译：男子气的品质）[Pound]

21）humanization（直译：人类化）[Pound]

22）he who is manly（直译：有男子汉气质的人）[Pound]

23）manly（直译：有男子汉气质的）[Pound]

24）completely humane（直译：有十足的人情味的）[Pound]

25）comprehensive love for all men（直译：对所有男人的综合爱）[Soothill]

26）excellence（直译：优秀）[Soothill]

27）a man of ideal Virtue（直译：有理想美德的男人）[Soothill]

28）wisdom（直译：智慧）[Soothill]

29）the higher type of man（直译：更高类型的男人）[Soothill]

---

①　参见英语释义原文："A beneficent person or thing helps people or results in something good."[汉译：一个 beneficent 的人或东西将会帮助人，或导致好的事情。]（参见《柯林斯英语词典》中的"beneficent"词条）

②　参见英语释义原文："Manhood is the state of being a man rather than a boy."[汉译：Manhood 是指成为男人而不是男孩的状态。]（参见《柯林斯英语词典》中的"manhood"词条）

30) a philanthropist(直译：慈善家)[Soothill]

31) kindness/Kindness(直译：好意)[Soothill]

32) moral character(直译：道德个性)[Soothill]

33) perfection(直译：完美)[Soothill]

34) a Moral duty(直译：道德责任)[Soothill]

通过以上探究，可以看出，各译家对“仁”字的解读固然未离“爱人”之大格，但在其微言妙义的处理上，却大相径庭。更有甚者，诸多译者未能厘清“仁”与“仁者”的关系，故传译之际，概念混杂。另，对“仁”字概念的传译中，也存在着与其他伦理概念相混淆的译法，如庞德把“仁”字译为“the complete man”(完全的男人)，但刘殿爵、韦利、理雅各等人却把《论语》中的另一个伦理概念“成人”①译成了“the complete man”。相互交错之下，必又错讹丛生矣。

其二，对“义”的英语文化语境解读的探析。

“义”字在《论语》中共出现24次，然“义”者何义，孔子并未明言。观后圣诠解，可知“义”有二义。其一，义即正，谓人道之正轨。如孟子曰：“义，人之正路也。”(《孟子·离娄章句上》)是故后人言义，多正、义并称，指曰正义。其二，义即宜，谓合宜之行。如黄石公曰：“义者，人之所宜。”(《素书》) 管子曰：“义者，谓各处其宜也。”(《管子·心术上》) 韩子曰：“行而宜之之谓义。”(《韩愈集·原道》) 周子曰：“宜曰义。”(《太极图说·通书》) 程子亦曰：“义，宜也。”(《二程遗书》)是故后人言合宜之举，亦以义称之，如《三字经》云：“窦燕山，有义方，教五子，名俱扬。”义方者，合宜之法也。

可见，在孔子伦理思想的原语境中，“义”有二义：一曰正，二曰宜。该伦理概念的多义性，也会使“义”字在英语文化语境中的解读产生多向性延异。且看英语文化语境下对“义”的不同解读：

1) morality(直译：道德性)[Lau]

2) moral/what is moral(直译：道德的)[Lau]

3) just(直译：公正的)[Lau; Waley; Pound]

4) justice(直译：公正)[Pound; Soothill]

5) what is right(直译：正确的东西)[Lau; Waley; Legge; Soothill]

① 参见《论语·宪问第十四》：“子路问成人。子曰。若臧武仲之知。公绰之不欲。卞庄子之勇。冉求之艺。文之以礼乐。亦可以为成人矣。曰。今之成人者。何必然。见利思义。见危授命。久要不忘平生之言。亦可以为成人矣。”

6) Right/right/the right/the Right(直译:正确)[Waley; Soothill]
7) what is good(直译:好的)[Lau; Waley]
8) righteous(直译:正当的、正义的)[Legge]
9) righteousness(直译:正当的、正义的)[Legge]
10) equity(直译:公道)[Pound]
11) ethics(直译:伦理学)[Pound]
12) recognized duty(直译:认可的责任)[Soothill]
13) what is just and right(直译:公平、正确的)[Soothill]

从以上解读译文探析可看出,“义”在英语文化语境中的解读,同样出现了多向性延异:一方面,各家译者对“义”字的解读,只是关注到了“义者正也”的意蕴,而“义者宜也”的内涵便忽略不计了;另一方面,在对“义”字的英语文化语境解读中,同样也产生了概念译名混淆的倾向,如韦利把“义”译为“what is good”(好的),但与此同时,他也把“仁”译成了“good”。在汉语文化语境中,仁、义本是两个不同的伦理概念,然在英语文化语境的解读中,却混而为一。至于粗通汉语的庞德别出心裁地把“义”字译成了“伦理学”,实匪夷所思。这无疑将把孔子伦理思想的跨文化传播引入迷途。

其三,对“礼”的英语文化语境解读的探析。

“礼”字在《论语》中共出现75次,究其所言,“礼”有二义。其一,礼即合道之正理,如管子曰:“礼者,因人之情,缘义之理而为之,节文者也。故礼者,谓有理也,明分以喻义之意也。故礼出乎义,义出乎理,理因乎宜者也。”(《管子·心术上》)董子曰:“礼者,继天地,体阴阳,而慎主客。”(《春秋繁露·奉本》)周子亦曰:“理曰礼。”(《太极图说·通书》)其二,礼即正行之仪则,如《礼记》云:“夫礼者,所以定亲疏,决嫌疑,别同异,明是非也。”(《礼记·曲礼上》)黄石公亦曰:“礼者,人之所履,夙兴夜寐,以成人伦止市序。”(《素书》)总之,合道之正理,礼也;入理之正行,亦礼也。

通过以上训诂,可以看出,合道之正理、正行之仪则,皆可称之为“礼”。然在英语文化语境中,译者对该伦理概念的解读又使其产生了浓厚的异族文化色彩:

1) the rites/rites/rite(直译:典礼。英语释义汉译:特定社会或群体

遵循的传统仪式。①)[Lau; Waley; Pound]

2) ritual(直译:宗教仪式)[Waley]

3) propriety(直译:礼貌)[Legge]

4) proprieties(直译:礼仪)[Legge; Pound]

5) the rules of propriety(直译:礼貌法则)[Legge]

6) ceremonies/the ceremony(直译:礼节)[Legge; Pound; Soothill]

7) ceremonial/the ceremonial(直译:礼仪)[Pound]

8) ceremonies and courtesy(直译:礼仪和礼貌)[Pound]

9) reverence(直译:尊敬)[Legge]

10) precise observance(直译:准确礼仪)[Pound]

11) etiquette(直译:礼仪)[Pound]

12) procedure(直译:外交、军队的礼节)[Pound]

13) rules of procedure(直译:外交、军队的礼节规则)[Pound]

14) Decorum/decorum(直译:礼仪)[Soothill]

15) Courtesy/courtesy(直译:礼貌)[Soothill]

16) decorous conduct(直译:礼貌的举止)[Soothill]

17) worship(直译:宗教礼拜)[Soothill]

18) ceremonial observances(直译:礼节)[Soothill]

19) the civilization(直译:文明)[Soothill]

20) correct form(直译:正确形式)[Soothill]

21) perfect homage(直译:完美的效忠)[Soothill]

22) religious observances(直译:宗教礼仪)[Soothill]

23) the laws of good taste(直译:好品味的法则)[Soothill]

24) good taste(直译:好品味)[Soothill]

25) the laws of Decorum(直译:礼仪法则)[Soothill]

26) good manners(直译:好的礼貌)[Soothill]

27) Offerings(直译:献祭)[Soothill]

28) the regulations(直译:规章)[Soothill]

通过以上探析,可以看出,在英语文化语境中,"礼"作为"合道正理"的文化内涵已被解构殆尽,呈现在英语读者之前的,大致有三种要义:一、"礼"是一

① 参见英语原文:"A rite is a traditional ceremony that is carried out by a particular group or within a particular society."(参见《柯林斯英语词典》中的"rite"词条)

种具体的礼节性、礼貌性的行为规范；二、“礼”是一种宗教仪式（如 Offerings，religious observances，worship，ritual 等译名的宗教内涵）；三、“礼”是一种封建社会的效忠仪式（如 perfect homage 的译名）。以上各译，把英语读者要么引向绅士风度般的日常举止，要么引向宗教仪式中的基本程式，要么引向西方封建时代的行为规范。其延异的程度，与前面探究的其他伦理概念的延异相比，实有过之而无不及。

其四，对“智”的英语文化语境解读的探析。

“智”字在《论语》中共出现 22 次（“智”4 次，其通假字“知”出现 18 次）。何谓智？孔子一言以蔽之曰：“知人。”（《论语·颜渊第十二》）由是观之，智之本义，在于知人。知“鸟兽草木之名”（《论语·阳货第十七》），是识非知。故知、识之别，显智之命意，含有独特的华夏传统伦理文化倾向。

然而，在英语文化语境中，“智”被解读成了以下几方面——

1）wise/the wise（直译：聪明的［人］）［Lau; Waley; Legge; Pound; Soothill］
2）wisdom（直译：聪明、智慧）［Lau; Waley; Legge; Soothill］
3）intelligent（直译：有智力的）［Lau］
4）a man's understanding（直译：人的理解）［Lau］
5）cleverness（直译：聪明）［Lau］
6）a/the wise man（直译：英明的人）［Legge; Pound; Soothill］
7）knowing（直译：知道）［Legge; Pound］
8）savant（直译：博学的人）［Pound］
9）knowledge（直译：知识）［Pound; Soothill］
10）the clever（直译：聪明的人）［Soothill］
11）The enlightened（直译：开明的人）［Soothill］

通过以上探析，可以看出，各家所译除未能厘定“智”与“智者”之别外，也未能显示“智者知人”的传统伦理内涵。此由西方文化语境中的特定认知倾向所决定。

其五，对“信”的英语文化语境解读的探析。

“信”在《论语》中共出现 37 次，在古汉语文化语境中，“信”亦有二义。其一，临事用诚曰信。如许慎曰：“信，诚也。”（《说文解字》）其二，忠言传实亦曰信。如程子曰：“信，实也。”（《二程遗书》）朱子亦曰：“信者，言之有实也。”（《论语·学而第一》之“朱子注”）由是观之，古人言信，诚、实并举，而今人言信，偏执于“实”，故有所差。

而在英语文化语境中，“信”则又被解读成如下的意义：

1) be trustworthy in what one says(直译：相信人所说的话)[Lau]

2) trustworthy in word(直译：相信话语)[Lau]

3) trust(直译：信任)[Lau; Waley]

4) truthful in what I say(直译：说实话)[Lau]

5) faith(直译：忠实)[Lau; Waley; Legge; Pound; Soothill]

6) trustworthiness(直译：信赖)[Lau]

7) punctually observes his promises(直译：准确遵守他的诺言)[Waley]

8) keeping/to keep promises(直译：遵守诺言)[Waley]

9) good faith(直译：好的忠实)[Waley; Soothill]

10) true to his words(直译：言出必从)[Waley]

11) faithful(直译：忠实的)[Waley]

12) reckon upon promises(直译：守约)[Waley]

13) sincerity(直译：真诚)[Legge; Soothill]

14) sincere(直译：真诚的)[Legge; Soothill]

15) truthful(直译：真实的)[Legge; Soothill]

16) truthfulness(直译：真实)[Legge]

17) agreement(直译：同意、协定)[Legge]

18) the confidence(直译：信心)[Legge]

19) keep one's word(直译：按说的办)[Pound]

20) stick to what one said(直译：坚持所说的)[Pound]

21) stick to your word(直译：坚持你的话)[Pound]

22) sincere man who stands by his word(直译：说到做到的人)[Pound]

23) standing by the/one's word(直译：说到做到)[Pound]

24) veracity(直译：真实)[Pound]

25) make a promise(直译：许诺)[Soothill]

26) honesty(直译：诚实)[Soothill]

自以上探析可看出，各家对“信”的译名的解读，固然已涉及“诚”、“实”的不同意蕴，但依旧无法一以贯之。换言之，几乎每一个译释都难以同时揭示

“信”的原语境内涵。这无疑又为“信”的跨文化延异埋下了种子。

其六，对“忠”的英语文化语境解读的探析。

朱子曰：“传实谓之信，尽己谓之忠。”①“忠”的意蕴与“信”、“诚”、“实”多有关联处，故在汉语文化语境中，每有“忠信”、“忠诚”、“忠实”之说。因此，传译至英语文化语境中之后，“忠”字的含义依然带有汉语语境解读时的模糊性。且看下列各家译释：

1) to do your best for others(直译：为别人做到最好)[Lau]

2) do their best(直译：做到最好)[Lau]

3) conscientious(直译：诚心诚意的)[Lau; Soothill]

4) conscientiousness(直译：诚心诚意)[Soothill]

5) conscientiousness to self(直译：对自我诚心诚意)[Soothill]

6) be faithful to his superiors(直译：对他的上级忠实)[Waley]

7) loyal(直译：忠诚的)[Waley]

8) to be truly loyal(直译：真正忠诚的)[Waley]

9) devotion to his cause(直译：对他的事业的忠诚)[Waley]

10) faithful(直译：忠实的)[Legge]

11) faithfulness(直译：忠实)[Legge]

12) true to the principles of our nature(直译：对我们本性原则的真实)[Legge]

13) loyal(直译：忠诚的)[Legge; Soothill]

14) loyalty(直译：忠诚)[Legge; Soothill]

15) honorable(直译：荣誉的)[Legge]

16) devotion of soul(直译：灵魂的忠诚)[Legge]

17) undeviating consistency(直译：不离正道的一贯)[Legge]

18) get to the middle of the mind(直译：到达心的中央)[Pound]

19) get to the center(直译：到达中心)[Pound]

20) from the middle of the heart(直译：从心的中央)[Pound]

21) sincere man(直译：真诚的人)[Pound]

22) sincerity(直译：真诚)[Pound]

23) character(直译：性格、声望)[Soothill]

---

① 参见《论语·学而第一》之“朱子注”。

自以上对“忠”的译释的探析可看出，在英语文化语境中，对“忠”的解读多偏于“忠诚”，而微涉“忠信”。尽管如此，此番解读，尚可差强人意。然值得注意的是，庞德对“忠”字的传译每有“中心”字样，实受粗通汉字之累。因为“忠”字分解为二，即为“中心”，庞德不究其妙义，徒以“get to the middle of the mind”（到达心的中央）、“get to the center”（到达中心）、“from the middle of the heart”（从心的中央）传译之，此“望文生义”之谓也。

其七，对“孝”的英语文化语境解读的探析。

“孝”为人子之本，在华夏伦理规范中具有重要的位置。何谓孝？《说文解字》曰：“孝，善事父母者。”但《论语》中犹有“致孝乎鬼神”①之说，故国人言“孝”，非独“以子承老”一义。

且看下列在英语文化语境下对“孝”的解读：

1) be a good son(直译：做一个好儿子)[Lau; Waley]

2) filial/filiality(英语释义汉译：filial 是指儿女与父母之间存在的责任、情感和关系。②)[Lau; Waley; Legge; Pound; Soothill]

3) filial piety(直译：子女和父母间的虔敬。英语释义汉译：piety 是强烈的宗教信仰或行为，在宗教上或道德上是正确的。③)[Legge; Soothill]

4) to behave well to his parents at home(直译：在家里对他的父母举止好)[Lau; Waley]

5) filial duty(直译：父母与子女间的责任)[Soothill]

6) the treatment of parents(直译：父母的对待)[Waley]

7) show piety towards your parents(直译：表现对父母的虔敬)[Waley]

8) carrying-on filially(直译：虔敬地继续)[Pound]

9) continuing as a son(直译：继续当儿子)[Pound]

---

① 语出《论语·泰伯第八》。

② 参见英语原文：“You can use filial to describe duties, feelings, or relationships which exist between a son or daughter and his or her parents.”(参见《柯林斯英语词典》中的“filial”词条)

③ 参见英语原文：“Piety is strong religious belief, or behaviour that is religious or morally correct.”(参见《柯林斯英语词典》中的“piety”词条)

可以看出,中国文化语境中,“孝”字主要有“善事父母”、“以子承老”之义。但在英语文化语境中,“filial”则表现出子女与父母间的双向相互关系。换言之,子女爱父母,可称之为“filial”,而父母爱子女,亦可称之为“filial”。这一点,已将“孝”字在中英文化语境中的根本差异显露无遗。另,刘殿爵和韦利将“孝”译为“be a good son”(做一个好儿子),固然避免了“孝”字在英语文化语境中的双向性关系,却又忽略了“daughter”(女儿)的存在。而庞德将“孝”译为“continuing as a son”(继续当儿子),无疑大大降低了“孝”字的伦理层次。另,若将英语文化语境中的“孝”的意蕴加诸“致孝乎鬼神”的传译①,则矛盾立现,此不赘言。

在孔子关于成人的伦理概念的传译中,此类错位性延异现象同样司空见惯。

②孔子伦理概念的跨文化延异探析之二:贤人、君子、士人、小人

鉴于笔者在前节已论及孔子作为“圣人”在跨文化语境中的延异,该节无需重复论述,故自“贤人”肇论。

其一,对“贤人”的英语文化语境解读的探析。

《论语》语“贤”,共25处,但贤之真义,亦隐而未显。② 古人论贤,或圣贤并称③,或贤人君子并列④,然究其实义,贤人之位,应略逊于圣,故有圣君贤

---

① 刘殿爵将该句译为:“making offerings to ancestral spirits and gods with the utmost devotion proper to a descendant.”韦利译为:“displayed the utmost devotion in his offerings to spirits and divinities.”理雅各译为:“Filial piety toward the spirits.”舒兹尔译为:“Filial offerings to the spirits.”孔子曰:“非其鬼而祭之,谄也。”(《论语·为政第二》)可见该句所谓“鬼神”,非鬼神之泛称(spirits and divinities),实谢世之先人也。此种关系,实超出了英语文化语境中的子女与父母之间的关系。各家仍按“filial”之本意译之,故多有悖逆之处。

② 古文中“贤”有二体,一曰“贤”。许慎曰:“贤,多才也。”语出《说文解字·六篇下》。古文“才”通“财”,“多才”即“多财”。故古人亦云:“以财分人谓之贤。”语出《庄子·徐无鬼》。另,“臤”为贤字异体。许慎曰:“臤,坚也。从又,臣声。读若铿锵之铿。古文以为贤字。”语出《说文解字·三篇下》。故“臤”之为“贤”,取其臣仆能干之意,即“贤能”之谓也。

③ 如《左传》云:“人非圣贤,孰能无过?”

④ 如刘向道:“贤人君子者,通乎盛衰之时,明乎成败之端,察乎治乱之纪,审乎人情,知所去就。”语出刘向《说苑·杂言》。

臣之谓①。故贤者，处圣之逊位也。细而究之，贤者，德配于令名，故称贤德、贤良、贤惠；智通于幽微，故称贤明、贤达；才当于修治，故称贤才、贤能。故贤者进德修业，略逊于圣而略长于君子，其微言妙义，实难厘定，故时而圣贤并称，时而贤人君子并列。然在英语文化语境中，"贤人"则被解读成各式各样的人物。大致说来，主要有以下20种：

1) someone better than yourself(直译：比你自己更好的某个人)[Lau]
2) the admirable(直译：令人敬佩的人)[Lau]
3) the superior(直译：优越的人)[Lau]
4) men of talent(直译：有才华的人)[Lau]
5) the most distinguished(直译：最著名的人)[Lau]
6) the excellent(直译：优秀的人)[Lau]
7) the better(直译：更好的人)[Lau; Waley]
8) a good man(直译：好人)[Waley]
9) the incomparable(直译：无与伦比的人)[Waley]
10) men of superior capacity(直译：才能更优越的人)[Waley]
11) the true sage(直译：真正的圣人)[Waley]
12) the worthy(直译：知名人物)[Waley]
13) the wise(直译：英明的人)[Waley]
14) man of worth(直译：有价值的人)[Legge; Soothill]
15) a man of superior worth(直译：有更优越价值的人)[Legge]
16) the talented(直译：有才能的人)[Legge]
17) a man of solid talent(直译：有扎实才能的人)[Pound]
18) people who have solid sense(直译：有扎实感的人)[Pound]
19) a man of real worth(直译：有真正价值的人)[Soothill]
20) a man of solid merit(直译：有稳固优点的人) [Soothill]

通过以上探析可看出，区区一"贤"字，竟然有20种不同的译文，不仅各译者之间译法有别，而且在同一译者那里，其译也多有差异。更有甚者，个别译

① 又如，《黄帝内经》论圣之后，继而言道："其次有贤人者，法则天地，象似日月，辨列星辰，逆从阴阳，分别四时，将从上古合同于道，亦可使益寿而有极时。"语出《黄帝内经·上古天真论篇》。

者的翻译实际并未真正把握“贤人”的真正内涵，如韦利将“贤人”译为“the true sage”（真正的圣人），无端将“贤人”的品位置于“圣人”之上。按此逻辑，孔子是“圣人”（sage），那么孔子七十二贤徒必是“真正的圣人”（the true sage），似有孔子不是真圣人之嫌。果若如此，必会造成对孔子伦理思想解读的混乱。

其二，对“君子”的英语文化语境解读的探析。

《论语》语“君子”，亦有108处。就孔子而言，君子为成人之要津，故须刻意论之。自《论语》所论，君子内涵可归结如下：一、畏天命①；二、尊圣贤②；

---

① 如孔子曰：“君子有三畏：畏天命，畏大人，畏圣人之言。”（《论语·季氏第十六》）孔子亦曰：“不知命，无以为君子也。”（《论语·尧曰第二十》）

② 如孔子曰：“君子尊贤而容众。”（《论语·子张第十九》）

三、贵道德①;四、行仁义②;五、修礼敬③;六、致中和④;七、端仪容⑤;八、慎言

① 如孔子曰:"(君子)就有道而正焉。"(《论语·学而第一》)又曰:"君子所以贵乎道者三:动容貌,斯远暴慢矣;正颜色,斯近信矣;出辞气,斯远鄙倍矣。"(《论语·泰伯第八》)又曰:"君子谋道不谋食。……君子忧道不忧贫。"(《论语·卫灵公第十五》)又曰:"君子学道则爱人。"(《论语·阳货第十七》)又曰:"君子怀德。"(《论语·里仁第四》)又曰:"君子学以致其道。"(《论语·子张第十九》)

② 如孔子曰:"君子无终食之间违仁。"(《论语·里仁第四》)又曰:"君子喻于义。"(《论语·里仁第四》)又曰:"君子之于天下也,无适也,无莫也,义之与比。"(《论语·里仁第四》)又曰:"君子义以为质,礼以行之,孙以出之,信以成之。君子哉!"(《论语·卫灵公第十五》)又曰:"君子义以为上。"(《论语·阳货第十七》)又曰:"君子之仕也,行其义也。"(《论语·微子第十八》)

③ 如孔子曰:"君子博学于文,约之以礼,亦可以弗畔矣夫。"(《论语·雍也第六》)又曰:"君子三年不为礼,礼必坏;三年不为乐,乐必崩。"(《论语·阳货第十七》)又曰:"(君子)不知礼,无以立也。"(《论语·尧曰第二十》)又曰:"君子敬而无失,与人恭而有礼。"(《论语·颜渊第十二》)又曰:"君子惠而不费,劳而不怨,欲而不贪,泰而不骄,威而不猛。……正其衣冠,尊其瞻视,俨然人望而畏之,斯不亦威而不猛乎。"(《论语·尧曰第二十》)

④ 如孔子曰:"君子和而不同。"(《论语·子路第十三》)又曰:"君子周而不比。"(《论语·为政第二》)又曰:"君子不器。"(《论语·为政第二》)又曰:"质胜文则野,文胜质则史。文质彬彬,然后君子。"(《论语·雍也第六》)又曰:"君子矜而不争,群而不党。"(《论语·卫灵公第十五》)又曰:"君子思不出其位。"(《论语·宪问第十四》)

⑤ 如孔子曰:"君子不重则不威,学则不固。"(《论语·学而第一》)又曰:"君子者乎,色庄者乎。"(《论语·先进第十一》)又曰:"君子泰而不骄。"(《论语·子路第十三》)

行①;九、正名位②;十、成善功③。一言以蔽之,君子三道九思④,纵逊于圣,亦立身之正轨、成人之大要也。故郑玄曰:"君子者,道德之称也……人之成名也。"⑤换言之,君子者,立身之正轨,成人之大要,道德之宜称。

然"君子"被译为英语之后,歧义丛生,难以明辨。其译文大致有以下几种:

1) gentleman(直译:先生;绅士。英语释义汉译:1、出身高贵的人⑥;2、有礼貌、受过教育、可信赖的人⑦。)[Lau; Waley; Legge; Pound; Soothill]

2) true gentleman(直译:真正的先生/绅士)[Waley; Soothill]

3) the real gentleman(直译:真正的先生/绅士)[Pound]

4) man of virtue(直译:有美德的人)[Legge]

5) a man of complete virtue(直译:有完全美德的人)[Legge]

6) a/the superior man(直译:优越的人)[Legge; Pound; Soothill]

7) Superiors(直译:优越者)[Legge; Soothill]

---

① 如孔子曰:"(君子)敏于事而慎于言。"(《论语·学而第一》)又曰:"君子耻其言而过其行。"(《论语·宪问第十四》)又曰:"先行其言,而后从之。"(《论语·为政第二》)又曰:"君子欲讷于言而敏于行。"(《论语·里仁第四》)又曰:"君子之名必可言也。言之必可行也。君子于其言。无所苟而已矣。"(《论语·子路第十三》)又曰:"君子上达。"(《论语·宪问第十四》)子贡亦曰:"君子一言以为知,一言以为不知,言不可不慎也。"(《论语·子张第十九》)

② 如孔子曰:"君子疾末世而名不称也。"(《论语·卫灵公第十五》)又曰:"君子可逝也,不可陷也;可欺也,不可罔也。"(《论语·雍也第六》)又曰:"君子贞而不谅。"(《论语·卫灵公第十五》)

③ 如孔子曰:"君子成人之美,不成人之恶。"(《论语·颜渊第十二》)又曰:"(君子)修己以敬。……修己以安人。……修己以安百姓。"(《论语·宪问第十四》)又曰:"君子笃于亲,则民兴于仁。"(《论语·泰伯第八》)又曰:"君子求诸己。"(《论语·卫灵公第十五》)

④ 孔子曰:"君子道者三,我无能焉:仁者不忧,知者不惑,勇者不惧。"(《论语·宪问第十四》)又曰:"君子有九思:视思明,听思聪,色思温,貌思恭,言思忠,事思敬,疑思问,忿思难,见得思义。"(《论语·季氏第十六》)

⑤ 语出郑玄《论语正义》第3页。

⑥ 参见《柯林斯英语词典》中"gentleman"词条的英语释义:"A gentleman is a man who comes from a family of high social standing."

⑦ 参见《柯林斯英语词典》中"gentleman"词条的英语释义:"If you say that a man is a gentleman, you mean that he is polite and educated, and can be trusted."

8) the/a Scholar(直译:学者)[Legge; Soothill]

9) the accomplished scholar(直译:学有所成的学者)[Legge]

10) the student of virtue(直译:有美德的学生)[Legge]

11) the Chün-tsze (君子的音译)[Legge]

12) virtuous man(直译:有美德的人)[Legge]

13) a man of real talent and virtue(直译:有真正才华和美德的人)[Legge]

14) the man of high rank(直译:高等级的人)[Legge; Soothill]

15) the man of high station(直译:高身份的人)[Legge; Soothill]

16) The person in authority(直译:有权威的人) [Legge]

17) the/a proper man(直译:正经的人)[Pound]

18) a man of high breed(直译:教养高的人)[Pound]

19) the right kind of man(直译:教养高的人)[Pound]

20) true philosopher(直译:真正的哲学家)[Soothill]

21) the higher type of man(直译:更高类型的人)[Soothill]

22) the nobler type of man(直译:更高贵类型的人)[Soothill]

23) a man of honour(直译:有荣誉的人)[Soothill]

24) an honourable man(直译:有荣誉的人)[Soothill]

25) the/a wise man(直译:聪明的人)[Soothill]

26) Ideal Man(直译:理想的人)[Soothill]

27) the noble man(直译:高贵的人)[Soothill]

28) a man of the nobler order(直译:更高贵等级的人)[Soothill]

29) a man of the superior order(直译:更优越等级的人)[Soothill]

30) a man of noble character(直译:高贵性格的人)[Soothill]

31) a man of high character(直译:高级性格的人)[Soothill]

32) the man of noble mind(直译:思想高贵的人)[Soothill]

33) the nobler-minded man(直译:思想更高贵的人)[Soothill]

34) a man of noble(直译:高贵的人)[Soothill]

35) the well-bred man(直译:教养好的人)[Soothill]

自以上对"君子"英译的探析可以看出,各家译"君子"所用的共同译名为"gentleman",然通过该词的英语释义可看出,英语中的"gentleman"要么侧重出身地位的高贵,要么注重"巧言令色"的外观举止,与崇尚道德修为的中国式"君子",可谓大相径庭。此外,将"君子"译作"哲学家"、"官员",甚至"学生"的做法，无疑会更大程度地扭曲中国君子的文化形象。

但值得一提的是，将“君子”一词音译为“the Chün-tsze”的做法，倒未扭曲君子的文化形象，但此种翻译在英语文化语境中的解读程度能有多少，目前尚不得而知。

其三，对“士人”的英语文化语境解读的探析。

此外，孔子在《论语》之中，亦论及“士人”。就孔子看来，士之谓士，亦首在德、才二端。如子路问士，孔子曰：“切切、偲偲、怡怡如也，可谓士矣。朋友切切偲偲，兄弟怡怡。”①又曰：“士志于道，而耻恶衣恶食者，未足与议也。”②是言士之德也。子贡问士，孔子曰：“行己有耻，使于四方，不辱君命，可谓士矣。”③是言士之才也。由此可见，士者，亦德才俱兼之称也。

在英语文化语境中，中国的“士”则被解读成以下文义：

1) a Gentleman(直译：绅士)[Lau]
2) a Knight/the knight(直译：骑士)[Waley]
3) a true knight(直译：真正的骑士)[Waley]
4) a/the scholar(直译：学者)[Legge; Pound; Soothill]
5) the student(直译：学生)[Soothill]

可见，在英语文化语境中，中国的“士”已被解读成带有明显西方文化气息的人物，“士”所蕴涵的盛德高行，已被延异殆尽了。

其四，对“小人”的英语文化语境解读的探析。

论及“君子”，不可不言及“小人”。在孔子伦理思想中，“小人”是另一个重要概念。按古人所训，小人具二义：一曰微贱之人，二曰无德之人。④ 自《论语》看来，小人者，君子之反也。故《论语》之中，君子小人往往同提而对论。如“君子周而不比，小人比而不周”⑤；“君子和而不同，小人同而不和”⑥；“君子

① 语出《论语·子路第十三》。
② 语出《论语·里仁第四》。
③ 语出《论语·子路第十三》。
④ 参见郑玄《论语正义》第31页。
⑤ 语出《论语·为政第二》。
⑥ 语出《论语·子路第十三》。

泰而不骄，小人骄而不泰"①；等等②。

在英语文化语境中，"小人"被解读如下：

1）the small man/the Small Man（直译：小男人）[Lau; Waley; Pound]

2）petty person（直译：地位低微的人）[Lau]

3）the common people（直译：平常人）[Lau; Waley]

4）the/a commoner（直译：平常人）[Waley]

5）lesser men（直译：次要的人）[Waley]

6）small people（直译：小的人们）[Waley]

7）no gentleman/not a gentleman（直译：非绅士）[Legge]

8）people of low birth（直译：出身低微的人们）[Legge]

9）the/a mean man（直译：下贱的人）[Legge; Pound]

10）the man of lower station（直译：地位低的人）[Legge]

11）the lower people（直译：更低的人们）[Legge]

12）the/an inferior man（直译：低劣的人）[Soothill]

13）the ill-bred（直译：教养差的人）[Soothill]

通过以上探析可见，因汉字的多义性，"小人"一词可兼二义，但译至英语后，不管译者如何惨淡经营，"小人"之二义，实难俱兼。尤其值得注意的是，在英语文化语境中，"小人"一词的英译对小人之德的传达折扣甚多，实大大歪曲

① 语出《论语·子路第十三》。

② 《论语》中其他类似的表达还有以下几例：一、"君子喻于义，小人喻于利。"（《论语·里仁第四》）二、"君子怀德，小人怀土。君子怀刑，小人怀惠。"（《论语·里仁第四》）三、"女为君子儒，无为小人儒。"（《论语·雍也第六》）四、"君子坦荡荡，小人长戚戚。"（《论语·述而第七》）五、"君子成人之美，不成人之恶。小人反是。"（《论语·颜渊第十二》）六、"君子之德风，小人之德草。"（《论语·颜渊第十二》）七、"君子易事而难说，小人难事而易说。"（《论语·子路第十三》）八、"君子而不仁者有矣夫，未有小人而仁者也。"（《论语·宪问第十四》）九、"君子上达，小人下达。"（《论语·宪问第十四》）十、"君子固穷。小人穷斯滥矣。"（《论语·卫灵公第十五》）十一、"君子求诸己，小人求诸人。"（《论语·卫灵公第十五》）十二、"君子不可小知而可大受也，小人不可大受而可小知也。"（《论语·卫灵公第十五》）十三、"君子有三畏：畏天命，畏大人，畏圣人之言；小人不知天命而不畏也，狎大人，侮圣人之言。"（《论语·季氏第十六》）十四、"君子学道则爱人。小人学道则易使也。"（《论语·阳货第十七》）十五、"君子有勇而无义为乱，小人有勇而无义为盗。"（《论语·阳货第十七》）

了“小人”的真正内涵。

通过该小节对孔子伦理概念“贤人”、“君子”、“士人”和“小人”的英语文化语境中的解读，可以看出，经跨文化传译之后，区区四个概念便延异出近百个歧义。不仅不同的译者译法不同，即便是同一译者也译法各异。更重要的是，各伦理概念的译名也出现了错位或重叠的现象。如“圣人”一词，多译为“sage”，本已具有浓厚的基督化倾向，但韦利却将“贤人”译为“the true sage”（真正的圣人），无形中就颠覆了“圣”、“贤”在中国文化语境中的伦理次序。又如，“good man”这一术语，在韦利的译本中指的是“贤人”，而在刘殿爵、理雅各和庞德①的译本中，指的却是“善人”。该译名的错乱，势必造成对孔子伦理思想解读的混乱。

总之，通过对孔子伦理概念的训诂式探究，可以看出，不管是仁、义、礼、智、信等伦理规范，还是圣、贤、君子等成人之境界，一经跨文化传译，随即衍生出各式各样的歧义，各译者之间互相参同，甚至同一译者也每每译释不一，如此多的译释传至英语文化语境中，自会产生无尽的延异。无怪乎在西方谈及儒学，往往先问一句：“哪家的儒学?”

四、结　语

在该文中，笔者首先对孔子伦理思想的时代性跨文化延异和非时代性跨文化延异（包括主动性跨文化延异和被动性跨文化延异）予以探析。探析之下，可以看出，在孔子伦理思想的跨中英文化语境的传播中，主要存在三重延异：第一，以中国现代文化语境中延异性的意义解读孔子伦理思想内涵，故有因错就错之虞；第二，以译者个人的文化主体倾向对孔子伦理思想作出“仁者见仁，智者见智”的主动性解读，故造成孔子伦理思想在跨文化传译中的主动性延异；第三，译无定规的译本，经英语文化语境中的解读接受，又衍生出形形色色的含义，故而产生孔子伦理思想的被动性延异。基于该状况，也许整个英语世界都会津津有味地谈论所谓的孔子伦理，但其中有几分是真正的孔子伦理思想？不得而知。

另，从历时性角度来看，孔子伦理思想的传播，肯定会随着中英文化语境的历史性交汇而嬗变，但因资料所限，笔者无力对孔子伦理思想传播的历时性延异予以探究，故存而不论，待日后探究。

---

① 庞德将“善人”译为“a totally good man”。

主要参考书目

陈立夫:《四书道贯》,北京:中国友谊出版公司,1991年。

杜维明:《儒家传统的现代转化》,北京:中国广播电视出版社,1992年。

郭建中编:《当代美国翻译理论》,武汉:湖北教育出版社,2000年。

黄怀信校释:《论语新校释》,西安:三秦出版社,2006年。

黄朴民等:《白话四书》,西安:三秦出版社,1990年。

康有为:《论语注》,北京:中华书局,1984年。

孔令河、李民:《论语句解》,济南:山东友谊书社,1988年。

利玛窦、金尼阁著,何高济、王遵仲、李申译:《利玛窦中国札记》,桂林:广西师范大学出版社,2001年。

钱穆:《论语新解》,成都:巴蜀书社,1985年。

[宋]司马光编:《类篇》,上海:上海古籍出版社,1987年。

苏宝荣:《〈说文解字〉今注》,西安:陕西人民出版社,2000年。

王缁尘:《四书读本》,北京:中国书店,1986年。

王滋源:《论语新编》,哈尔滨:黑龙江人民出版社,1991年。

徐朝华注:《尔雅今注》,天律:南开大学出版社,1987年。

杨伯峻译注:《论语译注》,北京:中华书局,1980年。

杨树达:《论语疏证》,上海:上海古籍出版社,1986年。

张立文等主编:《中外儒学比较研究》,北京:东方出版社,1998年。

赵杏根:《论语新解》,合肥:安徽大学出版社,1999年。

郑海凌:《现象翻译和实在翻译》,《中国翻译》2006年第2期第9~13页。

[清]刘宝楠注:《论语正义》,上海:上海书店,1998年。

[宋]朱熹:《四书章句集注》,上海:上海古籍出版社,2001年。

Confucius and others. *The Chinese Classics* (I). translated by James Legge. Taipei: SMC Publishing Inc., 1998.

Confucius. *The Analects*. translated by D. C. Lau. Hong Kong: the Chinese University Press, c1983.

Confucius. *The Analects*. translated by Ezra Pound. New York: New Directions Pub. Corp., 1969, c1951.

Confucius. *The Analects of Confucius*. translated by William Edward Soothill. Yokohama: The Author; Agent in U. S. A.. The F. H. Revell Company, 1910.

Confucius. *The Analects of Confucius*. translated and annotated by Arther Waley. New York：Vintage Books，1938.

Confucius. *The Analects of Confucius* . translated by Chichung Huang. Oxford University，1997.

Confucius. *The Original Analects* . translated by Brooks. New York：Columbia University Press，1998.

Zhang Dainian. *Key Concepts in Chinese Philosophy*. translated by Edmund Ryden. Beijing：Foreign Language Press，2002.

Wilhelm. Richard. *Confucius and Confucianism* . tr. Into English by George H. Danton & Annina P. Danton. London：Routledge & Kegan Paul，1972.

St. Elmo Nauman jr.. *Dictionary of Asian Philosophies* . London：Routledge & Kegan Paul Ltd. ，1979.

Rozman. Gilbert (ed.). *The East Asian Region：Confucian Heritage and Its Modern Adaptation*. New Jersey:Princeton University Press. 1991.

Koller. John M. & Koller. Patricia Joyce. *Asian Philosophies*. New Jersey：Prentice-Hall. Inc. ，1998.

Allinson. Robert E. (ed.). *Understanding the Chinese Mind*. London：Oxford University Press，1989.

Shun. Kwong-Loi & Wong. David B. (ed.). *Confucian Ethics*. London：Cambridge University Press，2004.

Rule. Paul A.. *K'ung-tzu or Confucius*? Sydney：Allen & Unwin Australia Pty Ltd. ，1986.

Wm Theodore de Bary. *The Trouble with Confucianism*. Harvard University Press. Cambridge. Massachusetts. London. England，1991.

Makeham. John. *Transmitters and Creators*. Cambridge：Harvard University Press，2003.

Lod n. Torbj rn. *Rediscovering Confucianism*. Kent：Global Oriental Ltd，2001.

Faber. Ernst. *Doctrines of Confucius*. [S. L.]：*General Evangelical Protestant Missionary Society of Germany*，1902.

迂回于“哲学”与“智慧”之间

——于连汉学研究策略及其启示

马正应①

内容提要：于连的研究方法是“迂回”，即通过与西方文化完全异质的中国这个“他者”来反思西方自身。其中，西方和中国处于平等地位而互为“他者”，二者的差别在于一为“哲学”，一为“智慧”。与西方不同的是，中国思想不重思辨、不切矛盾、不问真理、不求本质，只是在看似平常的无尽的言说中敞开意义而不追求有体系的理论建构。其“哲学”与“智慧”的区分及其研究方法对中国美学的构建问题有一定的启示意义。

关键词：于连　迂回　哲学　智慧

弗朗索瓦·于连(François Jullien，1951～)，法国现代著名汉学家、哲学家，研究领域为一般哲学与中国思想(中国古代哲学、诗学及美学理论)、比较方法与跨文化研究。主要著作有《道德奠基》、《迂回与进入》、《圣人无意——或哲学的他者》、《(经由中国)从外部反思欧洲——远西对话》、《本质或裸体》等等。其研究方法在欧美汉学界是个另类，或曰独树一帜。许多哲学家认为他不是哲学家而是汉学家，而许多汉学家却认为他不是汉学家而是哲学家。直至现在，反对于连的仍大有人在，特别是在美国、德国。不过近年来，他得到了越来越多的推崇。

于连的汉学研究方法可用“迂回”一词概括。其《迂回与进入》一书的标题很明显地显示了这一思想。他的研究对象是中国，包括中国古代哲学、诗学和美学理论，不过其治学的最终目标并不在中国，而是要通过与西方文化完全异质的中国这个“他者”，“迂回”地回归到他自己的世界，通过中国这个“他者”来反思自己所在世界的思想。他不是为中国思想而战斗，而是“期待着回归的可

---

① 马正应，文学博士，贵州大学人文学院讲师。

能"①,"他认为中国的知识和思想并不是其研究的对象,而只是他治学的一个方法,他的学术目标也不是在中国,而是在希腊,在西方"②。于连把这种方法叫做"迂回",不过他"更愿意把这种途径视作一种策略,而不是单纯的方法"③。

为什么选择中国?于连在其《迂回与进入》序言里说,其一,中国文字是表意的而非拼音的;其二,中国文明是独立于欧洲的最长的文明;更重要的是,"中国是从外部正视我们的思想——由此使之脱离传统成见——的理想形象。……因为它与我们的哲学如此不同,我们与希腊思想暗含着的关联有可能阻碍我们去感知它的生命力——估量它的创造性。必须脱离家族传统,必须切断血统联系,必须保持某种距离。一种理论的距离是合乎希望的——中国恰恰为之提供了便利"④。所谓"从外部正视"、"保持某种距离"等说法反映的是作为中国的"他者"与西方的平等地位。从历史上看,这种方法反映了中国思想地位的变迁。自《马可·波罗游记》把中国带入西方,西方对中国的态度是景仰的;但随着中国国门被强行打开,神秘不再,中国沦为被动的接受者;再到新中国建立后国力的增强以及儒家思想的影响,中国文化被重新重视,不再只是处于劣等地位的"他者"。于连关于中国文化与西方文化相异而对立、处于平等地位而互为"他者"的思想及其保持距离的方法,正是中国文化产生了积极影响的体现。

处于同一社会背景下的哲学和诗学总是有千丝万缕的联系,二者从来不是对立的。在这一点上,于连的研究方法与其他人没有两样,都是以哲学为基础进行诗学研究。甚至可以说,于连的研究对象主要是"哲学"思想。("哲学"这一概念这里之所以加以引号,是因为于连认为,中国思想不同于哲学——西方意义上的哲学,而是"智慧"。下文将有论述。)他说:"只有哲学的建构才能为中国诗学提供基本的研究框架。……如果没有一个哲学的、思辨的框架来支持比较,比较就会成为一种个人的直觉和随想,成为一种近似,或者一种难以掩盖的经验主义。我认为这样的比较不大有效。"⑤所以于连更加注重思想体系的比较研究,即研究中西思想体系之"异"。他之所以选择中国,正是因

---

① 弗朗索瓦·于连著,杜小真译:《迂回与进入》第 397 页,三联书店,1998 年。

② 弗朗索瓦·于连等著,张放译:《(经由中国)从外部反思欧洲——远西对话》序第 2 页,大象出版社,2005 年。

③ 杜小真:《远去与归来》第 4 页,中国人民大学出版社,2004 年。

④ 弗朗索瓦·于连著,杜小真译:《迂回与进入》序第 3~4 页,三联书店,1998 年。

⑤ 秦海鹰:《关于中西诗学的对话——弗朗索瓦·于连访谈录》,《中国比较文学》1996 年第 2 期第 78 页。

为中国有着独特的“异”，只有中国才拥有不同于欧洲文明的“异域”。不过，在研究方法上，他运用的不是西方意义上的概念式、思辨式的系统方法，而是在中国文化背景下来发现中国思想及其诗学。

应该说，于连对中国文化的理解是比较独特而且比较到位的。于连认为，中西思想的差别在于西方思想体系是“哲学”而中国思想是“智慧”。这也是他选择中国的原因之一，他说：“哲学是扎根于问题之中的，为了能够在哲学中找到一个缺口（边缘），或者说是为了整理创造性理论，我选择了不是西方国家中的中国，也就是相异于本文希腊思想传统的中国。我的选择出于这样的考虑：离开我的希腊哲学家园，去接近遥远的中国。通过中国——这是一种策略上的迂回，目的是为了对隐藏在欧洲理性中的成见重新进行质疑，为的是发现我们西方人没有注意到的事情，打开思想的可能性。”①这个缺口就是与欧洲理性不同的“智慧”。

西方哲学建立在本体论的基础之上，而中国缺乏本体观点，“没有建立起本体论的大厦，智慧是‘道’”②。比如“存在”概念是纯西方的，中国语境中并无“存在”概念，所以不会发展出以“存在”为基础的本体论体系。于连认为，“中”的思想是“智慧”的集中体现。于连是怎样理解儒家文化中的核心范畴“中”的呢？他说：“‘中’之所以是恰到好处的‘中’，正是因为它是经过（调）节的：当我们持‘中’时，我们没有停滞在某一位置上，或者固守于某一种立场，我们在不断地变化，以应天时。同样，‘中’的确是有的，只不过它是双重的，两个中心都是极端，两个中心都是正当的。”③“真正的‘中’，智慧的‘中’是变化的，可以从一个极端到另一个极端，不断地与遇到的具体情况相吻合（根据‘权’衡而决定是倒向这边还是倒向那边）：吻合的‘中’永远也不会停止，不会僵化，不会固定（因为现实不会停止运动），从某种意义上说，吻合的‘中’永远是新的，而不是一成不变的真理。”④应该说，于连的分析结果是切合实际的。“哲学”与“智慧”的区别在于：“哲学刺激思想的欲望，智慧使之解放。”⑤因为以这种

---

① 杜小真：《远去与归来》第3～4页，中国人民大学出版社，2004年。

② 弗朗索瓦·于连著，闫素伟译：《圣人无意——或哲学的他者》第3页，商务印书馆，2004年。

③ 弗朗索瓦·于连著，闫素伟译：《圣人无意——或哲学的他者》第29页，商务印书馆，2004年。

④ 弗朗索瓦·于连著，闫素伟译：《圣人无意——或哲学的他者》第103～104页，商务印书馆，2004年。

⑤ 弗朗索瓦·于连等著，张放译：《（经由中国）从外部反思欧洲——远西对话》第299页，大象出版社，2005年。

智慧为基础，所以圣人无意（无“观念”），也即不固守于任何观念，儒家、道家无不如此。所以，古代中国的“智慧”不看重概念，“圣人之所以无意，也正是从这种意义上说的：圣人不像海德格尔在评述‘西方的哲学家’时说的那样，是按照一些概念来解释的。……圣人的眼睛并非只‘盯着概念’”①。

在西方，在一定的时期内许多哲学家在其哲学体系中预设一个先验的、绝对的本体，如上帝、自由和灵魂不死，无条件地视之为哲学追求的最高目标，认为用理性的方法即可发现宇宙的真谛，人的理性是全能的、可靠的，拥有通向这些本体的绝对能力。这种绝对主义的形而上学思想，康德称之为“独断论”。在康德看来，这种独断论是一种“依照理性早已运用的原则，单从概念（哲学概念）中来推进某种纯粹知识而不从调查理性达到这些知识的方式和权利的僭妄”，所以它是“纯粹理性没有预先批判它自己的能力的独断处理方式”。② 在西方哲学体系中，所谓本体是先验的、绝对的，说到底它不过是一种预设、一种理想，是一个既无法证实也无法证伪的精神产品。于连认为，中国圣人避免了这种独断，比如，他分析《庄子·齐物论》“道昭而不道，言辩而不及”这句话时说：“庄子好像是在说，一切辩论都永远是受一定的规范限定的，所以永远是专断的；其自我显示的成分太多，所以也就不可能是真实的。”③

哲学的真理具有排他性，要么真要么假，智慧则力求避免矛盾的纠葛和相互敌对的情况。哲学重思辨，所以更重真理。而智慧则不关心普遍性的定义，不建立同一性而抛弃了思辨，所以，“智慧根本就不交流，只是迂回地表示，附带地提醒别人注意，因为智慧每次都与个人的思路有关，是别人代替不了的。别人可以让我认识真理：真理只要表达出来，只要证明了，我就可以认识。但是，只有在我心中，只有通过我自己，我才能‘悟’”④。在于连对中国诗学的分析研究中，“悟”就是其视角之一。

“悟”是与“知”相关联的范畴，甚至是相对立的范畴。中国的“知”与西方式的纯粹理性的“知”有着不同的内涵。于连认为，西方式的知性的“知”在于通过思辨的方式来追求真理和本质，所以它属于“哲学”。中国式的“知”与西方思辨的“知”是不一样的，其目的不在于追求真理和本质而在于“意义”——

① 弗朗索瓦·于连著，闫素伟译：《圣人无意——或哲学的他者》第 98 页，商务印书馆，2004。

② 康德著，邓晓芒译，杨祖陶校：《纯粹理性批判》序第 25 页，人民出版社，2004 年。

③ 弗朗索瓦·于连著，闫素伟译：《圣人无意——或哲学的他者》第 207 页，商务印书馆，2004 年。

④ 弗朗索瓦·于连著，闫素伟译：《圣人无意——或哲学的他者》第 101 页，商务印书馆，2004 年。

甚至没有目的，“悟”是其关键所在，也即“智慧”。“中国的‘知’不是‘对某事产生某种想法’，而是让思想‘不受约束地面对某事’”①。既然如此，那么中国的“知”就不是深入事物本身来破解其谜团，而只是阐释显而易见的事实，要人们“悟”，也就是努力地意识显而易见的事实。所以中国的“知”带着“悟”性。像“虚”、“静”、“泰然”、“超脱”等等心境或曰境界，仅仅靠理性是达不到的。它不需要争辩，因为事物的本质是不变的，是无可争辩的，所以于连说：“智慧的唯一法则归根到底就是没有固定的法则——所以没有‘法则’，而只有调节——就是保持其全部的随意性。”②

这种不需要争辩的本质，即于连所谓的“内在性”。比如他以“显”与“隐”的关系为出发点来分析王维诗《鸟鸣涧》说，人闲、花落、夜静、山空等景致刚刚露出一点端倪便又消隐而去，而月出、鸟鸣等之后的事件都是用来强调不断贯穿于一切的内在性的；其“实”与“虚”的表现方法也是要让人意识到“内在性的资源”。③“自明性”是“内在性”的特征，或者说，“自明性(évidence)来自于内在性(immanence)：因为自明性无时不在，无处不在，既是最平常，又是最普通的，因为世界上一切都是过程，自明性‘贯’穿于一切事物，首先是它自己，内在性并没有特别的所在，你无法确定它的所在(它是‘无方’的)，你没有办法把它单独提取出来，因此你无法确定它究竟在哪里，它的‘微(妙)’之处是我们无法把握的”④。所以，于连认为，王维的这首诗，在看似普通的、老生常谈的、根本没有什么特殊意义的素材后面，表露的就是这种内在性，而这种内在性是无法明确指出的、不能准确界定的，它是一种过程，是“生命”，是自明的、无需争辩的，是需要“悟”的。内在性的这种无法明确指出的、不能准确界定的特征，与西方的思辨式思维并无高低优劣之分，所以于连说：“哲学和智慧之间的区别，正是对内在性资源的领悟能力，智慧也正是产生于这一能力。”⑤在美学的选择上，中国更加注重隐喻的运用，因此重间接、迂回并由此产生微妙性；而“希

---

① 弗朗索瓦·于连著，闫素伟译：《圣人无意——或哲学的他者》第150页，商务印书馆，2004年。

② 弗朗索瓦·于连著，杜小真译：《迂回与进入》第249页，三联书店，1998年。

③ 弗朗索瓦·于连著，闫素伟译：《圣人无意——或哲学的他者》第59页，商务印书馆，2004年。

④ 弗朗索瓦·于连著，闫素伟译：《圣人无意——或哲学的他者》第55页，商务印书馆，2004年。

⑤ 弗朗索瓦·于连著，闫素伟译：《圣人无意——或哲学的他者》第68页，商务印书馆，2004年。

腊诗人的目的是把(所写的)情景‘摆在面前’”①,因此则更加直接地与物面对面,增加叙述的紧张性。

以同样的分析方法,于连在其《本质或裸体》一书中分析了为什么西方雕塑和绘画中多裸体形态而中国在这方面却是一种缺失的状态。他认为这也是中西文化思想差异的体现,“正如同裸体的存在展现且浓缩了欧洲的文化,裸体在中国的缺席,也展现了中国思想文化的特征。两者可以彼此参照,照相澄明”②。彼此参照、照相澄明的基底就是“存有学”的有无:西方以其为基底而中国则找不到它的存在。裸体与本质之间是直接反应的关系。西方的美在雕塑和绘画的裸体造型中表现得最为彻底,因为它是一种直接的言说,用直接的方法表示本质。于连的所谓“迂回”,除了从中国迂回西方外,还有中国思想在表达方式上的含蓄之意。因为对“过度直接”方式的回避,中国缺少雕塑和绘画的裸体造型,其言说方式是迂回的,表现“本质”(意义的言说)方式不是直接的,而且根本不用表现“本质”,“中国人认为画裸体仿佛画尸体(我可以回想一下那些素描学校以前用的那些尸体),当他们要呈现珍贵的生气时,便用衣服的各种波动来表达——衣服的皱褶和折襞、腰带的弯曲蜿蜒及衣袖的飘动”③。于连所谓中国式的画着衣的人物是在“把他画得‘像一个人’”④,即是说中国的文艺表达方法在于表现不可捉摸的、无法言说的意义的“生命”;而在西方的情况是,“当我们表现一个裸露的躯体,我们试着捕捉一个本质。或者说,无论我们愿意与否,裸体‘产生本质’(fait l'essence)。美(维纳斯)的本质、真理的本质(波提切利或伯尼尼的作品等),乃至于善的本质(柯瑞吉 le Corrège 的作品)”⑤。即是说西方重于真理和本质问题。这和他关于西方重“哲学”而中国重“智慧”的思想是完全一致的。

在比较研究方法上,于连并不满意从文本到文本的研究方法。他认为,大文人钱钟书运用的就是这种横向比较的方法,是在“串联”文本,这是一种没有

---

① 弗朗索瓦·于连著,杜小真译:《迂回与进入》第 157 页,三联书店,1998 年。

② 弗朗索瓦·于连著,林志明、张婉真译:《本质或裸体》第 37 页,百花文艺出版社,2007 年。

③ 弗朗索瓦·于连著,林志明、张婉真译:《本质或裸体》第 45 页,百花文艺出版社,2007 年。

④ 弗朗索瓦·于连著,林志明、张婉真译:《本质或裸体》第 157 页,百花文艺出版社,2007 年。

⑤ 弗朗索瓦·于连著,林志明、张婉真译:《本质或裸体》第 158 页,百花文艺出版社,2007 年。

结果、没有出路的不可靠的、停留在“自由衔接”形式的研究，“毫无建构”①。对于杰姆斯·刘的分类方法，于连认为他的雄心在于“借用这些概念一劳永逸地整理汉语文本实验，使其纳入真正‘世界性’的庞大综合评论之中”，但这是一种徒劳的努力，因为中国思想与西方完全不同，不是西方传统的“形而上学”（或模拟）理论所能套用的，撒开这样一张大网，其结果是什么“有意思的东西”都逮不住。②

可以说于连关于“哲学”与“智慧”的区分及其研究“策略”对中国美学的构建问题有一定的启示意义。有一种较为普遍的观点，认为中国有“美”而无“学”。如果按照西方思辨式的、本体论式的方法来看，这种说法是有一定道理的。不过，这是西方的逻辑。按照于连的方法，中国式思维与西方式思维是相异的，以一种观点来套另一种，就如同两条轨道上的火车，永远也跑不到一起去。比如，在黑格尔看来，孔子的思想主要是道德学说，除了平凡的道德说教外，并无多少哲学的成分，还停留在前哲学的阶段。黑格尔是按其西方中心论的立场来看待问题的。所以于连批评黑格尔说，“事实并不像黑格尔在谈到中国思想时说的那样，一方面只有些平凡和具体的事，另一方面却是些模糊或不确定的事——可以无限制地展开——，所谓‘东方的崇高境界’，只能是空洞的抽象。事实是，人们永远是在最具体，最平凡的事情当中意识到‘道’，这种意识永远是不完全的，因为‘道’永远无法穷尽。中国的意识不经过概念的中介，而是逐渐地领‘悟’”③。

其实，在于连之前就有很多人一直在解构和颠覆西方的“逻各斯中心主义”，如德里达等人。于连也认识到，“走出黑格尔”、同希腊的特别概念决裂是极其困难的，因为希腊概念把欧洲变成了追求普遍性的摇篮。但是，即使前面存在重重困难和危险，也必须通过迂回去克服。怎么克服？不是以西方模式来套用，不以“哲学”的思辨来遮蔽“智慧”，而是要“超越希腊框架”，“让智慧重新充实下来，同时表达出她的逻辑”。④ 这种思想之于我们的美学构建，也应该是适用的。虽然于连“迂回”于中国而最终要回归到西方，但他提出的作为

① 弗朗索瓦·于连等著，张放译：《（经由中国）从外部反思欧洲——远西对话》第135页，大象出版社，2005年。

② 弗朗索瓦·于连等著，张放译：《（经由中国）从外部反思欧洲——远西对话》第131页，大象出版社，2005年。

③ 弗朗索瓦·于连著，闫素伟译：《圣人无意——或哲学的他者》第65页，商务印书馆，2004年。

④ 弗朗索瓦·于连著，闫素伟译：《圣人无意——或哲学的他者》第2页，商务印书馆，2004年。

“他者”的中国思维与西方相异而并立、平行的思想，对于我们的美学建构是有一定的借鉴意义的。与西方哲学、美学不同的是，中国思想不重思辨、不切矛盾、不问真理、不求本质，只是在看似平常的无尽言说中敞开意义、敞开世界，不追求有体系的理论建构，如同生命的“散步”——应该说这本身就是一种建构，不过是与我们常引为标准模式的西方式的建构不同罢了。

“当我们借道中国，再一次转而面向我们自己的思想时，我们看到一片风景展示在面前，由于我们自己已经不再身处其中，所以，我们会突然间很惊讶地看到，有一条路穿过画面，通向远方，使前景更加广阔，而且在此之前，这条路本来就在不断地为我们的思想指引着方向：这是一条无尽的追求之路，追求真理，追求意义”①。这是于连关于其“迂回”方法及其对中国思想看法的表达之一，在此引为本文结语。

① 弗朗索瓦·于连著，闫素伟译：《圣人无意——或哲学的他者》第110页，商务印书馆，2004年。

试论福柯的空间化转向与本质性写作

赵奎英①

内容提要：在西方后现代哲学文化的空间化转向中，福柯的思想具有举足轻重的作用。福柯的空间化转向主要体现在：其“考古学”和“谱系学”对线性历史话语的解构；其“异位拓扑学”对“异位”空间的描述；其“词物分裂论”对“可见物”的彰显与突出。福柯的空间化转向不仅促进了视觉文化和空间政治的兴起，而且引发了一种空间化的、对事物本身作出“本质描述”的写作或话语方式的革命。这种返归事物本身的本质化写作倾向与解构主义的游戏化写作形成鲜明的对比，对历史写作、文学创作、文学文化批评无不具有积极的意义。

关键词：空间化转向　本质性写作　异位拓扑学

在西方现代尤其是后现代的哲学文化中，“空间”越来越成为“充满诱惑、无法抗拒的话题”②，以至于法国著名学者弗朗索瓦·多斯在《从结构到解构》中说：在西方20世纪的进程中，一种新的“反历史文化”弥漫开来，“历史意识受到了星际意识、地形学意识的压制，时间性移向了空间性”。③ 在这一空间化转向中，作为历史学家的福柯具有不可忽视的重大作用。福柯虽然不像法国社会学家亨利·列斐佛尔那样写出了与空间直接相关的巨著，他的主要著作都是与历史相关的，但福柯的历史观中本来就隐含着空间化的思想，并且福柯的空间化转向首先就表现在其“知识考古学”和“谱系学”对线性历史话语的

---

① 赵奎英，女，文学博士，山东师范大学文学院教授。

② 弗兰克斯·彭茨等编，马光亭等译：《剑桥年度主题讲座：空间》“导言”第2页，华夏出版社，2006年。

③ 弗朗索瓦·多斯著，季广茂译：《从结构到解构：法国20世纪思想主潮》上卷第470页，中央编译出版社，2004年。

解构。

一、"考古学"和"谱系学"对线性历史话语的解构

福柯在有关"权力的地理学"的访谈中曾经说,在西方的历史中存在着对空间的"一贯的贬损的态度"。"空间被看做是死亡的、固定的、非辩证的、不动的。相反,时间代表了富足、丰饶、生命和辩证"。"对于那些把历史与旧式的进化、生存的连续性、有机发展、意识的进步或者说存在的规划混为一谈的人,对于空间术语的使用似乎具有一种反历史的味道。如果我们用空间的术语来谈论历史,这就意味着我们对时间充满敌意"。但福柯同时指出,对于他来说,他的确迷恋于使用空间化术语。福柯说,人们常指责他迷恋于空间的概念,他确实对它们很迷恋。但是,他认为通过这些概念他确实找到了他所追寻的东西:权力与知识之间的关系。一旦知识能够用地区、领域、移植、移位、换位这样的术语来描述,我们就能够把握知识作为权力的一种形式和播撒权力的效应的过程。……对于言谈现实的空间化的描述使我们能够分析有关的权力效应。① 在访谈结束处福柯坦称:"地理学为我以往所叙述的一系列事实提供了支持和可能。""看来地理学确实必须成为我所关心的课题的核心。"②

作为历史学家的福柯,为何会如此迷恋地理学空间化术语,为何会把地理学视为他学术关心的中心课题?原因乃在于福柯所关心的历史并不是传统意义上的被理性重构的线性的、连续的历史话语,而是断裂的、偶然的、非连续性的"实际的历史"。这种"实际的历史"本身就是一种非时间性的"空间化"的历史。要想对这种空间化的历史进行更好的描述,自然要使用空间化地理学的术语。福柯这种用空间化地理学术语加以描述的实际的历史,与传统历史主义者眼中的历史不同,它是一种"谱系学"和"考古学"意义上的历史。

福柯在《知识考古学》中指出,近几十年来,那些以思想史、科学史、哲学史、文学史等等诸种以"史"来命名的学科,正在经历一种重大的变化,那就是它们中的大部分越来越有悖于传统历史学家的研究和方法。如果说,有一段时期的考古学曾与历史学十分相似,它必须通过重建某一连续的历史话语才有意义,而如今的历史学则变得与考古学十分相似。这种考古学意义上的历史学虽然并不刻意避免历史中实际存在的连续性,但它将对被传统历史学家从实际历史中作为"零星时间"蓄意删除掉的"不连续性"、"断裂性"表现出充

---

① 包亚明主编,严峰译:《权力的眼睛》第205~206页,上海人民出版社,1997年。

② 包亚明主编,严峰译:《权力的眼睛》第212、213页,上海人民出版社,1997年。

分的关注。福柯说:“我们将完全可以对传统的思想史做一切我们想做和能做的理论批评,因为传统的思想史,对其自身来说,至少是把时间衔接和连贯的现象作为基本主题,按照发展的模式分析这些现象,进而描述话语的历史脉络。”而与此相反,“考古学避而不谈的是这个主题:连续性是绝对的,即存在着一种最初的和不可分割的连贯,话语可能因这种连贯的完整的规律而从之,亦即在话语中只存在着一种形式和一个连续层次的主题”,“同思想史相比,考古学更多地谈论断裂、缺陷、缺口、实证性的崭新形式乃至实然的再分配”。并且指出,“为了构建话语的考古学史”,应该摆脱这样两种根深蒂固的模式:一是言语的线性模式,一是意识流动的线性模式。① 因为在这两种模式之中,不连续的、偶然的、多样的、重叠的事件,会被纳入到一种由某种先验主体所统摄的同一的、连续的、线性的历史话语和意义秩序之中。而福柯的“知识考古学”正是要打破历史主义对于先验历史主体和绝对的历史连续性的预设,要把思维的、认识的、哲学的、文学的历史从线性连续的超验幻想中解脱出来,以断裂、缺口、间断、变化、转换和实证性的话语分析去“分解由历史学家的不厌其烦编织起来的所有这些网络”,以“使差异增多,搅乱沟通的线路,并且竭力使过程变得更加复杂”。②

福柯对线性连续历史话语的批判,一方面借助他的“知识考古学”,另一方面则借助尼采的“谱系学”。在《尼采、谱系学、历史》一文中,福柯依然对“谱系学”意义上的“实际的历史”与传统的历史学家的历史进行了区分,认为这种“谱系学”意义上的实际的历史将“非连续性”引入人们的存在,打乱了通常在事件的突现与连续的必然性之间建立的关系。它既不表现为原初意想的连续形式,也不是某个结论的推导步骤。它总是显现于事件的独特偶然性。在这种实际的历史世界中既无神意也无终极目的,所有的只是偶然性、随机性。而历史学家的历史,则是一种反复引入或设定“超历史”视点的形而上学的历史。这种形而上学的历史不管历史本身的头绪多么纷杂,不管历史本身的意志多么盲目,也不管历史本身的线索存在着如何的断裂,却总是倾向于以一种神学或理性主义的方法将特殊事件纳入理想的连续性,纳入目的论的进程或自然因果序列,仿佛历史总是按照一种明确的、预设的目的,按照一种逻辑因果关系有序地向前发展的,从而最终将时间的多样性编织成自我封闭的整体,给全部的往昔变迁提供一种和谐的、连续的话语形式,并最终把这一切归结于一个

---

① 米歇尔·福柯著,谢强、马月译:《知识考古学》第212～213页,第217～218页,三联书店,1998年。

② 米歇尔·福柯著,谢强、马月译:《知识考古学》第218页,三联书店,1998年。

先验的、稳定的、具有同一性的人类主体。而福柯借助尼采的"谱系学"正是要解构这种形而上学的、被先验主体掌控着的、线性连续的历史话语。"谱系学"对线性连续历史话语的解构是从对"起源"的解构入手的。福柯指出:尼采谱系学从"反对理想意义和无限目的论的元历史展开,它反对有关起源的研究",因为"人们总是在起源中收集事物的精确本质、最纯粹的可能性、被精心置于自身之上的同一性、静止并异于一切外在、偶然和连续东西的形式"。① 而如果谱系学家放弃对起源的形而上学信仰,去倾听历史本身的声音,就会发现在事物的历史发端处不是依然保持着的事物起源的同一性,而是各种其他事物的不一致、不协调;而在所谓的真理背后则是无数的错误。因此谱系学需要历史学"祛除起源幻相",去对"来源"(Entstchun, Herkunft)而不是对"起源"(Ursprung)进行研究。谱系学的来源研究并不打算回溯历史,不打算在被忘却的散落之外重建连续性;它的任务并不是先给整个发展进程强加一个从一开始就已注定的形式,相反,"来源"分析力图"解散"某种统一性的东西,它通过追寻来源的"复杂系列"去确定"偶然事件、细微偏差"甚至是"错误、错估"对于"现时"的重大意义。因此它面对的不是连续性的累积,而是"断层"、"裂缝"等不稳定的"异质层"的集结。而这恰恰构成了"谱系学"意义上的"实际的历史"的本来面目。

由以上可以看出,福柯"谱系学"和"考古学"是一致的,它们都以一种充满"断层"、"裂缝"等等与"非连续性"相关的"空间化"话语描述指向了对形而上学的线性连续历史话语的批判和解构。同时,需要指出的是,福柯不只是在理论的层面上对"考古学"和"谱系学"作为一种新的历史研究方法进行了系统的阐发,他同时也把这种方法贯穿在自己形形色色的历史研究实践之中。福柯对"疯癫史"的研究、对"知识史"的研究、对"性史"的研究等,无不对其中的断裂和间断等非连续性史实表现出高度的关注,无不是以一种"考古学"和"谱系学"的话语建构,对一种"实际的历史"做出"本质的描述"。

福柯曾经说:"每当人们在历史分析中——特别是当分析涉及思想、观念或者知识时——看到非常明显地使用不连续性和差异这类范畴,界限、决裂和转换这类概念,以及序列与界限这类描述时,人们就会抱怨历史被谋杀了。人们就会谴责说这是对历史的永不失效的权利和整个历史性基础的冒犯。"②如果按照这种观点,作为历史学家的福柯的确"冒犯"了整个历史性的基础,实现了对历史的"谋杀"。但福柯对历史性基础的"冒犯"并非否定了历史的有效

---

① 杜小真编选:《福柯集》第146、148页,上海远东出版社,1998年。

② 米歇尔·福柯著,谢强、马月译:《知识考古学》第17页,三联书店,1998年。

性，而是走向了一种新的“地理历史(geohistory)观”；福柯对历史的“谋杀”也并非真正“取消”了历史话语，而是使历史具有了更为本真的、更为混整的、空间化的话语形式，促使历史话语从传统的线性“时间化”形式向后现代的非线性“空间化”形式转移。这种历史观和历史话语的空间化转向促生了历史写作方式的革命，也使福柯成为“后现代地理学”的先驱之一，“为空间性的后现代文化批评和权力的制图学提供了一条重要的发展途径”。①

二、“异位拓扑学”对“异位”空间的描述

美国杰出地理学家爱德华·W·苏贾曾经说，“福柯拒绝将自己的空间化投射为反历史，但他的历史观从一开始就被人发人深思地空间化了”②。之所以会如此，这不仅是因为福柯的著作偏爱使用空间化隐喻，而且更因为“空间”在福柯的批判思想中本来就具有核心的意义。只是在早期的《疯癫与文明》(1961)中，在《词与物》(1966)中，在《知识考古学》(1969)中，福柯那些具有先锋性的空间观念还是隐含着的，而在福柯晚期两个著名的有关“地理学”和“空间问题”的访谈录中，以及在福柯最早于1967年发表的一个题为“关于他者的空间”(Des espaces autres)的演讲中，空间的中心地位则得到了直接的显露。但是，福柯于1967年发表的这篇“关于他者的空间”的重要演讲几乎被忽视了近二十年，直到1984年才在法国的一本建筑学杂志上公开发表。后来这篇文章又被翻译成英语“关于他者的空间”(Of Other Space)，在一种批评回顾杂志(Diacritics，Spring，1986)与另一种建筑学杂志(Lotus，1986)上发表，并迅速产生越来越大的影响。③ 在这篇演讲记录中，福柯针对传统历史主义构建的时间神话，特别突显了空间的作用，提出了一种“异位”或译“异托邦”(heterotopias)的思想。福柯在这里指出，“19世纪的一个巨大痴迷是历史”，“而当今的时代或许将首先是一个空间的时代。我们处在一个同时性的时代：一个并置的时代，一个远和近的、并列的、分散的时代。我相信我们处于这样一个时刻，我们对世界的体验，与其说是通过时间展开的生命发展的长度，不

---

① 爱德华·W·苏贾著，王文斌译：《后现代地理学——重申批判社会理论中的空间》第97页，商务印书馆，2004年。

② 爱德华·W·苏贾著，王文斌译：《后现代地理学——重申批判社会理论中的空间》第28页，商务印书馆，2004年。

③ Edward W. Soja, *Third Space: Journeys to Los Angeles and Other Real-and-Imagined Places*, Blackwell Publishers Inc, 1996. p. 154.

如说是由点的连接及其与自身的纠结所形成的网状物。人们或许可以说，激发当今论争的某些类型的意识形态冲突正存在于那些虔诚的时间传人和坚决的空间居民之间”，并明确认为：“无论如何，我们时代的焦虑与空间本质相关，毫无疑问，这种同空间的关系大大甚于同时间的关系。”①由此可以看出，“空间”在福柯的眼光中早就具有异乎寻常的意义。

福柯认为，在西方经验中，空间是有其自身历史的。在中世纪，占主导地位的是完整的、稳定的、呈等级体系并且是局域化的“安置的空间”(space of emplacement)，在安置的空间中，每个角色、每样事物都被安置在一个固定的位所中；到了伽利略时代和17世纪，那种局域化的“安置的空间”被一种开放的、呈无限延展的“延伸的空间”代替了，这种延伸的空间是用无限运动来计量的、与人的实际存在没有关系的机械物理空间。而今天，这种“延伸的空间”则被“场所”(site)取代了。“场所是由点与点或元素与元素之间的邻近关系来界定的。而这种关系，正式地说，又可以被描述为各种系列、系谱(trees)或网格(grids)。”由此福柯归结说，“我们时代，空间是以我们在具体场所(sites)中的关系的形式呈现出来的”，“我们生活在一整套关系中，这种关系描画出了既不能相互削减也绝不能彼此重叠的场所”②。“场所”既不同于中世纪的具有整体性的“安置的空间”，也不同于伽利略的无关于人的实际存在的“延伸的空间”，而是与人的具体生存实践密切相关的、由各种“关系”界定的“异质性空间”。在由各种关系界定的所有“场所”中，令福柯最为感兴趣的是“异位”(heterotopias)。所谓“异位”，是指那些存在于既定的社会空间中、在功能或性质上与其他(常规)空间不同甚至是对立的奇异的空间。用福柯的话说，这种空间“在与所有其他空间的关系上具有令人好奇的性质”③。这种空间与常规空间不同，但又是与通常的文化空间相关的。各种各样的与通常空间不同的场所，诸如墓地与教堂、戏院与花园、博物馆与图书馆、集市与度假村、兵营与监狱、妓院与殖民地等，形式各异、彼此不同，互不重叠、纷然杂陈，组合在同一个“真实的地方”，便是福柯称之为“异位”的空间。④ “异位”指向了社会生活空间的复杂性。“异位”不是一种纯粹的虚空或同质的空间，而是一种充满

① Michel Foucault, “of Other Space”, *Diacritics*, Spring, 1986, p. 22-23.

② Michel Foucault, “of Other Space”, *Diacritics*, Spring, 1986, pp. 23、24.

③ Michel Foucault, “of Other Space”, *Diacritics*, Spring, 1986, pp. 24.

④ Michel Foucault, “of Other Space”, *Diacritics*, Spring, 1986, pp22-24. 并见爱德华·W·苏贾著，王文斌译：《后现代地理学——重申批判社会理论中的空间》第26页，商务印书馆，2004年。

量和质的空间，有时候还可能是一个承载幻想的空间，但异位并不是一种内在的“心理空间”，而是一种我们生活于其中的“外部空间”。“在这种空间中，我们的生命、我们的时间和我们的历史的腐蚀均在其中发生”①。“异位”的空间不代表生活空间的完美形式，它可能是完美的，也可能是不完美的；它也不是一种纯粹的“幻想”，而有可能是一种“补偿”；它不是虚构出来的，而是一个“真实的地方”。正是在此意义上，福柯把它与以完美的形式或以颠倒的形式来呈现社会的并不真实存在的“乌托邦”(Utopia)进行比较。“乌托邦”也是一种“奇异”的空间，也具有“令人好奇”的性质，但“乌托邦”是一个在世界上并不真实存在的地方，而“异位”则是实际存在的，有时它像是一种实现了的“乌托邦”。② 也正是在此意义上，国内一些学者也将“heterotopias”一词译为与“乌托邦”相对的“异托邦”。

为了对“异位”尝试一种“系统描述”，并充分彰显“异位”这一概念的意义，在这篇演讲中，福柯还提出了“异位拓扑学”(Heterotopology)的思想。“异位拓扑学”不是对空间的“科学研究”，而是一种有关同时性的神话、我们生存空间的论辩和对异位的描述。“异位拓扑学”对“异位”的描述包含六项原则：第一，在世界上没有不能构成异位的、单一的文化。“异位”具有各种各样的形态，没有普遍统一的模式，但人们仍然可以把它分为两种基本类型，即“危机异位”和“偏离异位”。“危机异位”是为所谓的原始社会中遭遇危机时的个体(诸如青春期的少年、排经期的妇女、老人等)所提供的庇护之所。这种“危机异位”在我们的时代基本上已经消失，它被一种更现代的“偏离异位”替代了。所谓的“偏离异位”，是为那些行为偏离常规模式的人设置的，如精神病院。第二，异位的功能可随着历史的发展而改变，以与它发生于其中的文化相同步。第三，异位能在同一个真实的地方同时并置几个不同的、本身无法共存的空间或场所，如剧院舞台和电影银幕。第四，“异位”经常与一种时间的“碎片”或称“异时”(heterochronies)连接在一起。正是当时间与传统时间出现绝对的断裂时，有些“异位”才开始完全起作用，比如“墓地”。第五，异位总是预先假定一套开放和封闭的系统，使得“异位”既是孤立的，同时也是可以渗透的，以不同于可以被更加自由地想象和接近的公共空间，如“监狱”或“兵营”。最后，“异位”具有联结在它之外的所有其余空间的功能。这种外部关系功能，在两个极端之间展开，它或者具有创造幻觉空间的功能，这种幻觉排斥所有真实的空间，排斥所有人类生命被隔离其中的真实场所，如一些著名的妓院；它或者

---

① Michel Foucault, “of Other Space”, *Diacritics*, Spring, 1986, p. 23.

② Michel Foucault, “of Other Space”, *Diacritics*, Spring, 1986, p. 24.

具有创造另一种真实而又被妥善安排的、完美的空间的功能,与现实世界那紊乱不堪的空间不同,如一些教会殖民地。①

综合福柯"异位拓扑学"的描述以及苏贾等人的研究可以看出,福柯的"异位"不是几何学、物理学、形而上学意义上的抽象的、连续的、同质的空间,也不是常规的社会文化空间或现象学意义上的心理空间,而是属于苏贾所说的"第三空间"(Third space)的东西。这种"第三空间"兼有物理空间的广延性、社会空间的实践性和心理空间的某种精神性,同时又具有不同于常规空间的他者性、异质性。福柯之所以关注"异位"这种"第三空间",一方面在于"异位"偏离常规的异质性、他者性所具有的挑战一切现成规范和既定秩序的激进政治文化意味,另一方面则或许由于这种奇异的非常规空间在通常的空间科学研究中更缺少自己的声音或话语,而它在人们的当代生活中又实际占据着非常重要的位置。这种空间虽然与常规空间对立,但它与常规空间又保持着不可分割的联系,这使得如果不对这种异质的、他者的空间进行描述分析,实际上就难以真正揭示出更加复杂混整的真实空间位所关系。因此,福柯的"异位拓扑学"对实际存在的"异位"的描述,与他的"知识考古学"和"谱系学"对"实际历史"的分析旨趣是完全一致的,都倾向于揭示出表面的、理性的和谐形式下面的不和谐,都倾向于揭示出更为多样亦更为真实、令人震惊,有时亦令人不快的东西。就像其"考古学"和"谱系学"分析力图对充满断裂性、差异性、非连续性的"**实际的历史**"作出"本质的描述"一样,福柯的"异位拓扑学"对"异位"的描述,也力图以一种更为本真的、全景式的话语形式呈现出那种异质的、他者的、不统一不完美的、包含着冲突和对抗的"**实际的空间**"的本来面目。

由此我们认为,福柯对空间的思考与他对历史的思考是紧密相关的,我们或许甚至可以说,福柯对异位空间的描述也是"考古学"式的,他以不同的、异质的、"拓扑学"的空间话语为人们揭示出了与实际生存实践密切相关的复杂的、多元的、真实的空间位所关系,打破了形而上学对于虚幻的、美好的、抽象的连续空间的幻想,也粉碎了形而上学式的同质的、连续的、抽象的空间话语。他告诉人们,各种不协调、不相称的空间场址是同时并存于同一个世界之中的,而我们今天正生活在这样一个世界之中。在此意义上说,福柯"异位拓扑学"对"异位"空间的描述,不仅"对后现代条件下政治反抗的可能性提出自己的解释"②,也对后现代世界中的人类思维和生存方式提出了自己的看法。他试图提醒人们,在当今世界中,不仅要注意诸如历史的发展、时代的进步这样

---

① Michel Foucault, "of Other Space", *Diacritics*, Spring, 1986p. 24-27.

② 汪行福:《空间哲学与空间政治》,载《天津社会科学》,2009 年第 3 期。

的时间问题，而且还应注意当今时代生存的空间并存关系；不仅要注意我们自己的常规生存空间，而且还应注意在我们自己的常规生存空间之外还同时存在着不同的、异质的生存空间或生存、思维的方式，从而促使人们从线性的、同质的时间化思维与生存向异质的、他者的、同时并存的空间化思维与生存转向。福柯这种由“异位拓扑学”开启的空间化转向，不仅促生了后现代的空间政治文化，而且深刻地影响着后现代哲学、文学与批评对于空间的写作方式。而要充分理解这一点，我们必须把福柯对于空间、对于历史的思考与他的整体学术思路、他的语言观联系在一起。

三、“词物分裂论”对“可见物”的突出

福柯的空间化转向，福柯对起源研究的否定、对历史的非连续性以及对异位空间的关注等，之所以会与一种话语或写作方式的变革或重塑联系在一起，原因乃在于福柯那些具有先锋性的历史观念和空间观念的变革，是以语言观念的变革为根基的。这一方面体现在福柯的“知识”考古学本来就是一种“话语”考古学，其“新历史观”，其实也是一种“新历史话语观”，“话语”在福柯的哲学中具有关键的意义；另一方面则体现在福柯的思想不仅与尼采有着渊源关系，而且还受到索绪尔共时性语言学和胡塞尔、海德格尔“回到事物本身”的现象学语言哲学的直接影响，他对“实际的历史”、“实际的空间”的关注，与他的“话语对象”不同于“事实对象”、“陈述物”不同于“可见物”的“词物分裂论”紧密地联系在一起。

语词与事物的关系问题是语言哲学的基本问题之一，对于它的认识，在西方传统与现代、后现代哲学之间存在着根本性的差异。西方传统语言观倾向于认为，语词与事物、名称与实在之间存在着自然或天然的对应关系，语言是世界的“摹本”或“图画”，二者存在着内在的一致性、相似性。而20世纪“语言学转向”以来，这种传统语言观被认为是滋生各种“幻觉”和“欺骗”的基地，从而受到来自各条路径上的反叛和揭批。在这场“反幻觉”运动中，索绪尔语言学具有举足轻重的意义。索绪尔以其“符号任意性”原则，打破了词与物天然对应的“神话”，揭破了人能控制语言的“迷梦”，促生出了一种以后结构主义为代表的旨在强调语词与事物、符号与对象、能指与所指之间的区别、对立与分裂的后现代的“词物分裂论”。福柯虽然在语言符号的任意性问题上采取了更为复杂的态度，他本人也极力反对被归入结构主义或后结构主义的阵营，但福柯的“权力”概念无疑与索绪尔对语言系统的任意性、强制性“规则”的强调有关系；他对历史起源研究的贬抑，无疑也受到索绪尔的共时性语言学否定语言

起源研究的影响;而他在词与物的关系问题上更是坚持一种典型的从索绪尔的符号任意性而来的词与物分裂的思想。福柯在《知识考古学》中指出,“知识”实际上也即“话语”,是按照一定的规则整体构成自己“对象体系”的实践活动。事物、现实并不是形成知识的“原始规律”,话语对象的形成“并不参照事物的基质”。在福柯看来,话语并不是一个纯粹的、简单的“事物”和“词”的混杂物,不是“现实”和“语言”之间的狭窄表层,也不是“词汇”和“体验”的混合体,在分析话语本身的过程中,“我们看到词与物从表面看来如此紧密的结合松懈了,并且话语实践所特有的规则整体显露了出来。这些规则根本不确定某个现实的无声的存在,不确定某种词汇的正规用法,它们确定的是对象的体系”①。归根结底,福柯在《知识考古学》中的“基本论点之一,是指出内容、形式与表达形式之间的性质区别,指出可见物与可陈述物之间的性质区别”,指出“词”与“物”或“说”与“看”之间存在的不可避免的分裂。用德勒兹的话说也就是,“陈述物”不同于“可见物”,“说”不等于“看”,“词”与“物”之间存在着“分离性”。如果说传统语言观设定了语言的“图画”和逻辑再现的本质,认为语词与事物之间具有一一对应的、逻辑明晰的指称、相似关系,为模仿再现和表现的文学观,为一切图文结合的艺术以及为传统类型的历史研究奠定了语言学基础,具有后现代特征的“词物分裂论”,则为后现代的文学艺术、文化批评以及历史研究开启了新维度。

福柯的《这不是一只烟斗》曾对比利时超现实主义画家马格里特的一幅同名绘画进行解读。福柯指出,“图形文”(calligram)利用字母的价值属性,自称能在游戏中消除使用拼音文字的文明存在于“展示与命名、绘形与述说、观看与阅读”之间的最古老的对立。但马格里特的绘画,却通过文字符号与形象画面的相互配合,在“所说物”和“所见物”之间引入了否定关系,切断了语言与事物的“确认性”和“相似性”联系,以一种典型的“图文分离”,宣布了“图形文”努力的解体。如他的画作《这不是一只烟斗》,高处的画面上明明“是一只烟斗”,下面的题词却说“这不是一只烟斗”,从而在“图”与“文”之间创造出巨大的张力。② 福柯对“图”与“文”之间的张力、对“图”与“文”之间的分解与否定关系的突显,不仅能为当今的视觉文化、图像文化的兴起提供理论支持,而且对于那种切近事物本身的空间化的本质性写作具有革命性意义。因为福柯突显“图”“文”分裂的目的,是要突显作为“可见物”的“图”而不是作为语词的“文”,

---

① 米歇尔·福柯著,谢强、马月译:《知识考古学》第58~61页,三联书店,1998年。

② 米歇尔·福柯著,谢强、马月译:《知识考古学》第117~120页,三联书店,1998年。

是要突显“图”对“文”的专制的反抗，突显“事物”、“形象”对“语词”、“理性”也即“逻各斯”统治的反抗，突显空间化、视觉化的“图”中那些没法被线性化、逻辑化、时间化的语词之“文”所控制、所规约、所秩序化的更为丰富混整的东西。这与他的“考古学”和“谱系学”更加重视沉默的、混沌的、可见的、非连续性的事实领域（“实际的历史”）的思路完全一致，这也是他与后结构主义的另一代表人物德里达的根本分歧之处。

我们知道，以后结构主义为代表的后现代语言观的一个最突出的特征，就是沿着索绪尔的符号任意性和差异性的启示，发展出了一种与传统的“词物对应论”相对立的“词物分裂论”。但同是强调词与物之间的分裂，还是存在着一些不同，并且人们完全可以由此走向不同的道路。因为在认识到“语词”与“事物”的必然分裂之后，人们既可以抛弃对终极自然之“物”的幻想，由此走向与“物”分裂的、空洞的、无序的“语言”（这种“无物”的语言也可以说是关于“语言的语言”），走向词语追逐着词语、语言追逐着语言的写作游戏，也可以揭示出隐藏在任何一种话语背后的权力规则，放弃对自然的、对无偏见的线性“话语”的幻想，由此走向无法被语言真正表象的、沉默的、混沌的非线性化的“物”的领域。如果说前者是德里达的选择，后者则主要是福柯的思路。福柯对疯癫史的研究、对性史的研究、对监狱的研究等，无不表现出后一种倾向。他在《疯癫与文明》中说，“精神病学的语言是关于疯癫的理性独白”，在这种语言中，疯癫本身却是沉默的，“我的目的不是撰写精神病学语言的历史，而是论述那种沉默的考古学”。他在《知识考古学》中指出，就传统形式而言，“历史从事‘记录’过去的重大遗迹，把它们转变成文献，并使这些印迹说话”，而今天的“历史便是将文献转变成重大遗迹”，让众多的素材“呈示”。他在《词与物》中也揭示出，话语的秩序不同于事物的秩序，在话语中，事物本身是沉默的。而他的研究却是考古学式的，他试图指向那些沉默的东西，试图让沉默的事物自己开口说话或自己“呈示”自己。福柯尽管没有明确表示他对诸如“精神病院”与“监狱”等“异位”的关注也出于同样一种宗旨，但我们可以推定与此一宗旨大有关系。

但“物”要想被认识，沉默的东西要开口说话，它无法最终摆脱语言化，它还是要成为“话语”，沉迷于“物”的领域的福柯却不得不游行于“话语”的领域：既批判话语，又重塑话语。这种被重塑的“话语”既不是德里达解构主义意义上的无物的“语言的语言”、“词语的词语”，也不是传统形而上学意义上的对“物”进行规约和削减的线性理性话语，而是力求让事物本身“呈示”或对事物本身进行“本质的描述”的“空间化话语”。这种话语与现象学意义上的“事物本身的语言”有某些相通的东西。尽管福柯的这一现象学倾向在遭到德里达的致命攻击之后在语词上有所调整，但福柯思想的深沉脉搏一直在那个沉默的、混沌的、多义的“物”（或实际的存在）的领域涌动，福柯思想的目标和魅力正在于力图让那沉默的东西开口说话，力图把那些处于冥暗之中的混沌的东西开启到“可见”的“光”中。由于“可见的”事物本身是一种非线性的“空间化”存在，“事物本身的语言”，或对事物的“本质的描述”，也必然是一种非线性的“空间化话语”，这也正是福柯为什么在历史、知识、权力等的研究中迷恋空间化地理学术语的原因。福柯的空间化转向也因此不仅推动了对于空间本身的关注，而且带来了一种写作或话语方式的空间化革命。这种空间化写作返归事物本身的本质化倾向，与以德里达为代表的解构主义所促生的后现代的游戏化写作形成了抗衡，无论是对于当代的文学创作、历史研究还是对于文学文化批评来说都具有不可忽视的积极性。因为福柯不是简单的“词物分裂论”者，他在认识到语词与事物的必然分裂之后，没有走向虚无主义的语词狂欢，而是积极地探寻语词与事物、语言与世界之间所可能有的深度关联。

解构主义误读理论的阐释标准之争

王 敏①

内容提要：解构主义误读理论颠覆了“正读/误读”的二元对立，认为阅读不存在客观的标准。这种思想引发了以赫施为代表的传统阐释学从作者意图角度所作的抨击，也触动了艾柯作为符号学家从文本意图角度所进行的矫正努力，然而解构主义误读理论取消作者、文本、读者这些标准的权威性，并不意味着误读实践是随心所欲的，它只是反对把某一种标准当做唯一的中心，主张通过对文本语言修辞的研究来挖掘文本无限可能的意义形式。

关键词：解构主义 误读 阐释

“误读”作为一种阅读现象，在传统的文学观念中是一种应避免的错误，其反面的正确阅读即是“正读”。既有“正/误”之分，就必然存在一定的阅读标准。20世纪之前的传统文论多是把作者的意图定为正确阅读应依循的准则，20世纪以来标准开始多样化，新批评以文本的“细读”为“正读”的源泉，接受美学和读者反应批评则以读者的接受活动为准则。然而，到了以德里达、布鲁姆、德·曼、米勒、哈特曼为代表的解构主义文学批评家那里，作者中心、读者中心和文本中心俱被全面消解。一部作品的意义不是作者意图、读者经验所能穷尽的，也不会限制在封闭的文本系统之中，文本意义具有不确定性，对文本的解读是无限延展的。“一切阅读即误读”作为一个引人注目的命题应运而生，“正读/误读”的二元对立被颠覆，这也就意味着阅读不存在客观的标准。这种思想受到了传统阐释学家赫施和符号学家艾柯的批判。然而，解构主义误读理论取消作者、文本、读者这些标准的权威性，并不意味着误读实践是随

① 王敏(1980～)，女，湖北襄阳人，博士，西安外国语大学文学院副教授，研究方向为西方文艺理论。

心所欲的，它只是反对把某一种标准当做唯一的中心，主张通过对文本语言修辞的研究来挖掘文本无限可能的意义形式。

一、解构批评：语言修辞论

解构主义批评的一个中心观念是认为误读是绝对的，文学阐释不论运用哪一种标准都只不过是无限阐释可能性中的一种，这是因为文学文本的阅读要牵涉到许多因素，正如解构主义的阐释者乔纳森·卡勒所总结的："给定文本的复杂性，比喻的可逆转性，语境的延伸性，加上阅读之势在难免的选择和组织，每一种阅读都可以说是片面的"①。文本内部的语言修辞、外部的语境及读者差异，这些客观存在的复杂因素，使得全面的、绝对正确的理解难以形成，每一种阅读方式都只能是单方面的、不完满的，每一时代的读者都可以证明前人的阅读是误读，却又被后来的阐释者发现残缺不全。

为了实现较为全面的阅读，就必须拆除传统设定的各类阐释标准。首先是对作者意图论的消解，自从巴特"作者之死"口号提出以来，作者原意就不再是作品的唯一意义，文学阅读和阐释活动成为一种独立于原作者的文学再生产活动。其次，文学意义也不仅仅是文本字面的客观意义。文学文本的性质，正如伊格尔顿所说："一个文本可能会把它无力表述为一个命题的东西，某种与意义与表意的本质有关的东西，'示'(show)于我们。对于德里达来说，一切语言都展示着这种超出准确意义的'剩余'，一切语言都始终威胁着要跑过和逃离那个试图容限它的意义。"②文本有所言，有所不言，在言说的文字之外，更有许多难以言传的、不能用命题来陈述的意蕴被文本字面意义所掩盖。因此，文本意义不能通过字面意义的归纳总结来完成，必须通过反复的阐释活动，挖掘文本内部各层面的，甚至是互相矛盾的因素来揭示更为复杂的潜藏意义。再次，文学意义也不是读者所能完全赋予的，读者所拥有的视野是有限的，不能阐释出文本内在的所有可能的内涵。解构批评家反对"自信"得到真理的批评家，认为任何阐释都是各种因素综合作用的结果，都具有偶然性，所以都只不过是极有限的解读方式，在它之外还有无数解读可能性，因此不能固守某一种结论。

解构主义批评家的阅读实践否定统一标准的存在。比如，米勒在讨论《呼

---

① 乔纳森·卡勒著，陆扬译：《论解构》第181页，中国社会科学出版社，1998年。

② 伊格尔顿著，伍晓明译：《二十世纪西方文学理论》第131～132页，北京大学出版社，2007年。

啸山庄》时,列举了包括他本人的理解在内的15种诠释:弗洛伊德精神分析学视野下的性的戏剧;一个与门、窗的母题有关的神秘故事;一个关于强烈激情受挫的道德故事;一个关于性与死亡关系的故事;一个关于作者对她死去的姐姐怀有同性恋感情的故事;一出风暴与宁静对立冲突的戏剧……米勒本人则把它看做是一个关于作者宗教观点的戏剧性故事等等。① 这些阐释在批评方法上有社会历史的、精神分析的、原型批评的等等多种方式,它们之间相互矛盾和冲突的地方十分明显,作者意图、文本语言、读者感受等阐释标准都发生了作用,但都只是多重阐释中的一种而不是全部。所有阐释都只是通过一定方式而强加给文本的一种模式,除此之外还有无数模式的存在。由此,米勒总结道:"最好的阅读是那些能够最充分显示文本的异质性的阅读,这种阅读是对由文本决定的、系统相关却又逻辑矛盾的意义形式的展现。"②可见,在解构主义批评家那里,由于不存在统一性的标准,文学文本也就不存在所谓的"准确意义",具有多种潜在的意义生产的可能性,不仅仅是作者意图指涉的主观意义、作品"书页文字"的客观意义,也不只是读者阅读赋予的某一种体验意义,而是文本自身因语言修辞而存在的多重意义,从不同的角度切入会生产出不同的意义,只能在误读性的接受活动中把握它们。

解构主义批评家之所以推翻一切阐释标准,是因为文学阐释是在一定语境中发生的,而语境是不可饱和的,这就决定了意义的不可确定性。语境构成了文本阐释的意义场,是制约意义的一个重要因素。语境对解构主义误读理论的影响是双向的:一方面,意义在语境中生成,被语境所限制和规范;另一方面,语境本身是无限的,因而又赋予意义解读的无限可能性。误读理论反对先验化和普遍化的意义阐释,认为文学解读是对某一语境的反应,同时也会引发另一不同的反应,以此类推,不断延伸下去。误读理论将语境作广义的理解,使其既包括语言规则、作者和读者的背景,又包括任何其他能够想象得出的相关的东西。当一个既定语境被确定时,该语境还有其他层面是不能确定的,需要再次语境化,不能设立界限,这就正如米勒所说,"标准法语或标准英语中那个假定的、充分的语境是一种错觉"③,不存在一个可靠的语境来对文本进行

---

① Miller, J. Hillis., *Fiction and repetition : seven English novels*, Cambridge, Massachusetts: Harvard University Press, 1982, p. 50.

② Miller, J. Hillis., *Fiction and repetition : seven English novels*, Cambridge, Massachusetts: Harvard University Press, 1982, p. 51.

③ 米勒:《1984》,选自郭英剑等译《重申解构主义》第276页,中国社会科学出版社,1998年。

孤立、封闭的研究，文本意义总是在开放的语境中展开，在不同的语境中获得独特的风格，因而注定无法一劳永逸地解释清楚文本的意义。文本在再语境化的过程中由自身向他者转化，可以脱离原始语境而在其他语境中不断重复，从而实现意义的延伸。因此，对文本最佳的解读，就是在无标准的前提下展示出各种可能的意义，这些意义同时存在于文本之中，但在逻辑上彼此是不协调、不统一的。

二、“作者意图论”之争

“作者原意”是传统阅读理论重要的判断标准，却也正是解构主义批评家坚决否定、力图颠覆的标准。在他们看来，阅读的魅力和价值不仅不在于遵从作者意图，恰恰要用创造性的意义形式来颠覆作者意图，这正如哈特曼所说：“认真的阅读不就是一种复杂的辩护吗？这种辩护反对一个骗人的神祇——也就是反对我们称之为一部小说的那种不可思议的、奇妙的和有吸引力的实在的作者——创世者。”①这一点构成了解构主义误读理论与传统阅读观念之间的冲突，使得持传统观念的批评家担心由此带来文本意义的混乱。美国学者赫施便尖锐地指出：“对作为意义规定者的原来作者的消除，就是对使解释具有有效性的唯一有说服力的规范性原则的否定。”②赫施是作者权威的坚定拥护者，在他看来，作者意图是意义的来源，也是阐释活动不可逾越的边界，对作者意图的消解会使得其他任何阐释失去说服力，这意味着阐释有效性的丧失。

文学语言不同于普通语言，它具有多义性特征，对这一点赫施是认可的。为了在多重意义中显现作者意图的位置，他把意义分为“涵义”(meaning)和“意味”(significance)两种：“一个文本具有着特定的涵义，这特定的涵义就存在于作者用一系列符号系统所要表达的事物中，因此，这涵义也就能被符号所复现；而意味则是指涵义与某个人、某个系统、某个情境或与某个完全任意的事物之间的关系。……因此，意味总是包含着一种关系，这种关系的一个固定的、不会发生变化的极点就是本文涵义。”③这里，“涵义”是运用语言学方法所

① 哈特曼著，张德兴译：《荒野中的批评》第61页，天津人民出版社，2008年。

② 赫施著，王才勇译：《解释的有效性》第14页，三联书店，1991年。

③ 赫施著，王才勇译：《解释的有效性》第16～17页，三联书店，1991年。王才勇先生把赫施德语原文“Bedeutung”和“Sinn”分别译作“含义”和“意义”，汪正龙先生在《“正读”、误读与曲解：论文学阅读的三种形态》(《江西社会科学》2005年第4期)一文中分别改译为“涵义”与“意味”。本文从后一种译法，对王才勇先生译文作相应改动，特此说明。

得到的意义，具有稳定性原则；“意味”则不是固定的，与具体的阐释语境有关，包含着种种变化。由于外在语境的存在，一个文本可以有多个并行的阐释。然而，赫施同时又指出，所有的阐释都不应违背作者的意图，否则“意味”一词就失去了价值。这也就是说，“涵义”作为一种客观的、内在的意义，它能够传达作者本意，因而是意义阐释活动的基础；“意味”是读者对作者本意的领会，是主观的、外在的意义，必须在作者意图允许的范围内进行。显然，这种重“涵义”而轻“意味”的阐释思想，是以作者意图来限定其他多重阐释，文学语言的多义性必须作为对作者意图的揣度而存在。因而可以说，作者创作时的意图是文本的唯一意义标准。

赫施用“作者意图”来统辖所有语言的意义传达，认为不管是文学语言还是普通语言，都应当服从作者的原意，这也就把文学和其他语言形式混为一谈了。巧合的是，赫施和德里达都有把文学语言与其他书写语言一视同仁的倾向，但立足点却是根本相异的：德里达把所有书写都视为如文学语言般具有修辞性，因而是多义的；赫施却是把文学语言视为如普通语言般一定要讲究原意和确定性，因而是单义的。两种迥异的观念正反映出解构主义语言观和传统语言观的根本差异。赫施坚持传统语言观，把作者原意与文本的“有效性”和“客观性”紧密联系。不可否认，赫施对客观性的重视，对主观主义与相对主义的意义研究有纠偏作用，然而他对读者主体的忽视也有偏执一端的缺陷，取消了文学语言的独立性和特殊性。因此，仅从作者意图的标准来讨论这个有效性与客观性的问题，是失之偏颇的。

三、“文本意图论”之争

意大利符号学教授艾柯从“文本意图”的角度对误读理论进行了批评。艾柯并不全然反对解构主义文学批评关于文学多义性的观念，他接受了文学可以有许多不同的阐释这种思想，肯定了读者在阐释文学文本时所起到的积极作用。早在 1962 年，他就在被誉为“意大利新先锋派”的代表作的《开放的艺术品》中提出，任何艺术作品，即使是已经完成、结构上无懈可击的作品，依然处于开放状态，具有开放式结构，提供了无限多个阐释的可能，读者可以不断地参与阐释，发掘文本新的，甚至作者未曾想到的内涵。然而，艾柯小说《玫瑰之名》发表后引起了关于“玫瑰”的阐释热潮，一时间五花八门、千奇百怪乃至匪夷所思的阐释一拥而上，面对这种意料不到的情况，艾柯提出了“过度诠释”的问题。他于 1990 年在剑桥大学主持了一场名为“诠释与过度诠释”的讲座，与理查德·罗蒂、乔纳森·卡勒、克里斯蒂娜·布鲁克-罗斯三人展开辩论，探讨有关意义的本质以及诠释之可能性与有限性的问题。在艾柯看来，如果读者的权力得到了过分夸大，种种离奇的诠释便可能毫无节制地产生，这就是“过度诠释”。他指出，批评对于文学的阐释不是无限的，无限的衍义只能扰乱文本的解读，必须保持鉴定的尺度以防止阐释的失控。艾柯认为“说诠释潜在地是无限的并不意味着诠释没有一个客观的对象，并不意味着它可以像水流一样毫无约束地任意‘蔓延’。说一个文本潜在地没有结尾并不意味着每一诠释行为都可能得到一个令人满意的结果”①。他明确指出，解构主义批评家德·曼、米勒的批评方法给予了读者过多自由阅读文本的权力。艾柯强调说，阐释符号不能随心所欲，文本的解释不能超越一定的界限和标准。

为了抵制无限制的误读，艾柯提出“文本意图”概念来做阐释的标准，认为读者阐释的应当是文本本身所隐含的意图。“文本意图”在文本意义生成的过程中起着非常重要的作用，它既不受制于作者意图，也不会对读者意图的自由发挥造成阻碍。它不是一个先验的存在，而是“读者站在自己的位置上推测出来的”②，然而这里所说的不是一般的读者，而是具备一定素养的“标准读者”，即按照文本的要求、以文本应该被阅读的方式去阅读的读者。同时，艾柯觉察到让“文本意图”充当诠释的限定仍缺乏足够的说服力，因为历史的发展会影响这种操作原则，因此他又引入了“历史之维”这个概念，指出文本与特定的社会文化内涵相关联，历史语境的变化会导致诠释结果的不断追加。虽如此，艾柯又特别指出：不管在什么样的历史语境下，经典的诠释都要考虑文本的意图，远离了“文本意图”，也就逾越了合法诠释的边界。

艾柯一再声称“一定存在着某种对诠释进行限定的标准”③，着力强调“文本的内在连贯性”与“无法控制的读者冲动”之间的区别，强调前者的权威。然而，艾柯理论有其自身的模糊性和不可操作性，因为任何理论家都没有资格确定“过度诠释”的标准，即使是在同一个时代也不会形成所有人都承认的标准。就“文本意图”来说，一方面它规定着读者的阅读方向，另一方面却又必须由读者去发现和体现，这似乎陷入了一种阐释学循环，为此乔纳森·卡勒对艾柯发

---

① 艾柯：《诠释与历史》，选自王宇根译《诠释与过度诠释》第25页，三联书店，2005年。

② 艾柯：《过度诠释文本》，选自王宇根译《诠释与过度诠释》第68页，三联书店，2005年。

③ 艾柯：《诠释与历史》，选自王宇根译《诠释与过度诠释》第42页，三联书店，2005年。

难:“艾柯被他对界限的过分关注误入了歧途”①,他认为意义生成过程中的任意性并不意味着意义是读者的自由创造,相反,它反映了语言的多义性和模糊性,表明文学语言的运行机制是复杂的。并且,甚至可以说,对文学文本内在因素及其运行机制的考察即使是“过度阐释”,也比只是回答标准读者所提出的问题的方法更好,因为它有可能获得新颖的发现。对于艾柯提出的“历史之维”,卡勒也指出,“语境本身是无限的:永远存在着引进新的语境的可能性,因此我们唯一不能做的事就是设立界限”⑨,语境所蕴涵的因素是变动的,我们无法事先确定它的界限,因而对经典作品的诠释存在着无限衍义的可能性。可见,“文本意图”说的出发点是无可厚非的,试图为共时的文学作品阅读与研究确定一个意义方向,从而排除那些在共时状态下对文本不合理的诠释,但它毕竟不足以囊括文学阐释活动的多重决定因素,因而是一种难以实现的乌托邦。

综上所述,关于文学意义阐释标准问题,赫施和艾柯对解构主义误读理论的批判,分别从传统作者和现代文本两个角度展开,为误读理论有效性的思考提供了有益的参照。然而,无论是作者还是文本的意图,都不是文本意义的唯一决定因素,不能为文学阐释提供标准化的意义模式,否则阐释活动又将走回封闭、单一的老路上去。实际上,由作者、文本、读者等多重因素的共同作用才最终产生了意义,这些因素都可以作为意义阐释的标尺,但不应将任何一种固定化成为永恒的、权威的标准。这些争论,体现了解构主义文学批评与传统阐释学、现代文本理论的差异,然而却很难说最终解决了阐释标准的问题,这却也正说明解构批评家主张“一切阅读皆误读”、反对阐释标准单一化具有现实的合理性。在呈现出多元化趋势的当代西方文论框架中,以作者、读者、文本等各种标准建构的阅读理论都形成了各自的体系,基本上是一种共时并存的关系,众说纷纭。解构主义文学批评不设立明确的阐释标准,消解包括作者、文本、读者在内的任何立场的稳定性,同时又承认各种意义体系的相对合理性,恰恰反映了时代的特征。他们遵循的是反逻各斯中心主义语言观的思路,尝试在批评实践中树一面自由、多元主义的旗帜,因此一切有益于意义挖掘和创造的批评方法,都可以拿来运用,关键是不能局限于某一种方法,不能自封为终极意义。

---

① 卡勒:《为“过度诠释”一辩》,选自王宇根译《诠释与过度诠释》第 130 页,三联书店,2005 年。

个体意识与世界主义①

(法)安娜·博达尔 著 史忠义 译

内容提要:个体意识和世界主义是事实、理念或纯粹的形式理想?应该把它们分而思之还是密不可分地结合在一起?伊壁鸠鲁主义、犬儒主义和斯多葛主义似乎提供了两者关系方面的独特图景,并以它们的方式,为另一种新普世主义基督教的到来作了准备;后者以其全部规模,从人的统一性方面,整合了先前的哲学思想。

关键词:个体意识 世界主义 人文思想的发展 梳理

"大地向智者敞开了自己的博大胸怀,因为世界是高尚灵魂的祖国。"

德谟克利特(Démocrite),B CCXL VII.

"杰出人物以整个地球为坟茔。"

修昔底德(Thucydide):《伯罗奔尼撒半岛的战争史》(*Histoire de la guerre du Péloponnèse*),*II*,*XLIII*.

焦虑时代的哲学?

作为思想潮流的普世主义(universalisme)不管在哪种表达领域,都要求全局支配局部,整体统揽部分;这种思想潮流如今碰到的诋毁者大概多于拥护者。"多元文化主义"、民众的迁徙及语言、风俗、宗教和文化的混杂,逐渐模糊了正宗的抽象的普世规范(normes frappées du sceau de l'universel-abstrait)

---

① 本文法文题目为"Individualisme et cosmopolitisme",译自法国的《形而上学与道德杂志》(*Revue de Métamorphose et de Morale*),PUF,N° 1,2009。

的清晰区别,后者从定义和功能上,都超越(transcendant)具体的个别性,以普遍规律统一差异性。

亚历克西·德·托克维勒(Alexis de Tocqueville)19世纪30年代游历过美国之后曾经这样说过:民主是"最新的"个体意识,是新社会形态下对个体意识的继承。真的如此吗?作为"掌控每个公民、使其远离同类人群、反躬自省或独处一隅的安静反省的感情"和态度,不同于自私自利的个体意识真的如此现代吗?这难道不是一个与社会和人群的变迁,与历史和环境的随机性相关联的回返现象吗?这种现象在危机和混乱时期,在动荡多于稳定的历史关头,当规范或稳定标志突然暗淡、因为不适合时宜或者仅仅因为过时而失效、而疲软时,才显得更有生命力吗?面对一般、普世或"世界性"主导论的种种言辞,个体或理直气壮或思虑缜密地要求自己个性化的生存权。面对因自己的缺席而留下的虚空,个体反省私密范畴。总而言之,相对于自然世界或政治世界或经济世界的全球性,他更喜欢区域性的花园。

如今也许膨胀化的个体意识,尤其得益于追求平等的大众社会的推波助澜,还借用托克维勒或尼采(Nietzsche)的话说,即得益于追求普遍平等的大众社会的推波助澜,但其特征却早已显现于古代社会。它们已经显现于公元前5世纪至公元前4世纪,那时柏拉图(Platon)就批评过政治领域里个体意识的无政府主义的放任自流性质的衍生品和变异现象,指责它们忘记了总体利益主导个别利益的原则。民主忘记了法律、公共利益即正义的普遍性,雾化并让位于各种各样的破坏因素。"郁血"(la *stasis*)慢慢腐败,然后毁灭了雅典城邦。对于一个国家而言,还有什么比内部分化,比四分五裂,比其相反利益更坏的结果吗?正是这些东西夺走了它的和谐、活力并很快夺走了它的生命。而在心理领域,当自我的帝国统治时,任何公共建筑都只能建立在沙丘之上,不可能持久鼎立。

柏拉图的政治思想是对这个邪恶的长篇思考;依柏拉图之见,如果想拯救个体和公民脱离会把他们直接带向可预见的死亡下场的苦难,就必须不惜一切代价摘除该痼疾。自西方哲学的初始,我们就可以读到关于整体与部分、普遍与个别之密切关系的沉思,它们之间的关系对于国家及其成员的健康至关重要。然而历史的进展并未谨记哲学智慧的警示,这就是命运!一个世纪之后,希腊的地缘政治空间几乎完全重构,价值重新铸造,其学园也碎片般地向外扩散。

那么是否因此而需要像有些学者那样,把这些年代盖棺定论为颓废和平庸时代呢?断言它们丧失了超验感,对一元模式赞颂但却日渐衰微的真善美漠不关心,不可否认地偏爱被装扮得五颜六色的经验——按照生活的色彩和时间装点过的经验，断言它们倚重存在的物质性，言语和思维的多重形式和不协调性，语词、价值和事物的模糊性，倾心于最富异域色彩的去章法、不和谐和相对主义？

如今，希腊化时代的种种哲学吸引着那些博学者和次博学者。它们很诱人。因为它们中的某些思想似乎在检验存在、判断、善良、神性、规律、秩序，甚至先前用合理的或政治的动物性来界定的人性的普遍性并出现某些差错吗？因为它们展示了与时间的更短促、更直接的新型关系吗？因为它们开拓了与空间的新关系，不那么狭窄，不那么依附于界限的空间关系？因为它们渴望从生存的痛苦中解脱出来，渴望对死亡的恐惧给予有效处置、去除信仰的神秘化，渴望破除迷信？收缩时间，扩展空间。肯定生存的独特性，关注自己，对四海之内皆兄弟的博爱世界漠然置之或者由它产生了一种冷漠。个体的人驻足于探询普遍性，用对比鲜明，有时表面上甚至截然对立的方式表述这种普遍性。

历史学家们认为，“希腊化”时代包含三个世纪：从公元前 323 年亚历山大大帝（Alexandre le Grand）去世起——这与国王先前的教师亚里士多德（Aristote）的辞世仅一年之隔——到公元前 27 年奥古斯都（Auguste）执政初年止。至少希腊化的第一阶段涵盖上述三个世纪。安德烈-让·费斯蒂吉耶尔（André-Jean Festugière）在《阿格利让特的孩子》（L'Enfant d'Agrigente）①中喜欢强调第二阶段即帝国阶段的重要性，第二阶段从公元前 1 世纪起到公元 2 世纪异教信仰的末期止。这个阶段以东西方文化前所未有的大混杂为特征，直至难以分清的程度。不管这些时间区段如何划分，它们标志着希腊城邦统治地位的逐渐消失，因为地理范围极大扩展。

亚历山大向东方的扩张开拓了其他文化大陆并把它们希腊化，开拓了其他明星城市，使它们成为知识生活的新家园，例如埃及的亚历山大港、叙利亚的安的奥什（Antioche）、2 世纪时的城市佩尔加姆（Pergame）。亚历山大港逐渐成为与雅典对峙的文化中心，吸引着哲学家、科学家、博学之士和各个领域的探索家。亚历山大港是在托勒密王朝时代由一位马其顿国王创立的，他从血缘上和文化上更接近希腊人，而离埃及人稍远一点，他是一个世界主义者。作为地中海世界的第一大城，亚历山大港既是行政首都和王朝的所在地，又是商业中心、产业中心、东西方民族宗教或神秘学说和语言的会聚之地，是独一无二的文化圣地，提供了接纳大学问家的神庙和一座独特的图书馆。安的奥

---

① André-Jean Festugière, *L'Enfant d'Agrigente*, Editions du Cerf, 2006, “希腊化的神秘氛围”（“Cadre de la mystique”*hellénistique*）, pp. 203-204 (1re édition, 1941).

什是仅次于亚历山大港的希腊化城市，虽然竭力模仿后者，也建起了神庙和图书馆，但从未达到亚历山大港那样的光辉程度。同样，佩尔加姆的卫城亦从来不曾与雅典的卫城相媲美！

毫无疑问，希腊化时代改造了希腊遗产并把它传播到地中海世界之外，因为小亚细亚、美索不达米亚、伊朗、迦勒底从此构成了它的版图。这是一个文明的双重运动，一方面向东方输出，另一方面，新老文明的融会产生一种新的文明，随之在西方传播。亚历山大帝国不仅奠定了一个幅员辽阔的新的地域国家的基础，也奠定了一个新王朝和一种新文明的基础，使遥不可及的东西如在眼前，期间，政治的衰退成就了"商务"（贸易、银行、交易），古典时代的"公民"逐渐让位于"商人"或"学者"。一种体现世界主义精神的哲学将从众多途径展开，赋予这些变化某种可读性和意义。还有，自公元前 3 世纪末起，罗马人进入了希腊世界，他们的力量逐渐扩展至整个地中海流域，在他们内部未必没有产生深刻的变化。混乱的时代开始从哲学中寻找良方，较少瞄准知识或真理的统一的和系统的理论，更关注于对生活的思考。于是，诸说综合就成了大量出现的事实。

于是各种流派（*haireseis*）的学说（*hairesis*）纷纷出笼。*Hairesis* 表示选择和偏爱，拉丁语把其译成 *secta*，法语则译成 hérésie。它们重在"练习"，旨在为弟子们提供一种承载着持久幸福、平静、和平和精神力量的美好生活。它们竭力在论说中战胜与世界变化及其令人毛骨悚然、影响社会稳定的衍生问题相关的种种恐惧心理。这是一个思想上、智慧上和生死观上百花齐放的时代，这个时代的学者从前苏格拉底的思想家们和苏格拉底（Socrate）本人那里获得了同样多的营养，他们也在一定程度上阅读了柏拉图和亚里士多德的著作。作为古典时代的继承者，这个时代从与古典哲学的对立中吸取了它的现代性力量。

柏拉图震惊于公元前 399 年雅典人民法庭对苏格拉底的判决令，遗憾地决定不再涉足政坛而转向哲学，以阻止类似的悲剧即宣判正义死亡的丑闻在未来重演。在一段时间内，哲学成了他的治疗工具。这位智者于是穿上了垂死"文明的医生"的外衣。他难道不是确确实实地鼓励人们至少在一段时间内脱离公众生活，全身心地投入对善的追求，因为善是人类获得拯救和幸福的唯一源泉吗？在这方面，他是忠于苏格拉底的。人们的疯狂、大众的无知、行为的野蛮、政治人物的卑劣导致他"沉寂，仅关注自己的事情，以清澄和沉静的灵魂满怀希望地离开生活"（《理想国》[*République*]，VI，496 d-e）。希腊化时代的哲学从其自身的发展途径在多条战线上继续了这场运动，并持之以恒地把它推向极致。

如果我们俯瞰希腊化时代的时空全貌，自公元前4世纪末至前1世纪，在雅典共存着柏拉图的学院，其中阿尔凯西劳斯（Arcésilas）、卡尔尼阿德（Carnéade）或拉瑞萨的菲洛（Philon de Larisse）的或然论方向更明显，亚里士多德的学园①、伊壁鸠鲁（Epicure）的学苑和斯多葛学派的游廊（*Stoa poikilè*，彩色走廊），犬儒学者克拉忒斯（Cratès le Cynique）以前的弟子泽农（Zénon de Kition，通译为芝诺，近年来开始译为泽农。——译者）曾在游廊下讲课。后期怀疑主义复兴的主要阵地厄利斯人皮浪（Pyrrhon d'Elis）的学园②和苏格拉底的忠实弟子、犬儒学派的创始人安提斯德奈斯（Antisthène）的学园，都跨越了很长的时段，其后继学人直至罗马帝国时期依然很活跃。教义类哲学（如斯多葛主义和伊壁鸠鲁学派）与非教义类哲学（如犬儒学派、克兰尼学派和怀疑学派③）比邻而立，吸引听众，培养热衷于痴迷于争论的学生。这个时代以迷宫般的诸说混合为特征，其复杂程度犹如现代的拼图游戏，其中苏格拉底主义与反苏格拉底主义、柏拉图学说与亚里士多德学说、个人主义与普世主义、对上述学说的肯定与挑战、对种种体系的怀疑与高谈阔论的宏大叙事，交织在一起。这个时代的学说确立了一种直接的、功用的生活艺术，关心从苦难中、

---

① 亚里士多德的继承者特奥弗拉斯图斯（Théophraste）之后，学园转向百科全书式的科学探索和逻辑学及文学研究。斯特拉托（Straton）及其天文学家弟子萨摩斯人阿里斯塔耳科斯（Aristarque）是公元前3世纪这一演变的杰出人物。"阿里斯塔耳科斯的盛名与他提出日心说有关：他可能把太阳看做恒星之一，视地球为一方面自转一方面与其他行星一起围绕太阳运转的行星"，引自里夏尔·古莱（Richard Goulet）的文章《萨摩斯人阿里斯塔耳科斯》，见《古代哲学家词典》（*Dictionnaire des philosophes antiques*），卷1，法国国家科研中心出版社，1989，第356页。

② 让-保尔·杜蒙（Jean-Paul Dumont）："公元前3世纪初，（由亚历山大和亚里士多德的同时代人皮浪创立的）怀疑学派完全衰落了。事实上，这是伊壁鸠鲁学派和斯多葛主义的黄金时代……稍后一个时期，但无法确定准确年代（是皮浪传统的复兴时期）。突出的见证人是塞克斯图·恩皮里居斯（Sextus Empiricus，经验主义医生），他于2世纪撰写了《皮浪学说纲要》（*Les Hypotyposes pyrrhoniennes*）一书。"（《古代哲学史料》[*Eléments d'histoire de la philosophie antique*]，Nathan Université，1993，第641～642页。）

③ 塞克斯图·恩皮里居斯："截至现在，我们说怀疑的结束，是回归意见领域的平静（*ataraxia*，不动心）以及对确立事物的情感的温和。因为开始哲学思考以期对印象做出决断并捕捉到真假之分而达致平静的境界，思索者却陷入了势均力敌的对立局面；由于无法做出决断，他搁置了自己的认同意见。而但凡搁置自己认同（*epokhê*）意见的思考者，意见领域的平静必然随之而来。"（《皮浪学说纲要》[*Esquisses pyrrhoniennes*，两个法文书名不同，但意义接近，疑为同一本书。——译注]，皮埃尔·佩尔格兰[Pierre Pellegrin]译，瑟伊出版社，"批评热点"从书，1997，I，12，§ 25-26，第60页。）

不稳定中、焦虑中，从首先是亚历山大式继而是罗马帝国式的“全球化”效果引起的震撼中解脱出来，从文化、风俗、信仰和宗教之混杂的震撼中解脱出来。那么，希腊化时代的第一家学派伊壁鸠鲁的学园，在公元前4世纪下半叶，带来了什么新鲜之处呢？它在个体意识与世界主义的关系方面提供了何种独特的结合呢？

“伊壁鸠鲁革命”

学苑于公元前306年由萨摩斯人伊壁鸠鲁创立于雅典。伊壁鸠鲁的强烈愿望是让学苑的成员们远离政治生活，他认为政治生活本质上是混乱和各式各样无谓忧虑的源泉。“伊壁鸠鲁革命”大概就在于这种远离公共生活的态度，把它作为和平和幸福的条件，其幸福观建立在伦理生活规范即非政治的乐趣之上。诚然，据见证材料记载，学苑是由一些志同道合的朋友、个体、男性、女性、公民或奴隶的群体组成的，他们有着共同远离虚假机制或有害机制的信念，因为这些机制是他们所追求的不动心和自给自足境界的公然障碍。伊壁鸠鲁对柏拉图的教导记忆犹新，并让它服从自己的方向。

以前苏格拉底曾经说过，真正哲学意义上的灵魂“平息（激情）这个波涛汹涌的大海（*galènè*），顺从理性（*tô logismô*），永远不离开理性；它以真实（*to aléthès*）和神圣（*to theion*）为景象和食粮，这自然摆脱了公众意见（*to adoxaston*），坚信它应该这样生活”（《斐多篇》[Phédon]，84 a-b）①。柏拉图的 *galènè* 形象，直译过来就是平静的大海，表示摆脱了激情异端影响的心灵，属于感性范畴，从性质和程度上，都离明了易懂很远。

伊壁鸠鲁《致希罗多德的信》（*Lettre à Hérodote*）概括了他的物性论思想，出现在这封信里的同一形象（§ 37 和 82-83）不具有柏拉图的 *eikôn*（灵魂）独特的渐弱性，柏拉图把它比作本质上离自己愈来愈远的 *eidos*（形象）。伊壁鸠鲁的灵魂很感性，完全可以表达“生活中的平静”（*eggalènizôn tôi biôi*）特征，无需借助景深的变化。那只是从大海向灵魂的同类转移而已②。伊壁鸠

---

① 我们有意使用了莫尼克·迪克索（Monique Dixsaut）和莱昂·罗宾（Léon Robin）关于这个段落的两种译文（Monique Dixsaut，*Phédon*，GF Flammarion，1991；Léon Robin，*Phédon*，Les Belles Lettres，1926）。

② 第欧根尼·拉尔修（Diogène Laërce）：《杰出哲学家的生平和学说》（*Vies et doctrines des philosophes illustres*），traduction sous la direction de Marie-Odile Goulet-Cazé，Le Livre de Poche，La Pochothèque，1999，Livre X，Introduction de Jean-François Balaudé à Epicure（commentaire de la *Lettre à Hérodote*，p. 1161）.

鲁的形象恰当地反映了真实。它不指意任何其他东西，例如超感性的东西。*Galènismos*表示灵魂平和、清澄的平衡状态，表示饱满状态（第欧根尼·拉尔修，X，83）。远离政治生活是接近这些状态、获得它们、延续它们的条件之一。在伊壁鸠鲁的"邪说"中培植个性？快乐能是个人体验之外的其他东西吗？从定义上说，它是囿于自己经验范围之内的东西，与他人的快乐不同。无疑，学苑聚齐着"朋友"和"志同道合者"。作为幸福生活的原则，快乐（*hédonè*）同时会齐并区分所有事物。这种新的道德观（*philia*）首先是伦理纽带，其次是社会纽带，它宣扬对直接和当地公共生活参与方面的缺失。追求自足和不动心境界的伊壁鸠鲁式禁欲首先确立这种超然世外的态度。

于是我们就能理解斯多葛主义者埃庇克泰图斯（Epictète）对伊壁鸠鲁的批评①，他指责伊壁鸠鲁在一定意义上否定自然规律或者过分违背自然规律："人不可能完全背离人的行为"。对于游廊派的哲学而言，政治观属于人类和世界的天性。学苑派的创始人"砍掉了人的所有功能，人作为家长、（城邦）公民和朋友的功能"。他把人变成一个非政治化的人，一个做作的怪人，一个偏离人性的人。作者强调了这种"认同"的反自然性，它阉割了人的丰富性，因为它不尊重人的政治的甚至世界主义的天性。即使这个特征被强化了，但为了突出伊壁鸠鲁邪说的悖论和矛盾（他期待的城邦其实就是给他平静并保证他的安全），它仍然是希腊化时代之哲学流派在许多具体问题上不协调的症候，也许这种症候的表象意义大于实际意义，这里的具体问题如个人与城邦的关系。

物性论既向宇宙及其根本规律开放，同时也向伦理学开放。原子是个不可分割的个体，多重世界意味着它们可以成为无数个性化的世界。了解大自然的规律是从它们中获得解放的唯一方式。当鲁克瑞提乌斯（Lucrèce）的《自然论》（*De Natura Rerum*）②向"圣人"（"divin"）伊壁鸠鲁及其"金玉良言"（"paroles d'or"）顶礼膜拜时，他强调说，由于他，由于他的物性论，精神上的恐惧被驱散，我们世界的阻隔被拆除。（III，v. 15-17）伊壁鸠鲁的宇宙论和神学解放了人们，照亮了他们并使他们安静。它们揭示了功用性和必然性，摆脱

---

① 埃庇克泰图斯（Epictète）：《斯多葛学派》（*Les Stoïciens*），II，traduction Emile Bréhier，Gallimard，collection "Tel"，1997；《对话录》（*Entretiens*），II，XX，19-20，p. 938.

② 鲁克瑞提乌斯（Lucrèce，通译为卢克莱修，现据陈中梅先生改译为鲁克瑞提乌斯）：《自然论》（*De Natura Rerum*），Les Belles Lettres，1968，traduction Alfred Ernout，1968（1re édition，1966）.

了有害物质和贫瘠的折磨,其中包括死亡的折磨。"(大自然)要求身体无痛苦、心灵充满幸福、没有担心、没有恐惧以外的其他东西吗?"哲学的作用就是不遗余力地驱除"精神的恐惧和黑暗"(II, 15 和 60)。所有与地方政治、机构、权力、荣誉和声望之欲望,与财富和社会地位的追逐相关的东西都背离了陶冶心灵的这一宗旨,并因此而被伊壁鸠鲁和鲁克瑞提乌斯所排斥。诚然,屈指可数的几位伊壁鸠鲁学者在他们的时代曾为城邦服务,如萨摩斯人阿弥尼亚斯(Amynias de Samos)和佩尔加姆人阿波洛法奈斯(Apollophanès de Pergame)①,但他们毕竟是例外。那么是否要把犬儒主义和斯多葛主义的世界主义与伊壁鸠鲁式的"个体意识"对立起来,视为彻底异质但却共处于相同时代并经常共处于相同地域的两种思想潮流呢?

毋庸置疑的是,存在着某种伊壁鸠鲁式的世界主义。四海之内皆兄弟,他们都在追求幸福。只不过应该把这种追求调节、引导到对必要与多余的区分,这是真正幸福的先决条件。这里,伊壁鸠鲁也从柏拉图那里吸取良多,后者在《菲勒波斯篇》(*le Philèbe*)和《理想国》(*la République*)的多处,思考快乐和欲望,把自然欲望等同于必要的欲望,并摈弃其他欲望,认为它们是不正当的或"违反自然的"②。

斯多葛派的马尔库·奥勒留(Marc Aurèle, 121-180)皇帝承认伊壁鸠鲁的德行,视其为一个在病魔和厄运中对外界毫不动心的楷模,且全神贯注于唯一有效的时间——现时(《思想录》[*Pensées*],IX, 41)。如果说斯多葛学派与伊壁鸠鲁学派的物理学和神学不同,他们却在智慧观念上走到了一起,更关注现时的完满性,而非永垂不朽性。他们在四海之内皆兄弟的理念上也有着共同的视野。柏拉图的《高尔吉亚斯篇》(le *Gorgias*, 507 d-508 a)在他的时代提及天地统一和人神统一观,认为它是宇宙秩序、政治秩序、法律秩序、科学秩序和人类秩序的源头。伊壁鸠鲁对神界一窍不通,只知道它们存在。他不相信神关注人间的事情,不相信神愿意屈尊考虑人类的忧虑或为人类解除忧虑。但是他深知,人没有友情便无法生存。一种瞄准精神和伦理、按照最优化规则改造自己的观念与伊壁鸠鲁的教育原则存在着深厚的关系。教师,这里即伊壁鸠鲁本人,喜欢对他的学习伙伴们说:"这不是为了大众,而是为了你自己。

---

① 见《古代哲学家词典》(*Dictionnaire des philosophes antiques*),卷 1,第 175 和 297 页。萨摩斯人阿弥尼亚斯和佩尔加姆人阿波洛法奈斯两人在他们的城邦发生危机时都发挥了积极作用,受到他们的同胞和后辈人的敬仰。前者受命率领一个使团向皇帝呈送城邦的一道政令;后者出使罗马时挽救佩尔加姆于危难之中。

② 《理想国》,IV, 436 a-439 d ; VIII, 558 d ; IX, 571 a.

我们互为扎实的听众”①。个体价值的统一性和普遍性得到了承认。所有人都应该成为人类和世界的朋友。这种真理进入了智者的心扉，把他提升到远远高于个人狭窄领域的高度，同时又激励他在个人范畴内把它拉向完美境界。

黑格尔(Hegel)特别强调仅仅表面上相互对立的希腊化时代的两种哲学学理潮流即伊壁鸠鲁主义和斯多葛主义在伦理学上的近似性。他是依据塞内加(Sénèque)的《论幸福生活》(*De la Vie heureuse*，§ XIII)②得出这一结论的。然而塞内加在这部文本里公开指责伊壁鸠鲁的门徒们让欲望主宰道德！批评的矛头没有指向伊壁鸠鲁本人，塞内加一直比较赞赏他。如果说伊壁鸠鲁的学派不像许多人想象和叙说的那样是一个沉沦的学派，“它的名声很不好”(§ XIII,5)。为了改变这种局面，塞内加写道，应该让道德居于先导地位(*virtus antecedat*，XIV，1)。只有道德能够保证适度，而不是乐趣(*voluptas*)。然而，越过弟子们对师傅伊壁鸠鲁所弘扬的幸福规则的践踏，黑格尔认为，严谨的快乐观只能接近斯多葛学派的道德观。两种观念的指向都是竭尽全力让人神圣化。(《致梅奈克莱斯的信》[*Lettre à Ménécée*]，§ 135；埃庇克泰图斯：《对话录》，II，XVII，33)伊壁鸠鲁主义在这方面的展开未留努力的痕迹，没有张力，反之，斯多葛主义则预设某种张力，某种聚精会神和持久的关注(*prosokhè*)。它们都认同的禁欲文化瞄准*apatheia*，以前由希腊化哲学之父德谟克利特或苏格拉底③宣扬的这种状态更接近神性，这种禁欲文化真的使它们如此接近，甚至在伦理学路径和世界主义路径方面如出一辙吗？

学苑、游廊和塞诺萨尔格(Cynosarges)④的智慧各自在自己场域内更新了普遍主义与个体意识之间的关系这个问题吗？

---

① 塞内加：《会话集》(*Entretiens*)，《致卢齐利乌斯的信》(*Lettres à Lucilius*)，édition établie par Paul Veyne，Robert Laffont，collection“Bouquins”，1993，Lettre VII，11，p. 615. Epicure，Fragment 208，Usener.

② 塞内加：《对话录，论幸福生活》(*Dialogues*，*De la vie heureuse*)，traduction A. Bourgery，Les Belles Lettres，1941.

③ 柏拉图对各种快乐如必要快乐与自然快乐、自然快乐与非必要快乐、既非必要又非自然快乐即多余快乐的区分。(《理想国》，VIII，558 d-559 d)《前苏格拉底学者》(*Les Présocratiques*)，édition de Jean-Paul Dumont，Gallimard，La Pléiade，1988：阿布德拉学派(les Abdéritains)，德谟克利特，片断 B CXCI，CCXIX，CCXXXI，CCXLVI 等。

④ 雅典附近的小丘，有纪念赫克勒斯神的体育场。——译注。

犬儒主义和斯多葛主义的世界主义

西诺普人第欧根尼锤炼了 *kosmopolitès* 一词。据博学者说①,犬儒学派的世界主义对斯多葛学派的世界主义的影响远远超过我们今天的想象。甚至可以说、斯多葛主义是"经过许多锤炼之后的丰富的犬儒主义"。我们无需把犬儒主义和斯多葛主义统一为一种非学理派哲学,但深知第欧根尼·拉尔修在《杰出哲学家的生平和学说》第六卷所推崇的一种完整的传统,保证了从苏格拉底主义者安提斯德奈斯到第欧根尼再到他的弟子克拉忒斯的持续传承,后者是泽农的老师、斯多葛主义的创始人和已经失传的具有浓郁世界主义色彩的《政治篇》(*Politeia*)一书的作者。普鲁塔尔科斯在《论亚历山大时代的财富》(*De Fortuna Alexandri*, 329 a-b)一书中告诉我们,根据这个文本,"(1)我们不应该区分为城邦和民族,每家按照自己的正义标准生活,而应该把所有人都看做自己的同胞和公民,以一种方式,在唯一的世界屋檐下生活,就像一群牲口在共同的法制管理下在同一牧场一起吸收营养。(2)泽农写下这些文字,描绘了代表美好哲学立法和哲学共和国的理想图景或形象"。第欧根尼·拉尔修把犬儒学派与斯多葛学派归结到相同的安提斯德奈斯源泉,由类似的道德观和政治思想,而自然不是由缺乏犬儒主义的思维体系联系在一起。世界主义带有两种不止在一个方面相异的哲学思想之纽带的印记吗?

"唯一真正的公民性是应用于世界的公民性"(第欧根尼·拉尔修,VI,63和72),西诺普人第欧根尼喜欢这样承认公民性,他有意说自己"没有城邦(*apolis*)、没有家(*aoikos*)、没有祖国(*patridos esteremenos*)、乞讨(*hètôkhos*)、流浪(*planètès*)、得过且过(*bion ekhôn touph hémeran*)"(第欧根尼·拉尔修,VI,38)。他把城邦作为一种"违反自然"(*paraphusin*)的实体而抛弃。这个时代无疑更崇尚国际思想或全球思想,超过了对出生国或隶属国的钟爱。昔兰尼人阿里斯提布斯(Aristippe de Cyrène)②也拒绝把自己封闭在一座城邦里,以自觉为城邦里的"外人"(*xénos*)和生活在大地上的所有人中间为荣耀。

---

① 《前期犬儒主义及其延伸》(*Le Cynisme ancien et ses peolongements*), sous la direction de Marie-Odile Goulet-Cazé et Richard Goulet, PUF, 1993 (Actes du Colloque international du CNRS, Paris, 22-25 juillet 1991) : John Moles, "Le Cosmopolitisme cynique", pp. 259-280.

② 非洲北部昔兰尼学派(享乐主义哲学)的创始人,苏格拉底的学生,约公元前540~前467年人。——译注。

相反，第欧根尼想成为一个世界公民(*kosmopolitès*)！“在他那里”自觉从城邦流放是从全球角度观照的，即天地合一的整个宇宙的角度！他离开北海的西诺普来到雅典。自我标榜的流放意味着自由(*eleutheria*)。城邦封闭、异化人的生命活力并使之萎缩。整个地球是犬儒人的居所(第欧根尼·拉尔修，VI，98，93)！唯有宇宙空间才配得上他的真正的衡量尺度。作为挑战，第欧根尼不是也把自己的生命空间限制在酒足饭饱的范围吗？有意选择的贫穷是真正的财富，脱离了一切和所有人，是自由生活的条件，是对政治生活的放弃，是进入世界境界的必然支撑。把个人所有压缩到极限有利于接近伦理学所要求的物质贫困。斯多葛主义者埃庇克泰图斯只能受犬儒主义的禁欲和伴随这种禁欲状态并使之立足的宇宙主义的普遍主义所吸引。

《会话集》卷三表达了这种赞赏。第欧根尼把世界主义的政治推向极限，说明要与所有人保持联系，不管是科林斯(Corinthe)人，还是罗马或雅典或其他地方的人。(III，XXII，84-85)真正的哲学家是“人们的朋友”(*philanthrôpos*)，首先关注大家的利益，是全球的公民，而不是地球上某个有限地点的公民，是整体的朋友，脱离了部分。(III，XXIV，64-66)究其实，他是一个比犬儒主义者第欧根尼更斯多葛化的哲学家吗？

埃庇克泰图斯把第欧根尼列入斯多葛主义者的行列。他无不借助神力，全身心地为神服务。(III，XXII，23，53，56，69，95)他发挥神指定给他的作用！(III，XXIV，95-101，110-114)犬儒主义者是人类和诸神的朋友，他没有孩子，但以全人类为家(III，XXII，77-82)，以宙斯为唯一的君主。埃庇克泰图斯承认犬儒主义者是斯多葛智慧的老师和先驱，几乎要把他们同一了。

如果说伦理方面接受同化，那么教义方面却是分离的。斯多葛学派的世界主义以物理学、神学和泛神论的世界观为参照系，内在里依赖这些学理。公元前3世纪泽农在雅典的继承人克利安西(Cléanthe)的《宙斯颂》(*L'Hymne à Zeus*)是这方面的最早文本，是相对于犬儒主义和伊壁鸠鲁主义斯多葛特色的机枢。一个理性的神向世界吹来它的秩序、生命和规律，吹来每个人和所有人的位置，吹来最小物与最大物的位置。经过火洗礼的宇宙间的逻各斯是善、正义和比例和谐的恰当性的原则，成为注目和模仿的真善美的楷模。它把一切都按天命的因果性和必然性联系起来。一切围绕着它孕育，一切依赖于它，一切回归于它，且永不停息。有着众多称谓的神界逻各斯和人间逻各斯构成一个不可分离的独特整体，疯狂的人们有时竟至于不自量力，想打破这种统一。

其实，人们应该根据智慧或不按照智慧行事，知道根据明晰区分的具体顺序，哪些东西依赖智慧哪些不依赖智慧。善与恶的结合造就着人类世界，而神性和理性网络构成的物理世界与恶、不和谐和混乱绝缘。物理、逻辑（思想的规律与世界的规律同样严谨）和伦理构成一个不可分离的整体，第欧根尼·拉尔修把这个整体比作动物或鸡蛋，因为它们的成分不可分离地联结在一起。（VII，40）斯多葛学派的世界主义形成于一个理论（*theôria*）和实践（*praxis*）相互渗透的整体内。要在道德上和政治上行为出色，就应该熟悉物理学，熟悉哪些东西得益于物性，物性造就了我们的哪些方面。神授命运主导着个体生存的整体，个体只是这个整体的一个片段，其渺小层面与太阳及其脱颖而出的神火都具有同样的必然性。希腊化的第二阶段，结束罗马帝国异教时代的马尔库·奥勒留皇帝，喜欢向人们也向他自己重复这个真理，即由神明赋予他的皇帝角色不会黯淡：

> 在广阔无垠的时空中，每个生物的份额是多么渺小的一个片段！它很快就会消失在无限之中。全部生存亦是多么渺小的片段！而普遍的灵魂也如此而已！你行走在地球的弹丸之地上！想想所有这一切，一切都仅仅以你的大自然所希冀的微量行动并承受着普遍自然的造就之物。（《思想集》[Pensées]，XII，32）

后期的斯多葛学派忠实于前期的思想。大自然是生命增长的原则，构造着我们所有人。它是连接我们所属的这个唯一世界各个部分的纽带。这里，马尔库·奥勒留再次以清晰的语言邀请我们不断地思索，世界是“唯一的生者，拥有唯一的肌体和唯一的灵魂，一切是如何与唯一的意识即它的意识联结在一起的，它如何以唯一的冲动力作用于一切之中，一切如何支持一切有机物；万事万物如何编织并捆绑在一起”（《思想集》，IV，40）。一个没有漏洞的因果联系（Un *nexus causarum* sans faille），一个神圣的纽带永恒地把整体与细节、昨天与今天联结在一起，锻造成一个因果结，每个事物的存在及其随机性和生命期限都被编织在这个结里。（《思想集》，X，5 和 VII，9）

斯多葛学派的交替观是明显的。或者是脱缰野马式之偶然的混乱，或者是神明之仁慈掌控着事物的公平分配？（《思想集》，XII，14 和 X，6）原子或大自然？碎片化的整体或“普遍化的感应”？简而言之，伊壁鸠鲁主义或斯多葛主义？或者无限的宇宙论或有限的宇宙论？或者不可企及的神灵对我们的命运和遭际无动于衷，或者以“自然神论”（*Deus sive Natura*）方式出现的某种泛神论发现一切皆有神性？毋庸置疑，斯皮诺莎可以视作“斯多葛哲学家的最后一员”！

在两个时期的希腊化哲学中，世界主义代表着这些动荡年代人可以拥有的唯一的“政治”介入观，唯一“给人信心”的哲学，它能够在个人与称作世界的广阔整体之间编织一条纽带，依稀展现在世界的无垠性、复杂性、无所不在的必然性和绚丽多姿的繁复性之中。马尔库·奥勒留深知并以世界公民自居。“一切使你惬意的东西皆适合我，噢，世界！”这句话犹若信条一样在空中回响。(《思想集》，IV，23；XII，36)世界之城邦或宙斯的城邦是他寄寓自己的整体，亦赋予他意义、功能和存在，这个短暂的转瞬即逝的存在被完满地承担起来。甚至他对死亡的恐惧也被这种对宇宙逻各斯的强烈意识摘除出来，他是宇宙逻各斯的一种微弱的表达，并非屈从而是无条件服从必然性的裁决，后者未来哪一天就会把他带回它的博大胸怀。他对德谟克利特的话记忆犹新：“世界是舞台，人生是一出剧：你走进去，环视，再走出来”(B，CXV，84)。他的人生观与埃庇克泰图斯如出一辙，人生是一个节日，你得学会无怨无悔地离开(《会话集》，IV，I，103-110)。这是对个性的分解、否定或张扬？拒绝或无视“天命之爱”(*amor fati*)无异于陷入荒诞或热衷于无谓的痛苦。游离于宇宙的世界主义的必然性之外的个体什么也不是。这一切中毫无悲剧性。马尔库·奥勒留太恨悲剧性了，他不会播撒或归纳出悲剧性。

斯多葛主义者喜欢把人神化，在他们心目中，人性与神性之间不存在任何隔阂。“每个人的智慧就是一个神”(《思想集》，XII，26)。人之气(*pneuma humain*)依赖于神之气(*pneuma* divin)，人的灵魂的指导原则和统一原则(*hegemonikon*)是宇宙的普遍主义的逻各斯的表达之一。个体性与普遍性在斯多葛主义中从物理学、人类学、政治学或神学诸层面都达到了一种独特的结合。这种结合自然只能产生人类之爱。马尔库·奥勒留的博爱被完全承担起来，直至宽恕侵犯。(《思想集》，VII，22，26，31；XI，13)所有的人都是兄弟，从宇宙的本质方面，从驻足他们、使他们生存然后无怨无悔地消逝的逻各斯方面，从赞同并接受一切存在方面，皆如此，因为本应该如此。个人是这个整体的儿子，他从它那里接受种子。他只能心存感激。他的一切莫不是仁慈的神明赋予的。死亡本身亦非失去，而是回收。其他思路是对世界和个人的“压缩”，这个态度是应该严厉批评的，埃庇克泰图斯从中归纳出的结论如是说。(《会话集》，IV，I，107)

然而真的存在斯多葛主义者吗？这个问题困扰着他。有人向他推荐了一种人品，一个饱经沧桑但很幸福的人，一个病魔缠身、也许不久于人世但很达观的人，这个其行为、明澄的心境和对任何不依赖于他的东西的毫不动心都如此与众不同的个人，他在哪里呢？没有人能够再跨越一步。没有人符合伦理完美的标准。(II，XIX，28)我们应该为此而悲伤或而幸灾乐祸？因为归根结底，成为斯多葛主义者完全依赖我们。(II，XIX，29-34)成为伊壁鸠鲁主义者或犬儒主义者，个人或世界主义者，也只能依靠我们。空洞的、形式化的、抽象的理想，那些直至拒绝世界公民或大自然的公民这个概念本身、只想赋予个体存在不可磨灭独特性或一个例如像耶稣那样把最独一无二的个性纳入自己胸怀的世界主义者以价值的人们如是说。似乎只有基督教精神有能力把最丰富最独特的个性与具体的普遍性统一起来，全世界所有的人没有任何区分地受到呼吁，呼吁他们参与这种具体的普遍性。没有任何东西使古希腊人和古罗马人能够提升这种世界主义型的伦理个体性，这种世界主义的神性精神，唯有奥古斯丁（Augustin）公元5世纪时懂得在《论公民》（*Civitas Dei*）中阐明这种精神。天和地这两个"城邦"受到呼唤，呼唤它们从天职出发相互渗透直至时间的末日，而非对立或交战。唯有基督教的"公共"利益（*la res publica christiana*）在其自身中包含了世界主义的个体意识与公民性的不可分割的结合。真正的"世界主义"的城邦本质上是神性的和宗教的。它试图建立的"目标控制"包括人的独特性和呼吁超越这种独特性的普遍性，以期建立"神秘的人体"（le *corpus mysticum* des êtres），他们拥有理性并统一到对人—神的同一信仰。

行动中有普遍性吗？[①]

(法)贝特朗·圣-塞尔南　著　刘　晖[②]　译

内容提要：若要一个普遍因素出现在一个行动中，三个条件是必需的：这个普遍因素的形式适合一种数学处理；行动者达到了对自身的一种透彻认识；因果关系的一致性是可控制的。这些要求是很严格的。其实，即使数学构成了一个几乎取之不竭的形式库(怀特海)，我们也远远不能得出所有行动类型的数学形式。此外——我们通过经验知道这一点，而伦理学家们向我们证实了这一点——，很难发现人是为何被创造的。最后，科学只是非常片面地阐明了事物的因果规律。为了克服这些障碍，应该把行动置于一个宇宙论的视角下。这种选择表现为一个难以实现的“计划”。

关键词：行动　普遍因素　条件　宇宙论视野

导　言

在《自然科学的形而上学基础》(*Premiers principes métaphysiques de la science de la nature*)的前言中，康德思考在什么条件下自然或现实的某种特定风貌能够成为科学的对象。他排除了化学的情形，化学至多只能被看做“系统的技艺而非科学”，这样回答：“一种合理的自然理论若要配得上科学的名

---

① 本文法文题目为“Y a-t-il de l’universel dans l’action?”，译自法国的《形而上学与道德杂志》(*Revue de Métamorphose et de Morale*)，PUF，N° 1，2009。作者贝特朗·圣-塞尔南是法国大学研究院教授，巴黎索邦大学(巴黎四大)的荣誉教授。

② 刘晖，女，文学博士，中国社会科学院外国文学研究所副研究员。

称，除非它依据的自然法则被先验地认识，而不是单纯的经验法则。”①总之，只有在“一种关于自然的数学理论的可能性本身”存在之处，才有自然科学。(p. 15)拒绝给予化学以科学的地位之后，康德继续说，“经验心理学距离严格的自然科学的行列……更远”，他举出了两个理由：“首先因为数学无法用于内部感官现象”；其次因为心理学“永远只能是对心灵的自然描绘”或“内部感官的某种自然史理论”，“而不可能是一种灵魂科学”。(p. 13)对于康德而言，原因是非常清楚的，不可能有作为人类行为的合理理论的科学心理学，因而不存在行动的科学。

当然，这并不排除人们可能在人类行为中揭示可观察到的规律。但是把这些“经验法则”连接在一起的理性纽带永远缺乏。在这方面，康德离马勒伯朗士(Malebranche)不太远，后者在《关于形而上学和宗教的谈话》(*les Entretiens sur la métaphysique et sur la religion*)中指出，我们是通过“感情”而非“理念”认识自身的。在第三篇《谈话》的开头，泰奥多尔提醒阿里斯特注意：“当您凝神思考理念时，从来都不会不发现某个真理；但无论您对您自己的变化多么关注，您永远也不会搞清它们。”接下来，泰奥多尔用差不多属于康德的术语指出，我们拥有关于外部自然的科学，因为我们能够从数学方面把握它；我们在“空间的概念或原型中”清楚地看到数学真理。泰奥多尔接着说：“我的存在则不一样。我对它毫无概念；我丝毫也看不到它的原型。”②换句话说，我很可能对这个或那个可观察到的人类行为的风貌持有确切而片面的观点，但我无法用一种统一的和理性的目光总揽人。在18世纪初期与末期之间，在古典主义的末期与启蒙运动的全盛时期之间，人的科学之形成似乎表现为一种理性的幻想。

这是一个理性主义的时代，正如阿里斯特在《形而上学谈话》中的这种思考所证明的：“……丝毫不存在两种或多种智慧，两种或多种普遍理性。真理是不变的、必要的、永恒的……永恒一词向所有民族讲同一种语言，向中国人和鞑靼人，如同向法国人和西班牙人一样……在所有民族那里二乘二都等于四。”③从根本上，启蒙思想家似乎一点也不会反对对理性的统一性的这种确

① Kant, *Premiers principes de la science de la nature*, traduit de l'allemand par J. Gibelin, Vrin, 1952, p. 9.

② Malebranche, *Entretiens sur la métaphysique et sur la religion*, Vrin, 1922, tome 1, p. 60.

③ *Ibid.*, p. 58.

认。不过,无论马勒伯朗士①还是康德都不认为可能形成一种人的科学。

但是,从17世纪中期到18世纪末期,人们后来称之为"社会数学"的学科开始形成,正如马勒伯朗士和康德清楚预见的那样,这个事件与数学进入两个新领域有关:偶然领域和精神之间的智力互动领域。这些成功的历史已为人们熟知。我仅指出两个插曲:1654年7月帕斯卡尔(Pascal)和费马(Fermat)关于偶然游戏中的博弈中断的通信;皮埃尔·德·蒙莫尔(Pierre de Montmort)1712年提出的一种**对抗**情形的第一个解决方案。在两种情形中,我们都拥有明确的文献。而在两种情况下,问题的解决方法都是把一个具体的事件变成一个数学模型。那么我们需要知道的,就是在从历史向数学的转换中,保留和丧失了什么。被提升至理性形态的行动,还是由一个个人执行的同一行动吗?其真实性在这种转换中得以保留抑或出现了某种别的东西?

我们对这个问题的回答依赖于我们对下述问题即"行动中有普遍性吗?"的答案。

一、行动的数学化

我们提两个问题:1.行动的数学化是如何实现的?2.这种数学化的完成保持了行动的独特性还是把这种独特性改造成某种别的东西?

长期以来,只有游戏满足了《斐多篇》(Phèdre)"按照自然的关联分割现实"(265 e)的要求,因为只有游戏中的技巧才是可操控的,其中没有丝毫自然的东西。事实上,数学抓住了行动的结构,而非其执行本身。数学不以具体行动为对象,而以它的表征,或者更准确地说,以其类型为对象。然而,偶然的数学化、精神之间互动的数学化和个人偏好加总的数学化是理性的三大成功范例。

1. 第一阶段:偶然的数学化

如果我们把古代和中世纪关于分割(分配,les partages)的思考放在一边,亚里士多德的《尼各马可斯的伦理学》(l' *Ethique à Nicomaque*)构成这些思考的奠基著作之一,那么仅仅到了17世纪中期,偶然性才服从于计算。帕斯卡尔在他的《致巴黎学士院》(*Adresse à l'Académie parisienne* ,1654)中,用下述语词形容刚刚出现的科学:"……因此,把数学证明与偶然的不确定性连在一起,使看上去对立的因素互相协调,它从它的双重起源得到它的称谓

① 布伦瑞克(Brunschvicg)说他是实证主义的创始人。

并有权要求得到偶然的几何学（Géométrie du hasard）这个令人惊愕的名称。"①"惊愕"这个词说明这位伟大的数学家对他发现的东西非常惊讶，也就是说，如果人们懂得捕捉它，偶然性逃不出理性的罗网。帕斯卡尔与费马关于偶然游戏的博弈中断的通信，阐明了不确定环境下选择的数学控制得以实现的方式。

2. 第二阶段：智力存在之互动的数学化

行动的数学化的第二阶段从 18 世纪初期开始，那时皮埃尔·德·蒙莫尔提出，两个利益截然对立的行动者的智力互动也可能产生计算。丰特内勒（Fontenelle）对他的科学院同行的称颂保留了关于这个发现的反响："因此，这类主题从来不曾被论述过；这是一片广大的荒芜地带，人们仅能看到人类留下的五六步足迹。德·蒙莫尔先生以一种克里斯托夫·哥伦布的勇气踏入了这个地带，他也获得了成功。这是在 1708 年，他写出了《关于偶然游戏的分析论文》（*Essai d'Analyse sur les Jeux de Hasard*），他在当中为几何学家发现了这个新世界。出现在计算的固定构图上并被代数驯服的，不是他们熟悉的曲线，不是圆锥剖面图、圆滚线、螺旋线、自然对数曲线，而是法老纸牌戏、巴塞特纸牌戏、德国雇佣兵纸牌戏、**皮影戏**、西洋双六棋。"②其实，1712 年，在他的《关于偶然游戏的分析论文》的第二版，蒙莫尔关于一个特定问题的分析，即证明了如今人们所说的**对抗**中的平衡定理。

3. 偏好加总

自 18 世纪中期开始，随着司法界陪审团的出现，人们开始考虑如何把个人的选择意见综合在一起，且如何评估多数票表决办法中的错误风险。人们日后称作"社会数学"的这个重要构件得益于孔多塞（Condorcet）、博尔达（Borda）、普瓦松（Poisson）、古尔诺（Gournot）、贝特朗（Bertrand）和其他几个法学数学家的研究成果。但直到 1951 年，肯尼斯·阿罗（Kenneth Arrow）才在《社会选择和个人价值》（*Social Choice and Individual Values*）中奠定了偏好加总理论的基础。

4. 博弈论

---

① 《[…] sic matheseos demonstrationes cum aleae incertitudine jungendo, et quae contraria vientur conciliando, ab utraque nominationem suam accipiens, stupendum hunc titulum jure sibi arrogat: aleae Geometria》: Pascal, *Œuvres complètes*, Gallimard, Bibliothèque de la Pléiade, 1954,《Celeberrimae Matheseos Academiae Parisiensis》, p. 74.

② Eloge de M. de Montmort, in *Œuvres de M. de Fontenelle*, tome 6, 包括为 1718 到 1739 年间逝世的学士院院士们所写的颂词，1742, p. 62。

偶然的驯化、**对抗**的数学化和偏好加总把我们引向1920年代，埃米尔·博雷尔(Emile Borel)还有约翰·冯·诺依曼(John von Neumann)的研究导致一个关于人类互动的普遍数学概念，这个概念的奠基之作是1944年出版的约翰·冯·诺依曼和O.摩根斯坦(Morgenstern)的《博弈论与经济行为》(*Theory of Games and Economic Behavior*)。

于是人们以为，数学将把握整个行动场，或至少说明它的基本结构：事情没有这样发展。今天，在**对抗**理论和纳什(Nash)为这种理论带来的拓展——他(不知不觉地)借鉴了古尔诺的思想——与更复杂的情形或一般游戏之间仍然存在着某种分裂。一般游戏接受了数学的影响，但它们的场目前还未统一。

结论是，数学帮助我们分清了人类选择的结构。但是在数学的抽象模型与具体的决策之间，存在着一种裂痕，因为模型无法说明“在不知道怎么出来的情况下应该如何进入或下到一口井里”，借用柏拉图在《拉凯斯篇》(193 c)中的说法。

数学表现了另一种危险：让人相信最容易测定的行动特点也是最重要的。帕斯卡尔之后三个世纪，哈耶克①(Hayek)指出，在自然科学中，现象的中肯特征碰巧是可测定的，然后，他看到，在涉及复杂现象的学科中，情况并非如此。

总之，数学的确把一个普遍性因素引入行动的表达中，但是数学仅靠自身无法跨越把计划与其执行分开的鸿沟。于是问题来了：在行动的执行中有普遍性吗？

二、行动的执行

伟大的行动分析者，比如柏拉图、圣奥古斯丁(Saint Augustin)和莫里斯·布隆代尔(Maurice Blondel)，在这一点上意见一致：在计划与它的实行之间，存在着一个间隙，甚至也许是一个深渊。莫里斯·布隆代尔在《行动》(*L'Action*，1893)中写道：“超越执行所实现的意图，它本身还是一种创新的力量和一个新的目的。”(p. 138)在其《思想录》(*La Pensée*)中，他以笛卡尔(Descartes)1641年1月18日致梅森(Mersenne)的信为例，笛卡尔在信中具体写道：“我以为，我们不仅拥有一切属于我们的知性的观念，甚至还拥有属于意志的观念。因为如果我们不知道我们想要什么，或者仅从意念上知道，我们

---

① 弗里德里希·奥古斯特·冯·哈耶克1974年12月11日在“诺贝尔经济学纪念奖”颁发时发表的演讲，发表于*American Economic Review*，déc. 1989。

就无法得到任何东西；但我丝毫也不认为这种观念与行动本身有区别。”①然而布隆代尔确信笛卡尔错了：把行动与关于行动的观念混为一谈是错误的。事实上，行动的执行会引出一些无法预料的现实：“……人们付诸行动时，从未明确知道会碰上什么；倘若人们明确知道会碰上什么，还行动吗？至少人们已经明确看到，他们想要行动而且为何行动；人们甚至看到，通过行动，他们把光明带到他们在当中前进的黑暗中，而且有一种光亮伴随着他们走过的每一步……”（《行动》，p.141）

决策揭示了计划与行动之间的差距：“因为意愿与行为是两回事。如果真正认识我们的意愿（即 nosse）已经很多了，如果希望产生该意愿本身（即 velle）则更上一层楼，那么将其落实（付诸实践，即 perficere）则是某种无限超越。观念与确定之间已经有了某种间隔；决策与执行之间更有一条鸿沟需要跨越②。这是行动中的关键性跨越和决定点。”（p.162）

其实，执行也向我们揭示了我们内在的区别。奥古斯丁看到：“精神支配身体而身体立刻服从；精神支配自身，但当中存在着抗拒。”③布隆代尔评论道：“于是，行动像一把利剑，为目光打开了一条道路，通往内心生活的巨大潮流酝酿着的黑暗深处。透过意识的狭窄窗口，它向我们揭示了我们这个复杂世界之深层的无限景象……”（p.167）

到目前为止，我们只考虑了个人。现在让我们考察权力的不对等关系，比如，为了学会风险动作，人们在一个教师的指导下重复动作。“听从”在希腊语中是 peithomai，意谓“让人说服”。其实并不尽然：学艺意味着一种情感的投入，柏拉图也谈到过“不轻信的抗拒力量”④。需知我们经常不知道，在一定情形下，为什么一个人引起我们的信任或不信任。这并不是一个意识行为的结果：我们事后把我们的感受合理化。那么“信任”因此而成为非理性的东西吗？不是的，它与康德在《判断力批判》（*Critique de la faculté de juger*）中描述的审美判断相似。一些判断因素进入了信任或不信任中，我们无法把这些因素概念化，甚至当它们显然让我们非接受不可时亦如此。

我们通过一些行为给予或拒绝我们的信任，鉴于这些行为在实践中的重要性，我们试图找出它们的根源并阐明它们的原因。人们试图预见一个人是

---

① *Œuvres de Descartes*，Adam et Tannery，Vrin，tome III，p. 295.

② 布隆代尔这里借用了奥古斯丁《忏悔录》（Confessions，VIII，21）中的一段分析。

③ Saint Augustin，*Confessions*，VIII，21：《Imperat animus corpori，et paretur statim；imperat animus sibi，et resistitur.》

④ 见《法律篇》（Lois），VIII，839 n。

否有能力完成一项任务时就是这么做的。当涉及典型的和重复的行动时，面试和测试就足够了。如果涉及的是预见一个人如何在危机情况下作出反应时，也就是当一般等级的指令无法作出反应时，这就更复杂了。

最后，当涉及一个国家战略航向的保障时，需要解决的问题有可能无法由一个人处理，面对危机的机构应该是集体。如何建立这个机构？赋予它何种类型的知识？这就是柏拉图在《法律篇》中提出的问题。

个人与集体行动

行动在本质上并不是集体的：这位雅典学者在《法律篇》中甚至说，有些时候，个人完全是孤立的，除了理性之外别无依靠①，色诺芬（Xénophon）当选为战略指挥官之前即是这样。（V III，835 c）个人是行动的关键，但是圆满完成行动的手段，是行动的集体组织。这首先在战争中是确实的："其实，为了保证战争安全和胜利，没有而且永远也不会有更强大、更有效、更巧妙的手段了。"（XII，942 c）在这些条件下，应该"习惯于既不了解也不熟悉孤立的行动；相反，总是尽可能地从事共同行动，群体活动，集团生活"（出处同上）。在极端情况下，最理想的是做到，"在可能的范围内，让本质上属于个人的东西变成共同的，如眼睛、耳朵、手等，这样，人们就好像共同观看、倾听和行动了"（V，739 c）。

这方面的深刻理由是泥瓦工为我们上的一课：他们知道，小石块与大石块对墙的稳固性是同样必要的。（X，902 e）一个孤立的个人不可能同时既掌控细节又拥有整体观念。于是问题来了："然而当知性与感觉混杂（*kratheis*）在一起，无论在暴风雨还是在好天气时，它都承担着控制之责并成为船只的救星时，知性（noûs）居于何处呢？"（XII，961 e）雅典人回答说："难道不在船上吗？船长和水手们不是把感知与掌舵的知性结合在一起，既拯救了他们的人员又拯救了船只吗？"（出处同上）

换言之，在个人角色与团体角色之间没有矛盾：因为集体——尤其是行动中的团体（萨特谓之曰"融合一起的"团体）——是把一系列成形的而非依然处于潜在状态或松散状态的关系凝聚为一个有机体。在柏拉图看来，这不是一个不可避免的过程，而是一种选择：个人的原子化状态很可能持续存在，导致所有人和城邦的损失。因此，让一个行动变成"集体行动"并不是自然而然的

---

① "这似乎是一个正派的人，一个勇敢的人，他把坦率置于一切之上，宣告他认为对城邦和对公民最好的事情，而面对这些腐败者时，宣读我们的立法所包含和所要求之命令，对最强烈的激情说'不'，即使在没有任何人支持他时，独自一人亦谨遵理性的召唤（*logô hépoménos monô monos*）。"（VIII，865 c）

事：柏拉图肯定会喜欢康拉德（Conrad），尤其是《“纳尔西斯”号的黑人船长》（*Le Nègre du Narcisse*），其中阿利斯顿船长的领袖角色和船员们的角色得到了如此深入的分析。在康拉德那里，如同在《法律篇》中一样，只有当所有参与者都满腔热情地投身于行动中，在行动中展现他们的个性时，这项举措才成为集体性举措。

夜间执政官议事会

为了解决这个悖论，柏拉图指出，应该理解理想城邦的最高机构——“夜间执政官议事会”——是如何形成和运转的。其实，从这种考察中理应得出对政治的基本问题——如何避免城邦覆灭？——的回答。为了避免这种风险，“应该把城邦交给它（议事会）”（XII，969 b）。议事会实际完成认识和行动方面的目标：让每个公民都是自由的，让他在实现他特有的本质也就是他的“灵魂”的同时，与城邦的其他成员和睦相处。议事会超越法律的一般范围，以便捕捉到特殊问题；在每种情况下，它都试图处于一种同时把握人类事务和宇宙秩序的宇宙论视野。

为此，所谓的议事会除了包括在城邦内部享有盛誉的智者之外，还包括旅行者，他们观察了外邦，在那里寻找对正在建立的城邦可能有用的东西。每个成年成员选择一个更年轻的人（三十岁到四十岁），他为后者担保：代与代的混合得到了保证。另外，教育部长是议事会的成员。由于每个参议员仅擅长一个领域的技术、具有一个领域的科学能力，只有当知识和经验的转移在议事会成员之间圆满实现时，议事会才能有效地运作。苏格拉底在《会饮篇》（le *Banquet*，175 c）中指出，这些都不是自然而然的事，这种完美交流的工具并非科学，而是信仰（pistis），即信任，换言之，真理——包括科学真理——只有被人们之间建立的一种透明性支撑时，才能在他们之间传递（西蒙娜·韦伊［Simone Weil］）。

完美的认识

雅典人这样为这个最高议事会应该趋向的认识定义：“知性（noûs）与最好的知觉掺杂在一起，与它们融为一体。”（XII，961 d）完美认识通过把知性与感官混合而把它们统一起来。在感性世界与所谓的“理念世界”之间没有分隔：只有一个世界，这个世界由感官领会的一面和思想接近的一面是不可分的，因为上帝把它们掺杂在一起。城邦的基础和我们当中每个人特有的存在基础就是按照这个最终的视野组织的。在《法律篇》的结尾，麦吉罗斯把克利尼亚斯置于两难选择面前——“要么应该放弃建设我们的城邦，要么不让这个外邦人离开，而让他同意参加这种建设”，克利尼亚斯赞同后者，请求他的朋友帮助他说服雅典人。《法律篇》的最后一句话是：“我会帮助你的。”（969 d）

奥古斯丁的预见灵魂归宿论

圣奥古斯丁把分辨我们自己的才能和我们与之相关的人的才能的技巧称为**预见灵魂归宿**。这种洞察力很难获得，蒙田(Montaigne)还有马勒伯朗士也都指出，因为我们对我们的存在不拥有能使我们对我们自身变得透明的视野。行动是实验室，我们在当中试验我们是什么，但我们往往不知道我们的力量和我们的缺点所在。归根结底，如果行动中存在着一个值得探索的普遍性因素，这就是真实性，也就是对我们的**功用**(*officium*)、对我们为之而生的功能的一种更清楚的意识。这可能吗？我们能认清和实现我们的天职、我们的**使命**(*Beruf*)吗？

显然，回答这个问题要求从对行动的研究转向对我们融入这个世界的研究。只有一种宇宙论的视野才能赋予这种提问一种意义。

三、关于行动的宇宙论考察

演进世界中的行动

理想地说，对行动采取自然哲学的观照，意味着分清每个特殊行动在宇宙进化中的地位和功能。这就是哲学家们所说的某种“上帝式的视野”。既然它是有限精神的人们所无法获得的，那么应该放弃把理性用于改变现实之过程的任何希望吗？

如果一切都在宇宙中互相作用而人们无法把各个部分分开，那么希望建立一种行动科学是徒劳的。情况并非如此。自然科学提供了对某些类型的行动的因果解释。一个突出的例子是人类通过某些酵母生产胰岛素，人们赋予这些酵母适宜的生物学特性。

化学和生物学从更普遍的角度揭示了这一点，即自然并不是自发地产生按照它的法则能够实现的一切：人们利用这种不完善性，把人造物质引入自然的现实中，在很多情况下，这些人造物毫不费力地进入自然程序中。从事物的这种状况中可以得出下面的结论：即使从理论上讲，一切在现实中都是互相关联的，但实际上，分离出理性为之动因的有限的互动整体是可能的。

总之，要使一个普遍性因素出现在一个行动中，三个条件是必要的：这个行动的形式适合一种数学处理；行动者达到了圣奥古斯丁称之为**预见灵魂归宿**的真实境界；因果的关联是可检验的。

这些要求是很严格的。其实，即使数学构成了一个几乎取之不竭的形式库(怀特海/Whitehead)，我们也远不能得出所有行动类型的数学形式。另一方面——我们通过经验知道这一点，而伦理学家们向我们提供了许多例证——，很难发现人是为何被创造的。最后，科学只是非常片面地阐明了事物的因果规律。因此，把行动置于一个宇宙论的视角下，与其说是一种自然而然的态度，不如说更像一个苛求的或者也许不可实现的"计划"。

对行动的"上帝式视野"

如果我们能够"以上帝之身"，也就是以一个无限精神的方式观照现实，这种精神能一览事物的进程而不否认其创造的（和毁灭的）不可预测性，也许我们就会对我们的行动拥有全面而正确的视角。但情况并非如此。

现代最接近这种"上帝式视野"的哲学家，在我看来，是马勒伯朗士、斯皮诺莎（Spinoza）和怀特海。

1. 马勒伯朗士在《关于宗教的谈话》中，认为我们对外部世界的认识，接近上帝式视野（对事物的科学视野）；反之，上帝并没有给予我们关于我们存在的一种有条理的和系统的观念（一种"原型"）。

2. 斯皮诺莎赋予理性更广泛的权力：他认为，如果我们得以把我们自己视为从必然性网络中抽取而出的自然存在，我们就会意识到，按照圣保尔（Saint Paul）的说法（《使徒行传》，XVII，28），"我们从上帝那儿获得了生命、运动和存在"。换句话说，我们也发现我们是自由的。

3. 在涉及个人对其自身的认识方面，怀特海更接近马勒伯朗士而离斯皮诺莎稍远一点；相反，他像斯皮诺莎一样认为，我们不仅拥有通过科学认识物理一化学世界的能力，还拥有通过科学认识生命世界和人类世界的能力。换句话说，哲学家的任务就是试图建立"**一种宇宙论**"。这是一项复杂的事业，因为宇宙处于演进之中。然而，关于行动的宇宙论方法的"规划"是合理的：它具化为英国经验论大传统的一系列尝试，该传统也是一个具有形而上学胆略和实践胆略的学派。

关于行动的一种成功的宇宙论方法是什么呢？为了了解这一点，应该参阅《过程与实在》（*Process and reality*）的第四部分"上帝与世界"。其核心是要在变化中——这是范畴的角色，范畴在怀特海的哲学中是澄清的手段——分清我们在世界中占据的动态的（而每个时刻又都是"永恒的"）位置。

理性的第一个任务是揭示现实之间的因果互动；当这项事业顺利完成时，似乎并非一切都被囿困在必然性的网络中，而是一个自由的创造性因素出现了。这种创造性不是一个造物主上帝的专利，这是世界的一个根本特点。19世纪的化学、20世纪的生物学揭示了这个事实，即自然并不产生按照它自身的法则可能产生的一切，这种不完善性说明因果互动网并没有饱和，它为新生物的生产留有余地。同样，一切行动都依靠确定的自然过程；它也包含一个自由的创造性因素，有时这个因素非常有限或微乎其微，行动于是成为一种简单的再生产;但这个因素也可以很重要,行动于是变成了创新。

为我们所掌握的,是行动的这两种成分——盲目的重复和创造性革新——的配量。在互动的必要性与行动者的自由之间没有矛盾。恰恰相反,行动者越深入因果互动之网,就越增加以新方式自由行动的机遇。宇宙论意义上的自由,不是逃避世界而是直面它并与它结为一体,以便以一种相当深刻的方式理解因果互动的游戏,从中辨别一个自由行动的位置。这不是行动者对自己行动的占有,好像行动是作品而行动者是艺术家一样:与作品不同的是,行动的特性其实就在于它逃避了完成它的那个人,行动者唯一正当的感觉也许就是自由地——以有限和短暂的方式——参与了世界进程的意识。

四、结　论

怀特海没有论述,而每个人皆可从自己的角度决定自己意见的,就是该宇宙论程序的意义:它是大自然的简单进程,如同达尔文主义的自然进化一样盲目和具有"创造性"?或者证实了(由行动所揭示)自然王国与自由王国之间的距离,如同康德思想中那样?抑或还揭示了宇宙剧中存在之间的关系,这些关系昭示了"圣人的团体"(如怀特海说的这种**同类人的团体**)概念?《过程与实在》的结束语突出了行动的矛盾性,提及"我们的即刻行动的不可磨灭的重要性,它们虽然消失但却永久存在"。

文 化 研 究

Cultural Studies

美学的文化学转向

高建平①

内容提要:在20世纪末和世纪之交,美学和文学艺术理论领域出现了文化学转向。在西方与在中国,发生这种转向的语境不完全相同。走出康德式的审美无利害和艺术自律,将分析美学与美学上的文化学转向结合,成为当代中国美学发展的特色。在正确认识西方理论及其在中国的误读后,清醒认识当代中国文学理论资源,建立一种既有普世因素,也有个性特征的美学和文学理论,是中国美学研究的当务之急。这种新的研究会带来新的学术气象,代表着当代美学和文学研究的发展方向。

关键词:当代美学　文化学转向　拿来主义　自主创新

一、文化学转向的背景

20世纪的西方哲学和美学,以及在哲学和美学影响下的文学艺术的研究,都经历了三次转向。这三次转向分别是20世纪初叶的心理学转向,20世纪中叶的语言学转向和20世纪末的文化学转向。前两次转向构成了文化学转向的背景。

(一)心理学转向

从古希腊开始到西方18世纪的美学和文艺理论资料,主要呈现为两种形态。第一种形态是作家和艺术家的随感式的文字,其中包括一些文集的序、跋,例如巴尔扎克和雨果为自己的作品或作品集写的序言、史达尔夫人对莎士比亚的评论、罗斯金为报纸和刊物写的随笔性专栏、歌德与爱克曼的《谈话录》等。这些片段是作家为了表明自己的观点,或者是为自己的创作作辩护的所

---

① 高建平,中国社会科学院文学研究所研究员。

写所讲。这些随感式的文字中，有许多的真知灼见，但是，随着美学和艺术理论研究成为一个专业，一种美学领域的学术性写作的追求就开始了。

美学上的学术性写作，也可以溯源到古代希腊。如果说，柏拉图仍只是写一些对话体著作的话，那么，亚里士多德就已经开始了对包括“诗学”在内的许多专门学术著作的写作。到了德国唯心主义兴起以后，美学成为大体系的一个组成部分。从康德经费希特、谢林、黑格尔，再到叔本华、尼采，一系列的大体系的建构者们，都将美学看成是他们的体系的组成部分，从而写出专门的具有体系建构性质的美学专著。

美学上的两种文本并存，两条线索并行，似乎是自古以来就有的现象。但到了 19 世纪，第三条线索开始出现，这就是美学上的心理学倾向。

19 世纪的艺术，是随着一个重要的运动而开始的，这就是浪漫主义。浪漫主义重视个性、激情、天才和创造力，从而在艺术的各个领域都开辟了新的天地，在艺术史上书写了新的一页。

从理论上讲，浪漫主义重视天才，认为艺术是天才作品，艺术家与普通人是有区别的，他们是天才，也只有他们才能创造出天才的艺术作品。因此，并不是所有人都能够从事艺术创作的。艺术不像食物、衣服等日用品，它是没有什么实用价值的东西，但是这个世界也离不开它。艺术是与日常世界绝缘、独立于生活之外的，其自身构成了一个世界。浪漫主义逐渐形成的这种观念流传开来，促使人们思考怎样去研究文学艺术。文学艺术的历史研究者们开始关注艺术家的生活时代，他们的生活经历、性格、创作道路等，这形成了书写文学史的固定模式。到了 19 世纪后期，一些具有科学主义倾向的研究家们开始对这种研究模式表示不满。

在德国唯心主义泛滥之后，唯物主义倾向开始抬头。我们知道，法国唯物主义者们曾提出“人是机器”的思想。对于这些唯物主义者来说，人不过是最精巧的机器而已，提供原料，经过一个生产过程，就生产出了产品。人的心灵活动都可以转化为细胞的、分子的活动，我们可以利用科学的手段来解释人、理解人。人是一种什么机器？从当时的人的想象力所能达到的水平来看，大概是把人想象成是比钟表更复杂一点的机器。这种思想今天仍有继承人，只是水平要高多了，人大概可以被想象成最好的电脑，或者是虽然现在还没有造出，但将来终将会造出的电脑。于是，电脑能不能代替人、超过人，成为现代哲学话题。这些当代话题，与“人是否是机器”的问题在性质上是一致的。

19 世纪后期，德国出现了实验心理学。最早提出建立实验心理学的，是费希纳和冯特。从他们开始，心理学成为一门科学。在当时，心理学是一门显学，它使用科学实验的手段，力图解决关于人的认识和思维的各种问题。在心理学的影响下,美学实现了其心理学转向。最早提出对美学进行心理学研究的,是费希纳,他提出了"自下而上"的美学,以区别于从康德到黑格尔,再到叔本华、尼采的从大体系出发对美学的研究。到了20世纪初年,美学中的心理学倾向已蔚为壮观。中国学术界都熟悉朱光潜《文艺心理学》一书。这部著作就是集中了当时心理学美学的一些最流行的成果而写成的。朱光潜先生将克罗齐的哲学与爱德华·布洛、立普斯,以及其他一些重要的心理学美学的代表人物的思想,与中外艺术的实例结合起来,进行了深入浅出的讲解,从而形成一部在现代中国美学史上里程碑式的著作。当然,朱光潜所介绍的这几位哲学和心理学家与前面提到的实验心理学家还有很大的差别。我在别的地方曾经提到过,20世纪的心理学美学中,存在着一种不可克服的科学主义悖论。

(二)语言学转向

20世纪美学和文学艺术理论的第二个重要转向就是语言学转向,这个转向大致从20世纪前期开始,直到20世纪中后期完成。语言学在20世纪影响重大,以至于一些哲学史家们将20世纪称为语言学的世纪。关于语言学转向的意义,我们可以从多方面看,包括人文学科一些根本的问题和基本思路的改变。其中最为根本的一条,在于对语言与思维关系的认识发生了变化。在此之前,人们认为,语言只是表达和交流思想的工具。这就是说,我们先想好某个意思,再翻译成语言将它表达出来,使别人知道我们的意思。这种理解是不正确的。我们正是用语言来思考的,我们的语言与思想是同一的。

语言学转向,体现在文学批评上,有所谓莫斯科——布拉格——巴黎的理论旅行历程,即从俄国形式主义到布拉格学派,再到法国结构主义,这是一个在欧洲大陆上旅行的理论历程。在英美,出现过强调文本细读的英美新批评。

语言学转向带来了对作品本身的研究。过去,浪漫主义传统认为艺术是作家艺术家的天才创造,由此带来了对作家和艺术家的个性和心理研究。现实主义传统认为艺术是生活的反映,带来的是对艺术的社会学研究。语言学转向,使人们看到艺术的外在表现与内在意义的一致性,从而使研究者的关注回到作品本身,这样一来,对作品形式的研究得到了特别的发展。

由于语言学转向,哲学上出现了分析哲学。美国哲学家怀特编过一本书,名字叫《分析的时代》,分析的时代与语言学转向是联系在一起、互为因果的。在美学上,则出现了分析美学。分析美学对文学艺术批评所使用的术语进行语义分析,从而将美学定义为"元批评",即"批评的批评"。这种意义上的美学,强调美学的间接性,不对艺术进行审美评价,持价值中立的态度。

(三)文化学转向之源

当我们说审美是无功利的,艺术是自律的、独立的,艺术作品自身构成了一个封闭的世界或小宇宙的时候,这是一个非常虚幻的假设。这种假设是在康德哲学的影响,或以康德为代表的从18到19世纪德国哲学影响下形成的。这种观点从整个历史长河中看是十分奇怪的:过去从来没有,以后也没有过这种纯而又纯的艺术观。但是,这又是一个巨大的存在,谁也绕不过。康德体系统治整个美学界有二百年之久。在这二百年中,人们总是在努力超越康德体系,但实际上还是在这个体系当中。例如,从费希特、谢林,到叔本华、尼采,都在批判康德,但他们都生活在康德体系的巨大阴影下,他们的批判,都是对康德美学观的一些关键方面的强化。再如,爱德华·布洛好像是在建立一种心理学美学的观点,但是,他的这种观点并不是实验心理学,而只是一种简化了的哲学,是从康德到叔本华再到爱德华·布洛关于审美态度学说的发展。

康德的审美无利害和艺术自律的观点影响深远,但从另一方面说,最早的反康德线索的美学家,恰恰是康德的最早追随者弗里德里希·席勒。席勒的《审美教育书简》套用了康德的哲学模式,将二元对立的哲学转化为感性与形式两种冲动,再将审美与作为这两种冲动结合的第三种冲动——游戏冲动——联系起来,并且提出游戏冲动的对象是“活的形式”,即感性的“活”与理性的“形式”结合。我们常常说,艺术无功利性,也就是说,“艺术无用”。说艺术无用的人,用“无用而有大用”来辩护。这是对于艺术无用的一种辩护,但细体会这句话的意思,是在强调有用。席勒恰恰就是强调它有用的一面,强调艺术有利于社会改造的一面。当时,许多德国人都在思考怎样把落后而分裂的德国变成欧洲强国,很多人都开出了药方。席勒开出审美教育这样一剂药方,说明他已经试图走出康德体系,提出艺术有利于社会改造的观念。当然,我们这里所说的康德,是指人们一般所理解的康德。康德本人的思想,要比这复杂得多,他提出美是德行的象征,并不是只重视审美的感性特征。

18和19世纪的一些激进的思想家,如圣西门、傅立叶、孔德、蒲鲁东等人,都在强调艺术的社会作用。还有一些在英国的左翼思想家也强调艺术的社会作用,如莫里斯;在俄罗斯,有列夫·托尔斯泰对文学改造社会的功能的理解;在美国,有从爱默生到杜威对文艺与生活关系的认识;中国有古代的“文以载道”思想、鲁迅的改造国民性和毛泽东的文学工具论等。当然,还有影响巨大的马克思主义的文艺观。马克思和恩格斯的很多手稿在二次世界大战后才被整理和重新解读,所以他们的一些文艺思想在20世纪中后期才进入到理论论争之中,成为20世纪后期的美学和艺术思想史的一部分。

在中国,从20世纪50年代起,毛泽东文艺思想与苏联的文艺思想形成了一股合流。这种思想当然就是反对审美无功利的。80年代,这条思想线索在中国受到了挑战。80年代是中国的一个新启蒙的时期,这时,美学和文艺界回到了审美无利害和艺术自律的观点，康德美学重新受到重视。康德美学的中国追随者们，从王国维、宗白华，再到20世纪30年代的朱光潜，重新获得了至高无上的地位。然而，中国有中国的国情。80年代的中国，康德美学的复兴，与心理学美学的发展、美学中科学主义的盛行、文学研究中的文本中心主义倾向等等结合在一起。用当时中国人的话说，西方近百年来发展起来的各种理论，在中国走马灯似的跑了一遍。

三、语言学转向之后的文化学转向

在20世纪末和世纪之交，美学和文学艺术领域出现了文化学转向。在西方与在中国，发生这种转向的语境不完全相同。西方美学的主要任务，是走出分析美学，于是，美学上的文化学转向是与分析美学对立的；而在中国，没有出现过一个分析美学的时代，于是，走出康德式的审美无利害和艺术自律，将分析美学与美学上的文化学转向结合，成为当代中国美学发展的特色。

（一）走出文本中心主义

语言学转向使得批评家的关注点从作家、艺术家转到了作品文本，产生了“文本中心主义”。文化学转向则是要走出“文本中心主义”。

我们曾经将文学的历史写成作家的历史，以作家为纲，写作家的生平和创作道路，再介绍作家代表作品的主要内容。文学史也可以成为文本的历史，对文本进行细读，总结文本的形式规律，研究这些形式规律的继承和发展情况。但是，文学文本并不是孤立存在的。例如，我们可以研究小说的被出版、印刷、发行、销售，进入图书馆和进入市场的情况，将经济学、社会学等理论放进去，研究一部小说是如何从作者经过一个漫长的旅程，最终到达读者的，研究这些中介过程在文学的生产消费中所起的作用。这是研究的一个思路。

在分析中，我们还能找到其他一些思路，比如解构主义的研究、女性主义的研究、后殖民主义的研究等。每一种研究，其中都有着种种复杂内容。以后殖民研究为例。后殖民研究分两种情况：一种是西方国家内的知识分子对这些国家传统的主流意识形态的挑战，另一种是非西方的前殖民地或半殖民地国家的民族意识的觉醒。不同的国家就会有不同的语境，从而使理论具有不同的意义。不用说不同的国家，就是同一个国家的不同地区，比如中国的两岸三地，同样的后殖民主义，就会和不同的文化身份结合在一起：香港的后殖民是脱离了英国的独立，大陆的后殖民是一种民族主义的兴起，台湾的后殖民又和台湾主体意识联系在一起。

（二）克服纯艺术追求及其背后的精英主义立场

文学和艺术理论之中，有一种长期以来一直占据着主导地位的立场，这就是精英主义。当说到通俗文学或者民间文学时，我们的命名方式本身就带来了一种价值评价，使得通俗文学成为精英文学的影子。所谓的通俗文学和民间文学，是在精英文学的概念被构建起来并牢牢确立之后，通过扩大视野，从而使通俗的和民间的文学也成为“文学”。我们知道，欧洲在18世纪时，有一个现代艺术体系的建构的过程。一位名叫夏尔·巴图的法国人，在1746年出版了一本书，书名叫《归结为单一原理的美的艺术》，他在书中将诗、绘画、音乐、雕塑和舞蹈等放在一起，命名为“美的艺术”，以区别于一般的工艺。这一概念和体系后来成为巨大的《科学、艺术和工艺详解百科全书》的一部分，得以推广。通过这种现代艺术体系的构建，我们建立现代的艺术学院、艺术研究院，也产生出一种人，叫做艺术家。从这里出发，进而产生了艺术是自律的、独立的、封闭的，艺术生产和其他生产不是一回事的观念。对此，哲学家们作出了很多描绘。本来没有截然分开的高雅艺术与通俗和民间艺术，艺术与工艺，艺术产品与一般产品，在这一构建过程中被区分了开来。艺术理论建构在这种“美的艺术”的概念之上，就有了一种艺术的精英主义倾向，有了“纯”的艺术。

纯的艺术并不是天生就“纯”，而是在艺术的现代构建过程中被逐渐提纯的。这种构建过程，就是现代性的表现。精英艺术，是在与工艺的、民间的、通俗的艺术区分中来构建自己的身份的。

艺术是如此，文学也是如此。从来没有所谓的天生的纯文学，《诗经》、《楚辞》都不是纯文学，它们都是在后来的构建过程中被提“纯”的。

精英艺术的形成，“美的艺术”体系的构建，都是致力于作出区分。“区分”是近代以来哲学家和美学家们所致力于做的一件重要事情。康德将人的心理分成“知”、“情”、“意”，并将之与认识论、美学和目的论、伦理学相匹配，分析哲学进行概念辨析，都是致力于区分。实际上，认识的一项最重要的内容就是区分。将不同的东西区分开来，是人的认识过程的一个步骤，也是人的认识能力增长的一个标志。区分，这既是一个古老的、原始的过程，同时也是一个非常具有现代性的过程。学科间的区分追求，在科学和技术领域中表现得更加突出。科学和技术要进步，就必须分工。社会的进步依赖分工和对学科进行的划分，分工的程度是科学技术发展程度的重要指标。每个人只能做自己所擅长的事情，成为一项工作或研究的很专门的一部分。所以这是一个没有大师的时代、没有巨人的时代。人文学科，包括文学研究，也是在分工。有人赞扬一种精神，一辈子研究一位作家，几十年如一日，成为这位作家的专门研究家。这当然是可贵的，也的确需要有人这么做。但是，人文研究本身还有着一种固有的追求，这就是要挑战人的被专门化。在被专门化，亦即现代化过程中，人的完整性被牺牲掉了。文学本身就应该是克服这种被专门化从而克服人性异化的一股力量。承认区分，但看到联系，也许是今天我们更应该做的事。我们也许仍然会继续区分精英的与通俗和民间的文学，并分别进行专门而深入的研究，但我们应该看到一种联系性，进行历史的还原。通过还原，我们可以看到，精英文学和艺术的建构原本就是一个过程。现代精英文学是被提纯的，这一提纯的过程，同时也是现代意识形态的构建过程。现代性的意识存在于所谓精英文学、纯艺术、纯诗等高雅艺术概念的背后。

走出纯艺术、纯文学、审美无功利的自律的观念也许是一种复古，回到原始的自然状态，但同时也是一种前进，是在新的历史情况下才出现的前进。比如先锋派艺术，我们可以采取比较自然的观点去看待，无所谓好坏。先锋派艺术是挑战博物馆、挑战沙龙的。比如杜尚的《泉》，它就是一种艺术的姿态，它被称作是“历史上的先锋派”。后来的先锋派已经不再是这样的意思了。后来的先锋派，就被称为“新先锋派”，不再挑战沙龙和博物馆，而是要挤进去。先锋派艺术本来是力图消除艺术与生活的区分，嘲弄博物馆的权威，强调日常生活中的东西的价值的。但是，20 世纪后期新先锋艺术则要挤进博物馆，利用博物馆已有的权威来形成自己的艺术地位，使自己的艺术得到传播。这是一个正好相反的运动。

除了先锋派艺术之外，民间的和通俗的艺术都具有一种非自律性。很多艺术品本来就具有直接而具体的实用性。民族史诗是教科书，民歌完全是生活的必需品，过去的民间儿童玩具和成年人的生活实用物品，只要做得好，都可以成为工艺品，而过去的工艺品在现代人的眼里，就成了艺术品。在这里，本来并不存在自律的、独立的、无功利的概念，它们本身就是实用的。生活中的很多实用物品，制作得精巧，使它变得美化，就成了艺术。通俗的艺术也是如此。现在有些关于通俗文学的划分很粗浅，应该将它还原到它们原初出现时的不同的生活状态中去考察。比如说，在历史上，随着近代市场经济的发展、城市经济的兴起、有闲的市民阶级的出现，南方一些地区出现的弹词、评话、评书等市民文化是通俗文学和艺术的较早表现形态。在今天，商业社会和消费文化的发展，使通俗艺术成为汪洋大海，影响也越来越大。这些都成为新的文化理论研究的对象。

我们曾经致力于将精英的文学和艺术与通俗大众的文学艺术，与民间文学和艺术区分开来。我们做了很多努力才构建出现代艺术的观念。现在，我们又在做一个反向的活动，看到它们之间的联系性。这无论对我们做文学艺术理论研究还是做相关历史的研究都有很多启示。

四、西方理论及其在中国的误读

一个老故事在世界各地都不断重复:理论会跨越国别、民族和文化的边界,在新的土壤中获得新的生命力;理论跨越边界后,在新的环境中会获得新的意义,并起着新的作用;这些新的意义和作用可能与在理论原发地的意义和作用完全不同。比如我们所熟悉的一些著名理论常常有这样的情况:二次世界大战时,由于希特勒的迫害,一些欧洲学者(尤其是犹太人)把他们的思想带到了美国,在美国发展起来,并进而影响世界。弗洛伊德尽管未能去美国,但他的精神分析学说却借助这一契机,在美国发扬光大。格式塔心理学来到美国,尤其是鲁道夫·阿恩海姆对视知觉的研究,从美国向全世界发出持久的影响。新康德主义者恩斯特·卡西勒来到美国,带来了他的独特的康德线索的符号论思想,并通过他的女弟子苏珊·朗格,发展出了一种关于情感符号的理论。法兰克福学派也是这样,借助美国这块地方,成为一个有着世界影响的流派。很多的文化理论在旅行过程中发生变化,在新的环境中产生新的意义。我想,也许中国的儒家思想也是如此。中国传统的儒家思想,在中国原本是一种正统的封建社会意识形态,"五四"时期受到了猛烈的批判,从而与革命时代的中国意识形态格格不入。在20世纪50至60年代的港台,一批思想家重举"新儒学"的大旗,有借助传统以树立正统的含义。这种理论到了美国和欧洲,则又有了新的含义,这一含义就是:迎合后殖民语境,补充西方主流意识形态,并从非西方为现代发展所带来的种种社会问题中寻找思想资源。

在当代中国,文化研究也出现了这样一种情况。中国有一些研究者在前些年讲日常生活审美化。日常生活审美化的思想在国外已经有了很多讨论,出现了很多著作。然而,这种思想来到中国,出现了一个错位。在西方,日常生活审美化与文化研究对传统精英美学的批判结合在一起。文化研究领域本来都是一些左翼的理论。例如,法兰克福学派有着深厚的马克思主义传统,其思想代表着知识左翼。英国的文化研究代表人物雷蒙·威廉姆斯,强调工人和社会底层人民的文化权利,这种思想当然也是知识左翼的。他们反对高雅的、自律的艺术,试图弥补社会的裂痕。法国的社会美学更像是左翼的大本营。实用主义的代表约翰·杜威原本在政治立场上也倾向于左翼,主张打破高雅艺术与通俗艺术的界限,这一倾向在新实用主义那里得到了进一步的发展。

在中国,存在着另一种语境,在多年的理论上"左倾"占主导以后,改革开放的大语境中出现了"后文革"现象。20世纪80年代的中国,学术界流行的是“启蒙话语”，对于一切与“左”有关的东西，有着一种天然的痛恨。在美学领域，流行的是重新找回的康德美学。到了90年代，随着市场经济的发展，中国出现了复杂的情况。在“启蒙话语”影响下出现的“美学热”过去了，文化研究在向美学挑战。但是，这种文化研究却在中国完成了一种与市场经济的奇妙结合。

在历史上，美学总是扮演着与经济运行的逻辑相对立的角色。当自由经济模式发展，人与人的各种复杂的关系单一化为经济关系之时，审美无利害和独立的艺术王国的思想就兴起了，这是现代美学的起源。在经济的全球化时代，美学所要做的事，仍是如此，它不是鼓吹市场原则，而是对之作出补充。

五、全球化与中外/古今之间

“中外”与“古今”的话题，是一个古老的话题。从晚清开始，这个话题就出现了。“五四”将这个话题凸显出来，形成“中”与“古”匹配，而“外”与“今”匹配的公式。中国人为这个问题争论了将近一个世纪。

我们在中国与西方、古典与现代之间的种种夹缝中生存着，这是我们不得不面临的学术生态。这里生长出了很多理论，这些理论既是现代的，也是古老的。说它古老，是因为在“五四”时期就有是坚持中国的传统还是全盘西化的论争。这一类的论争后来逐渐被其他的更为紧迫的政治话语所掩盖，但是掩盖不等于问题解决。这一类的问题仍然存在，并不断以新的形式表现出来。

今年四月，我在扬州开会时，与一位学者进行了争论。这位学者提出了“中国文论的中国化”的口号。这一口号是要清除一个世纪以来西方文化对中国的“污染”，回到纯正的中国去。这是根本行不通的。过去的一个世纪，西方思想的引入对现代中国文学和文化理论产生了深远的影响。现代形态的中国文学和文化理论、现代形态的中国美学，本来就是在西方思想的影响下形成的。回到纯而又纯的中国性，就是要废除一个世纪以来的文学艺术理论的发展，使中国从19世纪直接跳到21世纪。

时间不能跨越，既有的影响，早已成了我们的遗产。我们只能从现实出发，以我们所能接触到的思想资料为前提，再往前行。我曾经写过一篇小文章，谈当代中国文学理论的资源。在那篇文章中，我写道，当代中国文学理论，有三个来源，即中国古代文学理论的资源、西方文学理论的资源、一个世纪以来所形成的现代中国文学理论资源。这三个来源都很重要，对我们建设当代文学理论，都起了很大的作用，但是，当代中国文学理论的建设，还有一个更为根本的源头，这就是当代中国社会生活、当代中国人的生活实践和审美实践。

找到这样一个源头，许多问题就迎刃而解了。

我们不要刻意去“西方化”或“中国化”，我们不能将文学和文学理论看成是一个封闭的体系，并只是在这个体系中对许多理论问题求解。我们所需要做的事，是到生活实践中去求解。今年夏天在贵州，《贵州日报》的一位记者问到类似的问题，当时时间紧张，我无法展开来说，只是说了两句老话：“拿来主义”，“实践标准”。对古今中外的理论成果，持拿来主义的态度，为我所用；在使用过程中以实践为标准，符合当代中国生活实践、艺术实践和审美实践要求的，就采用，不符合的，就不采用。当然，在这两句外，还可再加一句人们耳熟能详的话，这就是“自主创新”。实践是创新的源泉，只有在此基础上，才能创造出不纯的但适用的中国理论。

从这三条出发，我们可以建立一种既有普世因素，也有个性特征的美学和文学理论。文化学转向，曾经意味着“反美学”，也意味着走出文学艺术。但是，经过文化研究洗礼的美学和文学研究，还会发展起来。这是一种新的、不同于以往的、上了一个台阶的、面对新问题的、适应我们时代的研究。这种新的研究会带来新的气象，代表着当代美学和文学研究的发展方向。

作为有机知识分子的马修·阿诺德[①]

徐德林[②]

内容提要:本文旨在重新评价英国著名诗人、评论家马修·阿诺德,指出他并非俨然为文化精英主义者,而是具有精英情怀的"有机知识分子"。阿诺德不仅通过其诗歌创作繁荣了维多利亚英国文学,借助"人生批评"理论奠定了现代英国文学批评的基础,而且更为重要的是,他始终积极发挥文化组织者的作用,致力于以社会文化批评改造由心胸狭隘、不具亲和力、不具吸引力的中产阶级所代表的维多利亚英国社会。所以,传播与丰富"世界上的最佳思想与言论"的,并非被定型化为文化精英主义者的阿诺德,而是作为有机知识分子的阿诺德;这一新认知必将在帮助我们消除对阿诺德的偏见的同时,促成我们对20世纪英国文论发展的正确把握。

关键词:诗歌　批评　文化　有机知识分子

引　言

作为一个概念的"有机知识分子"(organic intellectual)源自意大利早期马克思主义者、意大利共产党创始人安东尼奥·葛兰西(Antonio Gramsci, 1891-1937)。基于意大利知识分子在意大利统一中所发挥的作用的不同:"所有人都是知识分子,但并非所有人都在社会中执行知识分子的职能"③,葛兰西把知识分子分为了传统知识分子(traditional intellectual)与有机知识分子

① 本文英文标题为:A New Insight into Matthew Arnold: An Organic Intellectual

② 徐德林,男,博士,中国社会科学院外国文学研究所副研究员。

③ Quinton Hoare et al. eds., *Selections from Prison Notebooks*, London: Lawrence and wishart, 1971, p. 9.

两大类；前者是“霸权”(hegemony)——领导权——的依附者，在社会变动过程中保持相对稳定的地位，代表历史的连续性或者传统，后者则是霸权建构过程中的教育者，诞生于社会的发展和新阶级的兴起，“每一社会集团在经济社会的原初基本职能领域登台时，同时有机地制造一个或者多个知识分子阶层；知识分子阶层不仅在经济领域，而且也在社会及政治领域赋予社会集团同质性，使社会集团认识到自己于其间的作用”①。特定社会集团“有机地制造”的知识分子在保持与该集团的密切联系的同时，勉力实现自己与大众的融合；他们既不会依附或者从属于特定社会集团的利益，也不会简单地执行其政策、成为其喉舌，而是恰恰相反，必须以建构/反对霸权为根本目标，以创造新文化为根本目的。所以，葛兰西认为，有机知识分子是任何一个进步阶级为组织新的社会秩序所必需的，他们总是作为经济、政治、文化等领域的组织者，为支配阶级获取与维持霸权“提供文化及总体意识形态性质的领导”②。

葛兰西有机知识分子概念的提出，无疑构成了卡尔·曼海姆(Karl Mannheim)的自由漂移理论的一种否定，③为我们认识知识分子及其作用提供了新的理论视野，从而有助于消除抑或校正我们对某些知识分子的成见。比如，就人们对著名诗人、评论家马修·阿诺德(Matthew Arnold，1822-1888)的认知而言，人们习惯性地基于他坚守与传播“世界上的最佳思想与言论”，将他定型化为文化精英主义者，但如果我们从葛兰西的有机知识分子概念出发，考虑到阿诺德的“有机性”或者他作为知识分子为自己所属的阶级、自己生活于其间的社会所发挥的作用——“赋予社会集团同质性，使社会集团认识到自己于其间的作用”，我们会发现，他对“世界上的最佳思想与言论”的尊崇、对英国中产阶级的批评仅仅是他发挥文化组织者作用时所采取的策略而已。所

① Quinton Hoare et al. eds., *Selections from Prison Notebooks*, p. 5.

② Quinton Hoare et al. eds., *Selections from Prison Notebooks*, p. 150.

③ 在《意识形态与乌托邦》中，知识社会学创始人卡尔·曼海姆系统地阐释了其知识和知识分子理论。他认为，尽管知识现象不应只被视为人们智力活动的产物，同时也应被看做社会历史环境孕育出来的成果，但从事知识创造、阐释的知识分子几乎不受社会条件的限制，因而能够综合不同社会集团的经验并创造出叫做知识的东西。他称知识分子为“自由飘游”的人，即知识分子是没有或几乎没有根的阶层，任何阶级或等级地位都不能明白无误地横加在它身上。英文版参见 Karl Mannheim, *Ideology and Utopia*, London: Routledge and Kegan Paul, 1954，中译本参见卡尔·曼海姆著，黎鸣译：《意识形态与乌托邦》，商务印书馆，1997 年。

以，虽然"他有'保守'的一面，但他所坚持的理想具有文化守成的积极意义"①。从这个意义上讲，阿诺德俨然为文化精英主义者这一观点有待商榷，他更是葛兰西意义上的有机知识分子，或者更为准确地讲，具有精英情怀的有机知识分子：一方面，他勉力为维多利亚英国的支配阶级——中产阶级——获取和维持霸权提供"文化及总体意识形态性质的领导"，另一方面，他积极组织或者建构现代英国文学批评理论的起点。

共识中的阿诺德：创作不如评论

阿诺德是19世纪英国的文化巨人，先后在诗歌创作、文学评论、文化批评、宗教及教育等领域取得了令人不能小觑的成就，"50年代是其诗歌时代，此后是'散文时代'：60年代是文学批评和社会、政治批评时代，70年代是宗教批评和教育批评时代，80年代又回到文学批评"②，成功地实现了从"普通的自我"到"优秀的自我"或"完美的自我"的转变。③ 就作为其声誉之源的诗歌而言，阿诺德不但出版了《迷途的狂欢者及其他》(*The Strayed Reveller and Other Poems*)、《恩培多克利斯在埃特纳》(*Empedocles on Etna*)、《新诗集》(*Poems, A New Edition*)、《诗歌二集》(*Poems, Second Series*)等多部诗集，而且留下了《多佛海滩》(*Dover Beach*, 1851)这一传世佳作。众所周知，《多佛海滩》被创作于阿诺德的燕尔之际，但弥漫于其间的，却是凄惘与悲观，这既是他彼时个人情感的真实写照④，更是他对彼时英国社会情势的思考的表征。在阿诺德生活于其间的维多利亚英国，工业革命的完成使它成为了世界工厂与第一工业强国："它一个国家的生产能力比世界上其他国家的总和还要多得多，它成为全世界的加工厂，它庞大的远洋船队把数不尽的工业品运往世界各地，再把原材料运回国，加工成工业品，然后再运出去。1851年，英国在伦敦

---

① 韩敏中：《译本序》，载马修·阿诺德著，韩敏中译《文化与无政府状态：政治与社会批评》第3页，生活·读书·新知三联书店，2002年。

② 韩敏中：《译本序》，载马修·阿诺德著，韩敏中译《文化与无政府状态：政治与社会批评》第6页，生活·读书·新知三联书店，2002年。

③ 肖滨：《阿诺德的文学道德观》，载《外国文学研究》2005年第4期，第125页。

④ 为了养家，阿诺德于1851年接受了教育督学一职(HMI)。这一长达35年之久(1851～1886)的"官差"在为阿诺德提供了作为教育改革干事实施教育改革的机会的同时，也使他陷入了诸多繁琐耗时的具体事务之中，比如作为老师的危机攻关人、朋友以及学生的考官巡视各地的学校，因而无力充分施展自己的诗歌抱负，所以燕尔之际的阿诺德在内心深处"快乐并痛着"。

市中心举办世界博览会……博览会向全世界宣告英国已进入工业时代，英国是世界上第一个工业国家，也是最强的国家"①。然而，在阿诺德看来，隐藏在英国工业经济与物质财富的繁华景象背后的，是英国社会的深层次信仰缺失与精神危机；英国社会表面上布满了美丽、幻想、希望，实则流淌着痛苦、悲伤和失望。具体地讲，阿诺德认为，一方面，广教会（Broad Church，又译宽和教会）所代表的宗教运动、达尔文进化论所代表的科学进步，使得曾经支撑世界体系的宗教机构纷纷解体、宗教阐释逐一崩溃，以致世道无常的困惑绝望之声随处可闻；另一方面，受功利主义的驱使，英国社会普遍追逐物质利益，庸俗与市侩气息盛行，传统的人文精神轰然坍塌。面对这一切，涉世未深的诗人阿诺德顿感迷茫与困惑，于是利用大海与人生的隐喻，建立起多佛海滩变幻无常的景象与人生命运不确定性之间的联系，抒发自己缘于怀旧的伤感，表达对舛错未来的焦虑。"正是怀着这样一种愤世嫉俗的心情和对传统文明的深深依恋，阿诺德以他低沉的歌声和忧郁的情调抒发出他心中的郁闷和悲哀，写出了刚跨入现代社会的人所经历的精神上的孤独和异化的倾向"②。

所以，阿诺德在《多佛海滩》中表达孤独无助心态、沮丧绝望心情的技法令人叹服③，他也因此在英语文学界获得了声誉，甚至被遴选为牛津大学的诗歌讲座教授。但是，在评论家眼中，阿诺德仍不过是"一首诗诗人"而已；他得以"留名诗史"，主要不是因为诗歌创作，而是因为诗歌（文学）评论。④ 换言之，阿诺德的诗歌乃至文学成就主要在于他是"统领英国文学批评界那片荒芜之地的、最出色的批评家"，奠定了英国文学学术批评的基础。⑤ 作为创作型的评论家，阿诺德首先通过《论荷马史诗的译本》（*On Translating Homer*）等著

---

① 钱乘旦、许洁明：《英国通史》第 221 页，上海社会科学院出版社，2007 年。

② 刘守兰：《英美名诗解读》第 480 页，上海外语教育出版社，2003 年。

③ 有评论家指出，这正是《多佛海滩》的思想深度及文学魅力之所在，详见吕佩爱《"信仰之海"潮退的哀歌——读马修·阿诺德的〈多佛海滩〉》，载《江南大学学报》（人文社会科学版）2005 年第 2 期，第 91 页。关于阿诺德表征其精神荒原状态的诗句，经常为人所引用的是"徘徊在两个世界之间，一个死了/另一个尚无力诞生"（《作于查尔特勒修道院的诗行》/*Stanzas from the Grande Chartreuse*，1855）。

④ Lesley Johnson, *The Cultural Critics: From Matthew Arnold to Raymond Williams*, London: Routledge & Kegan Paul, 1979, p. 18-19.

⑤ 韩敏中：《译本序》，载马修·阿诺德著，韩敏中译《文化与无政府状态：政治与社会批评》第 6 页，生活·读书·新知三联书店，2002 年。

述①，对诗歌内容、诗歌内容与形式的关系、诗歌风格、诗歌评价、诗歌翻译与风格等重要问题进行了系统阐释。阿诺德认为，因为诗歌承担着崇高的使命，“我们应当认识到诗是有更大效用、更大使命的……我们必须求助于诗来为我们解释生活，安慰我们，支持我们。没有诗，我们的科学就要显得不完备；而今天我们大部分当做宗教或哲学看的东西，也将为诗所代替”，诗歌必须具有真实与严肃的品质，“诗所以优于历史的，在于它具有一种更高的真实与严肃”，否则就无缘成为经典：“乔叟诗的内容，对事物的观点，对生活的批评是广阔的、自由的、敏锐的、敦厚的，但它缺少严肃。荷马对生活的批评是有的，但丁有，莎士比亚也有。主要是这种严肃，给我们精神以凭借……”②同时，诗歌还必须有趣，予人以快乐：“所以一首诗，只是正确的，因而便是有趣的表现，却还没有存在的理由；它还得是我们能吸取到快乐的表现”。是故，诗歌必须描写伟大的行动、崇高的人物：“凡是伟大而激烈的行动，对我们性情的基本因素，对我们的激情，是永远有趣的；而这种趣味就完全同行动的伟大而激烈成正比”。③

然而，一如诸多评论家所言，最能证明阿诺德是“统领英国文学批评界那片荒芜之地的、最出色的评论家”的，是他于 1864 年发表在《国民评论》(*National Review*)上的《当今批评的功用》(The Function of Criticism at the Present Time)一文。④ 阿诺德于其中指出，批评旨在帮助人们看清事物的本质；只要批评是“严肃的、朴素的、灵活的、热情的、不断拓宽其知识的”，它就能通过“一个思想的秩序”的建立“使最佳的思想流行”⑤，使文学创作成为可能。相反，倘若没有批评努力作为支撑或者缺乏对生活与世界之间关系的深刻理解，文学创作就会成为“一件相当乏味、无聊、短命的事情”；拜伦、雪莱、华兹华斯等人的诗之所以不如歌德的诗具有生命力，是因为他们没有一如歌德受滋

---

① 阿诺德的诗歌评论主要见诸《论荷马史诗的译本》、《批评一集》(*Essays in Criticism*, 1st series)和《批评二集》(*Essays in Criticism*, 2nd series)等著述。

② 安诺德著，殷葆瑹译：《安诺德文学评论选集》第 82～83 页、第 93 页、第 99 页，人民文学出版社，1958 年。

③ 安诺德著，殷葆瑹译：《安诺德文学评论选集》第 116、118 页，人民文学出版社，1958 年。

④ 阿诺德后来将该文收入了 1865 年出版的《批评一集》之中。

⑤ Stefan Collini, ed., *Culture and Anarchy and Other Writings*, Cambridge: Cambridge University, 1993 p. 51, 29.

养于“一种巨大的批评努力”①，以及整个英国民族的缺乏对纯粹理性的热情、对政治实践及具体行动的热衷，因而无法借其强大创造力利用/消费工业革命带来的丰富能量。所以，阿诺德认为，英国文学界应该致力于追求完美的批评——“学习与宣传世界上的最佳知识与思想的客观公允的努力”，以及基于“英国文学批评必须在很大程度上依赖外国思想”这一认识扩大认知范畴，克服褊狭主义，学习欧洲大陆的德国、法国。② 不难发现，此间的阿诺德已然将其批评触角从文学批评扩展到了人生社会批评，显露出了“文学乃人生批评”的基本轮廓以及他作为文学评论家的过人之处。正因如此，评论界对阿诺德大加赞誉，形成了阿诺德创作不如评论的共识。

被定型化的阿诺德：文化精英主义者

《当今批评的功用》不但巩固和提升了阿诺德作为诗歌（文学）批评家的声誉和地位，证明了他能影响彼时及日后的英国文学思想传统的原因之所在，而且更为重要的是，催生了他的智慧之花。在《当今批评的功用》发表后的短短几年内，英国国内外情势急转直下，一方面，国际强国地位不断受到法国等国的挑战，另一方面，国内政局日益令人担忧：党派及宗教纷争不断、示威游行频发、爱尔兰问题悬而未决。所以，阿诺德的论敌、信奉功利主义的菲茨詹姆斯·斯蒂芬(Fitzjames Stephen)对《当今批评的功用》的回应长文《马修·阿诺德先生与国人》(*Mr. Arnold and His Countrymen*)，毫无悬念地激发了阿诺德的阐发激情，促成他转向了社会与政治批评，致力于通过道德及智识改革消除正在出现的“无政府状态”，追求“完美的自我”。在1866～1868年间，阿诺德敏锐而尖刻地对斯蒂芬等论敌进行了回应的回应，先后发表了《我们英国人》(*Our Countrymen*)、《文化与其敌人》(*Culture and Its Enemies*)、《无政府状态与权威》(*Anarchy and Authority*)等评论文章；1869年，阿诺德又将《文化与其敌人》、《无政府状态与权威》等文章结集出版，于是便有了至今仍为英美国家人文学科学生的必读经典、引领与规范着他们的文学与文化生产的《文化与无政府状态：政治与社会批评》(*Culture and Anarchy: An Essay in Political and Social Criticism*，下文简称《文化与无政府状态》)。有感于在自己生活于其间的英国旧传统已然破碎、新传统尚未建立，尤其是以宗教与哲学

---

① Stefan Collini, ed., *Culture and Anarchy and Other Writings*, Cambridge: Cambridge University, 1993 p. 29.

② Stefan Collini, ed., *Culture and Anarchy and Other Writings*, p. 50, 49.

地位日渐衰落为标志的价值失衡，阿诺德继《当今批评的功用》的“批评”以《文化与无政府状态》的“文化”，力主“树立‘国家’这个权威，由‘国家’代表在历史上曾经由贵族提出的高尚理想及理念，凝聚国民的健全理智，扭转已在上升的无政府状态”①。阿诺德所谓的“无政府状态”表面上意指海德公园骚乱事件等1860年代发生于大英帝国的一系列“无政府状态和无法无天事件”，实则一如评论家所指出的，意指“英国人根深蒂固的**精神上的**（强调为原作者所加，下同）无政府状态”，尤其是“骇人听闻地延伸的工业城市，高声叫嚣的个人自由，沉闷、僵化及刚愎自用的基督教形式，崇拜规模、数量、财富及各种机械，无视国家（state-blindness），迷信……冲突为唯一拯救方式”。② 值得一提的是，尽管种种无政府状态显在地影响到了阿诺德的关注点，即英国在现代世界的地位，但他并未像托马斯·卡莱尔（Thomas Carlyle）等人那样悲观绝望，而是基于纵向的比较，乐观地认为彼时的英国正在远离毁灭、走近完美。

作为既定秩序的拥趸，“我们认为，社会的基本架构是上演人类走向完美之壮举的大舞台，因而是神圣的。不论谁在治理这个社会，不论我们多么想赶走他们，不让他们继续治理下去，但只要他们还在任期内，我们就要坚定地、一心不二地支持他们制止无政府状态的蔓延和混乱的局面。这是因为没有秩序就没有社会，没有社会也就谈不上人类的完美”③，阿诺德在书中详细探究了无政府状态的根源。在阿诺德看来，英国的无政府状态首先源自人们对工具文明的推崇，因为“工具崇拜和迷信外部行动的倾向”必然导致“**普遍缺乏悟性**……缺乏对事理的关注”④，传统精神、道德价值、文化品位会因此面临灭顶之灾的威胁，民族政治会因此遭遇崩溃或无政府状态的危险，所以，无政府状态的消除唯有依靠对立于或矛盾于文明的文化。一方面，“文化为人类担负着重要的职责；在现代世界中，这种职责有其特殊的重要性。与希腊罗马文明相比，整个现代文明在很大程度上是机器文明，是外部文明，而且这种趋势还在愈演愈烈”；另一方面，“在与我们密切相关的所有问题上，世界上有过什么最优秀的思想和言论，文化都要了解，并通过学习最优秀知识的手段去追求全面

---

① 韩敏中：《译本序》，载马修·阿诺德著，韩敏中译《文化与无政府状态：政治与社会批评》第13页，生活·读书·新知三联书店，2002年。

② J. Dover Wilson, ed., *Culture and Anarchy*, London: Cambridge University Press, 1961, xxxiii.

③ 马修·阿诺德著，韩敏中译：《文化与无政府状态：政治与社会批评》第195页，生活·读书·新知三联书店，2002年。

④ 马修·阿诺德著，韩敏中译：《文化与无政府状态：政治与社会批评》第209、218页，生活·读书·新知三联书店，2002年。

的完美……文化了解了世界上最优秀的思想和言论，就会调动起鲜活的思想之流，来冲击我们坚定而刻板地尊奉的固有观念和习惯”。①

不难发现，阿诺德所举荐的文化“是指研习完美的文化，它引导我们构想的真正的人类完美，应是人性所有方面都得到发展的**和谐的**完美，是社会各个部分都得到发展的**普遍的**完美”。② 文化必须研习完美，这并非仅仅缘于完美是文化的化身，而且也是因为在阿诺德看来，在他身处的社会转型时期，“追求完美就是追求美好与光明。那为着美好与光明而奋斗的人，他做的事是让天道与神的意旨通行天下。……文化的视野超越工具手段，它憎恶怨恨。它自有强烈的爱好，那就是热切追求美好与光明。还有一件它愿意更热切追求之事，那就是让美好与光明**蔚然成风**”③。换言之，阿诺德强调“研习完美的文化”，是因为在他看来，这样的文化能满足任何阶级、任何个体自我修养的需要，虽然必须指出的是，文化能否帮助实现个人及社会的完美在很大程度上取决于教育。一方面，教育是“通往文化的光明大道”，能创造出作为完美基础的“思维与精神的内在状况”，促成“构成人性之美和价值的所有能力的和谐发展”。④ 另一方面，教育的作用因阶级而异：对野蛮人（barbarian）的贵族阶级而言，教育旨在使其习惯没落与流放；对非利士人（philistine）的中产阶级而言，教育的意义在于使其孩子做好掌权的准备；对由群氓（masses）组成的工人阶级而言，教育的功能在于教化他们接受服从、差别与剥削。⑤ 另外，各阶级对教育的需求程度也不尽相同：最迫切地需要教育的是处于支配地位的中产阶级，因为他们已然远离了文化与总体性；最不需要教育的是工人阶级，因为以为所欲为为核心内容的工人阶级文化无异于“无政府状态”的根源，或者说“无政府状态”是工人阶级文化的代名词。

阿诺德对教育的这般认识清晰地凸显了书名“文化与无政府状态”的寓意：国家是文化的必然结果——国家是文化的化身，是神圣的；暗示了他的毕

---

① 马修·阿诺德著，韩敏中译：《文化与无政府状态：政治与社会批评》第 11、208 页，生活·读书·新知三联书店，2002 年。

② 马修·阿诺德著，韩敏中译：《文化与无政府状态：政治与社会批评》第 210 页，生活·读书·新知三联书店，2002 年。

③ 马修·阿诺德著，韩敏中译：《文化与无政府状态：政治与社会批评》第 30 页，生活·读书·新知三联书店，2002 年。

④ 马修·阿诺德著，韩敏中译：《文化与无政府状态：政治与社会批评》第 11 页，生活·读书·新知三联书店，2002 年。

⑤ John Storey *An Introduction to Cultural Theory and Popular Culture*, London: Harvester Wheatsheaf, 1997, p. 25-26.

生贡献之所在——教育。数十载的教育督学经历促成了阿诺德独到的教育理念①,即教育的未来唯有依靠作为"平等的真正使者"的文化人或文化传教士。在阿诺德看来,唯有通过他们,文化才会在帮助实现个人人格的完美的同时,帮助实现社会的完美:"我并不谴责这两种方式,但是文化的工作方式很不同。文化并不企图去教育包括社会底层阶级在内的大众,也不指望利用现成的看法和标语口号将大众争取到自己的这个那个宗派组织中去。文化寻求消除阶级,使世界上最优秀的思想和知识传遍四海,使普天下的人都生活在美好与光明的气氛之中……"②这里必须指出的是,虽然一如批评家所言,阿诺德的文化观、教育观有着厚厚的理想主义外衣:"往远说是背靠西方的理性主义传统来铸造一种道德规范,往近说就在于让这显然还是缥缈在乌托邦里的道德规范,来对大众出演警察功能"③,但基于1860年代的英国为一种关于大众管理的帝国话语所支配,其间充满了政治愤慨、教育改革、帝国至上、商业及科学唯物主义、人口爆炸等问题,"正是在这一混杂之中,文化首次成为了政治烫山芋"④,我们必须承认,阿诺德对完美或者崇尚研习完美的文化的追求是具有合理性的,既反映了维多利亚时代中期英国的社会政治,也反映了其时英国的教育现状。

然而,由于就知识与真理这两个词的充分意义而言,人类的大众部分可能会因满足于一知半解无法成为文化人,即文化人只能是生活在小圈子里的少数人,他们有高度的修养,充当人类知识与真理的器官,所以,阿诺德眼中的文化人专指那些"残余"(remnant)或者"异己分子"(alien):"我们始终认为在各个阶级的内部都存在着一定数量的**异己分子**……他们的指导思想主要不是阶级精神,而是普泛的**符合理想**的**人性**精神,是对人类完美的热爱。"⑤不言而喻,阿诺德所谓的文化仍将是少数人的专利,是故,自《文化与无政府状态》面

---

① 作为教育督学,阿诺德曾多次到欧洲大陆考察,出版过《大陆的大众教育》(*Popular Education on the Continent*)、《法国的伊顿》(*A French Eton*)、《大陆的中小学与大学》(*Schools and Universities on the Continent*)等教育著述,促成了现代英语教育的建立,详见 J. Dover Wilson, ed., *Culture and Anarchy*, London: Cambridge University Press, 1961, xiii。

② 马修·阿诺德著,韩敏中译:《文化与无政府状态:政治与社会批评》第31页,生活·读书·新知三联书店,2002年。

③ 陆扬、王毅:《文化研究导论》,复旦大学出版社,2006年,第70页。

④ John Hartley, *A Short History of Cultural Studies*, London: Sage, 2003, p. 31.

⑤ 马修·阿诺德著,韩敏中译:《文化与无政府状态:政治与社会批评》第84页,生活·读书·新知三联书店,2002年。

世以降，尤其是文化研究的形成以降，阿诺德时常被定型化为文化精英主义者，受到大众文化支持者的尖锐批评。比如，威廉·莫里斯(William Morris)就曾基于艺术的大众化批评过阿诺德："如果现在已经病入膏肓的艺术要想继续存在下去，而不是消亡，今后它就必须民有、民治、民享；它就必须理解所有的人及被所有的人理解。"①又如，T. S. 艾略特(T. S. Eliot)也曾就此对阿诺德进行过批评。艾略特指出，尽管阿诺德从阶级角度划分出了野蛮人、非利士人及群氓，但他的阶级批评局限于对阶级缺陷的指控，没有能够进一步讨论何为阶级的适当功能或"完美"②，所以他无法显示"少数人"能在何种机制中组织起来。或者一如雷蒙德·威廉姆斯(Raymond Williams)等人所言，阿诺德本人也没法解释何以国家是为分散在各个经济支柱的少数人左右而不是为阶级所左右，从而让少数人来担当起振兴文化、治理国家(帝国)的大任，所以，虽然阿诺德的根本性批评原则是公正不阿及政治疏离③，但他所描述的理想国家必将轰然坍塌，他也摇身变为与理想相去甚远的现实国家的辩护者。④

别样视野下的阿诺德：有机知识分子

以上分析表明，评论家们不但形成了阿诺德创作不如评论的共识，而且习惯性地给他贴上了文化精英主义拥趸的标签。然而，首先，无论是阿诺德本人还是他的批评者，都未曾设想如果把他所谓的"残余"理解为一个社会阶级，而非"异己分子"的集合，结果又会如何。阿诺德及其批评者未能在此就现代国家的教育功能作出满意解释，这也正是因为他们对这一问题的"忽视"。事实上，如果我们视"残余"为一个阶级，我们会看到他们至少可以在某些方面对国家进行指导，就像野蛮人、非利士人或群氓那样，因为作为一个知识分子阶级的"残余"的指导思想很可能是他们的阶级精神，而不是总体的人类精神或者对人类完美的热爱。如果"残余"能证明自己可以在文化目标方面影响甚至指导国家政策，它就不仅有自己的组织能力，而且有自己的独特阶级利益；如果

① William Morris, in J. Dover Wilson, ed., *Culture and Anarchy*, London: Cambridge University Press, 1961, xxxvi.

② T. S. Eliot, *Notes towards the Definition of Culture*, New York: Harcourt, Brace and Company, 1949, p. 20.

③ Richard E. Lee, *Life and Times of Cultural Studies*, Durham: Duke University Press, 2003, p. 46.

④ Raymond Williams, *Culture and Society* 1780—1950, London: Happer & Torchbooks, 1958, p. 133.

"残余"是一个独特的阶级,其动机很可能一如其他主要社会集团的动机,隐而不露。① 以后见之明来看,阿诺德犯下这一错误的重要原因是他在方法论上的摇摆。阿诺德挪用有机主义的、反个人主义的术语捍卫文化,这毋庸置疑表明了他对英国功利主义的拒绝以及对马克思主义的亲近;但他对功利主义文化的批判最终又因他对无政府主义的担心及对"残余"的信任,使他投向了法国实证主义社会学的怀抱、远离了马克思主义。

其次,在1860年代的英国,"财富的分配始终不均,贫富对比十分明显……贵族是社会的上层,土地仍是最重要的财富……贵族在政治上也占上风,尽管中等阶级已参与掌权,工人阶级也逐步获得了选举权,但贵族和地主出身的议员在议会里一直占多数……文化方面贵族的影响也十分大,英国社会有一种向上看的风气,下层模仿中层,中层追随上层,贵族的价值起表率作用"②……所以,如果我们把视点转向阿诺德所处的社会情势,转向他于其间发挥的作用,我们就会对他刮目相看。无论是在他所参与的诸多论争中,还是在为他招致无数批评的《文化与无政府状态》中,阿诺德始终将其注意力"几乎自然地全部集中在了我自己的阶级,即中产阶级;中产阶级不仅与我最为一致,而且是我们时代的伟大动力……",尖刻地批评非利士人的中产阶级:"有一种非利士人严肃起来喜欢走火入魔,喜欢生意经和赚钱,放松的一面则喜欢舒适和茶话会。另一种非利士人认真时喜欢毁坏机器,轻松时则喜欢搞代表团或听奥德格演讲"③。尽管拥有"作为新知识界一员的批评性责任感"的阿诺德相当挑剔④,但他对中产阶级的批评仅仅是其策略的一部分,目的在于把英国中产阶级改造为英国的统治阶级。换言之,阿诺德对中产阶级的批评绝非旨在摧毁中产阶级,"我的写作……首先是为了这个阶级——中产阶级——的读者……与它同生共死是我最热切的期盼"⑤,而是为了改造它,促成它中止贵族阶级的自负及同化工人阶级的抱负,从而在国家智识生活中占据核心地位,有能力承担时代赋予它的统治工作:"从其现状来看,我们的中产阶级无

---

① Andrew Milner, *Contemporary Cultural Theory: An Introduction*, London: UCL Press, 1994, p. 23-24.

② 钱乘旦、许洁明 :《英国通史》第271页,上海社会科学院出版社,2007年。

③ 马修·阿诺德著,韩敏中译:《文化与无政府状态:政治与社会批评》第83页,生活·读书·新知三联书店,2002年。

④ William Madden, *Matthew Arnold: A Study in Aesthetic Temperament in Victorian England*, Bloomington and London: Indiana University Press, 1967, vii.

⑤ Gillian Sutherland, ed., *On Education*, Harmondsworth: Penguin, 1973, p. 136.

力承担属于它的领导工作……他们对人、对世界一无所知……无力给予指导。因此,我认为,从其现状来看,他们不能占据他们应有的职位。”①从这个意义上讲,辅佐中产阶级进入“他们应有的职位”的阿诺德一如葛兰西意义上的有机知识分子,是在发挥文化组织者的功能。

事实上,早在写作《法国的伊顿》时,阿诺德便以时代智识提供者自居,开始发挥起文化组织者的作用,他决心通过“决定和组织道德及智识生活改革”②把“一个心胸狭隘、不具亲和力、不具吸引力的中产阶级”改造为“一个有文化、思想自由、心灵崇高、洗心革面的中产阶级”,即工人阶级“可以欢天喜地地将其目标指向”它的中产阶级。③ 阿诺德在1865年致其姐姐的一封信中,表达了他对英国社会前景的担忧:“我深信存在着某种真正的、几乎已经逼近的危险,即英国……正在衰败至大国荷兰的那种情形。这一信念经常困扰我,有时甚至使我感到沮丧;我不愿意亲眼目睹该变化的发生,因为我们大家都将在这一变化之下衰退。趁尚有时日,我将尽我所能,想办法阻止它的发生。”④阿诺德认为,为了避免英国的“终结为荷兰第二”,英国的中产阶级必须放弃由“有缺陷的宗教、狭隘的智识、发育不全的美感、粗俗的礼貌意识”构成的“糟糕的文明思想”,⑤但令人遗憾的是,一方面,“这个国家的广大中产阶级没有意识到劣势……他们认为未来属于他们”⑥;另一方面,“置我们于险境的因素根本不是将迅速寿终正寝的贵族阶级的无能为力,也根本不是其时日才刚刚开始的下层阶级的粗野愚昧,而是我所谓的我们中产阶级的市侩庸俗”⑦。所以,阿诺德指出,既然“缺乏思想同情心”的贵族阶级已然不再充分于维多利亚时代这样的转折时代,或者更加具体地讲,在现代需求面前,贵族阶级的时代已然终结,“在我看来……由于环境现在发生了巨大变化,过去需要大地主贵

---

① Gillian Sutherland, ed. , *On Education*, Harmondsworth: Penguin, 1973, p. 81.

② Quinton Hoare et al. eds. , *Selections from Prison Notebooks* , London: Lawrence and Wishart, 1971, p. 453.

③ John Bryson, ed. , *Poetry and Prose*, London: Rupert Hart-Davis, 1954, p. 343.

④ George W. E. Russel, ed. , *Letters* 1848—1888, vol. I, London: MacMillian, 1896, p. 360.

⑤ 阿诺德,转引自约翰·斯道雷著,徐德林译:《斯道雷:记忆与欲望的耦合》第24页,广西师范大学出版社,2007年。

⑥ John Bryson, ed. , *Poetry and Prose*, London:Rupert Hart-Davis,1954,p. 564.

⑦ Fraser Neiman, ed. , *Essays, Letters, and Reviews*, Cambridge, Massachusetts: Harvard University Press, 1960, p. 113.

族阶级发挥的自然作用依然烟消云散”①,英国的中产阶级就必须为历史赋予自己的权力而准备,以期把贵族阶级清扫出历史的舞台。正是在这个意义上,阿诺德赋予了自己一项“必须完成的伟大工程”——提升英国中产阶级的整体文明水平,作为文化组织者帮助中产阶级实现葛兰西意义上的“折中平衡”(compromise equilibrium),通过赢得其他阶级和社会力量对其领导或支配地位的认同而成为葛兰西意义上的霸权阶级:“中产阶级必须树立一个榜样;单有压迫并不够,还必须有自愿……还必须有认同。实现不了这一目标就必然会导致进一步的混乱与困惑”②。

所以,尽管阿诺德具有某种文化精英主义情结,但他并不是葛兰西意义上的一味怀旧与悲观的传统知识分子,而是恰恰相反,他对英国的未来充满了信心与乐观。诚然,阿诺德不时地在对英国中产阶级的批评中流露出悲观情愫,但必须指出的是,他的悲观全都基于这个阶级没有能够使其未来得到保证,并且无力使自己的统治长治久安。阿诺德不仅因此为自己设定了“把中产阶级从那不信奉国教的牧师们的手中解救出来”③的任务,而且对自己获得成功的可能性充满了信心:“类如这些的人始终是……中产阶级的精髓。但是新的一代人已经开始在这个阶级登场,他们身上活跃着新的动力、更多的自由及精神的易受影响。”④很显然,阿诺德并未感到绝望,他不但相信中产阶级能够得到拯救、发挥大众的天然老师和教导者的作用,而且并不厌恶对中产阶级的赞美甚至歌功颂德:“尽管有着所有的缺点,清教徒中产阶级依然是这个国家的精华……我们对未来的最美好的愿望就在于它的成功”⑤。换言之,只要中产阶级能够得到一种更加丰富的文化的解放,被纳入更广泛的思想,依附于更宏大的思想,“英国将会有何等的力量,何等的新生命要素!在中产阶级已然因此完善其身时,我们就让它来统治吧,就让它去确认其自身的精神吧”⑥。正是

---

① Gillian Sutherland, ed., *On Education*, Harmondsworth: Penguin, 1973, p. 74.

② 约翰·斯道雷著,徐德林译:《斯道雷:记忆与欲望的耦合》第24、27页,广西师范大学出版社,2007年。

③ George W. E. Russel, ed., Letters 1848—1888, vol. I, London: Mac Millian, 1896, p. 264.

④ 阿诺德,转引自约翰·斯道雷著,徐德林译:《斯道雷:记忆与欲望的耦合》第28页,广西师范大学出版社,2007年。

⑤ 阿诺德,转引自约翰·斯道雷著,徐德林译:《斯道雷:记忆与欲望的耦合》第29页,广西师范大学出版社,2007年。

⑥ Matthew Arnold, *On Education*, edited by Gillian Sutherland, Harmondsworth: Penguin, 1973 161-2.

基于这样的一种乐观精神，阿诺德开展了自己的工作，重新激活作为一种霸权性意识形态的宗教，并在必要之处代之以诗歌。或者一如克里斯·巴尔迪克(Chris Baldick)所言："阿诺德经常谈起为了使英国民众脱离阶级冲突与智识混乱而向他们施加起软化作用与教化作用的影响的必要，并且已经把诗歌提供为达此目的的手段。已经在进行之中的……文学研究，正是出自这一目的。"①

事实证明，作为文化组织者或有机知识分子的阿诺德是成功的，他的一些思想极大地影响了后来的社会、政治及学术。首先，他主张通过提高大众的文学阅读能力来消除无政府状态，"在一个充满工业化、民主化及商业化的时期，在文学阅读方面'领先一筹'是民族生存的一个前提条件"②，客观上推动了英国的文学阅读运动。其次，阿诺德对通俗/大众文化的"关注"客观上减弱了英国文化主义传统的精英色彩，拯救了通俗/大众文化，开启了通俗/大众文化的教育与研究空间："阿诺德的意义就在于他首开了一个传统，一种审视大众文化的具体方式，一种把大众文化置于整体的文化领域的具体方法。这一传统现在已然成为众所周知的'文明与文化'传统"③。阿诺德式文化批评理论及其传统后来经过威廉姆斯等左派利维斯主义者、马克思主义批评家的努力，孕育出了"几乎等同于我们的整个日常生活"④的文化观念，为威廉姆斯等批评家提炼作为一项社会工程的文化研究所急需的文化主义研究范式提供了土壤，孕育了后来十分流行的文化研究。正因如此，二战之后的英国文学理论才得以呈现出一条清晰的发展线索。从这个意义上讲，阿诺德同时也是20世纪尤其是第二次世界大战以降的英国文论的"文化组织者"，组织或者建构了20世纪英国文论转向与新发展的起点。

众所周知，二战之后的文论研究不仅受到了当代美学研究、现代艺术实践的影响，而且受到了各种文化哲学思潮和新兴学科的冲击，因而"逐渐从纯诗学的封闭圈子里走了出来，不再局限于对美和艺术的内在特征和形态的研究，而扩展为对艺术和社会以及人类存在中的意义和价值的探究"⑤。具体地讲，

---

① Chris Baldick, *The Social Mission of English Criticism*, Oxford: Oxford University Press, 1987, p. 63.

② John Hartley, *A Short History of Cultural Studies*, London: Sage, 2003, p. 38.

③ John Storey, *An Introduction to Cultural Theory and Popular Culture*, London: Harvester Wheatsheaf, 1997, p. 22.

④ Raymond Williams, *Culture and Society* 1780—1950, London: Happer & Torchbooks, 1958, p. 256.

⑤ 胡经之:《西方文艺理论名著教程》(下卷)第3页，北京大学出版社，2003年。

在当下这个动荡不已的时代,"我们生活在一个军事上、经济上、政治上都极其混乱的时代,一切都动荡不已、前途未卜——在这个时代生活,殊非易事"①,文论研究的重心转移到了人的存在及其意义之中,着眼于"我们过去认为是人文科学和某些社会科学中的不同理论文本,也就是我们依照法国人称之为'人学'的东西"②。正因如此,随着语言学转向尤其是文化学转向的完成,无论是狭义的、直接联系着伯明翰学派的文化研究,还是广义的、相对灵活的文化批评,比如法兰克福学派、存在主义、后结构主义等文化批评流派,纷纷登上了文学批评的舞台,以致出现了文化研究即将取代文学研究之担忧,引发了文学研究与文化研究的位置之争、文学研究的内部研究与外部研究的关系之争等问题。尽管我们可能对文化研究或者文化批评言人人殊,认为文化研究仅仅是文学研究的一种视野抑或主张文化研究独立于文学研究,但必须指出的是,我们既无法回避,也不该回避这样一个事实,新批评衰落之后的英国乃至整个西方当代文学理论的发展都密切地联系着流派纷呈的文化批评理论及文化研究。从这个意义上讲,无论是意在正确认知二战之后的英国文论,还是旨在绘制完整的20世纪英国文论地形图,我们都必须回到第一个正视文化尤其是通俗/大众文化的阿诺德那里;阿诺德俨然是20世纪英国文论发展的一个无法绕开的节点。这既是我们重新认识与思考阿诺德的文化(文学)观念的原因之所在,也是意义之所在。

结　语

一贯对阿诺德持批评态度的威廉姆斯曾撰文《文化与无政府状态一百年》,毫不吝啬地正面评价阿诺德:"阿诺德对文化的强调,虽然用的是他特有的强调方式,是对他那个时代社会危机的直接反应……他并未将自己视为或者表述为反对派,而是优雅和人文价值的护卫人。这便是他的魅力所在,过去如此,现在同样如此。"③威廉姆斯的评价得到了霍南(Park Honan)的呼应。霍南指出,阿诺德"在诗歌和批评性散文中,引入了对西方社会和文化的核心

---

① 沃勒斯坦:《生活在后美国世界——伊曼纽尔·沃勒斯坦教授在上海大学的演讲》,《解放日报》,2007年11月11日第八版。

② 莫瑞·克里格著,李自修等译:《批评旅途:六十年代之后》第238页,中国社会科学出版社,1998年。

③ Raymond Williams, *Culture and Materialism: Selected Essays*, London and New York: Verso, p. 3.

问题的一种新的、微妙的、比较的态度，促成了现代意识的形成。这一点着实令人吃惊。对我们而言，理解他要比理解上个世纪的任何一个英国人都更加有用”①。正是在这个意义上，特里·伊格尔顿（Terry Eagleton）认为阿诺德代表了“维多利亚最后一代文化伟人——既非学人亦非以文谋利者，而是穿越于诗歌、批评、期刊杂志和社会评论之间，可以说是一种发自公众领域内部的声音……阿诺德表现出知识分子的两大古典标志，而与学术知识分子形成对照：他拒绝被绑缚在单一的话语领域内，他寻求使思想对整个社会生活产生影响”②。

阿诺德能够成为“维多利亚最后一代文化伟人”的代表，在很大程度上是因为他的“有机”：无论是在创作之中还是在批评之中，包括文学批评和社会文化批评，阿诺德始终把其触角伸向自己生活于其间的维多利亚社会。所以，与其说阿诺德是一位文化精英主义者，毋宁说他是一位有机知识分子，或者更为准确地讲，他是一位具有精英情怀的有机知识分子。在实用主义、经济主义至上的当下中国，阿诺德的一些思想的光辉，比如对文化的重视、对完美的追求，尤其是对文学在人的和谐发展之中的作用的强调，必将超越时空的界限，给我们以深刻启迪。所以，重新认识阿诺德的文化（文学）思想具有毋庸置疑的现实意义；从这个意义上讲，阿诺德不仅是维多利亚英国的有机知识分子，而且同时也是20世纪文学批评理论乃至当下社会生活的有机知识分子。

---

① Park Honan, *Matthew Arnold: A Life*, Cambridge: Harvard University Press, 1983, vii.

② 伊格尔顿，转引自韩敏中：《译本序》，载马修·阿诺德著，韩敏中译《文化与无政府状态：政治与社会批评》第7页，生活·读书·新知三联书店，2002年。

盛世忧患:一个张力的场域

——重读马修·阿诺德的《多佛海滩》①

南健翀②

内容提要:马修·阿诺德的名诗《多佛海滩》被认为是英国维多利亚时期人们信仰危机的准确反映。本文借助长于对文本进行“细读”的新批评理论的“戏剧化结构”、“反讽”、“歧义”等概念,通过对潜在于《多佛海滩》诗歌文本中的“张力场域”的解读,凸显诗意自然呈现的方式。

关键词:马修·阿诺德 《多佛海滩》 戏剧化结构 反讽 歧义 张力场

马修·阿诺德(Matthew Arnold, 1822-1888),英国维多利亚时期的著名诗人和评论家。虽受聘担任英国牛津大学英诗教授长达十年(1857-1867),可若单论诗名,阿诺德远不及其同时代的诗人丁尼生(Alfred Tennyson, 1809-1892)和勃朗宁(Robert Browning, 1812-1889),故而常被人们称为“伟大的被遗忘的维多利亚人”。但若要论其诗歌对英国诗歌乃至西方现代诗歌发展的贡献,阿诺德的功绩与丁尼生和勃朗宁相比则毫不逊色。阿诺德的诗歌创作远谈不上多产,然而,正是这些为数算不得丰富的诗篇使得阿诺德成为英国诗歌乃至西方现代诗歌发展过程中一个不能被遗忘的名字。正如乔治·桑普森所说:“和同时代的两位大诗人比较起来,他(阿诺德)的诗作数量少,题材也比较狭窄,但是他的诗作比任何一位伟大诗人都更明确地反映了当时信仰的崩溃,这种崩溃给许多真诚的人带来了悲剧”(乔治·桑普森 1987:134),“如果丁尼生和勃朗宁竭力诉说的是维多利亚时期信仰对怀疑的胜利,那么马

---

① 本文英文题目为“Anxiety in Prosperity: A Sphere of Tensions. A Re-reading of matthew Arnold's *Dover Beach*”。

② 南健翀:博士,西安外国语大学英文学院副教授、硕士生导师,主要从事英国文学、中西比较诗学研究。

修·阿诺德则可以说是表达了怀疑对信仰的胜利"(Harry Blamires 1984:279)。在马修·阿诺德的诗作中,奠定其诗名和功绩的诗篇首推直至今天仍然能够激发人们解读与研究兴趣的《多佛海滩》。

《多佛海滩》这首诗准确反映了英国维多利亚时代人们的信仰危机,是那个时代知识界、思想界困惑情况的"简明公式",这一论断似已成为历来的文学史家和研究者的共识。但倘若结合阿诺德的诗论来观照这首诗,就会发现,除了信仰危机,这首诗还有更多的美学因子和诗意蕴涵。作为批评家的阿诺德,他认为"诗是人生的批评"。基于这个批评论断,阿诺德断言诗歌应该具有思想性、批判性:诗人"应该理解人生和世界,然后在诗中处理它们。现代的人生与世界十分复杂,因为现代诗人的创造如果要具有很大的价值的话,其中就必定包含一番巨大的批评功夫,否则它将成为一桩比较贫乏和生命短暂的事业了"(Lionel Trilling 1963:238)。其次,在他的诗论中阿诺德肯定了诗歌的道德性和严肃性:"诗人的伟大,在于把观念有力而美丽地应用到生活上,应用到怎样生活的这样一个问题上。"在阿诺德看来,人们常常误解了道德这个词,对它的解释也显得过于狭隘,因此他坚称"无论什么事,凡与'怎样生活'这一问题有关,便是道德的","违反道德观的诗,就是违反生活的诗;对于道德漠不关心的诗,就是对生活漠不关心的诗"。(殷葆瑹 1958:140～141)坚持诗歌的道德诉求并不意味着诗歌就此便可沦为贯道载道的工具,阿诺德在强调德性的同时也非常看重作品的艺术性,认为上乘的诗应该有严肃的主题,同时具备完美的形式,是内容与形式有机地、艺术地结合的产物:"诗是在诗的真与美的规律所规定的条件下的一种生活批判"(殷葆瑹 1958:84)。

《多佛海滩》创作于1851年,是阿诺德早期的作品,但该诗对维多利亚时期社会状况的关注与反思,对信仰、对传统价值观念的尊崇和留恋,对人类摆脱精神困境方法的苦苦求索,对人类和社会未来的焦虑和责任感都让我们看到了他后期诗论中孜孜以求的"人生批评观";而该诗新颖的意象、别具一格的形式与技巧尝试、观念与气质上的现代性完全有理由被看做是阿诺德为了结合这些严肃主题而匠心独运的结果。历来的研究者对这首诗的解读似乎也正是沿着这样的路径进行着拓展:有相当多的研究者把关注的目光聚焦在维多利亚时期的社会文化背景与该诗所传达的信仰危机这一主题的关系上;也有研究者注意到了这首诗的思想性、批判性、严肃性,甚至技巧性与阿诺德诗歌主张之间的相互印证关系;还有研究者尝试把这首诗所要表达的思想与阿诺德的文化观相互进行指认;另外还有评论家试图通过勾勒阿诺德的人生轨迹、婚姻生活、创作生涯、心路历程等来证明这首诗的成因;等等。必须承认,这些研究和解读都有各自独到的眼光,对这首名诗以及阿诺德研究作出了不可磨灭的贡献。然而,纵观这些研究成果,我们不无遗憾地发现,它们的研究路径暗含着惊人的相似性,似乎都是在接受了这首诗阐述维多利亚时期人们的“信仰危机”的前提下,由此进行发散性研究,把这一主题和与阿诺德有关的方方面面进行比照、勾连,从而达到印证该诗主题的目的。应该说这些研究者的目的的确是如愿达到了,但此种预设前提的、按图索骥式的研究似乎总欠缺些什么。细思之余,我们发现在比照与勾连之际,这些研究者似乎在某种程度上忽略了文本,也即诗歌文本本身。这些解读与批评,的确也有关涉诗歌本身的分析,但相比侧重关系探讨的大量篇幅和资料,这些对诗句、意象、技巧、韵律、措词的分析则更像是不得已而为之的点缀。有鉴于此,该文尝试转换一个批评的角度,借助长于对文本进行“细读”的新批评理论的“戏剧化结构”、“反讽”、“歧义”等概念,对潜在于《多佛海滩》诗歌文本中的张力场域进行解读,从而凸显其诗意自然呈现的方式。

诗意纵横的“张力场”

将目光聚焦于诗歌文本并不意味着如新批评所主张的那样只专注于对文本的结构和语言进行细致的剖析,把与作品有关的社会文化等客观因素从文本意义中剥离开去,而是尝试从诗歌的结构策略和语言策略入手,探讨其与诗歌主题的有机联系、与社会文化等外部因素的呼应以及诗歌意义的呈现方式。

I. A. 理查兹在《文学批评原理》中把诗定义为“某种经验的错综复杂而又辩证有序的调和”(蓝仁哲 2006:684)。在他看来,诗的本质就是矛盾的调和,这种调和处于一种富有活力的动态情状,诗的意象、情感、内涵、外延等有机地交织在一起。在保持动态平衡这点上,诗歌与戏剧的情形有些类似,内在的矛盾冲突深深地交织在两者的肌体之中,形成一种结构性的张力:“我们公认的许多好诗——还有我们忽视的一些好诗——具有某种共同的特点,我们可以为这种单一性质造一个名字,以更加透彻地理解这些诗。这种性质,我称之为‘张力’。用抽象的话来说,一首诗突出的性质就是诗的整体效果,而这整体就是意义构造的产物,考察和评价这个整体构造正是批评家的任务。”考量与诗歌文本有关的社会文化因素以及作者的个人经历无疑可以在很大程度上阐明诗歌产生的缘由,然而诗歌的意义还是要到诗歌文本之中去寻找,要从分析诗歌的“整体效果”入手。艾伦·退特提出的“张力”这个概念有着其特定的含义,“我不是把它(张力)当做一般比喻来使用这个名词的,而是作为一个特定的名词,是把逻辑术语‘外延’(extension)和‘内涵’(intension)去掉前缀而形成的。我所说的诗的意义就是指它的张力,即我们在诗中所能发现的全部外展和内包的有机整体”。把华丽的辞藻、意蕴丰富的意象等组合在一起并不一定能产生好的诗歌效果,“好诗就是内涵和外延的统一”。(赵毅衡 1988:109、116、117)换句话说,诗歌的结构策略和语言策略诸因素所构成的矛盾统一体才是产生诗歌意义的根本所在。事实上,新批评家们在进行诗歌批评实践时所关注的正是由这个“整体结构”或者“矛盾统一体”所组成的“张力结构”,其诗歌批评原则因之也一般被简化为对两方面的关注:诗的结构(“反讽”、“诗的戏剧化结构”);诗的语言(“含混”、“悖论”)。(盛宁 1994:82)下文就以马修·阿诺德的《多佛海滩》为例,探讨结构和语言在诗歌意义生成过程中的作用与价值。

一、“反讽”与“戏剧化结构”

在《反讽——一种结构原则》一文中,布鲁克斯明确指出,诗并不是一组本身充满诗意的意象杂乱的“集结”,这些意象必须互相观照,形成一种“语境”(context),在这样的语境中,每一个单个意象的“含义”都受到上下文的牵制和影响,这种字面陈述因为上下文而发生的明显扭曲和变形,就是“反讽”:“语境对于一个陈述语的明显的歪曲,我们称之为反讽。”经过一番的耙梳论证,布鲁克斯断言:“反讽作为对于语境压力的承认,存在于任何时期的诗,甚至简单的抒情诗里”(赵毅衡 1988:334-335)。“反讽”与“诗的戏剧化结构”这一新批评的概念有着密切的关联,都是在强调诗的内部结构中各个因素及组成部分对于语境压力的一种回应。“一首诗像一出小小的戏。总效果是从一出戏的全部因素产生的;一首好诗,就像一出好戏,是没有浪费的动作和多余的部分的……诗歌从来不包含抽象的陈述语。那即是说,诗篇中的任何‘陈述语’都得承认语境的压力,它的意义都得受语境的修饰。换句话说,所作的陈述语——包括那些看来像哲学概念式的陈述语——必须作为一出戏的台词来念。”(赵毅衡 1988:335、337)

《多佛海滩》这首诗的开头就极富戏剧性。整首诗看似以独白的形式写成,事实上背景之中还有一个隐含的对话者,即说话者的爱人。诗人与妻子寄寓在多佛港口的一家旅馆,准备乘船渡过英吉利海峡去法国旅游。月光之下,二人凭窗远望,远处若隐若现的法国海岸灯火明灭。巨岩茫茫,隐隐约约;波涛滚滚,海风阵阵;潮涨潮落,拍岸频频。此情此景,令诗人心潮澎湃,思绪早已跨越了眼前的一切,冲破了时空的界限而于人类的过去、现在和未来之际飘然飞驰。

“今夜大海平静/潮水正满,月色朗朗/临照海霞,法国海岸上/微光渐隐,而英国的峭壁高竖/在宁静的海湾里显出巨大模糊的身影/到窗边来吧,晚风多么甜!”(文中诗歌的中文译文如无特别注明均出自飞白译文)温柔的夜色、宁静的大海、充盈的潮水、皎洁的月光、轻柔甘甜的海风，还有巍峨高耸的峭壁悬崖，随着诗人的轻声召唤，我们仿佛也与诗人一起沉浸在这令人迷醉的海滨夜晚，月洗平沙，如梦似幻，拂面的柔风送来的是海的那种独特腥咸。但侧耳细听，孤寂的长岸浪花飞溅，“巨浪把卵石翻卷/一次次拉回海底/一次次又抛向高滩/反复循环，相继不断/那节奏舒缓，那旋律震颤/这永恒的曲调饱含悲切哀怨。”（吕志鲁译）诗的第一节的首尾两行中分别出现了两个平常却又极富意味的词“今夜”（tonight）和“永恒”（eternal）。如果说诗歌中每一个单个意象的“含义”都受到上下文的牵制和影响，“反讽”意义的实现便在于这种字面陈述因为上下文而发生的明显扭曲和变形这个命题成立的话，那么“今夜”与“永恒”之间便形成了一种在整体语境下的相互观照和对立，透过在整体语境下这组对立语汇的紧张关系，阿诺德道出了其对现实的关切、思考和讥讽：如画的美景只属于“今晚”，是那样的短暂，而“悲哀的曲调”（note of sadness）似乎与人类如影随形，从未间断。这两组词汇之间的张力关系不仅使第一节诗的意蕴显得丰富而饱满，而且更重要的是这种结构策略为整首诗奠定了主基调，即身处盛世的诗人对人类对社会的焦虑和忧患。

诗歌的最后一节同样没有逃脱来自整体语境的压力，展开在诗人面前的世界虽然如梦似幻：“那么多彩、美丽而新鲜/实际上却没有欢乐，没有爱和光明/没有肯定，没有和平，没有对痛苦的救助/我们犹如处在黑暗的旷野/斗争和逃跑构成一片混乱与惊怖/无知的军队在黑暗中互相斗争。”与第一诗节“短暂的美景”和“人类永恒的悲哀”相呼应，阿诺德在此给人们展现了一个表面繁花似锦可实际却阴暗恐怖的，没有爱、没有和平、没有温情的“荒原”世界。法国著名思想家米歇尔·福柯曾经把阿诺德所生活的维多利亚时代称作是“单调而沉闷的黑夜”，这个看似平静、繁荣的太平盛世，实际上却暗流涌动、危机四伏。在维多利亚时代，资本主义物质文明飞速发展，伴随着科技的长足进步、进化论的提出、生产力的发展和社会矛盾日益加剧，基督教这一支撑人们信仰的支柱轰然坍塌，传统的价值观念和伦理观也受到了前所未有的挑战；功利主义盛行，非利士主义（philistinism）大行其道，人们热衷于对物质利益的追求而忽视精神的提升，传统的道德观念对人们的影响逐渐式微。借助于“今晚”——“永恒”、“美丽世界”——“荒原”这两组关系紧张而又相互观照的充满张力的“对立统一体”，阿诺德向我们揭示了维多利亚时期“虚假繁荣”之下危机四伏的社会状况和人的精神荒原。面对信仰退潮而来的绝望和虚空，诗人转而呼唤自己的爱人：“啊，爱人，愿我们/彼此真诚。”许多的研究者都倾向于认为，这一声呼唤表明诗人是企图在爱情之中寻找济世的良方，“他（诗人）向她呈现爱情的忠诚，并恳求得到同样的回报。两颗同病相怜的心彼此互亲互爱,掬诚相待,成了支撑人们在灾难中挣扎的唯一依赖”(高秀丽 2007:92)。仅从字面的意思理解,这种解释似乎也合情合理,但是考虑到诗的内部结构中各个因素及组成部分对于语境压力的回应,在绵绵不绝的人类苦难面前,在信仰退潮这个不可逆转的大势面前,爱情或许会给诗人带来短暂的心理安慰,但是否可以说,对爱情的过分依赖透露出的更多的则是诗人的悸动、彷徨、焦虑、无奈、无助,甚至是逃避?

二、“歧义”

“歧义”(ambiguity),也译作“复义”、“含混”,在日常用语中是指一句非常明显而往往又是诙谐的或迷惑人的话,但是“新批评”的代表人物之一威廉·燕卜荪在其名作《复义七型》中扩展了这个词的涵义:“我主张按引申的意义使用这个词(歧义);因此我认为,任何语义上的差别,不论如何细微,只要它使同一句话有可能引起不同的反应,就同本书的主旨有关……‘复义’本身可以意味着你的意思不肯定,意味着有意说好几种意义,意味着可能指二者之一或二者皆指,意味着一项陈述有多种意义。如果你愿意的话,能够把这种种意义分别开来是有用的,但是你在某一点上将它们分开所能解决的问题并不见得会比所能引起的问题更多。”藉此,燕卜荪得出结论,即“复义的作用是诗歌的基本要素之一”(赵毅衡 1988:305-310)。尽管“歧义”的发现并不如有些“新批评家”(如兰瑟姆)所说的那样有划时代的意义,但我们必须承认,复杂意义虽然不是好诗的唯一条件,甚至不是主要条件,但它往往是诗歌语言特殊魅力之所在。《多佛海滩》这首诗的语言策略就向读者展示了一个含混多义且充满张力的意义场域。

与第一诗节的“永恒的悲哀的音响”相呼应,在第二诗节诗人提到了古希腊悲剧作家索福柯勒斯(Sophocles),并且把这永恒的悲哀与“人类的苦难”联系了起来,因为索福柯勒斯在其名作《安提戈涅》中也有过同样的感慨:“人类的苦难如同纷乱的涨潮落潮。”与先贤面对爱琴海发出对人类命运的哀叹一样,阿诺德伫立海边,深深陷入对盛世中诸多问题的思索和焦虑之中,并且藉此实现了与先贤跨越时空的精神交流与“对话”。对于索福柯勒斯与阿诺德均由大海的潮起潮落引发的有关人类苦难的哀叹,历来的研究者表现出了一致的认同。“然而,并非人人都会谛听,也许只有阿诺德这样仔细的‘聆听’者,才会有此福分,听到思想的声音。”(李小均 2006:1)那么阿诺德听到的究竟是什么样的思想?难道只能把这个思想绑缚在相同的情境所引发的感时伤怀这一语义轴上?同样,在诗的第三节,诗人对于曾经有过彩带围绕的“潮满期”的“信仰之海”的渐渐退去表达了无尽的惆怅和哀叹:“信仰之海/也曾有过潮满,像一根灿烂的腰带/那全球的海岸围绕/但如今我只能听得/它那忧伤的退潮的咆哮久久不息/它退向夜风的呼吸/退过世界广阔阴沉的边界/只留下一摊光秃秃的卵石。"或许因为阿诺德在此节中对信仰的关注表达得太过直白，所以，对把这首诗界定为是维多利亚时期人们信仰危机的真实写照、是那个时期人们精神困境的"简明公式"这些论断很少有人提出异议。在此，笔者也无意推翻这些"定评"和论断，但如果不把诗歌的意义简单地绑缚在这个"事先确定"的语义轴上，而是从诗歌意义的"歧义"原则出发去解读古希腊的索福克勒斯和"信仰之海"，可以断言诗歌的意蕴必定会得到某种程度的丰富和拓展。

如果说《多佛海滩》透露出了阿诺德对维多利亚时期的表面繁荣之下所隐含的种种危机和矛盾进行反思并且试图找出疗救的方法，那么，结合阿诺德后期的文化理论，古希腊的索福柯勒斯和"信仰之海"自然会让人们联想起阿诺德针对当时英国社会危局所提出的疗救方案："希腊精神"和"希伯来精神"。何为"希腊精神"和"希伯来精神"？在《文化与无政府状态》一书中，阿诺德对这两个概念进行了细致的界说。"和一切伟大的精神传统一样，希腊精神和希伯来精神无疑有着同样的终极目标，那就是人类的完美和救赎……尽管如此，两者追求这一目标的做法却相去甚远。希腊精神最为重视的理念是如实看清事物之本相；希伯来精神中最重要的则是行为和服从……两大精神准绳，一个注重智慧，另一个注重顺从；一个强调全面透彻地了解人的职责的由来根据，另一个则力主勤勉地履行职责；一个慎之又慎，确保不将黑暗当成了光，另一个则是看到大的光亮就奋力向前——这两大准绳之中，自然是坚固人类道德力量、铸就必要的人格基础的准则处于优先地位。"（韩敏中 2002：112～118）针对维多利亚时期社会阶层的分化，阿诺德分别用了野蛮人（Barbarians）、非利士人（Philistines）和群氓（Populace）来指代贵族阶级、中产阶级和劳工阶级，而把英国社会的未来和希望寄托在了中产阶级即"非利士人"身上，但是，阿诺德认为生产的发展、科学技术的突飞猛进使得这个市侩阶层只管埋头苦干，只重行动、实利、成就和权力，而忽视了对精神完美、对"最优秀的自我"的追求，因此，这个"非利士"阶层根本无法肩负使社会走向光明、达到完美境界的伟大使命。鉴于此，当务之急就是用阿诺德所提倡的"大文化"（"文化"应是包括文学、艺术在内的人类一切最优秀的思想、文化之积淀）概念来改良、提升这个市侩阶层，从而使他们能够挑起这个引领社会走向光明与美好的历史重担。索福柯勒斯对人类的悲剧命运有着清醒的、理性的认识，他能够透过纷繁的表象看清事物的本相，完美地体现了重智慧、重理性的希腊精神；而在阿诺德看来，注重行动、注重"严正的良知"以及对"罪恶的清醒认识"的希伯来精神也在逐渐离人们远去，而抛弃了希腊精神和希伯来精神的现代社会实质上就是一个"荒原世界"。基于此，在哀叹的同时他也是在呼唤着两种精神的回归，因为只有在希腊精神和希伯来精神的烛照之下,人类才有可能走向光明和完美。

"我们身处漆黑的莽原/争斗、逃亡、惶恐、纷乱/黑夜里愚蠢的军队厮杀纠缠。"有关该诗结尾处"愚蠢的军队厮杀纠缠"到底指代什么,历来的研究者似有分歧,但都倾向于认为厮杀中的"愚蠢的军队"指1848年革命或者1849年法国人包围罗马的战争;还有研究者考证,这可能指古希腊的雅典历史学家修昔底德(Thucydides 约公元前460? ～ 约公元前400?)在他的《伯罗奔尼撒战争史》(*History of the Peloponnesian War*)中描述的艾比波里战役(胡家峦 2003:467)。在此,意义的多重解读符合新批评有关"歧义"的原则,但是这种按图索骥、考据式的诠释似乎把诗歌的意蕴限定在了特定的历史事件之中,从而局限了读者的想象空间,减损了诗歌原有的丰富内涵。结合《多佛海滩》的第二、三节的内容,笔者以为,诗歌结尾处的战争并不一定指代某个具体的战争,而是建立在前两节基础之上的合乎情理的结论:因为在阿诺德看来,任何社会,缺少了希腊精神和希伯来精神的引领都势必会陷入"无政府状态",陷入黑暗愚昧,陷入不可自拔的盲目战争之中。回溯20世纪人类所经历的一系列战争和苦难,我们又有什么理由质疑阿诺德的预言和结论?!

通过以上的这些分析,我们似乎终于明白了"新批评派"的"歧义"、"含混"的真正内涵:所谓"'含混'恐怕在更大的程度上是指诗歌语言的意义与意义之间的'张力',尤指对立意义在同一个诗歌语境中的相互妥协、容纳和共存,一种意义对另一种意义压迫的结果产生了第三种更加确切的意义"(盛宁 1994:83)。而正是"反讽"、"戏剧化结构"、"歧义"所组成的这个处于动态平衡的"张力"场域实现了该诗意义的自然呈现。

参考文献

艾伦·退特:《论诗的张力》,克林思·布鲁克斯:《反讽——一种结构原则》,威廉·燕卜荪:《复义七型》,载赵毅衡《"新批评"文集》,北京:中国社会科学出版社,1988年。

Blamires, Harry. *A Short History of English Literature*. London and New York: Routledge, 1984.

高秀丽:《走向完美:诗歌功能的文化建构——文本〈多佛海滩〉的实验分析》,《外语学刊》,2007(5).

胡家峦:《英国名诗详注》,北京:外语教学与研究出版社,2003年。

蓝仁哲:《新批评》,载赵一凡《西方文论关键词》,北京:外语教学与研究出版社，2006年。

李小均:《马修·阿诺德与〈多佛海滩〉》，http://ningxiahome.blog.sohu.com/3480813.html。

马修·阿诺德著，韩敏中译:《文化与无政府状态——政治与社会批评》，北京：生活·读书·新知三联书店，2002年。

乔治·桑普森著，刘玉麟译:《简明剑桥英国文学史(十九世纪部分)》，上海：上海外语教育出版社，1987年。

盛宁:《二十世纪美国文论》，北京：北京大学出版社，1994年。

Trilling，Lionel. *The Portable Matthew Arnold*. New York：The Viking Press，1963.

“神话历史化”假说形成、不足及解决

李　川[1]

内容提要：“神话历史化”的失误在于借助现代西方的知识论，对本土文化性实践作了扭曲的理解和解释。本文以古今（本土传统注疏学与中国现代神话学）对“语怪”现象的解释为案例，讨论传统学术的内部问题如何被转换为现代学术问题，并反思“神话”、“历史”这两个概念的古典学渊源，指出其实践论的可能的研究方向。

关键词：神话历史化　神话　语怪　实践论

作为神话学基本问题的“神话历史化”的路径是，将传统经史内部异端问题的“语怪”现象经验对象化。“语怪”在传统文化中的地位和作用与希腊“神话”μῦθος（muthos 或 myth）不可同日而语——尽管具有内容的经验相似性。但从文化实践的价值—意义角度审视，倒是本土文化的“经史”更接近古代希腊文化中“秘索思”的性质。因此，“神话”一词的经验性使用并没有达成对本土文化的准确理解，反而通过割裂传统（文本），遮蔽了对本土文化自身主体实践（包括文化认同方式）的深入把握。因为，无论古代希腊的“秘索思”还是本土传统的“经史”都是文化性的价值实践，“神话历史化”的失误在于借助现代西方的知识论，对本土文化性实践作了扭曲的理解和解释。

鉴于以上认识，本文以古今（本土传统注疏学与中国现代神话学）对“语怪”现象的解释为案例，讨论传统学术的内部问题如何被转换为现代学术问题，并通过对这一问题的解决和解决方式，建构了现代中华民族文化的认同方式。同时，对“神话”问题的反思，引导我们重新思考打破学科界限的“神话历史”思潮之于神话学未来建构的意义。

---

① 李川，文学博士，中国社会科学院外国文学研究所博士后，研究方向为比较文学与世界文学。

一、现代神话学对传统"语怪"问题的接纳与转换

现代知识体系重新整合的背景下，中国学人接纳了来自西方学统的"神话"概念并以之重审本文化载籍，而发展出"神话历史化"的理论假设。在此假说观照下，对应西方神话学范本（如荷马史诗）的中国典籍是《山海经》、《天问》。这一方面利用"神话"在西方文化史上的崇高地位建构了中国神话学体系，并赋之以民族文化源泉的现代意义；另一方面，新学统的建构又意味着对传统实践—知识论的消解和颠覆。① 比如《天问》"语怪""文义不次序"由古典注疏学向现代学术转化进程中，便体现出价值—意义颠倒或重构的问题。王逸《天问》"序"和"后叙"提出"文义不次，又语怪"②的问题，该问题在古今阐释中面临不同境遇。从"子不语怪力乱神"到司马迁拒斥"其言不雅驯"的黄帝传说，从刘歆上表证《山海经》"质明有信"（《上山海经表》）到荀勖回护"其言不典"（《穆天子传序》）的《穆天子传》，"奇怪之事"一直就是传统实践—知识论瞩目的焦点之一。由此而言，"语怪"既是《天问》本身的具体问题，却也是传统实践—知识论背景下的一个核心问题。"神话历史化"假说的发生条件是西方现代神话学的"神话—历史"观，其学术实践主要表现为进化论神话学和古史辨派历史学。在神话学那里，神话主要被定义为"神们的行事"③，而以本土"语

---

① 附带需要说明的是，"神话历史化"假说有一个直观的形成酵素，就是体系化问题。在和西方体系化的神话比较中，中国神话零散性的特征成为20世纪学人挥之不去的一个"心结"。鲁迅谓："其故殆尤在神鬼之不别。天神地祇人鬼古者虽若有辨，而人鬼亦得为神祇，人神淆杂，则原始信仰无由褪尽，原始信仰存则类于传说之言日出而不已，而旧有者于是僵死，新出者亦更无光焰也。"（《中国小说史略》第12～13页，人民文学出版社，1973年。）茅盾亦认为中国神话"仅存片断"而力主"神话历史化"以还原本土神话系统。（《中国神话研究ABC》第7页，上海书店影世界书局，1929年。）袁珂说："中国的神话，原先虽然不能说不丰富，可惜中间经过散失，只剩下一些零散的片断，东一处西一处地分散在古人的著作里，毫无系统条理，不能和希腊各民族的神话媲美，是非常抱憾的。"（《中国神话传说》第13页，中国民间文艺出版社，1984年。）

② 蒋天枢（《楚辞论文集·论〈楚辞章句〉》，陕西人民出版社，1982年）、林维纯（《试论〈楚辞章句〉"序文"的作者问题》，《暨南学报》1986年第2期）均认为《楚辞章句》的序并非王逸所作，然力之提出《楚辞章句》之序确为王逸所作（详参力之《〈楚辞〉与中古文献考说·关于〈楚辞章句〉"序文"的作者问题》），笔者认同其说。

③ 茅盾：《中国神话研究初探》，《茅盾评论文集》（下）第242页，人民文学出版社，1978年。

怪”叙事为其经验对象；古史辨派的所谓历史乃是“真实的史迹”①则承继了古典中的“信史”传统。

从建构中国神话学的学术立场出发，茅盾等人在“神话历史化”理论观照之下从传统载籍中发掘神话材料，目的在于还原太古史、重构中国的“神的系统”，这一学术理路为袁珂继承。作为中国神话学的集大成者，后者建立起以《中国古代神话》、《中国神话传说词典》、《山海经校注》等一系列著述为代表的庞大的中国古典神话体系。其学术方法是“把神话放在历史的肩架上，又用由神话转化的古代史，尽量恢复其本来面貌”②，而依傍古典传统建构、以希腊神话为标准的中国古代神话，确是除了还原太古史以外“无他径可寻”，但是袁氏承认，所谓“中国古代神话”系统乃是今人之“缔造”，“古代原应该有实际却没有”③。“原应该有”的标准便是西方（古希腊）既然有，中国文化并不输于西方，也应该有。西学理论观照下的“再造中国神话”，学术目的只是为了和西方抗衡，中国典籍成为西方科学理论阐释的内容对象；在将本土资源对象化的经验对应模式下，现代学人只在古典载籍中发掘出和西方“神话”内容相似的“片段”，而不得不采取“镶嵌、拼凑”之文本重构的方法以建构完整的中国神话学体系。因此进入具体学术实践中便陷入捉襟见肘的窘境。比如，出于试图再造中国神谱的学术目的，茅盾抽取《天问》关于羿、禹的片段④。出于寻找神话材料建构中国神话系统之需，在阐释此段时，神话学者不得不采取将羿分成两个形象的策略。茅盾既认为《天问》的羿是“神性的羿”，却又将同一作者之《离骚》笔下的羿视作“人性的羿”，而“人性的羿却就是历史化了的神性的羿”⑤。延续茅盾“神话历史化”的阐释路径，袁珂将《天问》同一“羿”字拆成两个人物解释，一则以为是尧时羿，一则以为有穷后羿。⑥ 这一理解虽与茅盾理解略异，但完全接受了茅盾“神话历史化”的理论假设。在神话—历史观下，学者出于构建现代神话学的需要，接受了传统学者的古典问题并赋予其理论性的阐释，却恰恰忽略了“神话历史化”理论对中国文献加以对象化这一立论前提和学术意图的反省。

---

① 顾颉刚:《答李玄伯先生》,《古史辨》(一)第274页,上海古籍出版社,1982年。

② 袁珂:《中国神话通论》第45页,巴蜀书社,1993年。

③ 袁珂:《碎陶镶嵌的古瓶》,《今晚报》,1988.9.13.

④ 茅盾:《中国神话研究初探》,《茅盾评论文集》(下)第七章,人民文学出版社,1978年。

⑤ 茅盾:《中国神话研究初探》,《茅盾评论文集》(下)第323页,人民文学出版社,1978年。

⑥ 袁珂:《中国神话通论》第218页,巴蜀书社,1993年。

与神话学派异趣同归的"古史辨"派则继承郑樵、崔述乃至胡适的疑古传统,并在"神话历史化"假说的背景下,蓬勃发展。顾颉刚的"层累的古史说"为其纲领性理论。① 这些思想都是"五四"以来经科学、民主等现代"进步"观念洗礼后的疑经一革命传统之产物。将经典看做学科构建的史料而为我所用是那一代大师们的共同做法:这迥然有别于"考信于六艺,折中于夫子",从而为"为天地立心、为生民立命、为往圣继绝学、为万世开太平"的古典儒家传统。顾颉刚自述研究古史有两项工作:用故事的眼光解释古史,整理神话传说为一贯。② 顾颉刚主张"对于古史的观点不在于它的真相而在于它的变化"③,其所谓"变化"主要就是神话如何变化为历史或者神话人物如何变化为历史人物,古史辨工作就是考证这"变化"的来龙去脉。依靠"层累古史观"理论,此派将东周以上的历史都看做是神话传说,而历史人物尧舜禹都是神话人物,关于"禹"的考辨又占有重要地位。顾颉刚等人尤其注意以《天问》为代表的南方文献传统。比如他"假定""禹是南方民族的神话中的人物",其中第一条证据便是《楚辞·天问》对于鲧禹有很丰富的神话。④ 另一位代表人物杨宽的古史学,"一言以蔽之,是一种民族神话史观,他以为夏以前的古史传说全出各民族的神话"⑤,从而将战国视作伪造古史的一个重要时期,《天问》被当做"史诗",且"内容截至春秋末年止全面系统的叙述当时所有神话和古史传说"⑥。基于史诗即历史之诗的汉语理解,考出神话且推翻伪古史系统是此派研究《天问》的学术目的——剔除伪古史、留下真古史。古史辨派属意于"历史观念",将《天问》看做史料⑦,顾颉刚一方面接纳了古典注疏学传统的经学衡量标准,认为《天问》称谓"和《诗》《书》相同",因此有别于受战国"历史观念的熏染"的其他典籍;另一方面,又将这不受熏染的古史体系看做有别于《诗》、《书》的神话传说体系,而《诗》、《书》体系只是伪古史。之所以将《天问》看做古史系统也只是因为"和《诗》《书》同",最要紧的是这个"同"字的断语:立足于这个"同"("称谓"和"古史系统"的"同"之外,古史辨立此论时就不再像其通常所做的那样,

---

① 顾颉刚:《与钱玄同先生论古史书》,《古史辨》(一)第 60 页,上海古籍出版社,1982 年。

② 顾颉刚:《答李玄伯先生》,《古史辨》(一)第 274 页,上海古籍出版社,1982 年。

③ 顾颉刚:《答李玄伯先生》,《古史辨》(一)第 274 页,上海古籍出版社,1982 年。

④ 顾颉刚:《讨论古史答胡刘二先生》,《古史辨》(一)第 121 页,上海古籍出版社,1982 年。

⑤ 顾颉刚:《古史辨》(七,上编)"自序(二)"第 2 页,上海古籍出版社,1982 年。

⑥ 刘起釪:《古史续辨》第 7 页,中国社会科学出版社,1991 年。

⑦ 刘起釪:《古史续辨》第 11 页,中国社会科学出版社,1991 年。

注意时代之异、作者之异、地域之异、行文之异),既可以用《天问》的“奇怪之事”反推《诗》、《书》原本只是神话传说之古史,又反过来可以拿《诗》、《书》的五经地位抬高《天问》的古史价值。

无论神话学派和古史辨派在方法与目的上有多少差异,就研究对象、阐释理路、学术意图而言,两者之间并无不可逾越的鸿沟。就研究范围与学术意图而言,两派皆属意于太古史或东周以上的历史。就理论与方法而言,两派皆采取平视经子的态度作古史“还原”研究:神话派整合经史子集里所记载的“志怪”、“神鬼之谈”、“怪力乱神”、“奇怪之事”等材料,以呈现其心目中的中国神话系统;古史辨则亦不外乎此法,只是在还原过程中更加注重古书的辨伪,以重现东周以上的“真古史”,吕微称这一方法为继承古文经学传统的“文本派”研究方法①。这两派在展示现代学人重构知识结构的宏伟学术雄心的同时,也留下了不少问题。

立足于古今之异的角度看待“语怪”的现代转化问题,古典注疏学与现代神话学之间的对立十分清晰,甚至可说相当尖锐:对于古典儒学之经史传统而言,是将“奇怪之事”的内容纳入到经传范畴并副翼经学,以便能够更好地使儒家思想对主流价值发挥维系作用;而现代学者主要是注重内容观照的史料学方法,《天问》本身的价值—意义取向并不重要,重要的是《天问》能否为文学、历史学、神话学、民俗学等等新兴现代学科的建立提供佐证素材。荷载主体情感的《天问》被现代学者对象化了。细究其学术关怀、学术方法和问题意识,古今学者的差异在于依附于经义的注疏考据之学与依托于科学理念的现代学术尤其是专业化学术立场不同,从经学—注疏学向科学—现代学术的专业化演进,乃是以侧重于主体的、内省的取向朝着侧重于客观的、外求的方向的转型,其中基本问题意识、学术关怀发生了急剧转换。一句话,就学术目的和学术关怀而言,经验—实证的认识论取向代替了价值—意义的实践论研究。

二、“神话历史化”假说的现代学术条件及古典渊源

神话学派在谈到“神话历史化”时没有明确的历史定义,而古史辨派在将上古史看做神话传说时亦未明言神话所指。古史辨派和进化论神话学将神话—历史看做互相对立转化的双方,但却忽略了对现代神话—历史观这一“神话历史化”假说发生条件的反思。

现代中国历史观及神话观的来源

① 吕微:《传统经学与现代神话研究》,《广西民族学院学报》(哲社版),2003(5)。

“神话历史化”假说的发生前提是现代历史观和神话观，尤其是将古史看做神话的现代神话—历史观。20世纪史学理论依据主要是进化论和唯物史观，我们这里特别关心的是古史辨派之“层累古史说”历史观。对现代“历史”的理解肇始于梁启超等“新史学”观念，梁氏“新史学”开风气之先，甲骨、汉简等大发现进一步刺激了史学研究，通过王国维、胡适、顾颉刚及傅斯年等努力，“实证史学”作为新史学之第一个学派逐渐形成。① 其时西方思想之影响中国史学的主要是杜威、罗素、孔德、伯格森、斯宾格勒等的实证思想。② 怀疑主义、相对主义盛行，契合了疑经—革命的时代主题。现代实证史学是本土实证（“信史”）传统与西学史观合谋的产物。不过，东西两种文化传统都从来没有过一个亘古不变、古今如一的“历史”概念。

就西方历史观而言，有古典希腊罗马历史观（希罗多德、修昔底德、婆卢比乌斯、塔西托等）和基督教历史观（圣·奥古斯丁、圣·托马斯·阿奎那、维柯、休姆等），又有现代历史观（朗克、黑格尔、马克思、科耶夫等）。③ 而中国现代之所谓“历史”是 history 翻译并与中国“信史”概念合流的结果，history 源自古希腊的ίστορία。ίστορία进入罗马世界后写作拉丁词 historia，继承了希腊语原有之“过去事件之记载”这一意义。12世纪法语借鉴了拉丁语的 historia，拼作 estorie 或 estoire。13世纪英语又借鉴了法语之 estorie 而作 story，亦即“过去发生的事”、“过去事情的记载”。到了17世纪，逐渐用 history 表示这些意义；而 story 表示“故事”或“短篇小说”。④ 这一意义与传统“信史”观是内在一致的。

谭佳博士将中国本土“史”观划分为四个阶段：一、“巫史”文化机制中的“史”；二、巫史渐离期的“史”；三、晚清以来的“历史”；四、后现代时期反思的“历史”。⑤ 笔者对这一划分深表赞同，从古今之争的立场出发，该划分可以进一步归纳为古典时期和现代时期两步，前者包含“史官”期和“四部”史期，这是我们探讨“史”观之本土实践价值的着眼点。《汉书·艺文志》：“古之王者世有史官，君举必书，所以慎言行，昭法式也。”⑥“史”原本只是官职，《说文·史

---

① 林甘泉：《二十世纪的中国历史学》，《历史研究》，1996(2)。

② 于沛：《外国史学理论的输入和影响》，《历史研究》，1996(3)。

③ R.C.柯林吾：《历史的见解》，（台北）正文书局有限公司，1977年；郭圣铭：《西方史学史概要》，上海人民出版社，1983年。

④ 庄和成：《英语词源趣谈》“story”条，上海教育出版社，1998年。

⑤ 谭佳：《〈春秋〉的文化阐释》，2008年中国社科院文学所博士后出站报告。

⑥ 《前汉书》第576下栏，中华书局影印《四部备要》本，1998年。

部》："史，记事者也；从又持中；中，正也。"①故"史"乃持中之人，是以其守职者有良史之誉。《左传·宣公三年》载晋灵公不君，赵穿攻灵公于桃园，大史书"赵盾弑其君"，孔子称赞说："董狐，古之良史也，书法不隐。赵宣子，古之良大夫也，为法受恶。"②古典之"史"观即发源于这"史官"之学，史官在中国古人政治生活中占据特殊地位，观《周礼》所载诸史官系统之繁复、后世史记之发达可知一斑，乃至有"六经皆史"之论。不过该论与现代科学历史观似乎毫无瓜葛，"六经皆史也，古人不著书，古人未尝离事而言理，六经皆先王之政典也。"③其说倡自王守仁，以为"以事言谓之史，以道言谓之经，事即道，道即事，《春秋》亦经，《五经》亦史"，"经"、"史"原本只是"道"、"事"的一体两面，与现代科学史官并无瓜葛。王氏之论，本出于纠正当时浮华空谈学风而发，其主要意图是将"道"落实到"事"上来，换句话说，就是将空谈拉回到行动上。章学诚将这一思想推阐到极致，以为"盈天地间凡涉著作之林，皆是史学"，并且从其"官师合一"的理论出发，认为从学术源流而言，掌经者为史。从经史本质论，孔子删述《六经》皆取先王政典，未尝离事言理。④ 表面看来，章氏颠倒了经一史的价值意义关系，实则却是拨正了时人对经的空谈态度，回护了《六经》作为主流价值在实际生活中的地位（所谓即事言理）。这与晚清以来通过西方科学历史观瓦解经学传统进而解构本土文化主流价值意义的做法不可同日而语。

尽管现代中国"历史"观只是西方近代科学实证史观在中国延伸并与本土固有之"史"观合流的结果，但在证实的角度上认同古典史观（无论古希腊还是本土），不管其与西方历史有着怎样千丝万缕的瓜葛，也不管其在认识传统方面对主体文化有着怎样的曲解，在最根本的问题上，即视"历史"为"真实的史迹"这一点上与中国传统的"信史"观本无二致：两方的史观都认为"史"（历史）应该是"真事"。

可是，与历史观相伴的"神话"问题就不这么简单了。不同于"历史"概念的是，现代"历史"观有本土传统思想资源的背景依托，"神话"观念纯系外来，其重要渠道之一就是日本。神话一词与日本宗教传统关系紧密。日语中，"神話（しんわ）"由两个语汇构成，"神"和"话"；论者指出，神しん又读作かみ，相当于西方的 deity 或 god，話わ相当于 tale 和 story；"神話（しんわ）"因此乃是

① 《说文解字》第 65 上栏，中华书局，1963 年。

② 《春秋左传正义》第 1867 页中栏，《十三经注疏》本，中华书局，1980 年。

③ 叶瑛：《文史通义校注》卷一第 1 页，中华书局，1985 年。

④ 叶瑛：《文史通义校注》卷一第 3～4 页，中华书局，1985 年。

关于かみ的行事，而这些かみ乃深深根植于日本的神道传统之中。① 这传统以成书于8世纪的《日本书纪》(日本書紀にほうんしゅおき)和《古事记》(古事記こじき)为圣典，亦即所谓"记纪神话"传统：其与日本民族起源和国家意识尤其是皇统等重大民族问题有着密切联系，如太安万侣《古事记序言》载其天皇诏词及撰旨："……斯乃邦家之经纬，王化之鸿基焉。故惟撰录帝记，讨核旧词，削伪定实，欲流后叶。"②神统与皇统联系之紧密，于此可见一斑。此书尽管一度被视为秘籍而未能广泛传阅，但其在日本政治思想史上却享有崇高地位(比如，《古事记》的"天照神话")。日本神话学发轫之时，久米邦武就因为神话研究触犯神道与皇统之间的关系而酿成笔祸。③

对比日本"神话"在其文化传统中的位置，中国文化与此差异较大，我国不存在类似于神道教之类的政治—宗教传统，没有类似于《古事记》、《日本书纪》之类的政治—宗教圣典。所以当"神话"概念由日本传入中国之初，与日本可以现成地将"记纪神话"直接拿来研究不同，中国传统典籍没有与现代神话概念相应的、可以直接研究的经典，故此中国神话材料的再造问题成为一代神话学者们的当务之急。在浩茫的传统典籍中，他们发现了《山海经》和《天问》，被"不语怪力乱神"的儒家排斥的《山海经》④、《天问》被定位为神话经典，儒家经传的主导地位沦丧之后，传统所忽视的"怪力乱神"内容在现代学科建设中受到重视。

笔者目前未能查明"神话"一词在日文文献中的最早出处，《日本历史大辞典》⑤、《大日本百科事典》⑥皆收有"しんわ"词目，但其界定一则从其神圣原始意义而言，一则将μῦθος (muthos)与λόγος (lógos)对举而释，皆未简单以"神们的行事"概括之。突出"神"与"行事"乃是中国学者立足本土理解的结果，"神话"是否必然与"神"有关？早期神话学者将之理解为"神们的行事"，与日本人所造的这个新词汇甚有关系，尽管单纯从学统上看，中国神话学者更多继承了英国人类学派的衣钵。日本神道——"记纪神话"传统，在和西学接榫

---

① Reader, I: Japanese religions, in Jean Holm: *Myth and History*, Pinter publishers ltd, 1994, p. 185. 日语中，强力的或非常之物通常有かみ的名字，比如狼和蛇都称おかみ，雷かみなり，而神かみ——这一语音联系可能有某种崇拜心理痕迹在焉。

② 仓野宪司校注：《古事记》第46页，岩波书店，1958年。

③ 乌丙安：《21世纪日本神话学的三个里程碑》，《东南大学学报》(哲社版)，2003(4)。

④ 陈连山：《神怪内容对于山海经评价的影响》，《民族文学研究》，2004(1)。

⑤ 河出书房新社，昭和五十四年(1979)。

⑥ 小学馆，昭和四十四年(1969)。

时，乃是非常“自然”的——这当然源于日本民族独特的、善于化他人之物为己有的文化品格，此处不论；而具有独立于世界文化之林特征的中国传统在输入源自西方的神话概念时，不考虑自身传承悠久的特色，片面以西人之长量己之短，削足适履地建构中国神话系统，势必以消解民族文化主体特征为代价。因此，神话—历史问题主要是“神话历史化”问题，其根本症结主要是“神话”问题。

梳理神话观念演化，并非本文主要任务，此处予以粗略交代。为突出古今之争问题，我照例把西方神话观划为古典和现代两大阶段。古典期包含希腊和基督教时期两阶段。就词源层面来谈，西方“神话”一词源出于古希腊，其最初的含义不过是“言辞”，柏拉图方赋予其“故事”的含义，而与后世的“神话”概念相去甚远。基督教将异教的故事（包括希腊、罗马以及埃及等文化）统统呼之为“神话”，将其看做虚构的幻想的故事，从而赋予其消极虚假的内涵。现代神话学将维科视为该学问的开山祖，在这个意义上，我们姑且承认维科是现代神话观的奠基者。他通过“诗性智慧”这一概念将神话—历史、神话—哲学等看似对立的概念连接在一起。维科在分析荷马史诗时，将“神话”厘定为三阶段，最初是真实的叙述，而后是虚构和歪曲，最后荷马接受了这些虚构的故事。① 维科的“新科学”掀起了神话研究的现代浪潮，尔后各派此起彼伏，格林兄弟的语言—神话学、马克斯·缪勒的比较神话学、人类学派、文化传播派、功能派、结构主义、女性主义、后现代……你方唱罢我登场，熙熙攘攘，炫人眼目。在现代科学理论视野下，“神话”成为一个五彩斑斓的学术概念，本书难以对其定义进行完全的概括，西方学者的理解是，在现代批评中，神话的用途看来从“幻想”经由“信念”直到“更高的真理”，这一连串含义的最后一环是，神话成了拯救人类的代名词。② 这一观点有其不够全面之处，比如对“秘索思”问题缺乏观照（古典视野下一开始就有“真理”的意涵，而非推演的结果），不过其站在现代立场，对于神话概念演变路径的概括可以接受。反观中国现代神话学，其建立之初主要便是接纳进化论派的衣钵（也有功能派、结构主义等，但并未形成气候），取得了极为丰厚的研究成果，但如上文所说，研究中也存在着一些问题。我原来的思路是，悬置现代神话观而返回到古典自由赋义语境中，对“神话”问题首先予以理解，而后再思考当下的问题，也就是从现代回溯到古典时期的反思路径。完成此文之后，看到叶舒宪的大文《中国的神话历史——从

① 维科著，朱光潜译：《新科学》第423页，人民文学出版社，1986年。

② 华莱士·W·道格拉斯：《现代批评中“神话”的不同含义》，载约翰·维克雷编，潘国庆等译《神话与文学》第35页，上海文艺出版社，1995年。

"中国神话"走向"神话中国"》,叶先生指出,神话在今日学科体制中归属于文学是一个大错误。因为神话概念远大于文学。神话作为初民智慧的表述,代表着文化的基因。后世出现的文、史、哲等学科划分都不足以涵盖整体性的神话。作为神圣叙事的神话与史前宗教信仰和仪式活动共生,是文史哲的共同源头。中国早期历史具有"神话历史"的鲜明特点,文学人类学与历史人类学的会通视角,是重新进入华夏文明传统,重新理解中国神话历史的门径。从《尚书》、《春秋》到《周礼》、《说文解字》,古代经典体现着神话思维编码的统一逻辑。参照玉神话与圣人神话的八千年传承,他呼吁学界从文学视野的"中国神话",转到文化整体视野的"神话中国"。①这个提法站在宏通的角度,打破了神话附丽于文学的学科界限,而将神话还归到文化大视野下。我私意以为,该说尽管仍然保留了文学人类学或历史人类学等学科化的遗痕,但其重返"古人之全"的用心显而易见,"神话历史"并不是神话学和历史学相加,也并非在神话学或历史学之外另建一门历史神话学,而是寻找一个"整一"的原初母体,该"神话"观已经不是现代意义上的学科概念,而与我们前文的"秘索思"之说有相通之处。故而,我极愿意和叶先生走到"神话中国"旗号下,做一些力所能及的细微工作。站在古学的立场上,对"神话中国"的理解便是,重审实践主体通过文献赋义的神圣价值及其意义。

古希腊传统"神话""历史"的地位及"神话历史化"问题

从西方古典传统看来,当荷马、赫西俄德们按照缪斯之旨叙述口中的角色说出一段"神话(μῦθος,muthos)"时,他们脑子里并没有现代意识上的神话观念,也未认识到自己处在"神话"时代。比如赫西俄德的《工作与日子》向其弟讲述了五个人类时代的故事:"如果你愿意,我将简要而又动听地为你再说一个故事(λόγον,logon),请你记在心上:诸神和人类有同一个起源。"②下文即是关于五个时代的陈述,从现代神话学者的眼光看来,这五个时代的"故事"当是所谓"神话",但赫西俄德却使用了λόγος (logos)一词。而从现代语言一词汇学角度看,此词恰恰是"神话"所源出的那一词μῦθος (muthos)的对立面。这不仅说明赫西俄德那里没有μῦθος和λόγος之区分,还表明,现代学人所谓"神话",在古风诗人那里只是作为一种具有教喻意义的故事。"神人"同源观念在西方思想史尤其是政治生活中地位至关重要,而赫西俄德对皮耳塞斯的教诲与其依字面义理解为兄长之关怀弟弟,毋宁说是皮里阳秋地为当权者立

---

① 叶舒宪:《中国的神话历史——从"中国神话"走向"神话中国"》,《百色学院学报》2009(1)。

② 张竹明、蒋平:《工作与时日·神谱》,商务印书馆,1991 年。

法。赫西俄德的“λόγος”(“神话”)是教化之具,而非史料。

西方史学肇始于公元前6世纪爱奥尼亚的所谓“记事家”(λογο-γράφος,logo-gráphos),“历史”(ἱστορία,historía)原本意思是“探索到的知识,打听到的情况”,此为根据事实的报道,不同于神话传说之类。默雷指出,就寻求知识而言,历史与哲学本无本质区别,历史(ἱστορία)旨在追根问题,探索真实情况,哲学(φῖλοσοφία,phīlosophía)则是寻求真理;在希腊世界里,哲学是一学派的工作,而历史则是旅行家或讲故事者从事的工作。公元前6世纪之希腊,除了哲学之外,余下的散文之作都是历史著述,称为λόγος,历史家当时有“文章家”(λογοποιός,logopoiós)、“神学家”(θεολογός,theologós)、“哲人”(φῖλοσοφός phīlosophós)、“圣人”(σοφός ἀνήρ,sophós áner)等称呼。① R. C. 柯林吾同样指出,希腊的历史不是传说,而是一种探求,它企图得到“人所不知”的事之解释,此事关注人事甚于关注神事,其所述并非遥不可及的“神圣起源”,而是一些确定的事情。② 希罗多德就是一个λογοποιός,亦即文章的编写者或讲故事的人。③

从古希腊传统重审神话—历史问题,希腊经典荷马、赫西俄德、俄尔甫斯的史诗、教喻诗及祷歌都是“神话”(μῦθος,muthos),但与后来的学术概念不同。后来“儒分为八”,从古风时代经典著述分化出悲剧家、喜剧家、演说家、史家、智者和哲学家,“历史”由此分化而出。而主要在荷马与柏拉图之间展开的西方思想史上之诗与哲学之争与其说是个纯粹的理论问题,毋宁说是个实际的政治生活问题:“荷马是整个希腊的教育者”④;如果按照现代神话学家观点将荷马及其后学的悲剧家之作称作“神话”的话,则其对立面似乎就是以哲学家、历史学家为代表的不“信仰”神话的人(哲学和历史都有探寻真理的一面)。因此,站在古典立场上看待源自西学的神话—历史对应关系,从某种程度上说,恰恰契合了诗与哲学之争或径自就是诗与哲学之争。也就是说,其分野标准并不是知识内容论的而是价值意义论的。

明了王官之学尤其是“史”在古典中国政治生活中的重要地位和荷马一系列“神话”诗人在古希腊城邦中的地位后,回头审视神话—历史问题,可知希腊

---

① 吉尔伯特·默雷:《古希腊文学史》第131页,上海译文出版社,1988年。

② R.C.柯林吾:《历史的见解》第20页,(台北)正文书局有限公司,1977年。

③ 吉尔伯特·默雷:《古希腊文学史》第144页,上海译文出版社,1988年。

④ 郭斌和、张竹明译:《理想国》606E,商务印书馆,1986年。

政治生活中约略相当于中国"史"地位者恰是其"神话"。① 现代神话—历史问题从根本上说只是一个各民族生活方式尤其是政治生活方式的问题。西方现代学人将"神话"视为民族文化的源泉和原型(其实并非如此),并不意味着远隔重洋的汉民族也必须如此,汉民族完全可以有自己不同的抉择。

明了此点,反观"神话历史化"假说,其不足便暴露出来。这作为中国神话学经典理论的"神话历史化",并非国人的发明,而是师法西洋。人们常将该理论追溯到希腊学者殴赫梅鲁司(Euhemerus),茅盾认为他"曾经很简单的把神话解释成历史"②,也就是所谓欧赫梅尔化问题。在茅盾那里,"神话历史化"和"欧赫梅尔化"具有等值的理论内涵。公元前4世纪一位西西里人欧赫梅尔作了一部《圣史》(Sacred History),此书谓一游客到了印度洋的幻想之岛潘克雅(Panchaea),在宙斯神庙见到铭文,称宙斯乃克里特人,生前东游自称为神,后归克里特而亡。但是这本《圣史》原文及恩努斯(Ennius)的拉丁译本均已亡佚,纪元前1世纪蒂俄多鲁司·思库卢斯(Diodorus Siculus)的转述也已不存。今所见这掌故是由公元4世纪犹塞比乌斯(Eusebius)所作的 Historia Ecclesiastica 引述蒂俄多鲁司引述欧赫梅尔的。这引发了一个问题:欧赫梅尔究竟是在讽刺亚历山大大帝呢,还是表达自己的无神论观念?还是为帝王张本,抬高领袖的地位?由于原文已佚,从清教徒开始到现代人类学家对此各取所需做自己的解释。③ 将欧赫梅尔化视作"神话历史化"理论原型显然追溯过远,这一假说的理论根基并不坚实。

就学术实践效果而言,"神话历史化"假说用于本土经典有削足适履之弊。比如"神话历史化"理论观照下的"夔一足"④和"黄帝四面"⑤说,便是典型例子。韩非列举的这两个答案,都与神话或者历史问题没有太大关联。一则孔子解释说夔凶暴残忍但讲究"信",这一"德"就足矣,关注道德内涵;一则孔子解说曰夔精通音乐,一个就够了,关注其才能。尽管两说中夔的形象相反,但不管哪种解释,突出的皆是孔子对"夔一足"这故事教化意义的关注。相应地,"黄帝四面"的故事也同样关注教化意义。回答者仍然是孔子,这里强调的是

---

① 应当强调,这种对应仍然只是一种经验比较。由于中国和古希腊的知识系统划分标准、结构形式之异,完全对应根本不可能的,对应理解只是为了更好地了解自身和异文化。

② 茅盾:《中国神话研究初探》,《茅盾评论文集》(下)第270页,人民文学出版社,1978年。

③ Ruthven, K. K, *Myth*, Methuen &Co Ltd 1976, p. 5.

④ [清]王先慎:《韩非子集解》卷一二第297页,中华书局,1998年。

⑤ 汪继培辑:《尸子》第32页,《丛书集成初编》本,中华书局,1991年。

黄帝的用人之能。返回古典生活情景，我们必须注意孔子对现代神话学家所谓的“神话”的态度，孔子的兴趣并不是“历史”，而是教化——对道德、才能等政治生活基本素质的关注才是古典时代孔子等圣贤们的兴趣所在。

古代史家以“折中于夫子，考信于六艺”为著史准则，而夫子乃是“祖述尧舜，宪章文武”，即以先王先圣作为师法之楷模，神话—历史观指导下的现代神话—古史研究传统所未明言的题中应有之意是：将儒家经传所确立的师法先王先圣传统“还原”为诸神传统，将先王先圣所确立的人间之道“还原”为诸神所立之神法。因此，古人是将人的价值源泉回溯到祖宗之法，而如何协调祖宗与神灵之间关系，并非其主要关怀所在；现代学人将先王圣贤都还原为神话人物，他们所立之法自然都是神法，因此人类一切生活准则的最初之源只能追溯到神。世间价值由谁而定，内省的自我立法还是外在的诸神立法？这就是古今之争华夷之辨的根本问题所在。现代理性审视之下，孔子苦心经营的“不语怪力乱神”传统显示出其强烈的人文—启蒙色彩，而依赖于科学—民主的现代启蒙主义者们，在借鉴“神话历史化”理论阐释中国古代经典，并为民族文化寻找合法来源时，却未能意识到其做法恰恰包含了与其启蒙初衷背道而驰的特征。

三、回归实践论立场的研究思路

反思“神话”与“奇怪之事”的纠葛或将有助于我们认清并确立自身的学术立场。基于西方现代学术观念的神话学之“神话”概念并不能直接套用到中国典籍上，为了解决这个矛盾，中国学人遂接受“神话历史化”的理论假说。通过各种阐释途径（比如借助传统经学手段），现代学人发现中国古典诸如《山海经》、《楚辞·天问》的材料原来契合西方的“神话”尤其是“原始神话”标准，于是发掘这些典籍中的“原始神话遗存”构建了中国神话学体系。反过来，借助不同于本土文化的异文化概念（“神话”）也确实加深了中国传统文化中“怪力乱神”内容的理解。但是，依赖进化论神话学构建中国神话系统的做法是否能恰如其分地认识传统文化经典？

我们已经指出，“神话历史化”假说阐释下，“语怪”的古典—现代立场之间存在尖锐冲突，现代科学概念遮蔽了本土经典的实践价值，为此采取直观的还原研究路径是必要的。第一，将现代学术—学科概念还原为日常生活概念；第二，将空泛的普遍约定性概念还原到本土具体陈述语境中重审。一言以蔽之，就是将主客二元论的“研究”方式转换为交互主体的对话（而非“研究”）。立足于平等对话—还原研究立场反观中国学人的现代学术新传统时，这一传统之以西学为准的且消解中国固有文化传统的特征就清晰凸显出来了。

平视中西学术资源的话，可以发现在以西例中的学术范式下，西方现代学术对中国本土资源价值—意义系统之忽略。例如，folklore通常译作“民俗(学)”，从本土传统来看，中国古典文献资源中确实有丰富的民俗观点，且“民俗”这个词汇就是一个来自于古典文献的用语，《史记》的《周本纪》记载西伯时民风“耕者皆让畔，民俗皆让长”①，《循吏列传》云“楚民俗好庳车”②；《汉书·地理志》论及各地之俗曰：陇西等“数郡民俗质木不耻寇盗”，“西南外夷……民俗略与巴蜀同。而武都近天水，俗颇似焉”，“钟代石北迫近胡寇，民俗懻忮，好气为奸”③等等。上举数例“民俗”一词都指风俗民情，用以指称和庙堂相对的民间传统，和现在民俗学使用的“民俗”概念本没有什么太大区别。现代民俗工作者所常用的采风手段，似乎也可以从传统制度中找到其渊源，比如先秦两汉存在的“陈诗”、“采诗”、“乐府夜诵”、“观风俗知得失”等等——除技术手段差别外，这与现代田野调查的理念并没有根本性的区别。

古典资源与西方理念的暗合为西方民俗学—民间文学进入本土创造了契机。但是问题在于，上述观点就其只言片语而言固然与现代民俗学理论有相同之处，而若考虑其赖以存在的政治—生活环境，我们却并不能将其简单等同于现代民俗学，更不能说中国本土资源已经蕴涵了科学的民俗学的萌芽。因为古代中国的文献记载即便有与现代民间学术理论相同相似之处，仍然出于不同的学术兴趣和学术关怀。如果说西方现代民俗学以廓清民间传统、发掘民间智慧为己任的话，古典民俗观则奠基在政教或王者之道的政治—哲学传统之上。《毛诗序》：“先王以是经夫妇、成孝敬、厚人伦、美教化、移风俗”④。《汉书·地理志》云：“凡民函五常之性，而其刚柔缓急，音声不同，系水土之风气，故谓之风；好恶取舍，动静亡常，随君上之情欲，故谓之俗。孔子曰：‘移风易俗，莫善于乐。’言圣王在上，统理人伦，必移其本而易其末。”⑤传统民俗思想资源本是政教系统的一个组成部分，统治者关注民俗并非缘于学术本身，而是出于人伦教化的政治目的。

因此将现代民间文学学科视作古典“民俗”学术向现代西方民俗学水到渠

---

① 《史记》卷四第117页，中华书局，1959年。

② 《史记》卷一一九第3100页，中华书局，1959年。

③ 《前汉书》卷二八下第555页下栏、558页下栏，中华书局影印《四部备要》本，1998年。

④ 《毛诗正义》卷一第6页右栏，《四部备要》本。

⑤ 《前汉书》卷二八第555页下栏，中华书局影印《四部备要》本，1998年。

成的转化并不正确。民间文学—民俗学作为"学"而非"资料"与古典民俗—风俗观念并没有直接的渊源关系，其直接的学科来源正是西方的现代化，尤其是现代学科建立或曰学科分化的学科设置理念。而传统民俗—风俗观只是现代民俗学观照的对象之一，并无对象化的学科意识，所以不可能存在"对应"关系。"科学"意义上的民俗学起源于西学之"现代"而非本土古典传统。

现代民俗学—民间文学一方面向西方寻求真理，用西方的新观念、新方法来消解本土传统学术的影响力，另一方面又发掘本土资源以契合外来传统，表明"民间文学"古已有之。参照西方方法模式和理论样板，发掘本土资源建构新学统，例如依据作为经学支流的"语怪"传统构建中国神话学，依据史部支流的野史传统构建中国传说学，依据子部的小说传统构建故事学，就成为新文化运动声浪下建构民间文学系统的基本套路。上文说过，西学传统并非与中国本土传承完全合榫，西方民间文艺学的概念、术语、方法、理论进入中国传统经典时，圆凿方枘、削足适履的情形在所难免。这主要问题在于：两者所在的整体知识体系本身多有差异，与其在各自所依存的体系中的地位不同。比如，"神话"这一概念进入中国本土之后，原本在"数术略·形法类"或"史部·地理类"或"子部·小说类"的《山海经》，其地位得到极大的提升。而在强调《山海经》的神话属性时，不免高估了此书之于中国知识系统的作用。与此相类，《尚书·尧典》等经学内容被"还原"为人类学—民俗学材料而与小说家言等量齐观的同时，其在中国传统中具有的文化功能意义就消失殆尽了。从西方知识系统来说，神话既是隶属于民间文学，也是基于文、史、哲的三分法学术系统的重新组合，并不能和隶属于"诸子略"抑或"子部"的"小说"天衣无缝地对接。故而，从整体的知识体系角度看来，"民间文学"和"神话"在本土传统中并没有天然对应的研究对象。如果将神话视为一个普世概念，发掘本土的基本相似的研究对象就成为神话学科构建的首要目标；立足于内容相似性加以比勘，中国本土资源的"语怪"、"奇怪之事"当然是不二之选。

从这一意义看来，还原研究就是十分必要的方法。比如，将"民俗"从学科概念还原到生活世界之后，我们对于其与政治生活方式之间的联系认识得愈加深刻。而神话也不是一个放之四海而皆准的普世概念，它植根于古希腊的文化生活传统。一般神话史家喜欢将神话学的起源追索到古希腊时期，实际古希腊和古典中国一样，"神话"并不曾被作为学科予以观照，现代神话学是现代学科分化的直接产物。神话学所表现出的学科分化问题是现代性的后果。而中国神话学的建立是以西方神话学为蓝本的，中国神话学的观念、方法都来自西方，中国神话学作为中国现代学术的一部分，本来就是西方现代性问题在中国的衍射。所以，如果追究民间文学的学科起源的话，只能追索到西方并且是现代化的西方,而不宜从中国本土资源或古典西方寻找其学科萌芽或者学术渊源。

我们指出中西知识的不完全合榫,并不等于排斥借用西方思想、理论与方法——一笔抹杀民间文学对于现代学科建构的重要意义,无异太过鲁莽——而是想要说明,实现中西文化的平等对话,而不是以西例中的交流是必要的。这意味着,必须打破以中国文化为观照对象和研究材料的主客二元论研究范式,而应回溯到中国文化的纯粹主体世界中去。民间文学不再是实证的认识对象,而是超越的自在对象。① 如何回溯到文化主体,对现代学术(比如,中国现代神话学)的来龙去脉有所把握?既然中国新传统乃是参照现代西学传统而来,中国现代问题在一定程度上就是现代西学问题之延伸,回溯路径因此有必要反观西方古典学术传统,重新开审古今之争,打破现代的学科专业界限,展开一种贯通研究。②

将现代神话学问题放在现代西学传统进而中国现代传统这一语境下审视,不管现代神话学派之间关于"神话"的认识在局部或细节之间有多少分歧,其将"神话"所由来的那个母体("秘索思")原有之"非现代"意涵,亦即"权威、传统、信仰、古老、神秘"等等予以现代性的理性观照,进而改造为对象化"术语"这一学术关怀却是一致的。其不同之处仅仅在于各自具体的方法操作和理论归限。换言之,现代神话学只是现代化实践的一个部分。它因此必然有一对立面:我们姑且名之曰"古典'神话'观"。"古典'神话'观"与现代神话学的分野在于,后者之阐释端赖于某种"科学术语"亦即以"科学"为其前提,无论进化论的、精神分析的、功能论的、结构主义的神话学阐释,还是神话—原型的神话学阐释,都是一种有"科学"研究对象的理论;古典神话观则不以体系化的理论为先决条件,它拒斥那些以"科学"理论为背景依托的、体系完善的"术语"系统,而将语义放在具体文本乃至文句的注疏之中加以理解,这为实现交互主

① 户晓辉:《纯粹民间文学关键词引论》,《文学评论》,2009(2)。

② 甘阳:《政治哲人施特劳斯:古典保守主义政治哲学的复兴—列奥·施特劳斯政治哲学选刊导言》,载《自然权利与历史》,生活·读书·新知三联书店,2003年。

体的对话打开了可能性，从而有助于我们直观地把握存在世界自身。①

现代学人以“神话”概念审视《天问》“奇怪之事”，也就是拿与“古典‘神话’观”断裂的现代神话学概念来解读中国古典传统，从而将中国文化对象化；而如果我们不能深刻理解西方的学术传统尤其是西方古典学术传统，也就不会对西方现代学术传统进而中国现代学术传统有透彻的理解。为此，不能乐观地以为，大量西方现代理论的输入已足以使我们应付当前的问题。《天问》“奇怪之事”问题并没有因为西方神话学理论的输入而得到彻底解决；从还原立场出发，应该不带先入之见地回头探讨作为神话学母体的、古希腊的“秘索思”是什么，同时也必须返回头认识中国“怪力乱神”的传统；亦即是，还原到主客二元观之前的生活世界中。

① 尽管现代神话学的“神话”概念并不合于古典神话志的“神话”观念，但现代神话学仍然拥有对异文化进行阐释的合法权利，不能说古典“神话”观念的本义就具有唯一的正当性。指出现代神话学对异文化进行阐释的目的和功能时，并不需要特别强调西方古、今神话观念的语义变化，强调变化只是为了指出我们为什么要改变“神话”一词的传统语义以及想用改变了语义的“神话”概念做什么事情。我强调古今语义之变，是想对以“神话学”为代表的现代学术—学科问题的高度分化格局作一回溯研究，从而有可能了解“神话学”形成的来龙去脉。回溯古希腊，得以了解西方神话学的形成原是“现代性”的产物——神话学的起源不在古希腊那里，如一般神话学史所讲——而在现代学术那里（二元世界观的确立是否可以看做现代学术的世界观基础?）；回溯中国“语怪”，则发现中国神话学的建立是通过对“语怪”西学化，即将古典之“语怪”予以神话学阐释完成的。那么，神话—语怪问题就是古今之争（古典“语怪”与现代“神话”）、华夷之辨（中国“语怪”与西方“神话”）问题，而古今之争问题又是第一位的根本问题。神话—语怪的对比承续了现代学人的固有传统，提炼出这一问题意在反思现代的学术研究方式。

诗 学 研 究

Poetics Studies

封闭的文本[1]

(法)克里斯特瓦 著 车 琳[2] 译

内容提要:这是克里斯特瓦关于一种文本内涵的基本观点,涉及的内容很丰富。

关键词:文本 意素 封闭的文本 陈述文 意素分析

一、作为意素的陈述

1. 目前,符号学的研究对象不仅是言语(discours),而且是多种符号学实践(plusieurs pratiques sémiotiques),它们被认为具有**贯穿语言**(translinguistique)的特性,即通过语言而实践但又不属于现今所确定的各类语言范畴。

从这个角度来看,我们把**文本**(le texte)定义为一种重新分配了语言次序的贯穿语言之机构,它使直接提供信息的交际话语(parole communicative)与已有的或现时的各种陈述语(énoncé)产生关联。因此,文本是一种**生产力**(productivité),这意味着:(1)文本与其所处的语言之间是(破坏—建立型的)再分配关系,因此,从逻辑范畴比从纯粹语言手段更便于解读文本;(2)文本意味着文本间的置换,具有互文性(intertextualité)——在一个文本的空间里,取自其他文本的若干陈述相互交会和中和。

2. 符号学所研究的问题之一可能是以**文本类型**(typologie des textes)取代原来修辞学意义上的体裁划分,也就是说,对各种不同文本系统特性的描述

---

① 译自 Julia Kristeva, *Recherches pour une sémanalyse*, Paris, Editions du Seuil, 1969。

② 车琳,女,文学博士,北京外国语大学法意语系教授。

需要将它们置于广义的文本(文化)中,它们之间是相互隶属关系。①某种特定的文本系统(一种符号学实践)与其吸收到自身空间中的陈述语(句段)或是发送到外部其他文本(符号实践)中的陈述语(句段)之间的交会被称作**意素**(idéologème)。意素是在每个文本结构的不同层面上均可读到的"具体化"了的互文功能,它随着文本的进程而展开,赋予文本以历史、社会坐标。这里所说的并非分析之后加以运用的一种解读方法,用"意识形态"来"解释"原来"已知"的"语言性质"。以意素来理解文本的态度决定了一种符号学思考方法,在互文性中研究文本,并且在社会和历史(文本)中来思考文本。在文本意素这个熔炉中,认知理性在一个(文本)整体中来看待(无法等同于文本的)各种**陈述语**的转化,并且依此类推,进而把这个整体纳入社会和历史的广义文本中来解读。②

3. 被视作文本的**小说**是一种符号学实践,其中可以读到多种陈述语的轮廓和综合。

在我们看来,小说**陈述文**不是一个最小意义单位(最低限度的实体)。它是一个**运作过程**(opération),一个联系或者更进一步说是**组织**各种运作**材料**的运动,在书面文本研究中,这些材料或是字词,或是作为义素(sémème)③的字词连缀(语句、段落)。我们无意对这些实体(义素本身)加以分析,而是要研究把它们兼容并蓄到文本整体中的**性能**(fonction)。这确实是一种性能,也就是说具有变化性和关联性,每次取决于它所联系的互不关联的变项,或者更清楚地说,是字词之间或语句、段落之间的单义对应。显然,我们所提出的分析

---

① 在考察各种符号学实践与符号的关系时,我们可以总结出三种类型。1. 建立在符号,也就是意义基础上的**系统性**(systématique)符号实践,它是保存性的、有限的,其内容是引向指涉物的,它是逻辑的、解释性的、不变的和不改变他方(接收者)的。2. **转换性**(transformative)符号实践:"符号"脱离于指涉物,转向于它们所改变的他方。3. **"顶针式"**(paragrammatique)符号实践:符号被一种可称为"四元命题"(tétralemme)的相互关联的顶针式序列所排除,每个符号都有一个指涉物;每个符号都没有指涉物;每个符号既有也没有指涉物;每个符号既有也没有指涉物,这不是真的。参见本人《论"顶针式"符号学》(*Pour une sémiologie des paragrammes*),第196页。

② "文学理论是囊括……人类所有意识活动领域的各种意识观念学这一广袤学科的一个分支。"——P. N. Medvedev,《文学理论中的形式主义方法,诗学的社会学批评导论》(*Formalnyi metod v literaturovedenii. Krititcheskoie vvedeniie v sotsiologitcheskuiu poetiku*),列宁格勒,1928。本文借用其"意素"一词。

③ 此处使用的"义素"一词借鉴了A.-J.格雷玛斯赋予该术语的定义:义素是语义核心与语境词素的结合,属于表象层次,与词素所属的内在层次相对立。参见A.-J.格雷玛斯《结构语义学》(*Sémantique structurale*)第42页,拉鲁斯出版社,1966年。

方法虽然通过(字词句段等)语言单位来进行,却具有贯穿语言的性质。打个比方来说,语言单位(主要是语义单位)只是我们划分**小说陈述类型**(types des énoncés romanesques),即诸多**性能**的跳板。我们忽略各种语义单位是为了提炼出起组织作用的**逻辑应用**(application logique)关系,从而达到一种**超越切分**(suprasegmental)的层次。

属于这个超越切分阶段的各种小说陈述语在小说创作中连接成为一个整体。以这种方式进行研究,我们就会建立起小说陈述类型划分,进而寻找小说之外的来源。只有如此,我们才能从整体上定义"并且/或者"(et/ou)作为意素的小说。换句话说,在小说外部(extra-romanesque)文本整体(Te)基础上形成的性能在小说自身文本整体(Tr)中发生作用。小说意素正是这个来自小说外部文本并在小说自身文本中发生作用的**互文性**功能。

因此,两种可能难以区分的分析方法将有助于我们提炼出小说中的**符号意素**:

——对小说范围内的陈述语进行超越切分的分析,它将揭示小说是一个封闭的文本:开篇的构思,结尾的任意,双元对立结构,偏离和关联。

——对陈述语进行**互文性**分析,它将揭示小说文本中"话语"(parole)与"文字"(écriture)之间的关系。我们将论证小说文本的性质更接近于"话语"而非"文字",并将对其"语音次序"(言语各机制的排序)的拓扑学(topologie)进行分析。

既然小说是类属于符号意素的文本,那么有必要简略描述一下作为意素的符号所具有的特点。

二、从象征到符号

1. 中世纪后半叶(13 世纪至 15 世纪)是欧洲文化的转型期:符号思维替代了象征思维。

直到 13 世纪,象征符号体系是欧洲社会的特征,并且明显地表现在文学和绘画艺术中。这是一种体现宇宙观念的符号实践:事物(象征)代表的是一个(或多个)无法表现和无法认知的宇宙超验力量;超验力量与代表它们的事物之间存在单义联系;象征与它所象征的对象之间并无"相像";这两个空间(象征本体—象征体)本来彼此分离、不相关联。

象征承载了象征本体(共相),而象征本体不可约减于象征体(标志)。体现在史诗、民间故事、武功歌(chanson de geste)等文学样式中并转向象征领域的神话思想在表达时需要依赖一些具有象征性的事物,相对于被象征的抽象概念（“英雄主义”、“勇敢”、“高贵”、“美德”、“恐惧”、“背叛”等）而言，它们是一些**具体元素**（unités de restriction）。象征功能的纵向意义（共相—标志）是**具体和限定**（restriction），它的横向关系（符征体系之间的关联）是回避悖论（paradoxe）；在横向意义上可以说，象征意味着**回避矛盾**（anti-paradoxal）——在其“逻辑”中，两个对立项之间相互排斥。①善与恶是不可调和的，正如食物的生与熟、蜂蜜的甘甜与灰烬的苦涩等，矛盾一旦出现便立即要求化解，矛盾因此被掩盖和“解决”，也就被搁置。

象征言语体系在一开始便体现出这种符号实践的实质：其思维范式呈环状，开头蕴涵并预设了结局（首尾**相应**），因为象征性能（即意素）先于象征性表述本身而存在。于是产生了象征符号实践的一般特点：象征**数量的有限性**，象征的**重复性**、**限制性**、**普遍性**。

2. 13世纪至15世纪对象征思维提出质疑，削弱了它的重要性，但并未使其完全消失，而是基本过渡（同化）到符号思维当中。支撑象征的超验基础——它的“彼岸”世界和精神根源——受到质疑。正因如此，在15世纪末之前，戏剧舞台上表现的耶稣基督故事皆取材于《福音书》（有正有伪）或是《圣徒传》（参见朱彼纳勒根据圣热纳维耶芙图书馆馆藏公元1400年左右的手稿而出版的中世纪神秘剧②）；从15世纪开始，戏剧上表现的主要就是耶稣的平凡生活，艺术上也出现同样变化（如埃夫勒圣母院③）。象征所表现的超验精神基础似乎开始动摇。一种新的表意关系初露端倪，它联系的是“此岸”世界中“现实的”和“具体的”两个事物。因而，在13世纪艺术中，先知与圣徒是泾渭分明的；然而，到了15世纪，四大福音传道者不仅与四大先知，而且与罗马教廷四大圣师（圣奥古斯丁、圣热罗姆、圣昂布鲁瓦兹和伟大的格里高利，参见阿维奥特圣母院祭台）相提并论。史诗般规模宏大的建筑和文学巨制不再可行：取代大教堂的是具体而微的小教堂，15世纪是细密画家们（miniaturistes）大

---

① 在西方科学思想史中，在从以象征为主导的思维经过符号思维到多变思维的发展过程中先后出现了三种基本思潮，就是柏拉图主义（platonisme）、概念论（conceptualisme）和唯名论（nominalisme）。参见蒯因（W. Quine）“共相的物化”，收入《来自一个逻辑观点》（*From a logical point of view*），哈佛大学出版社，1953年。本文借鉴其区分两种符征体系（unité signifiante）的观点：一种位于象征空间，另一种位于符号空间。

② 阿西勒·朱彼纳尔（Achille Jubinal，1810-1875），法国中世纪学专家，1837年曾整理出版《未发表的15世纪神秘剧》（*Mystères inédits du XVe siècle*）。——译注。

③ 位于法国厄尔省的埃夫勒圣母院（Cathédrale Notre-Dame d'évreux）曾在12世纪毁于火灾，后于13世纪开始重建，在15世纪修复的中心小教堂中央立有著名的怀抱圣婴的圣母像。——译注。

展才华的时期。象征所代表的单一而明确的关系被**符号**所包含的模糊联系所取代，符号试图表现它所连接事物之间相似且相通的关系，尽管它们之间的联系以二者之间本质不同为前提。于是，在这段过渡时期，两个**不可等同**而又**类似**事物之间的**对话**（引发悲怆情感和心理活动的对话）成为常见的主题。比如，在14世纪和15世纪大量出现上帝与人类心灵的对话：十字架与朝圣者之间、罪孽的灵魂与耶稣之间的对话，等等。在这个过程中，《圣经》被赋予了道德教化的作用（参见勃艮第公爵图书馆馆藏强化道德教化作用的著名《圣经》版本），甚至出现了替代它的仿作（穷苦群众阅读的《圣经》版本和《人类救赎之鉴》①）②，忽视乃至完全抹消了象征的超验精神背景。

3. 在这种变动当中出现的符号保留了象征的基本特点：各词项之间的不可约同性（irréductibilité），在符号当中体现于指称物（référent）与所指（signifié）、所指与能指（signifiant）之间，以及依此类推，体现在表意结构（structure signifiante）的各个单元之间。因此，符号意素总体上类似于象征意素：符号是二元的、有层次的，并且具有区分等级层次的功能。然而，无论在纵向还是横向上，符号与象征又存在差别。从纵向上看，符号指涉的实体比象征指涉的事物更加**具体化**——经过具体**物化**（réifié）的共相变成严格意义的**事物**；而如果把符号结构套用到象征中，被考察的实体（现象）被抽象化，提升到超验层次。可见，符号思维实践吸收了象征的形而上学思维方式，并把它投射到"显而易见"（immédiatement perceptible）的层面；经过这样的发挥，"显而易见"者就转化成**客观性**——符号文化言语体系的主要原则。

从横向上看，符号思维实践中各个环节的联接方式表现为**各种偏离之间换喻性关联**（enchaînement métonymique d'écarts），意味着**渐进式的隐喻创造**（création progressive de métaphores）。相互对立的事项原本一直相互排斥，现在被融入一个充满多样性和可能性偏离的复杂系统（如叙述结构中的各种意外情节），令人产生一种**开放**结构的幻觉，结局呈**任意性**，难以闭合。比如，在文学言语中，符号思维实践在欧洲文艺复兴时期第一次以明显的方式表现于历险小说中，它建构在不可预见性和**意外性**（surprise）基础上，是在叙述结构层面上把任何符号思维所特有的偏离具体物化。种种偏离之间的这种连接几乎可以无限延续，因此就会产生作品结局具有**任意性**（arbitraire）的感觉。

---

① 《人类救赎之鉴》（*Speculum humanae salvationis*）是14～15世纪出现的一个普及宗教教义插图手抄本。——译注。

② 马勒（E. Male）：《中世纪末期的法国宗教艺术》（*L'Art religieux de la fin du Moyen Age en France*），巴黎，1949年。

这是一种可以描述任何“文学”(“艺术”)的**虚幻**印象,因为这个过程实际上已经被具有构建作用的符号意素所规划,表现于封闭(闭合)型二元思维方式:(1)确立指称物—所指—能指之间的层次;(2)在对立项关系层面上消化二元对立,如同象征一样提供一个**矛盾化解**(solution de contradiction)方式。在象征方式的符号实践中,矛盾的解决方案或者是**排他性析取方式**(disjonction exclusive),即两个词项不等值(non-équivalence),可以用“— ≠ —”来表示,或者是**不相容析取式**(non-conjonction),可以用“—|—”来表示;而在符号方式的符号实践中,矛盾的解决方案则是**非析取式**(non-disjonction),可以用“—∨—”来表示(以下还会详谈)。

三、小说意素:小说的陈述行为

因此,作为意素的任何属于符号思维体系的文学作品(直到19～20世纪认识论革新之前的全部文学),在开卷伊始便已经显示结局,呈现闭合结构。它符合概念化(非实验性)思维方式,正如象征思维近似柏拉图主义。小说是符号这种双重性意素(封闭、非析取式、偏离的联接)的典型表现方式之一,下面我们通过安托万·德·拉萨尔(Antoine de La Sale)的《让·德·圣特雷》(*Jehan de Saintré*)这部作品来进行分析。

安托万·德·拉萨尔在经历了从年轻侍从、战将到税务官的漫长职业生涯后,于1456年写作《让·德·圣特雷》,目的一是为了起到教化作用,二是为了抒发怀才不遇的幽怨(1448年,他离开为之服务了48年之久的安茹朝廷,辞别原因不明,赴任圣保罗伯爵三个儿子的家庭教师)。德·拉萨尔的著作被其本人分为几类:具有教化作用的故事集(《厅堂集》,1448～1451)、“科学”论文或游记(1459年《关于骑士比武赛会致雅克·德·卢森堡的信》、1457年《致德·弗莱斯讷夫人慰问信》),还有一些历史题材的演说辞和其他杂章,而《让·德·圣特雷》是他唯一的小说作品。法国文学史家很少提及这部著作,而如果我们把属于符号这种模糊意素的文本视作小说的话,那么它可能是第一部可以冠以小说之名的散文体作品。关于这部小说，数目有限的研究①都是围绕作品产生的历史年代中的社会风俗而展开，试图在德·拉萨尔交往的现实人物中寻找理解书中人物的线索，指责作者没有足够重视他所处时代的历史事件（百年战争等），是个迷恋过去的反动者，云云。因为过于关注模糊不清的社会历史背景，文学史不曾阐明这部处于时代之交的作品本身具有的**转型结构**，其实在德·拉萨尔尚不成熟的创作手法中，该小说体现了直至今日仍支配我们智识视阈的符号意识思维②。此外，德·拉萨尔创作的故事与写作自身的叙述是重合的：德·拉萨尔在说话，并且在写作的同时对自己说话。让·德·圣特雷的故事与书的撰写过程合为一体，而且从某种意义上说，前者成为后者的修辞表现、一个“伴侣”、一个“替角”。

1. 文本开头的引言勾画（概述）了整个小说的思路：安托万·德·拉萨尔谂知自己的作品**是何**（“三个故事”）和**为何**（向让·德·安茹表达自己的思想）。如此介绍了写作意图和信息接受对象，作者用 20 行便完成了**第一个环状结构**③，勾勒了整个作品的谋篇布局，视之为交流媒介，也就是符号，即**陈述文**（交换物）/**接收者**（公爵，或概而言之就是读者）之间的联系。接下来就是要讲述故事，也就是在笔与纸接触的刹那前充实和细化已知的构思——“词语间

① 其中最重要的研究成果如下。F. Desonay：《让·德·圣特雷》，刊于《16 世纪杂志》第 14 期，1927 年，第 1～48 和 213～280 页；《一个 15 世纪的作家如何自己校对手稿》，刊于《比利时文献历史杂志》第 6 期，1927 年，第 81～121 页。Y. Otaka：《〈让·德·圣特雷〉之定稿》，刊于《法国语言文学研究》第 6 期，东京，1965 年，第 15～28 页。W. S. Shepard：《安托万·德·拉萨尔的句法》，刊于《美国现代语言协会会刊》第 20 期，1905 年，第 435～501 页。W. P. Söderhjelm：《15 世纪法国短篇小说》，巴黎，1910 年；《安托万·德·拉萨尔及其作品》，赫辛弗斯，1904 年。我们所参考的版本由 Jean Misrahi（福特汉姆大学大学）和 Charles A. Knudson（伊利诺依大学）校订，日内瓦：德罗兹出版社，1965 年。

② 如今任何纠结于“现实主义”和“书写过程”问题的小说都近似于《让·德·圣特雷》的双重性结构：位于小说发展史终端（发展到了自我更新以进入书写生产力阶段，接近叙述又不受其限制）的当代现实主义文学令人重温了安托万·德·拉萨尔在小说体裁萌芽时期的实践，即把各种杂乱的陈述加以组织的工作。这种相似在路易·阿拉贡（Louis Aragon）的小说《处死》（*La Mise à mort*）中十分显著，而且正如作者所承认的那样，是有意的，这部小说中的作者（安托万）甚至借用“安托万·德·拉萨尔”一名以区别于表演者（阿尔弗莱德）的身份。（路易·阿拉贡全名为“路易-玛丽-阿尔弗莱德-安托万·阿拉贡”——译注）

③ 这个说法曾被 V. Chklovski 在《文学理论》中“短篇小说与小说建构”（*La Construction de la nouvelle et du roman*）一文中使用，《如是文丛》（Tel quel）第 170 页，瑟伊出版社，1965 年。

延续的故事”。

2. 这时宣布了标题:“首先是白丽库齐娜夫人和圣特雷的故事”,这意味着出现处于内容主题层次的第二环状结构。安托万·德·拉萨尔简要叙述了让·德·圣特雷的一生,直至去世(“他撒手人寰”,第2页)。于是我们**已经**知道故事的结局:故事尚未开始就已经交代了结果。其间的所有情节插曲都失去意义:小说将在从生到死这段历程中展开,所记载的无非是**偏离**(意外)性情节,它们不会破坏贯穿全局的这个“生—死”主题环。文本在主题上紧扣中心:这将是两个相互排斥的对立项之间的演绎,名称有所不同(善/恶,爱/憎,褒/贬:比如,作者引用古罗马作品中对贵妇遗孀的赞语,紧随其后就是圣热罗姆对女性的批判言辞),但始终围绕着(正/反)这个语义轴(axe sémique)进行。在整个过程中,对立主题间隔出现,不受限制,除了一个先决条件,即**排他性**(tiers exclu),也就是说,在对立项中必须作出**非此即彼**(“ou”exclusif)的选择。

在小说意素(如同在符号意素)中,只有当分离对立项的空间被一些模糊的语义组合完全占据的时候,二者的不可约同性才被接受。开篇所公认的对立概念引发了小说思路,但是立刻就会被抑制到一种**过时**状态,在**现时**中让位于丰富曲折的情节交织成的网络,一系列偏离现象联系对立两极,并且以一种糅合的态度消融在**伪装**(feinte)或**面具**(masque)形象当中。否定被容纳到对双重性的肯定当中,小说主题环中对立项之间的相互排斥性被一种**暧昧的肯定**(positivité douteuse)所取代,以至于开启和结束小说的析取式(disjonction)让位于(非析取式的)**既是而非**(oui-non)。这种性能不会因为折衷而出现休止(silence parathétique),而是把狂欢节规则和自身非推理逻辑结合起来,继承了狂欢节特点的小说正是按照这种功能模式组织起它所包含的各种双重意义形象:诡计、背叛、陌生人、双性人、双关语(小说表意对象层面)、颂言、市井之声(小说表意手段层面)等。如果没有这种在小说伊始就主导作品脉络的非析取逻辑(我们下文还会谈到),即双重性,小说就无法演绎。安托万·德·拉萨尔把双重性引入贵妇的双关语:在其女伴或是朝廷听来,这些话意味着对圣特雷的挖苦;而在圣特雷本人听来,这些话蕴涵了既“温柔”又“难以忍耐”的爱情。了解贵妇人言语中的非析取逻辑如何逐步展现是很有意思的。起初,只有说话者本人(贵妇)、作者(小说陈述的主体)和读者(小说陈述的接受者)了解话语的双关性:朝廷(中性机构=客观看法)和圣特雷(信息受述者)都不曾觉察贵妇人弦外之音中明明白白的挖苦之意。然后,双重性发生了转移:圣特雷进入会话并且接受信息,与此同时,他不再是受述者,而是变成了言语主体。在第二阶段,圣特雷忘记了非析取式逻辑,把先前所知道的**同时**

具有反面意义的言语完全理解成正面言语，忽略了假象并且错误地把始终具有双重性的信息（错误地）进行单义理解。圣特雷的失败——故事的结局——就归因于他错误地用单一的析取式逻辑替代非析取式逻辑来理解一个陈述。

小说的否定因此具有双重模式：**模态逻辑**（相反函项之间对立的必然性、可能性、偶然性，或不可能性）和**道义逻辑**（相反函项之间结合的必须性、许可性、等值性，或禁止性）。当对立关系的**模糊逻辑**（aléthique）和结合关系的**道义逻辑**（déontique）并存的时候①，小说方能发展下去。小说依据道义逻辑的综合思路展开，然后弃置不用，转而肯定模态逻辑中的对立关系。双重性（伪装与面具机制）本是狂欢节的基本表现形式②，却成了填充小说的主题—结构环状结构中分离功能所产生间隙的各种偏离现象的驱动支柱。因而，小说吸收了狂欢节场景的双重性（对话模式），同时又使之服从于象征思维分离功能的单向性（独白模式），保障其可能性的是一个超越性机构——承担全部小说陈述的作者。

3. 正是在文本发展到此处时，也就是说在文本的结构环（信息—接收者）和主题环（生—死）都得到完整表述之后，就出现了**表演者**。他此后多次出现以引入故事书写者的话语，把它当做**剧**中人物的**表述**，而他就是**作者**。安托万·德·拉萨尔巧妙运用（拉丁语中 actor-auctor，即法语中 acteur-auteur）谐音关系，触及了从话语**行为**（生产）到话语**效果**（产品）这个运动过程，并且由此完成了“文学性”产物。在安托万·德·拉萨尔看来，作家既是表演者也是作者，这就是说，他在构思小说文本的时候同时从操作层面（表演者）和产品层面（作者），过程（表演者）和结果（作者）、技术层面（表演者）和价值层面（作者）来进行，而不会因为作品（信息）和主有者（作者）概念业已存在而遗忘成品之前

---

① 参见 Henrik von Wright:《论逻辑模式》(*An Essay on Modal Logic*)，阿姆斯特丹：北荷兰出版公司，1951 年。

② 把双重性、模糊性作为小说的基本特点，并且与狂欢节的口语传统、笑和面具机制以及梅尼普式（ménippée）讽喻结构联系起来，这一观点得益于巴赫金的《陀思妥耶夫斯基的诗学问题》(*Problemi poetiki Dostoïevskovo*) 和《弗朗索瓦·拉伯雷的作品》(*Tvortchestvo François Rabelais*)。参见《巴赫金：词语、对话和小说》(*Bakhtine, le mot, le dialogue et le roman*)，第 143 页。

的过程。① 小说中的话语机制(小说文本中言语机制的拓扑学另作研究②)因而被纳入小说陈述文中并且表现为其中一部分。它揭示出作家其实是他所引发的言语活动的主要表演者，与此同时也将小说陈述的两种模式——**叙述**(narration)和**引述**(citation)——联接到同一个人的话语当中，这个人既是书的**主体**(作者)又是舞台上的客体(表演者)，因为在小说的不分离功能中，信息同时是言语又是一种表现形式。作者—表演者的表述逐步展开，分化并发展成两个部分：(1)内容性陈述，**叙述**——自我书写的表演者—作者所承担的话语；(2)一些文本片断，**引文**——被转让他人的话语，自我书写的表演者—作者承认他言。这两个部分相互交叉甚至相互混淆：安托万·德·拉萨尔很容易从他"旁观"(叙述)到的白丽库齐娜夫人"亲身经历"的故事转移到所阅读(引用)的"埃奈和狄东"③等故事中。

4. 我们可以总结说，小说的陈述方式是一种**推论**(inférentiel)方式：在这个过程中，小说陈述主体根据**推论前提**(les prémisses de l'inférence)，即被认为真实的其他片断(内容性的，即叙述性的，或者是文本性的，即引文性的)确认某一个片断为推论结果(conclusion de l'inférence)。小说推论在两种前提的表述过程中，尤其是在它们的联接过程中渐渐削弱，最终不能达到逻辑推理所特有的三段论之结论(la conclusion syllogistique)。作者—表演者之陈述行为在于把他本人的话语与他所阅读的内容、把他本人的话语机制与他人的话语机制黏合起来。

---

① "作者"概念出现于12世纪的罗曼语诗歌中，贵族诗人发表自己的作品并信赖于游吟诗人的记忆力，他要求后者进行准确背诵，稍有差错就会被发现和评判。"'一切都归罪于游吟诗人！'这位加利西亚的贵族诗人如此愤愤地声讨。由于这个原因，再加上一些文人们的诗歌已经不再接受吟唱，游吟诗人便被排除在文学之外了。他们的身份仅剩下了乐师这一项。而即便是这个行当，最终也不免为来自国外的管乐师取代。而在14世纪到15世纪，这些乐师本来是与游吟诗人共享社会舞台的。"(参见R. Menendez Pidal：《游吟诗歌和游吟诗人》[*Poesia juglaresca y juglar*]第380页，马德里，1957年)。因此，早期的游吟诗人不仅是表演者(剧中人物，表现者；拉丁语"*actor*"的意思是表现故事的人)，而且还是作者(产品的构造者，制作、安排、掌握、产生、创造事物的人，继而从生产者变成推销者；拉丁语"*auctor*"有出售者的意思)。

② 参见本人著作《小说文本，转换言语结构的符号学方法》(*Le Texte du roman, Approche sémiotique d'une structure discursive transformationnelle*)，海牙：默东出版社，1970年。

③ 埃奈(Enée)和狄东(Didon)，古希腊神话人物：埃奈是特洛伊的王子，狄东是蒂尔王(Tyr)的女儿。故事取材于公元前1世纪罗马诗人维吉尔的作品《埃奈曲》(*Eneide*)，后来又被绘画、歌剧等各种艺术形式所演绎。

把这个推论过程中起媒介作用的词语(les mots-agents)整理出来是一件很有意思的事情:“**在我看来**……”,“**如同**维尔吉勒所说……”,“圣热罗姆**于是说**”,等等。这些词并无实质意义,同时起**连接**(jonctif)和**转述**(translatif)作用。作为连接词,它们在小说的总体陈述当中联系(综合)了两类最基本的陈述(叙述和引语),因此是元核之间(internucléaire)的连接;作为转述词,它们通过改换意素把一个文本空间(声音话语)中的表述转移到另一个文本空间(书)中,因此是同一元核内部(intranucléaire)的转换(比如,将市井之声和颂言引入书面文本)。①

推论中的媒介语意味着把赋予某一主体的**言语**与另外一个有别于作者言语的**陈述**并列起来。它们使得小说陈述偏离主题和自身成为可能,从话语交际层次(信息性,交际性)转移到文本(生产力)层次成为可能。通过推论行为,作者拒绝成为一个客观的“旁观者”用“言”(Verbe)来表示真理并占有真理,而是以读者或听众的身份来参与书写,通过**其他**言语的转换来组织自己的文本。他的**解读**(déchiffre)行为多于**话语**(parle)行为。推论中的媒介语使他能够把内容性陈述(叙述)转换为文本性片断(引文),反过来把引文转换为叙述;它们在两种不同的言语之间建立起相似、类同和互换关系。符号意素在这里再次出现,出现在小说陈述的推论模式当中:只有当它把**另外**一个话语**化为已有**时,它才会承认其存在。史诗体裁不曾经历过这种陈述模式的分化:武功歌讲述者的表述是单义的,它有确定的表意对象(“真实的”物体或言语),它是一个表意手段,象征着超验客体(共相)。受象征思维主宰的中世纪文学因此是一种以超验力量这块“磐石”为表意对象和基础的“表意”文学和“表音”文学。狂欢节引入了言语机制(instance du discours)的双重性:**表演者**和**观众**轮流既是言语主体又是言语对象;狂欢场面还是连接业已分化的双重主体的桥梁,双方都在其中找到认同——作者(表演者+观众)。小说推论采用的正是这第三种机制并通过作者的言语加以实现。小说的陈述模式不可以归结于任何一个推论前提,它是一个潜在的熔炉,声音话语(内容性陈述、叙述)和书面文字(作品片断、引语)交会其中;它是一个虚空的、无形的空间,“如同”、“在我看来”、“于是说”或其他一些起着引导、联接和总结作用的关联词标志其存在。我们由此提炼出小说文本的第三种思路,真正意义上的故事尚未开始就已经结束:小说陈述行为表现为一种非三段式的推论方式,是叙述与引述之间的折中、声音与文字的结合。小说就是在这个联系**不同**并且**不可等同**“主体”的两

---

① 对于这些结构句法术语,请参见吕西安·泰尼埃(L. Tesnière)的《结构句法初论》(*Esquisse d'une syntaxe structurale*), P. Klincksieck, 1953 年。

种陈述类型的中空地带和无形范围内展开。

四、小说的非析取式功能

1. 小说陈述在构思时把对立项之间的关系视作势不两立、互不关联、不相互补、不可调解的两个组织之间绝对的、非交替性、一成不变的对立。为了使这种非交替性的析取式逻辑能够启动小说言语的发展进程，势必要引入一种否定功能将其包含在内，这就是非析取式逻辑。它出现在第二阶段，还不是一个**弥补二分性的无限性**(infinité complémentaire à la bipartition)概念(这个概念可形成于不同于“根本性否定”的一种否定观中，意味着把二元对立与对称二元的统一或综合同时加以考虑)，是引入了伪装、暧昧性和**双重性**机制。原来的非交替性对立渐渐表现为一种伪对立(pseudo-opposition)，只存在于萌芽状态，因为它还没有纳入自我否定的力量，即把对立双方统一起来。如果不存在这个补充性的否定把二分性转化成一个节律运动性整体，生与死(爱与憎，美德与丑行，善与恶，有与无)当然是绝对对立的。这个双重否定程序把对立项之间的**差异**(différence)缩减为一种可以相互转换的根本性**分离**(disjonction)，也就是说，使实体消失转化为交替的节奏所围绕的虚空，否则，否定是不完整和未完成的。这种否定包含两个对立项，在否定对立的同时并不肯定它们的同一性，这样，**根本性否定**(la négation radicale)程序就被分化成两个阶段：(1)分离功能，(2)不分离功能。

2. 这一分化首先引入了**时间**概念：时间性(故事)本可能是断裂性否定行为之间的**间隔**(espacement)，出现于两个彼此隔离、无法交替的运动(对立—协调)之间。而在其他文化体系中存在一种无限延续的否定，把这两个运动联系到一个均衡转换的系统中，因而避免了否定行为造成的间隔(持续时间)，取而代之的是产生转换的虚空(空间)概念。

否定的“模糊化”同样引申到一种终极意义和一种神学原则(神旨，“意义”)。前提是以分离功能作为起点，然后贯彻合二为一的意图，仿佛以统一“忽略”对立，同样，对立并不因为“在意”统一而存在。后来如果上帝出现，表明以非交替性否定为原则的符号思维范式到此终结，显然，这种终结在第一阶段的简单绝对对立(非交替性分离阶段)中已经存在。

正是在这种分化的否定中产生了一切**摹仿论**(mimésis)。非交替性否定是叙事法则：任何叙述都以时间、意图、故事情节和神为要素。史诗和叙事性散文使这个间隔发挥作用，目的在于表现由非交替性否定衍生的神学意义。我们应当到其他文明中去寻找一种科学的或宗教的、道德的或仪式性非摹仿性言语，它匿形于节奏性交替中，用协调性行为包容了一组组语义对立的矛盾①，在此过程当中形成了自己。小说也不例外，符合这种叙事法则。在各种各样的叙事文中，小说的特性在于不分离功能落实在整个小说陈述的每个叙事层次中（主题、意群、行动元，等等）。此外，主导小说意素的正是非交替性否定的第二阶段，即非析取式功能。

3. 确实，析取式逻辑（生—死，爱—憎，忠诚—背叛这一主体环）是小说的框架，我们在小说开篇的封闭型构思中已经有所发现。然而，只有当对立项之间的分离在得以保存、肯定和认可的同时又可以被否定时，小说才有可能展开。因此，小说中的析取式逻辑主要表现为**双重一体**（un double），而不是**两个不同体**（deux irréductibles）。背叛者、受嘲弄的君主、失败的战将、不忠的女人等形象都源自小说起源时期就出现的这种非析取式逻辑。

史诗主要围绕着排他性析取式或者是不相容析取式逻辑而进行。在《罗兰之歌》和所有"圆桌骑士"系列传奇中，英雄与叛徒、善人与恶人、战士的职责与内心的爱情等贯穿小说始终，成为不可调和的冲突，没有任何折衷的可能。因此，服从于不相容析取式（象征）逻辑的"经典"史诗中不可能产生性格塑造和心理描写②。随着非析取式符号思维出现才产生人物心理描写，并且在模糊暧昧状态中找到适合表达曲折心理的土壤。通过史诗的演变，我们可以看到**双重性**形象的出现成为**性格**塑造的前身。于是，在 12 世纪末，尤其是到了 13、14 世纪，一种模糊的史诗性作品发展起来，其中的皇帝被人嘲弄，宗教和贵族变得滑稽可笑，英雄也有懦弱和可疑之处（《查理大帝朝圣记》），国王愚蠢无比，美德不会得到回报（《加兰·德·蒙格朗》③），背叛者成为主宰（《杜恩·德·马扬斯》武功歌系列中的《拉乌尔·德·康布莱》④）。既非讽刺，也非赞扬，既不批判，也不认同，这种史诗体现了一种建立在相反亦相像基础上、赋有

---

① 葛兰言（M. Granet）：《中国人的思想》（*La Pensée chinoise*），第 50 页。

② 在史诗中，人的个性受限于两种简单类型：好人和坏人，正面人物和反面人物。人物心理状态似乎"无关于性格，因此有可能以惊人的速度发生转变而达到令人难以置信的状态。好人可以变成坏人，而其中的心理变化是以迅雷不及掩耳的速度进行的"。D. S. Lixachov：《古代俄罗斯文学中的人物形象》（*Chelovek v literature drevnej Rusi*）第 81 页，莫斯科-列宁格勒，1958 年。

③ 《加兰·德·蒙格朗》（*Garin de Monglan*）是法国中世纪末期的武功歌作品，可能形成于 15 世纪初。——译注。

④ 《杜恩·德·马扬斯》（*Doon de Mayence*）又称"离经叛道的贵族"系列武功歌，其中的主人公形象与中世纪传统的道德规则相悖，《拉乌尔·德·康布莱》（*Raoul de Cambrai*）是其中一首。——译注。

兼容并蓄和暧昧模糊特征的双重性符号学实践。

4. 在从象征到符号的过渡中，法国南方的贵族爱情文学(la littérature courtoise)表现出特殊价值。最近的一些研究①证明了法国南方文学中对贵族女性的崇敬与中国古代诗歌之间的一些相似。似乎可以得到这样一个结论：建立在“合取性析取”(辩证的否定)思维方式上的象形表意实践首先也就是既相同又截然不同的两种性别之间的“合取性析取”，它对以非析取式对立为特点的表意实践(基督教，欧洲)产生了影响。这就可以解释为什么在相当长的一段时期里，一种西方社会中的表意实践(贵族情诗)赋予**“他者”**(女性)结构上**最重要**的角色。不过，在从象征到符号过渡中的西方文化体系里，对合取式析取的歌颂转变为对两个对立项中的唯一**一项**——他者(女性)——的赞扬，而本者(作者，男性)在其中找到认同并且**后来**与之融合。于是自然会产生对他者(Autre) 的排斥，这必然表现为对女性的排斥，表现在对性别(和社会)对立的不认同。东方文学作品中所固有的阴阳之序在合取性析取(男女神结合)中安排性别(差异)，到了西方就被一个以他者(女性)为中心的体系所取代，而这个中心的存在只是为了让本者(Même)能够从中找到认同。因此这是个伪中心，一个故弄玄虚的中心，一个盲目的中心，它有益于本者，他自立了一个他者(中心)，实际上是为了在此一、同一、唯一当中感受自己。对这个盲目的中心(女性)所持的排他性肯定(positivité exclusive)被无限放大(“高贵”，“心灵的美德”)，消泯了析取(性别差异)并且融汇到(从天使到圣母玛丽娅)一系列**形象**当中。因此，在没有指定他者(女性)作为对立方，**与此同时**也是与本者(男性、作者)地位平等的对立方之前，在它自身还没有被对立之间的联系(男女有别**同时**又具有同一性)否定之前，这个尚未完成的否定行为**已经**

---

① 参见 Alois Richard Nykl：《与古代普罗旺斯诗人关系中的西班牙—阿拉伯诗歌》(*Hispano-arabic poetry on its relations with the old provençal troubadours*)，巴尔的摩，1946 年。这份研究论证了阿拉伯诗歌虽然没有对普罗旺斯地区诗歌产生生搬硬套的“影响”，但是通过与普罗旺斯地区话语体系的接触在内容、体裁和节奏、诗韵、诗节等形式方面推动了贵族爱情诗歌的形成和发展。然而，苏联学者 N. I. Konard 又证明了，阿拉伯世界的另一端与东方及中国保持接触(公元 751 年，巴格达哈里发军队与中国唐朝军队曾在怛逻斯河边交战)。两部公元 3～4 世纪的中国诗集《乐府》和《玉台新咏》在主题和结构上与公元 12～15 世纪普罗旺斯的贵族爱情诗歌有近似之处，当然，中国诗歌自成体系，属于另外一种思维体系。但是仍然应该看到阿拉伯文化和中国文化这两种文化之间接触和融合的事实(中国的伊斯兰化＋中国的符征结构、艺术、文学对阿拉伯修辞体系，以及由此对地中海文化的渗入)。参见 N. I. Konard：《当代比较文学的各种问题》，收入苏联 *Izvestija Akademii nauk*，“文学与语言”系列第 18 卷(fasc. 4) 第 335 页，1959 年。

构成一个被神学化的行为。在恰当的时候，它与宗教行为联系起来，把未竟的事业敬献给柏拉图主义。

在贵族爱情文学的神学化过程中，有人认为那是为了从宗教迫害①中拯救爱情诗歌，或者相反，有人认为那是阿尔比人②在法国南方教会势力溃败③之后，宗教裁判所或多明我修会(ordre dominicain)和方济各修会(ordre franciscain)对文学的渗透。无论事实情况如何，在这种以伪否定、不承认语义项合取式析取为特点的符号学实践结构里，贵族爱情文学的宗教化已经是不争事实。在这样的意素中，对女性(他者)的理想化意味着拒绝承认对立群体之间存在**角色差别**(différentiel)但无**等级之分**(non-hiérarchisant)的状况，同样也拒绝承认这个社会在结构上需要一个转换中心、一个只在**同性**当中具有**交换物**(objet d'échange)价值的**异性**(autre)。社会学已经描述了女性如何占据这个转换中心(交换物④)的位置。这种贬低性质的崇尚预示了14世纪以后市民文学(寓言诗、滑稽剧、闹剧)中女性地位所受的明显贬抑，这两种现象其实并无本质差别。

5. 安托万·德·拉萨尔的小说介于两种类型的陈述之间，它包含了这两种思维方式：在小说结构中，贵妇是一个双重性形象。她不再纯粹是贵族情诗模式中那个被神化的爱情主宰，也就是说是非析取关系中被升值的一项。她也是不忠的女子、忘恩负义和卑鄙无耻的人。象征表意实践(贵族爱情文学陈述)中本应有的不相容析取式的语义对立项在《让·德·圣特雷》中不复存在；在这里，它们是说明符号意素内涵的双重统一体中不可分离的部分。贵妇既未被神化，也不被嘲讽，既非母亲，也非情人，她既不钟情于圣特雷也不忠实于神甫，她是一个最典型的非析取式形象，这也是小说的轴心。

---

① J. Coulet：《普罗旺斯诗人吉莱姆·蒙塔加尔》(*Le Troubadour Guilhem Montahagal*)第12卷，第4册，图卢兹：中世纪图书馆，1928年。

② 法国南方城市阿尔比在历史上是一座圣城，中世纪异端——"纯洁教派"的信徒们正是用这座城市的名字为本教派命名——阿尔比教派(Albigeois)，他们在13世纪时遭到了天主教会的镇压，这就是历史上著名的讨伐异端教派的十字军东征。——译注。

③ J. Anglade：《普罗旺斯诗人吉罗·利奇耶：古代普罗旺斯诗歌的衰落》(*Le Troubadour Guirault Riquier, Etude sur la decadence de l'ancienne poésie provençale*)，1905年。

④ Campaux：《15世纪的妇女问题》(*La question des femmes au XVe siècle*)，刊于《法国文学与外国文学教学杂志》I. P. 1864年，第458页起；P. Gide：《古代法律和现代法律中的女性隐私情况研究》(*Etude sur la condition privée de la femme dans le droit ancien et moderne*)第381页，1885年。

圣特雷也属于这种非析取式形象：少年与战将，侍从与英雄，情场受骗却从战场凯旋，既受到保护也曾被背叛，他是贵妇的情人但同时也是国王或是战友布希科的情侣(第141页)。他从来不是一个真正的男性化角色，在贵妇身边他身兼孩子—情人的角色，又与国王或布希科同床共枕，圣特雷是一个名副其实的两性人，这个角色是对性的崇高化(而不是对崇高的性化)，他的同性恋只是把他所隶属的符号学实践中非析取式逻辑加以故事化。他是一面位居轴心的镜子，小说系统中的其他论述投射其中并且自相融合：对贵妇来说，他既是异性又是同性(他虽是男性也仍然是孩子，所以她从中发现了与他者并无不同的自我身份，同时也并不排除二者之间不可忽视的**差异**)，对国王、其他战友或布希科来说，他既是**同性**又是**异性**(他是男性，但也是主宰他们的女性角色)。圣特雷类似于贵妇的非析取式特性使他在男性社会中具有了交换物的价值；而他本身所具备的非析取式特性使他在社会中男性与女性之间成为交换物。这两点共同将一个文化文本中的各个元素联系在一个以非析取式(符号)逻辑为主导的稳定系统中。

五、偏离性陈述的联接

1. 小说非析取式功能体现在各种内容的陈述文之间的关联上，也就是各种**偏离的联接**(accord d'écarts)：原本对立的两个论述(形成主题环的生/死、善/恶、始/终等)通过一系列陈述文联系和协调起来；这些陈述文与预设的对立结构之间没有明显关系和逻辑上的必然联系；而它们之间的罗列和连接也并没有受到重大的阻碍。相对于小说整体的对立结构而言，这些偏离性陈述是对事物(服饰、礼物、武器)或事件(军队出征、节日庆典、战争场面)的**褒扬性描写**(descriptions laudatives)。比如书中对商品买卖、人物着装(第51、63、71～72、79页)和对武器装备(第50页)的描写。此类陈述反复出现，少有变化，使得文本形成一个回旋往复的整体，出现一系列围绕着各自**中心点**而存在的封闭、循环、完整的陈述，每一个中心点都是对空间(商贩的店铺、贵妇的闺阁)、时间(军队出发、圣特雷返回)和陈述主体的内涵作分别或同时的介绍。这些描写性陈述细致入微，而且周期性反复出现，其**重现节奏**可以为小说的时间性提供参照。事实上，安托万·德·拉萨尔不对任何事件在时间上的发展进行描述。当出现表演者(作者)的陈述来进行时间上的连接时，无非是言简意赅地把一些令读者身临其境的**描写**连缀起来，比如整装待发的军队、商家店铺、衣服首饰，这些赞美之辞并不包含任何因果关系。偏离性陈述的罗列可以没完没了，夸赞性描写可以永远重复，可是它们最终还是被小说陈述的基本运行机制——非析取式逻辑——**结束**了(封闭和终结)。用回顾的眼光来看就会发现,在结局中,原来的歌颂反过来变成了悲叹,最后以死亡而结束,因而这些受限于小说结构整体的褒扬性描写就失去了绝对性,变得模糊暧昧,具有迷惑性和双重性:其单义性变成了双重性。

2. 除了上述褒扬性陈述,非析取式逻辑联接的另一种偏离出现在小说进程中:拉丁语**引文**和道德说教。安托万·德·拉萨尔引用了蒂勒·德·米莱齐、苏格拉底、特里米德、皮塔库斯·德·米瑟莱恩、《圣经福音书》、加图、西尼加、圣奥古斯丁、伊壁鸠鲁、圣伯纳、圣格里高利、圣保罗、阿维森纳等等,而且除了他所明确表示的引用之外还可以发现相当数量的抄袭。

我们很容易就能发现这两种偏离陈述——褒扬性描写和引文——出自小说之外的来源。

第一个文本外来源是集市、市场或是广场。言语来自于夸赞自己商品的商贩之口或是宣告战争开始的传令官。语音话语、口头表述甚至是声音本身都变成了书:小说不完全是书面文字,它也是口头交际的记载。纸上记载了一个具有任意性的**语音**(话语=声音),它想要与参照物和语义相符合,代表一个业已存在的"事实",为表意手段补充表意对象并将其容纳到一个交流机制中,也就是把它限定为一个可操纵和交流的符号表现体(符号),其作用在于保证一个承载**意义**(价值)的交际(沟通)结构的完整和严密性。

这些褒扬性表述在 14、15 世纪的法国大量存在,并以**颂言**(blason)之名为人所知。它来自于口头交际话语,或在广场上大声宣读,目的是将有关战事消息直接公布于众(士兵数量、来源、武器装备),或是市场里的叫卖声(商品名称、质量、价格)①。这些嘈杂纷乱、夸大其词而又郑重其事的罗列之辞属于一种语音(phonétique)文化:欧洲文艺复兴时代才最终确立的这种以交换为意图的文化通过**声音**手段和话语体系(言语、声音)内的结构而进行——它必然指涉一个所认同的现实,并且(通过表意手段)赋予它表意效果。"语音"文学就是以这种褒扬性、重复性的表述和表述行为为特征。②

后来,颂言失去了单义性而变得模糊,往往兼具褒贬两种功能。到 15 世

---

① 比如有名的"巴黎城叫卖声"——重复性、列举性、褒扬性的陈述语,在当时社会中起着现代社会中的广告作用。参见 Alfred Franklin:《古代的个人生活》(*Vie privée d'autrefois*)第一章"布告与广告",1881 年;J.-G. Kastner:《巴黎之声——民间叫卖的文学和音乐史》(*Les Voix de Paris, essai d'une histoire littéraire et musical des cris populaires*),1857 年。

② 参见《古老遗嘱之谜》(15 世纪):古巴比伦国王尼布甲尼撒二世的军官曾列举 43 种武器,在《圣坎特恩殉道者》(15 世纪末)中,罗马军队首领列举 45 种武器,等等。

纪,颂言已经成为一种典型的非析取性表现形式。①

安托万·德·拉萨尔恰好在颂言产生褒与/或贬两重性之间的阶段使用了这一形式。书中所记录的颂言确实是单义性的褒扬之言。可是一旦从小说文本的整体结构来看,它们就变得模棱两可了:贵妇的背叛使得赞誉之辞显得虚伪和暧昧。如前所说,颂言变成了指摘,并且被融入小说的非析取式逻辑当中;形成于文本之外(Te)的性能在小说文本整体(Tr)中发生变化,并因此使小说成为意素。

单义性的分化是整个中世纪言语空间(口语)中的一个典型现象,尤其是在狂欢节情境中。分化是符号(事物—声音,参照物—语义—语音)的本质特征和交际系统的形态特征(主体—受述者,本者—假代者—他者),进入了陈述语(声音)的逻辑层次,并且表现为一种非析取式逻辑。

3. 第二种偏离——引文——来自于一个书面文本。拉丁语和其他(已读)书籍进入小说文本,或是被直接抄袭(引用),或是化为记忆的痕迹(回忆)。它们从自身空间原封不动地被转移到正在书写的小说当中,被加上引号袭用或是仿用。②

中世纪末期重视声音文本并在文字文本中引入集市、市场、街头等(城市)空间,同时这个时期也以大量书面文本的进入为特征:书籍得到推广,不再是

① 比如在格里美豪森(Grimmelshausen)的《讽刺的香客》(Der Satyrische Pylgrad, 1666)中,有20个陈述语首先以正面意义出现,后来又以贬义重新出现,最后表现为双重意义(非褒非贬)。颂言形式在中世纪神秘剧和讽刺滑稽剧中大量存在。参见Montaiglon:《15和16世纪法国诗歌集》(*Recueil de Poésies françaises des XV et XVI siècles*)第一卷第11~16页,第三卷第15~18页,巴黎:P. Jannet-P. Daffis,1865~1878年,还有《民间故事集》(*Dits de pays*)第五卷第110~116页。关于颂言,参见H. Gaidez和P. Sébillot所著《法国民间颂诗》(*Blason populaire en France*),巴黎,1884年;G. D'Harcourt G. Durivault著《颂言》(*Le Blason*),巴黎,1960年。

② 关于安托万·德·拉萨尔作品中的引用和袭用问题,参见M. Lecourt:《安托万·德·拉萨尔与西蒙·德·艾斯丹》(*A. de la Sale et Simon de Hesdin*),收入《致埃米尔·夏特兰信札》(*Mélanges offerts à M. Emile Chatelin*)第341~350页,巴黎,1910年;《安托万·德·拉萨尔的一个借鉴:西蒙·德·艾斯丹》(*Une Source d' A. de la Sale: Simon de Hesdin*),收入《罗马尼亚》(*Romania*)第76期第39~83页,第183~211页,1955年。

贵族和学者的特权①。这样的结果是声音文化也企图跻身于书写文化。由于在我们的文明中,任何书都是对口头言语的记录②,因而引用或抄袭与颂言一样具有语音文化特征,即使它们出自文字之外(言语)的来源参照的是安托万·德·拉萨尔的作品产生之前的书籍。

4. 尽管如此,对书面文本的引用也扰乱了口头言语记录带入文本的规则:列举、重复,即时间性(如前所述)。书写机制带来了两个重要后果。

第一,安托万·德·拉萨尔的文本中的时间性与其说是话语型

---

① 我们知道在中世纪初期,书籍经历了一段被"神圣化"(圣书=拉丁文书籍)的时期,之后书的地位被降低,出现了由画本代替文字的现象。而"自 12 世纪中期,书的作用和地位发生了变化。作为生产和交换场所的城市接受了书籍的存在并引发了书籍的产生。人们的言行在其中产生反响,在一种活跃的气氛中交流和丰富。书籍成为最需要的产品,进入了中世纪的生产体系中:它变成一种可以货币买卖的产品,也是一种受保护的产品。"(Albert Flocon:《书的世界》[*L'Univers des livres*]第 1 页, Hermann,1961 年)一些非宗教的书籍开始出现,如罗兰系列;还有宫廷小说,如亚历山大大帝传奇、底比斯传奇;布列塔尼传说,如亚瑟王、寻找圣杯的故事、《玫瑰传奇》;法国南方和北方的情诗,鲁特伯夫的诗歌,寓言诗,《列那狐传奇》,圣迹剧和宗教戏剧等。手抄书本形成一种真正的商品交易,并在 15 世纪获得长足发展:在欧洲各大城市巴黎、布鲁日、格朗德、安特卫普、奥格斯堡、科隆、斯特拉斯堡、维也纳的集市上,在教堂附近,书本抄写者摆摊设位展示他们的商品。(参见 Svend Dahl:《从古至今话书籍》[*Histoire du livre de l'antiquité à nos jours*], P.-Ed. Poinat, 1960 年。)在安托万·德·拉萨尔所奉职的安茹朝廷(与意大利文艺复兴关系密切),历任国王都非常尊崇书籍:勒内国王(1480)拥有 24 部土耳其和阿拉伯手抄本,在他卧室中悬挂着"一幅巨画,上面写着所有基督教国家和撒拉逊国家的字母"。

② 西方思想似乎历来把任何文字都视为次要,是言语之后的事物。这种对文字的轻视,正如许多哲学先决命题,要追溯到柏拉图:"我肯定没有写过(关于这个主题的)书,将来也不打算这样做,因为这种学说是无法像其他学问一样见之于文字的。倒不如说,要熟悉它就要长期接受这方面的教导,与之保持亲密关系,然后终有一天,它就像突然迸发的火花在灵魂中生成,并马上成为不证自明的东西"。除非文字能够等同于一种权威,一种永定的真理:"写成这样一本能够给全人类带来巨大利益,把事物的本性启示给所有人的著作"。可是,唯心主义以怀疑的态度发现"语言是一种无能的工具。(……)因此,没有一个有理智的人会如此大胆地把他用理性思考的这些东西置于语言当中,尤其是以一种不可更改的形式,亦即用所谓书写符号来表达"(柏拉图《第七封书信》)。研究文字的历史学家普遍认同这个观点(参见 James G. Février:《文字的历史》,*Histoire de l'écriture*, 巴黎:Payot,1948 年)。相反,张成明(Tchang Tcheng-Ming)在《中国文字与人类行为》(*L'Ecriture chinoise et le Geste humain*,巴黎,1937 年)中和 P. Van Ginneken 在《人类古老语言的类型重建》(*La Reconstitution typologique des langues archaïques de l'humanité*,1939 年)中肯定书面文字先于声音语言而存在。

(discursive)时间性(各个叙述段落并不按照言语段落发生的时间顺序来安排),不如被称为**书写型**(scripturale)时间性(各个叙述段落按照书写行为来引导和推进)。“事件”的进程(描写性陈述或是引用)服从于在空白之页上书写的手,服从于文字记录的布局。安托万·德·拉萨尔经常中断话语型叙述时间**进程**以引入文本书写工作的**现在时**。“言归正传”,“简而言之”,“何从说起”,“此处不言夫人及其女伴,且说圣特雷”,等等——类似的连接句标志着一种**有别于**话语型(线性)的时间性:表示(书写工作的)推论性陈述行为的**现在时大量涌入**。

第二,(语音)陈述语被转录入纸面,其他文本(引文)被转载,二者共同形成了一个书面文本,其中书写行为本身退居其次,从**整体**上来说处于**次要**地位:仿佛进行了抄录工作,成为一个标记,这封“书信”似乎不再具有记录意义而成为一个交换物——“以之为书信相寄”。

如此结构的小说有如一个双重空间:同为声音陈述和文字陈述,而占据绝对主导地位的是话语(声音)层次。

六、任意性结局和完整性结构

1. 任何表意行为都表现为表达形式上**完成**的陈述。这种完成有别于**结构性完整**(finition structurale),后者只有少数哲学体系(黑格尔哲学)和各种宗教有所企及。在我们的文化中,“文学”被作为成品(效果、印刷)来消费,其生产过程却不被关注,而具备完整的生产工序就是文学的一个基本特征。小说在文学中占据主要地位。从小说的历史起源和它们共同的封闭结构来看,文学概念与小说概念是重合的。小说中往往缺少显而易见的结局,或是模糊朦胧,或是意味深长。这种意犹未尽的感觉并不意味着文本结构不够完整。每一体裁都有其特殊性,我们将揭示出作为小说的《让·德·圣特雷》所具有的完整性结构。

2. 该书开头的谋篇布局已经体现了完整的结构。在我们先前描述的提纲当中,各条思路自成体系,或是首尾呼应,或是因为某个抑制性因素而彼此重合,最终勾勒出一个封闭言语系统的轮廓。除此之外,该书在写作的结束方式上再度实现结构的完整性。作者以对贵妇的惩戒而结束笔下人物圣特雷的故事,然后叙述戛然而止,小说最后以一句作者的陈述语结尾,宣布了终局:“本故事从此结束……”(第 307 页)

小说开头的思路所设立的各个环状结构当中如果有一个得以完成,故事就可以视作结束。这个环状结构就是对贵妇人的批判,这也意味着对暧昧的批判。**叙事**(récit)止于此。我们把完成一个具体环状结构而产生的叙事完成称为**一次**结局。

可是,文本基本结构(二元对立及其与非析取功能的关系)的具体实现所表现的结构性完整不足以使作者的陈述成为闭合的体系。话语中没有什么因素可以结束无穷无尽的一环套一环,除非加以任意(arbitraire)处置。在小说陈述中,真正的终止行为发自当下在纸页上生产了小说的写作行为本身。当主体死亡的时候,言语停止,而制造了这个"谋杀"的是写作(生产)机制本身。

此外,**表演者**标志着出现第二次,也是真正一次结局:"一个英勇骑士之书就此结束……"(第 308 页)然后是简单回顾故事情节,并把陈述引回到写作行为("此时,崇高而杰出的君主和令人景仰的王爷勿因文字过多或过少而……圣特雷说,鄙人完成此书,以之为书信相寄"),同时用书写行为的现在时取代故事叙述的过去时("尊敬的王爷,**此时此刻**,无他人致信于您……"[第 309 页]),从而结束小说。

在文本的双重进行过程中(圣特勒的故事—写作过程),书写的生产力被转化为叙述,而叙述经常被中止以显现生产行为,作为修辞形象出现的(圣特雷的)死亡与言语的终止(表演者的消失)同时发生。不过,在文本结语中被重提的这个死亡不是被话语引入的,而是由文字(小说文本)用引号引入(墓碑上)的文字从而推论得知的,因此,此处**话语**的作用后退一步。另外还发生了一个后退,这回是**语言**的后退,引用的墓碑铭文使用了一门已死的语言(拉丁语):拉丁语已经让位于法语,它也到达了死亡的时刻;此时结束的不仅是故事(在前一段已经结束:"本故事从此结束……"),而且是言语及其产物——"文学"/"书信"("本书就此结束……")。

3. 故事本可以继续讲述圣特雷的历险或其他经历。可是故事就此而止,完成了生死之环:在结构上完成小说的是我们上面提到的符号意素的各项封闭性能,故事在叙述过程当中只是变换了形式;在写作行为上完成作为文化产品的小说者,就是突出叙事行为,把叙事文当做被书写的文本加以阐述。

因此,在中世纪末期,也就是在"文学"意识和"社会"(文学是其上层建筑)意识尚未巩固之前,安托万·德·拉萨尔以双重方式结束了自己的小说——作为故事(结构性)和作为言语(写作性),而这种写作行为的结局方式以其幼稚性反而凸显了后来为资本主义文学所遮掩了的一个重要事实,那就是:

小说具有双重符号地位:它是一种语言**现象**(故事),同时还是话语**体制**(书信、文学);作为故事的**存在**是具有文学存在这个基本特性之前的一种表现形式。现在我们就发现了小说区别于故事的特征:小说已经是"文学",也就是说是言语行为的产品，是主有者(作者)和消费者(大众、接收者)之间一种具有价值的(言语)交换物。故事的结束就是某一环状结构的完成①。相反，小说的终结不止于这个故事的结束。话语机制往往表现为尾声的形式，出现在最后，缓和叙述进度，表示这其实是由一个说话主体控制的言语结构②。故事讲述的就是情节，而小说表现为一个言语体系(无论作者——多少有此意识——是否如此认为)。在此方面，在说话主体对其话语的批判意识发展过程中，小说成为具有决定意义的一步。

把小说作为故事来结束，这是一个修辞问题，其方式在于重新打开曾经开启小说的封闭性符号意素。把小说作为一种文学事实(作为言语或符号来理解)来结束，这是一个社会实践和文化文本的问题，其方式在于把话语(产品、作品)与话语的终结——书写(文本生产力)进行对照。这里就出现了把书看做一种生产的第三种观念，而不再是现象(故事)或文学(言语)。安托万·德·拉萨尔当然并没有意识到这样的涵义。他之后的社会文本排除了任何生产的观念，取而代之的是产品观念(效用、价值)——**文学**的作用是**商品价值**的作用，这甚至掩盖了安托万·德·拉萨尔曾经在模糊意识中的实践：文学产品的话语起源。后来等到对资本主义社会文本产生怀疑时，随着文本中书写工作显示出重要性，人们才对(言语的)"文学"产生怀疑。③

4. 在此期间，这种打破了表现(文学事实)论的文学书写功能仍然是潜在的、无人理解和无人表述的，尽管它经常出现在文本中而且是显而易见的。对于安托万·德·拉萨尔和任何"现实主义"作家而言，写作就是话语，这是一个(不可逾越的)法则。

在一个以"作者"的身份自我反思的人看来，写作是一种磨砺、推敲和定形

---

① " short story "一词总是意味着一个故事，而且要满足两个条件：短小的篇幅和重视结局。B. Eikhenbaum：《论散文体作品的特征》，载《文学理论》第 203 页。

② 游吟诗歌以及民间故事和游记等，在作品结束时往往引入言语者机制，作为所叙述"事实"的见证者或参与者。可是在小说结语当中，作者发表话语并不是为了见证某个"事件"(如同在民间故事中)，也不是为了公开表达自己的"情感"或"艺术"(如同游吟诗歌)，而是为了把前面假装转让他人(小说人物)的言语主权收归己有。他以**话语**(而不是一系列事件)的表演者身份存在，在所有情节性意义都完成之后(比如主要任务的死亡)还一直追随到话语的结束(消亡)。

③ 比如，菲利普·索莱尔斯(Philippe Sollers)的书《公园》(*Le Parc*，1961 年)在描写作为言语**现象**(表现)的作品所产生的逼真**效果**之前讲述了写作的**生产过程**。

的功能。自文艺复兴以来的语音意识①认为,写作是一种人为的限定、一条任意的法则和一个主观的产物。文本中书写机制的干预往往就是作者为了解释故事的任意性结局而自圆其说的理由。安托万·德·拉萨尔就是这样在叙述时不断写到写作过程,以此来证明结局的理由:他的故事是一封书信,书信的结束就是思路的结束。另一方面,作者在写圣特雷之死时并没有讲述过程:一贯不惜笔墨、不厌其烦的安托万·德·拉萨尔在介绍这个重要事件时只是转录了一块墓志铭,并且采用了两种语言——拉丁语和法语。

我们现在面临着一个以不同形式贯穿小说历史的悖论现象:书写过程的贬值,把它划为毫无作用、多此一举、缺乏生气的一类。伴随这个现象的是对作品本身、作者和文学事实(言语)的重视。书写行为的出现只是为了结束这本书,也就是结束言语。开启书的是作者的话语:"且谈白丽库齐娜夫人"(第1页)。书写行为是一个极具区分性的行为,使得文本具备了一个不可与其他混淆的特殊性质;它也是一个极具联系性的行为,避免了一个完备的意素当中各个序列的封闭,而使它们开放到一个无限的布局中,这个行为将会消失,但是它的出现无非是为了提醒在客观现实(陈述、声音言语)之外还存在着主观创造(书写实践)行为。存在于资本主义小说中的这种语音/书写、陈述/文本的对立以及其中第二项的贬值(书写、文本)误导了俄罗斯形式主义理论家,这使他们把故事中出现的书写机制的干预诠释为文本的"任意性"(artibraire)或是所谓作品的"文字性"(littéralité)。显然,"任意性"和"文字性"这样的概念只会在重作品(语音、话语)轻书写(文本的生产力),也就是说在封闭的(文化)文本这种意识形态中才有可能加以考虑。

1966～1967

---

① 关于语音思想(phonétisme)对西方文化产生的影响,参见德里达(J. Derrida)的著作。

诗应当改善人生吗?[①]

(德)贝恩 著 贺骥[②] 译

内容提要:德国诗人贝恩在他的演讲中对“为人生而艺术”的文艺观进行了逐条的批驳,他认为从政治上改善人生是政治家的职责,从技术上改善人生是工程师的职责,从社会上改善人生有赖于人类社会通过阶级斗争来自行调节,从医学上改善人生亦非艺术之责任,艺术只有审美功能,而无任何社会功能;现代艺术是艺术家的内心独白和自我表现,是形式的魅力和完美的幻象,是创造欲的超验对虚无主义的克服,是自我安慰,是为自我而艺术。

关键词:诗 人生 空虚 独白艺术

我和莱因荷德·施奈德[③]博士是今晚的演讲者,报告的题目我们已在我们的书中反复讨论过了。你们只要读过我和施奈德博士的几页书,就能大致了解我们的思想。我本人并不想复述我的旧文章,我想以另一种方法来阐明这个题目。

我采用的方法是:首先仔细审视这个题目,并逐字对它进行说明。“应当”一词意味着我们必须对诗或关于诗作出一种有约束力的限定。这个“应当”出现在摩西十诫的每一条诫命中,其行文为应当或不可。在《摩西五经》第二卷

---

① 译自 Gottfried Benn, *Essays und Reden*, hrg. v. Bruno Hillebrand, Fischer Taschenbuch Verlag, Frankfurt am Main 1989。1955 年 11 月 15 日,西北德意志广播电台在科隆举办文学晚会,邀请贝恩和施奈德作报告,报告的题目为《诗应当改善人生吗?》。晚会的主持人为托伊尼森,报告之后是讨论,参与讨论者有海因里希·伯尔、保罗·沙吕克和达斯博士等人。

② 贺骥,中国社会科学院外国文学研究所中北欧文学研究室副研究员。

③ 施奈德(Reinhold Schneider,1903-1958):德国诗人、小说家,著有中篇小说《拉斯·卡萨斯直面查理五世》和散文集《论时代》。

第二十章中，“应当”是一个非常严厉的词。当摩西接受上帝的训诫时，百姓们看见雷电交加，角声甚大，西乃全山冒烟。因为百姓们看见了这些异象，所以他们都站得远远的，准备逃避。现在我们不想站得远远的，但是“应当”这个词却不容争辩地站在我们面前，它马上把我们引向了下一个问题：究竟谁在提问，谁在要求得到关于诗的一种解释？提问者是一位国民经济学家、教育家、神甫或检察官呢，还是民意、舆论或民主的理念呢（按照民主的理念，人人皆有知情权和参与决定权）？我们不知道提问者是谁，我暂且把这个问题搁置起来。

诗①：因为现在已无流浪歌手②，而我们本人也不是流浪歌手，所以诗指的是一本书，一本有诗性的书，一本充满诗性的书。一本这样的书应当改善人生或者不应当改善人生，这一点尚未成定论。有许多其他种类的书明显地想改善人生，例如经济学书籍探讨自由与强制的平衡问题以及不受限制的个人与追求实利的大众社会之间的平衡问题，最后它们会指出一条能改善生活状况的出路。另外还有关于神经官能症、压抑和经理病的医学书籍，这些医书给病人提出建议和指出禁忌，并且推荐疗法用于改善人生。我们必须把充满诗性的书与这些经世致用之书加以对照，然后仔细考察诗性之书是否应该改善人生这个问题。在此我们可以把戏剧也吸收进来，并将它视作一本打开的诗性之书。

现在该轮到第三个词了，而这个词包含着一个基本问题：人生③究竟为何物？它指的是什么东西，它在哪些方面应该得到改善？是人生的生理还是它的情绪，是创造性的存在还是思想性的存在？“人生”这个词的含义非常宽泛，它使我们很难阐明我们的题目，在此我本可以对人生这个概念进行一种特殊的、不合时宜的批判，但是我不能够逃避紧扣主题的义务。很久以来我一直在思考一个奇怪的现象，这个怪现象就是生命的概念已成为我们的意识状态和良知状态的最高概念。除了席勒的诗句“生命并非最高的财富”之外，我们几乎再也找不到这种批判性的对生命的贬抑了。生命：白种人在它面前颤抖，它

---

① 诗(Dichtung)：意思是“文学”，特指抒情诗。

② 流浪歌手(Rhapsoden)：古希腊四处漫游的歌手，他们在基塔拉琴的伴奏下吟诵自己或他人的史诗。

③ 人生(Leben)：Leben是一多义词，有人生、生命、生活、生平、寿命、生存和生物等诸多含义。

是此在的最后的信仰支柱，是我们文化圈①的信仰支柱。生命是19世纪生物学的遗留物，这个遗老责成今日的欧洲为挽救每条生命而奋斗，为延长可怜的寿命而奋斗，用针剂和氧气罩来赢得每一个小时的生存。但我们还知道，平庸的、普通的生命在另一些文化圈里毫无重要性可言，例如埃及人、印加人和多利安人②的世界就蔑视平庸的生命。即使在今天我们也能听到亚洲的某些游牧民族的奇事：当年老的父母成为子女的累赘时，长子就把一根长矛插进帐篷的毡壁，帐篷里的老人随后朝长矛冲过去，让矛头刺入自己的心脏。由此可见，我们所主张的爱惜生命并不是一条普遍有效的人类学观念。只有在我们这里，在特定的纬度之内，生命才变成了秩序概念和基本概念，万物都敬畏它，它成了一道深渊，尽管其他的价值都遭到了废弃，万物还是盲目地投入深渊的怀抱，在深渊里相聚，并且感动得无话可说。我觉得生命至上的观念事实上并不像大众所认为的那样显白无误，对此我可以说出最严肃的理由。假设造物主③独爱生命，突出生命，强调生命，而不做常规的塑造和改造生命的游戏，这种假设在我看来荒谬之极。这位巨匠肯定还有其他的工作领域，而生命只是一个极其模糊的特例而已，他肯定也会关注那与生命无关的各种事物。总之，对于我们这个远离植物界的、由纯灵魂的体验材料构成的文化区域而言，这个专断的生命概念非常低级，它似乎来自兽医学。

这种成问题的生命应当得到改善。困难越来越大。诗应当在哪个方面改善人生呢？在政治方面吗？但政治上的改善是竞选大会和议员们的工作领域。在技术方面吗？技术改良只会使诗人们站到工程师和战士的立场上，而这些人只会移动边界并在大地上布设铁丝网。在社会方面吗？最近我读了一位英国国民经济学家写的一篇文章，该文称今天的英国工人过着比几百年前的大地主和城堡贵族更舒适、更时髦的生活。他详细地阐明了这一点：昔日乡

---

①　文化圈（Kulturkreis）：又译“文化区域”，指具有同一的文化模式或某种相同文化类型的地理区域，这一区域内的群体拥有独特的建筑、武器、生活器具、宗教制度和社会制度，例如西方文化圈和东方文化圈。文化圈理论的创始人为德国人类学家格雷布纳（Graebner，1877-1934）。

②　多利安人（Dorer）：古希腊四种主要居民之一，公元前12世纪由巴尔干半岛迁往南希腊，建立了斯巴达、科林斯等城邦。

③　造物主（Schöpfer）：尼采的宇宙本体。尼采认为宇宙本体就是永不枯竭的权力意志，就是“酒神似的宇宙艺术家”。宇宙艺术家不断创造又毁灭个体生命，乃是权力意志借以自娱的一种审美游戏。

绅的住房昏暗而狭窄，没有暖气；乡绅们的食物比较单一，他们必须在圣马丁节①宰杀掉所有的牲畜，因为他们在冬天没有足够的饲料来喂养这些牲畜；医疗水平差，乡绅们无法抵御各种疾病。今天的工人过着和三百年前的富人一样的生活，相同的情况又会在三百年后重现，并且会一直继续下去，穷人的生活将伴随着人类的黄昏和黎明一直向上攀升，将以心向上②从黑夜走向光明。穷人要往上爬，富人不愿衰落，个人在今天再也无法亲眼目睹这场斗争了，但它却是人类社会的一个机能性的历史进程。诗与人类社会的自行调节和自行改善何干？抑或诗应当在文化方面改善人生吗？现在我接触到了一个事实，关于这个事实我有独到的见解。我认为艺术和文化这两者没有太多的联系。我经常主张应严格区分下述两种现象：艺术载体和文化载体③。艺术不是文化，当然艺术也有教养、教育和文化的一面，但艺术之所以是艺术，并不是因为它含有文化因素，而是因为它是一个异类。文化载体的世界由腐殖质和花园土构成，文化的承载者从事加工、维护和扩建，他发出保护艺术的指示，他安顿艺术，让艺术之船驶入港湾，他举办各种艺术讲座和训练班，他相信历史，他是一位实证主义者。艺术承载者则静态地反社会，他几乎不知道他身前和身后有何物，他只关注他的内心世界，他为他的内在物质④汲取各种印象，把印象纳入内心，纳入内心深处，直到印象接触到他的内在物质，激发它而使它放电。艺术承载者对文化、传播、平面影响和接受的增长毫不感兴趣。他非常冷漠，他的内在物质必须保持冰冷。普通人可以人性地沉浸于情感的波澜之中，而他必须对情感和醉意进行塑造，进行淬炼，进行冷处理，赋予这些柔软的物质以稳定的形式。他是一位犬儒⑤，他扬言他要永远做一位冷嘲者，而理想主义者则混迹于文化承载者和职业阶层之中。艺术承载者不愿在公开场合露面，他不想发表意见，他认为改善社会根本不是他的职责——主张介入社会生活的只是少数几个伤感的艺术庶子而已。尼采在评赫拉克利特时说道：“在人群

① 圣马丁节(Martini)：圣徒马丁的纪念日，日期在每年的11月11日。圣马丁(约316～397)是图尔主教、法兰西主保圣人，曾创办高卢隐修院。

② 以心向上(sursum corda)：拉丁文，天主教弥撒序祷中的开场白。

③ 文化载体(Kulturträger)：传播文化价值的人或物，例如文化工作者和文化普及读物。艺术载体(Kunstträger)则指艺术家或艺术品。

④ 内在物质(inneres Material)：艺术家的思想、情感、情绪、潜意识和内心冲动。

⑤ 犬儒(Zyniker)：犬儒学派的哲学家。犬儒学派是古希腊小苏格拉底学派之一，此派中人生活清苦，衣食简朴，时人讥之为“犬”。犬儒学派提倡自制和节欲，视名利为身外之物，认为社会生活和文化生活是不自然的，主张返归自然、独善其身。著名的犬儒有安提斯泰纳和第欧根尼。

中他是一个怪人。"这句妙语用在艺术承载者身上非常恰当。

也许诗应当在医学方面改善、安慰和治愈人生？有许多人都肯定艺术的疗效。医生们用音乐来治疗精神病，肥胖症患者在采用节食疗法时可以朗诵里尔克的诗歌以使自己收心内视。但明哲们自有灼见，克尔恺郭尔说道，"真理通过受难而获胜"；歌德写道，"通过受苦我所获颇丰"；叔本华和尼采则把受苦的能力和程度视作评定个人等级的标准；莱因荷德·施奈德写道，"病人应表现出神的刚健，神要在病人身上创造奇迹"，施奈德还认为悲剧意识的消失正是欧洲文化衰落的症结之所在。当我们渴求悲剧的崇高感时，诗或诗人应当改善人生的这种悲剧状况吗？难道他不应该出于责任心而敬畏更高的真理吗？难道他不应该保持自己刚强的心性吗？诸位也许要问我：究竟什么是更高的真理？我的回答如下：我心目中的造物主绝不把人生的改善当做真正的改善。造物主会说：你们这些人到底想干什么？我用痛苦和死亡来提升你们，使你们获得人的尊严，可你们却借助于药丸和茴香茶[①]来逃避痛苦，你们贪图享乐，只想乘旅游车四处游玩。说到诗，我非常欣赏莱因荷德·施奈德的一句话："将各种问题搁置起来，在暗淡的曙光中彷徨、坚持，这就是艺术的本质。"谁这样来感受诗，谁或许就能继续前进。晨光熹微——关于造物主和改善的议论就到此为止。

我已对我们的题目进行了形式上的评析，但我不想就此打住。我将亲自审查诗的精髓并使它显现在我面前。在揭示诗的本质之前，我想概括性地说一句，我们的题目是一个德国式的问题，是一个非常德国化的说法。我不相信法国人、意大利人和斯堪的纳维亚人会如此提问。我们德国人很容易想到这个问题，因为我们能从我们的文学史中得出一种结论，即作为典范、偶像、道德上完整的自我和楷模的诗人能够影响青年人，能够改善时世。当我们考察最近几百年的德国文学史时，我们就会发现这个结论是正确的。德国文学史中有许多伟人，他们要么是正直的人，例如施笃姆和冯塔纳，要么是宁静的雅士，例如默里克、施蒂夫特和黑塞，要么是规矩的市民，例如托马斯·曼和格尔哈特·豪普特曼，所有这些诗人都是高尚者，都是正人君子。其他国家的诗人则相反，陀思妥耶夫斯基疯狂地玩轮盘赌，托尔斯泰好几个星期都不洗澡，结果他像沙俄富农一样臭不可闻。莫泊桑曾写道：一个正常的男人在他的一生之中要和三百至四百个女人交欢。魏尔伦在大街上公然朝兰波开枪，打伤了兰波并因此蹲了两年监狱。奥斯卡·王尔德则人所不齿。总的来看，诗人们并不是一种劝善的楷模，他们的生平无益于风化。

---

① 茴香茶(Fechteltee)：用茴香籽泡制的药茶。

为了更深入地探讨我们题目中的问题，我四处游走，想听一听诗人们的创作观，想知道他们的创作是否以裨益他人为指归。可是我没有找到利他主义的证据。黑贝尔①写道："创作意味着把世界当成一件大衣披在自己身上并以此取暖。"这显然是一种自我中心的文学观。易卜生说道："创作即自我调适。"这是一句名言，可我从中读出的却是利己主义。卡夫卡则说道："我憎恶所有与文学无关的事情，它们只能使我感到无聊。"阿纳托尔·法朗士写道："最终我们必须承认，只要我们不闭上嘴，那么我们每次说的都是我们自己。"里尔克说了一句非常有趣的话："一首诗根本不想激发读者，把他变成可能的诗人。"约瑟夫·康拉德也说了一句妙语："创作意味着在失败中体验存在。"最后我要谈到马雅可夫斯基。他在札记中写道："诗人的创作必须日复一日地继续下去，其目的在于提高技巧和收集诗性的预制件。一本好的笔记本胜过按照旧格律来写诗的才能。"请诸位注意这句名言中的两个词——"预制件"和"笔记本"。在此我们已置身于抽象的②、自觉的形式主义艺术的前沿。在周游文苑时，我们看不到，也听不到利他主义的改善世界的企图。然而有人会说，歌德就主张一种有追求、有济世利民企图的诗，他提倡教养、教育和改善——但我要反问，歌德真的就是一位济世诗人吗？只要我们认真研读他的最完美的诗歌，例如《你为何赋予我们慧眼》、《命运女神之歌》或《夜歌》："在你软和的卧榻上，请从梦中聆听我的心曲"，我们就会发现，这些成功的上乘佳作只是表现了诗人内在自我的完善——我并未断言这是一种只依靠自己而获得的完善。

但现在我只能投身于洪流之中，让滚滚的波涛把我吞没——诗应当改善人生吗？我吸取着这种理想主义的、充满希望的、人道的精华。但我会立即扪心自问：一位以诗为自我目的的诗人，怎么会再去寻找一种附带意义呢？谁写诗，谁就会反对全世界。反对并不等于仇视。诗人的四周只有一种深沉而无声的气氛。他坐在餐桌旁，两耳不闻身外事，餐馆里的食客都可以有他们的个人爱好，他们可以打牌，吃饭，喝酒，寻欢作乐，谈论自己的爱犬，谈论里西奥

---

① 黑贝尔(Friedrich Hebbel，1813-1863)：德国诗人、戏剧家。著有《黑贝尔诗集》和悲剧《抹大拉的马利亚》。

② 抽象艺术(abstrakte Kunst)：抽象是与具象相对的概念，抽象艺术指的是不造成具体物象联想的艺术，其创始人为俄国画家康定斯基，他主张用抽象的符号(几何形体和色彩)来表现纯精神世界。抽象诗(abstrakte Dichtung)发轫于未来主义、狂飙派和达达主义，抽象诗放弃了形象化的比喻，退回到语言材料(词、音节和字母)之中，进行语言材料的游戏，著名的抽象诗有达达主义的音响诗、视觉诗和二战后的德语具体诗。

尼①——而他和他们互不相扰。他已入定，他的头上萦绕着弧形彩带，飘着彩虹，他感觉妙极了。他不想纠正他人，他本人也不想被纠正，因为他在灵境中飘飞。或者他坐在家里，他家徒四壁，他不是共产主义者，但他也不想赚钱，也许他想赚点小钱，但他根本不想过富裕的生活。他坐在家里，打开收音机，关灯，夜里伸手不见五指，室内响起一个声音，声音震颤、闪光、变暗，随后休止，一道蓝光消失了。这种和解，这种瞬间的和解多么美妙啊！活物和死物、回忆和失忆在梦中拥抱，这种和解完全打破了常规，它来自梦幻之国，与幻象相比，星辰和太阳只是一些瘸子而已，它来自极远处，它完美无缺。

一种负担沉重的类型！诸位或许还能想起诗人的某些责任：为艺术而艺术、因果性和印度支那。他已不堪重负，世道爱怎样就怎样吧，世事转瞬即逝，但今天他栖居在北纬 53 度的城市，七月的平均气温为 19.8 度，一月的平均气温为 0.5 度，他必须走他自己的路，必须亲自体验他的局限性——他只能承担命运女神分配给他的那一部分责任。他朝自己呐喊：工作吧，你已年满七十，快去寻觅你的语言，描绘你的地貌，表现你的自我，冷静地接受你的部分职能和部分使命，命运女神已郑重地把这部分使命交给了你。瓦莱里曾坦言：完整的人②正在灭绝。而今我要说：完整的人只是业余艺术家的一个梦，他是一个庞大的总体，是远古的回忆。歌德时代已逝去，尼采把它烧成了灰，施本格勒煽起的狂风已将它吹走——空气中飘着一股浓烟，这不是施洗约翰节③前夜点燃的篝火或焚烧马铃薯地上茎的野火所冒的烟，而是文化圈学说的木柴燃起的烈火所冒的烟，一个文化圈日薄西山，另一个文化圈则蒸蒸日上，而我们则是日落日出的悲喜剧中的配角和傀儡。

倘若一位诗人的诗作兼有一种更高的思想，一种明确的思想，一种宗教思想或者人道主义思想，那么这将是一件美事，这将给诗人的心灵带来安慰，因为他的秘密电台总是发出死亡的电波；但是我相信，这种思想并不能抚慰人心，我相信，许多人都生活在一种冷酷的空虚之中，箭矢在虚空中笔直地飞，深蓝色的、冰冷的空无，起作用的只有射线，起作用的只有最高的天体，而人性则不在此列。

---

① 里西奥尼(Riccioni)：意大利电影导演、电影摄影师，作品有《魔鬼假日》(1930)、《上海秘事》(1950)和《卖春》(1962)。

② 完整的人(Vollmensch)：歌德在他的教育小说《威廉·迈斯特的学习时代》中所塑造的理想的人。完整的人集思想和行动的统一、个人与社会的统一、灵与肉的统一、艺术与生活的统一于一身。

③ 施洗约翰节(Johannistag)：共济会的节日，在 6 月 24 日，以纪念其主保圣人施洗约翰。

诗就诞生于这种空虚之中。在此我们面临着独白艺术的问题。诗是独白。我的这种观点并非生理变态，在大西洋彼岸也有不少人持这种观点。美国人通过发放调查表来促进抒情诗的发展，他们给十四位美国诗人寄了调查表，调查表中有这样一个问题：一首诗是写给谁的？诸位请听一听理查·威尔伯①是如何回答的。他答道：一首诗是为缪斯而写的，而缪斯的存在就在于掩盖诗不是写给某人的这个事实。抒情诗、诗歌就是对我们的问题的最佳测试。一首诗总是在追问自我，塞伊斯②的所有斯芬克斯和神像都参与了对这个问题的回答。大西洋文化圈在此时此地作出了回应：现代诗、绝对诗③就是没有信仰的诗，没有希望的诗，不为谁而写的诗，具有魅力的词语组合之诗。但绝对诗可以是一种超尘世的、超验的灵体，这种灵体不能改善每个人的人生，但能够提升每个人。谁从这种说法和论断中只能窥见虚无主义和性感，谁就忽视了在言词和魅力的后面还有足够的幽暗和存在的深渊，这种幽暗能够满足沉思者的冥想，而在迷人的形式中则蕴藏着足够的激情、自然和悲剧经验的宝藏。请诸位通观几千年来我们所走过的道路，洞察我们的宗教之路和文学—审美之路：整个人类就是靠几次遇见自我来维持其生存的，但是谁能够遇见他的自我呢？只有少数人而已，他们都是一些孤独者。

你们现在也许会认为，我非常消极地回答了主持人向我提出的问题。不，我的回答并不消极。诗不改善人生，但它做了一件意义更加重大的事：诗改变人。如果诗是纯粹的艺术，那么它就不具有历史的推动力，就不具有治疗和教育的效力，它的作用表现在另一方面：它扬弃时间和历史，它的影响深入到基因、遗传型和本质——这是一条漫长的内在之路。诗的特质就是无限的内敛，它的核心具有爆炸性，但它的边缘比较狭小，它的接触面不宽，但它的接触非常剧烈。当外物处于艺术的视野中时，当诗对外物进行调整时，当外物站在诗的面前时，所有的外物都会发生翻转，所有的概念和范畴都会在这一瞬间改变它们的性质。诗使万物流动，使僵硬的、迟钝的和疲倦的事物流动，这是一种迷乱的、令人费解的流动，诗之河流向沙漠时就向岸边撒种，撒下幸福的种子和悲伤的种子，诗的本质就是完美和魅力。

---

① 威尔伯(Richard Wilbur，1921～)：美国诗人，著有诗集《美好的变化》和《世事》。

② 塞伊斯(Sais)：位于尼罗河三角洲的古埃及城市，即今天的萨哈杰尔。塞伊斯是古埃及神话中的女神奈特的主要崇拜地，普鲁塔克曾写过有关该城蒙面神像的故事，席勒写有叙事谣曲《塞伊斯的蒙面神像》，诺瓦利斯则写有小说《塞伊斯的弟子们》。

③ 绝对诗(das absolute Gedicht)：即纯诗。绝对诗把艺术手法和语言组织绝对化，它以纯粹的词语艺术为指归，注重语言的自身规律和语言的进程。绝对诗寻求最恰当的词语搭配、最大胆的词语组合以及文字与白纸的对比。

我在前文中已竭力说明现在的形势非常严峻,为了让诸位认清形势,我打算用黑贝尔的诗句来结束我的报告。黑贝尔的风格不同于我的风格,诸位也许想听一听他的诗,因此我向诸位朗诵他的诗歌《致少年》中的一个诗节:

上帝也说,就是要变,
神的祝福悄然降临,
　　　　　　　　因为那人追求自我完善,
　　　　　　　　上主不愿使他成为笑柄。

民族文学经典——早期日耳曼学在民族教育模式中对文学经典的构建①

(德)亨利希·C.赛巴 著 聂 军 译

在1815年的解放战争中，当德国士兵为反对拿破仑而再次奔赴战场的时候，他们那后来人人皆知，并用以增强战斗力的"背囊里的拳头"还不是来自歌德。据说，当时的民族文学经典是《尼伯龙根之歌》，是由奥古斯特·策欧纳(August Zeune，1778-1853)于1815年特地作为"战地军营版"出版发行的，"因为众多的年轻人渴望把这部书作为守护神带在身边奔赴战场"②。关于这一点，他们当中最重要的，也最富有爱国主义精神的代表人物之一威廉·舍勒尔(Wilhelm Scherer，1841-1886)发表了看法。尽管他不能完全认同后人那种带有同情的嗤笑，但是他在后一场战争的初期(当时德意志文学以及大学里建立的日耳曼学被用以防卫训练)曾不乏几分惬意地回忆道："当今的德国人再也不会那样单纯无邪地投入战斗了。"的确，在1870～1871年间，对诗文的护卫能力的信仰受到了极大的考验，因为那些信奉雅典娜女神为所谓守护神的德意志自由战士毕竟已经不是特洛伊城下的希腊英雄们了。然而，不论这种考验多么严峻，舍勒尔和他的前辈们一样，都无法掩饰拥有一面文学盾牌的

---

① 译自 Jürgen Fohrmann u. Wilhelm Voβkamp(hrsg.)，*Wissenschaft und Nation-Studien zur Entstehungsgeschichte der deutschen Literaturwissenschaft*(《学术与民族——德语文学学术之形成史研究》)，München：Wilhelm Fink Verlag，1991，S. 57-72.

② 《尼伯龙根之歌》：原稿由奥古斯特·策欧纳根据最好的文本重新进行了整理，为了便于学校使用，还附加了前言和词汇表；柏林，1815年。参见卡尔·希姆洛克(Karl Simrock)在类似的文本中针对《尼伯龙根之歌》和瓦尔特·封·德·福格韦德所做的评价："这就是战地军营诗，有了它，就可以从地下冒出军队来抵御帝国的破坏者、高卢烧杀者、罗马人的骄横。"(《瓦尔特·封·德·福格韦德》，由卡尔·希姆洛克编辑、注释、出版；波恩，1870年，第1页。摘引见奥特弗里德·埃里斯曼[Otfrid Ehrismann]：《〈尼伯龙根之歌〉在德国——从18世纪中期至第一次世界大战期间〈尼伯龙根之歌〉接受研究》第19页，慕尼黑，1975年。)

愿望；具体地说，当他们将自己的科学研究——即古代文化研究——猛然脱离其研究对象的历史范畴而投入到现实斗争中去的时候，这面盾牌不仅能守护士兵们，而且还能守护他们这些语文学家。由此可见，这门新兴学科的研究对象很早就开始了从古代范畴向现实作用方面的转变；这是日耳曼学的一场颇具政治性质的功能转变，而且这种转变在其大学建制初期就已经存在了。在此列举几例对其加以探讨。

浮士德被奉为民族英雄，这有利于日耳曼学作为一个政治标牌获得其现实合法地位。这种美化英雄的做法在 1870 年达到了第一个顶点，成为早期从民族主义角度来定义语文学的一个亮点，如 1915 年发行的荷尔德林《许佩里翁》战地版，或者一百年前发行的《尼伯龙根之歌》“战地军营版”。此类适于鼓舞斗志（即认为战争是处于“对事业的热爱”①）的书籍作为民族文学经典，在人民军队为信仰而进行的战争（这种战争取代了 18 世纪的雇佣兵战争）中，除了为学院的学科建立奠定基础外，也成为促使公众舆论形成的工具。显然，这些被奉为德意志文化财富的文学作品，其宣传性价值恰恰在于它们是集体文化认同的媒介，并不存在任何蓄意宣传的嫌疑，因为这些作品所表达的不外乎费希特所宣扬的“德意志精神”。

从德法战争的角度看，让新一代爱国主义者了解文学神话用于他们自身也参与的国家和民族事业的原因在于 19 世纪初期的政治形势，在于他们的祖父辈们反对拿破仑的那场自由战争，不仅可以使他们知晓道理，而且对其从实证主义出发要求事物的客观性的可信度来说也是相当重要的。这是因为，早已摇摇欲坠的德意志神圣罗马帝国于 1806 年崩溃之后，来接替被拿破仑占领后分崩离析的政治帝国的这个“内部”帝国无奈之下只能以寻求文学慰藉为由为自己开脱，似乎文学至少能从表面上保证一个德意志文化民族的继续存在，然后会再出现一个与之相吻合的民族国家。因此，如果只涉及要战胜两次战争的外部敌人——法国人，那么借口说这门科学服务于政治是一种历史的必然还是说得通的；然而从内因看，雅各布·格林于 1846 年在日耳曼学者成立

① 这句套语早在莱辛的《密娜·封·巴尔赫姆》(III，7)中就已经使信仰之战摆脱了单纯的雇佣军战争：“人必须当一名士兵，为了他的国家；或者出于对事业的热爱，为之而战的事业。”斐迪南·封·希尔(Ferdinand von Schill)少校曾在 1809 年 5 月想要独自奔赴反对拿破仑的战争。他在呼吁中这样写道：“上帝和我们以及我们的正义事业同在。……正义的事业即将胜利，祖国昔日的辉煌将会重建。拿起武器来吧！”引自弗里德里希·多纳特(Friedrich Donath)、瓦尔特·马尔科(Walter Markow)编：《为自由而战——民族主义振兴时期的文献》第 154 页，柏林，1954 年。参见亨利希·C. 赛巴：《对事业的热爱——莱辛戏剧中的公共利益和个人利益》，图宾根，1973 年。

大会上所提出的不参与政治的要求却一直未加改变:"至于那真正的政治与我们的会议毫不相干,我们无需为此通过任何决议……"①

当国家形势尚需要借助日耳曼学来赢得一个德意志未来的时候,这一学科在其创立时期却从主观上远离政治,并由此也危及到了从学术史角度对本学科当前困境的探讨。在有些情况下,这一学科的(无业的)后来者那种令人担忧的窘况使人不免从其自身的历史作用中寻找出路,似乎日耳曼学在那种政治真空里所从事的学术史研究可以忽略其现实功能丧失的因素。由此,本学科在其发展过程中与政治的关系却没有得到应有的重视。基于这一点,以下相关的思考仅从实证角度阐述早期日耳曼学学科机构形成的过程,并着重关注其学科机构形成过程中意识形态发展的历史。

再从科学史的角度来看,19 世纪的文学工作者确实有理由回顾 1806 年以后日耳曼学的初始状况;因为当时的国家意识形态正以三段式形式进行着一场从政治现实向文化虚构方面的功能转变:即从丧失了昔日影响的德意志神圣罗马帝国,经过当时的文化国家,走向希冀未来的民族国家。与这种功能转变相适应,当时学术界热衷于德意志古代文化研究的景况令人难忘。然而,德意志古代文化与古希腊罗马的古典文学相比,充其量只是一个方面,发挥的作用也微乎其微,并且常常处于受歧视的境地。当时的腓特烈大帝歧视德语、贬损德语文学是出了名的。他在 1784 年谈到《尼伯龙根之歌》时说道:"我认为,这样的'诗歌'一钱不值,不值得再从被遗忘的尘土中翻腾出来。至少在我的藏书里,我忍受不了这些令人讨厌的东西,会把它们都扔掉。"②然而,弗里德里希·海因里希·封·德·哈根(Friedrich Heinrich von der Hagen, 1780-1856)的看法则相反。他于 1810 年成为第一批国家专职的日耳曼语学者之一,并有资格参与制定普鲁士国民教育政策;早在 1807 年,他就着手编辑出版第一部现代德语版的《尼伯龙根之歌》,并认为自己为日耳曼文学所付出的心血顺应了新的政治形势,因而是功不可没的;因为在德意志神圣罗马帝国

---

① 雅各布·格林:《论大会所代表的三项科学之间的相互关系》(1846)。参见雅·格林:《短篇文论选集》第 331～340 页,柏林,1871 年。此处:第 339 页。

② 腓特烈大帝致克里斯多夫·海因里希·米勒的信,1784 年 2 月 22 日。引自弗里德里希·扎恩克(Friedrich Zarncke)编《尼伯龙根之歌》第 XXXI 页及续页,莱比锡,1887 年。约翰·雅各布·波德默尔(J. J. Bodmer)出版了《尼伯龙根之歌》的部分章节(其书包括《克里姆希尔德的复仇》和《哀诉》,施瓦本时期的两部英雄史诗,以及《尼伯龙根之歌》和《约萨法》中的片段作品。此外,还附有词汇表。苏黎世,1757 年)之后,米勒的第一版才发行:《尼伯龙根之歌——一部 13 或 14 世纪的骑士诗》,手稿首次印刷。(出版地和时间不详)

灭亡一年后法军占领德国期间，他在这个版本的前言里写道："当前，在最为猛烈的暴风雨下，在德国更能显示出对我们伟大祖先的语言和文学作品的热爱；人们似乎要从往昔和文学中寻找那些如今忍痛丧失的东西。可是，唯独这一令人欣慰的努力还能够生动地表现出顽强的德意志品格；这种品格能超越一切义务，迟早总能打碎一切外来的枷锁，并从中获得教诲，走向成熟，显示那种先天的、不断追求自由的禀性……然而，这一时期能给德国人的情感带来慰藉并真正起到感化作用的东西，就只有那首被长久遗忘，而此时又焕发出活力的古老而不朽的英雄颂歌——尼伯龙根之歌；这无疑是全民族所有时代中最伟大、最值得赞颂的作品之一，它完全产生于德意志的生活意识，是一部非常完美的作品。即使在其他一些为数不多但却相当重要并且非凡绝伦的文学遗产当中，这部作品仍然是长期被忽视的民族文学中最崇高、最完美的标志——堪与埃尔文·封·施泰因巴赫那巨大的建筑奇迹相媲美。任何一部颂歌都没有像这部作品那样能触动和激发人的爱国之心，并能愉悦和增强这种热情……"①

因此，不仅对在此仅举例的《尼伯龙根之歌》在未来的接受，而且对近代语言文学学科（及其后来在科学史方面的接受）的建立来说，这种爱国的民族纲领早已先前确定了——再说一遍："人们似乎要从往昔和文学中寻找那些如今忍痛丧失的东西"。可见，人们为了"给情感带来慰藉并真正起到感化作用"，并不局限于这个"长期被忽视的民族文学中最崇高、最完美的标志"，而是注重一种精神的回归，即从前景黯淡的现在到"往昔"的回归、从现实到振奋人心的文学的回归、从毫无希望的行动到引人注目的文字的回归。这种回归必然导致人们从史学编纂的角度对民族文学经典进行一番规划，从而为过去的文学作品树立一座民族丰碑，因为这种民族文学经典展现了一个更为美好的世界，进而也就预示着对现实的拯救。所以，被誉为德意志"民族文学"的第一位史学家的路德维希·瓦赫勒（Ludwig Wachler）②在其1818年首印的布雷斯劳大学讲稿《德意志民族文学史讲稿》中强调：《尼伯龙根之歌》"完全有理由被奉为至高无上的作品，是古德意志文学艺术中一部完美的史诗；我们的时代尽可为此感到自豪，因为这部珍品在这个时代里更是人人皆知，赞誉有加，得到了

① 弗里德里希·封·德·哈根：《尼伯龙根之歌》前言，柏林，1807年。

② 事实上，莱昂哈德·麦斯特在其匿名发表的《德意志语言和民族文学史论集》（伦敦，1777年）一书中已经为此说法做了铺垫。参见亨利希·C.赛巴：《论历史编纂的政治功能之美化》，出自《新旧论争——1985年哥廷根第七届国际日耳曼学者大会文献汇编》第9卷第197～207页，图宾根，1986年。

深入细致的研究，被誉为民间艺术的里程碑，被引入学校课堂，并成为最广泛的读者所赞美和欣赏的东西"①。瓦赫勒认为，当时正在兴起的文学以及他自己的著作都应该发挥民族教育作用，而《尼伯龙根之歌》恰恰发挥了这一作用："当时，回顾一下那辉煌的过去，便能给人带来奇妙无比的现世慰藉；这种慰藉取自历史和德国科学与艺术生活的古迹当中；母语——这一自由人性的结晶——被当做珍品保留下来；它的幽灵预言着人们将从那耻辱的枷锁中获得拯救。不久的将来，人们必将认识到，回归德意志的观念、回归德意志的信仰、回归德意志的虔诚，能为困苦中的人民提供唯一的帮助。这是上帝的声音，它在召唤德意志民族回归自身；此时，德意志民族满怀崇敬和信赖倾听着这个声音，并且从中觉醒，获得新生。"②

大力弘扬国故以应对卑劣的现实，把文学"丰碑"（文学名著）构筑成一座民族意识的堡垒以抵御外来侵略，这是当时国民教育方面的一项重要措施。由此看来，德语语言文学学科机构的成立也似乎归因于此：《尼伯龙根之歌》的出版人弗里德里希·封·德·哈根是法学出身，1807 年在柏林战争与国土议院任职；如前所述，他于 1810 年受聘于刚成立的柏林大学，成为第一个讲授德语语言和文学的教师。当初他还只是副教授，以后便身居要职。在他早期的著作中，有一本书是为新形势下的国民教育而撰写的，书名为《从古代到 16 世纪德国文学史概论》。这本书于 1812 年在柏林出版，当时他已经调到布雷斯劳大学任教了。在这本书里，他没有简单地按照年代顺序来描述"德意志民族文学的发展特征"，而是从文学类型发展史的角度进行了描述，甚至能把他在《尼伯龙根之歌》里发现的核心主题置于一个世界全面转折的开端："既然这个新世界起始于德国，那么在所有的新文学中，这部地地道道的德意志民族叙事诗——民族大迁徙时期英雄时代的传说故事——是最古老的，也是第一部叙事诗……"③显然，《尼伯龙根之歌》记载了一个文化源头的神话传说，在这个传说中，那个实际上还不存在的民族目标——"德国"——已经表现出了新世界的开端。如何兑现这个作为故事而虚构的诺言，便成了文学史对这部作品的起源进行研究的课题：一种从历史编纂角度对民族文学进行构思的做法。

弗里德里希·封·德·哈根成为布雷斯劳大学的教席教授后，于 1824 年回到柏林。卡尔·拉赫曼（Karl Lachmann）于 1818 年成为柯尼斯堡大学的

---

① 路德维希·瓦赫勒：《德意志民族文学史讲稿》第 83 页，法兰克福(M)2，1834 年。

② 同上，第 3 页。

③ 弗里德里希·海因里希·封·德·哈根、约翰·古斯塔夫·布兴（J. G. Büsching）：《从古代到 16 世纪德国文学史概论》第 4 页，柏林，1812 年。

副教授,1825 年到柏林大学执教,1827 年升为教授。此时,柏林大学已经拥有一支日耳曼学师资队伍。之后,日耳曼学界才开始了缓慢的聘任过程,一批学者登上了大学讲坛:路德维希·乌兰德(Ludewig Uhland)和汉斯·斐迪南·马斯曼(Hans Ferdinand Maßmann)一同于 1829 年受聘于 1826 年成立的慕尼黑大学;随后,雅各布·格林于 1830 年执教于哥廷根大学,奥古斯特·海因里希·霍夫曼·封·法勒斯雷本(August Heinrich Hoffmann von Fallersleben)执教于布雷斯劳大学;1833 年,威廉·瓦克纳格尔(Wilhelm Wackernagel)执教于巴塞尔大学。日耳曼学在大学里的机构形成过程在缓慢地进行着。1974 年,一位名叫卡尔-海因茨·格策(Karl-Heinz Götze)的日耳曼学史学家还抱怨道:“1806 年到 1848 年期间,德语文学还不是一个独立的学科。”①

直到霍夫曼·封·法勒斯雷本主编的《德国语言文学概论》于 1836 年出版以后,随着卡尔·罗森克兰茨(Karl Rosenkranz)的文学史论著《1836-1842 年的德国文学》的出版,“文学”的概念自 1843 年起才被正式采用。三年之后,雅各布·格林于 1846 年提出了“应法学、历史学和语言学学者的称谓,日耳曼学者(Germanist)名称之延伸”②的说法,并由此为这门新型的,但仍然以语言文学为主体而设置的学科赋予了学科名称。早期的日耳曼学史似乎可以说明后来那些普鲁士爱国主义的教授们所代表的观点:正是在柏林这个全民奋起抗击拿破仑侵略的都市中心,德语语言文学学科机构得以建立,只能是这个文化民族在一个国民教育政策的大背景下作为对德意志神圣罗马帝国之消亡作出的反应。威廉·舍勒尔,这位向往柏林的奥地利人,正是在这种矛盾冲突中非常突出地代表了这一倾向。这样的例子还不止舍勒尔,因此必须细致地考虑,早期关于所谓日耳曼学一代奠基人的学科史研究观点与那种全民为之奋斗并最终要加以防卫的小德意志做法究竟处于一种怎样的政治联系,因为那些研究观点非常突出地强调了柏林的作用。

日耳曼学在当时呈现出一定程度的“小德意志”发展模式,其中威廉·舍勒尔起了极大的推动作用,因为这种状况能实现他希望奠定柏林在学科机构

① 卡尔-海因茨·格策:《作为文学史的德国文学的产生——三月革命前文学时期的历史背景、目标、方法以及文学史撰写的社会功能》,出自约尔格·约亨·穆勒(Jörg Jochen Müller)编《文学和社会科学》(2):《日耳曼学和 1806-1848 年间的德意志民族——市民意识的形成》第 167～224 页,第 168 页,斯图加特,1974 年。

② 雅各布·格林:《论日耳曼学者的名称》,出自雅·格林《短篇文论选集》第 345～347 页,柏林,1871 年。此处:第 346 页。

上的先导地位的想法。正如第一位日耳曼学史家鲁道夫·劳默尔(Rudolf Raumer,1815-1876)在其著作《德国日耳曼学史》(1870)中把雅各布·格林的《德语语法》(1819)称为"一门新兴学科的奠基之作"(Klaus Weimar)①那样,舍勒尔在他主持出版的这部国民基础文献的新版本中写下了一段前言,把自己的民族主义思想转嫁到了他所称赞的前辈身上。这段前言后面所注的日期为 1870 年 7 月 28 日,也就是说,战争爆发还不过十天。虽然当时他还在奥地利担任教授,而奥地利根本就没有参与那场举国欢庆的战争,但是舍勒尔"在这激动人心的、每一个德国人都满怀期待而内心忐忑不安日子里"写下了称赞格林兄弟的话:"他们所从事的科学为祖国的事业做出了完全不同的,而且更为巨大的贡献,这门科学永远与他们的名字联系在一起。如果说我们的民族比六十年前更加紧密地团结在一起,那么日耳曼学也为此发挥了微薄的作用。这门科学建立在最纯洁、高尚、神圣、能使人精神振奋的情感基础之上,建立在人对所处的精神团体的爱的基础之上,建立在对民族的爱的基础之上。"②对德意志民族事业的爱被大加赞扬,因此也成了他从事经典文学研究最重要的理由。然而,雅各布·格林为《德语语法》所撰写的前言非常冷静客观,并不受任何民族主义色彩的影响。这一点证实了对"自我辩护的需求乃是这种发展模式之始作俑者"这一观点的怀疑,而这正是舍勒尔和其后许多学者为这一学科的早期历史所宣传的模式。

由此可见,历来对日耳曼学初始背景的回顾常常只表现为一种动机转嫁,即把自己的动机转嫁到某个神话寓言之中,而这个神话寓言原本就已经在力图确定预期发展的目标,并且从目的论的角度用过去的历史来解释当前的现实。从此类关于起源的神话在历史编纂方面的利用来看,这些被目的论重新阐释的神话中一个非常重要的因素就是集中于某个重大事件,通过重大事件——为了明确区分相互对立的立场——那种才获得多重使命的神话的功能转变,更准确地说,那种基于政治原因的功能转变才更具有说服力。在这一点上尤其值得考虑的是,这些把日耳曼学表现为历史断层中重大事件的做法,是否恰恰如其所设想的历史持续性发展那样,在科学史发展模式的接受历史过程中也是一种虚构的、为自我辩护而服务的杜撰呢?这是因为对日耳曼文学

① 克劳斯·魏玛(Klaus Weimar):《文学史——研究报告》,见《德国文学及思想史季刊》(Deutsche Vierteljahrsschrift für Literaturwissenschaft und Geistesgeschichte)(50)第 298~364 页,第 303 页,1976 年。

② 威廉·舍勒尔:重印说明。见雅各布·格林:《德语语法》,第二版,由威廉·舍勒尔负责增印。第一部分第 21 页及续页,柏林,1870 年。

在大学里缓慢行进的学科建制过程来说，只提出那些大体上能与1819年和1835年等同的重大事件是不够的。原因是：第一种情况下，雅各布·格林的《德语语法》是作为这门新兴科学的奠基之作而发表的；第二种情况是，格奥尔格·戈特弗里德·格尔维努斯(Georg Gottfried Gervinus)发表了第一部根本没有按照文学套路来撰写的文学史学术著作《德意志诗意的民族文学史》。这里还可以补充的是1810年，这一年出现了第一个纯粹的日耳曼学教授职位；还有1807年，封·德·哈根对《尼伯龙根之歌》的整理出版促使人们注意到了从过去的经典文学中为本时代的政治现实寻找精神慰藉的必要性。哈根的呼吁与格尔维努斯的主张具有共同之处，即文学史与政治史的撰写方式相反，不是让读者"从对德国现实政治状况的描写中获得满足"，而是要让读者"通观全貌"，给人"一种安慰人心，甚至振奋精神的印象"。① 鉴于这种从1807年至1835年与哈根、瓦赫勒、雅各布·格林、格尔维努斯等名字紧密相连的精神需求状况，似乎可以说，同样在科学史上最为重大的事件发生在1806年，因为显然是德意志神圣罗马帝国的崩溃才赋予了这个新兴学科产生的使命。

无疑，1806年的重大事件是促使德语语言文学学科机构形成的一个不可低估的关键性因素。例如，以前的德语语言教学——假如只涉及学校的教学计划——仅限于以古典文学作品为例而进行的修辞和文体练习，而1806年以后则是为国民教育的目的服务的，像约阿希姆·海因里希·坎佩(Joachim Heinrich Campe)的《德语词典》(1807)便是如此。坎佩在论述德语语言时这样写道："她，这唯一的最后纽带，同时也是唯一尚存的希望之根基，使我们有理由预期德意志这个名字将在人类历史上不会完全消失；她是唯一使我们当下还能设想未来民族统一独立的东西。"②在政治变革之前，语言文学教学倾向于修辞训练的典型例子当属古代语文学家约翰·奥古斯特·埃内斯蒂(Johann August Ernesti, 1707-1781)撰写的《萨克森州迈森、格里马、弗尔塔三地贵族学校和乡村学校的新校规》，其中写道："如果想让学生充分了解德语语言艺术的话，教师就应该和学生一起认真阅读民族作家最优秀的作品，因为他们把对语言学的理解与丰富多彩的语句、词语选择以及优美的表达方式最完美地结合了起来；应该向学生解释那些语句的结构，让他们去观察艺术表现

① 格奥尔格·戈特弗里德·格尔维努斯：《德意志诗意的民族文学史》第9页及续页，莱比锡3，1846年。

② 约阿希姆·海因里希·坎佩：《德语词典》第一部第22页及续页，布伦瑞克，1807年。

中那些高贵或者低俗的东西，促使他们领悟词语的选择和运用。”①与约翰·约阿希姆·埃申堡(Johann Joachim Eschenburg)相比较可以看出，埃内斯蒂给予德意志语言文学如此的重视则是一个例外；因为埃申堡在布伦瑞克学校执教期间，为了补充他的著作《文艺理论与文献大纲》，特意编写了一部《文艺理论与文献释例汇编》(1788～1795，九卷本)，其中关于“审美观的形成”所指定的“纯文学参考书”②是根据修辞范例具有普遍性的标准化效用这一思想明确地从国际化角度来制定的。就此而言，埃内斯蒂主张回归德意志“民族作家”及其“最优秀作品”的做法可以看做是走向民族文学文体范例经典化的第一步。

出于国民教育的目的主张弘扬德意志文学的第二步举措是由于腓特烈大帝对文学不屑一顾的观点激发而起的。腓特烈大帝不仅仅对《尼伯龙根之歌》提出过轻蔑的评价。这位国王的文章被莱昂哈德·麦斯特(Leohard Meister)翻译后一经发表，尤斯图斯·默泽尔(Justus Möser)立刻撰文予以回应，并且在标题中就已经强调了国民教育的观点：《论德意志语言和文学——致一位朋友连同其撰文的信，有关传统德国人的国民教育问题》(1781)。在这篇文章里，默泽尔特地把腓特烈大帝特别贬损的作品——如歌德的《葛茨·封·伯利辛根》——称为“我们祖先的民族生活(典范的)写照汇集”，而且在一定程度上将这些文学作品奉为德意志民族文学经典作品，因为这样做正好迎合了他主张敬奉一个文学“守护神”的基本要求：“我们民族最优秀的颂歌无疑是一曲战歌，为了保卫祖国而歌颂全民族奔赴战场；是最优秀的舞蹈，能使全民族团结起来奋勇向前；是最优秀的戏剧，能赋予他们高尚的勇气……”③由此看来，策欧纳的《尼伯龙根之歌》“战地军营版”仅仅满足了一个早已提出的，并在1781年就与当时的文学紧密联系的要求。1806年之后，在国家需要号召德国人奔赴战场反对法国占领的形势下，费希特发表了《对德意志民族的演讲》(1808)。为此，他也成了所有谋求重树民族信念的人的代言者，即通过振兴民族意识来重建这个长期遭受过军事打击的国家，并且将那些抗战期间借

① 约翰·奥古斯特·埃内斯蒂：《萨克森州迈森、格里马、弗尔塔三地贵族学校和乡村学校的新校规》(1773)。引自汉斯-格奥尔格·赫尔利茨(Hans Geoerg Herrlitz)：《高级中学德语课堂经典阅读书目：教学用的母语文学史》第79页，海德堡，1964年。

② 约翰·约阿希姆·埃申堡：《文艺理论与文献释例汇编》(共九卷)，在未编页码的准备报告中，第3、4页，柏林、什切青，1788～1795年。

③ 尤斯图斯·默泽尔：《论德意志语言和文学——致一位朋友连同其撰文的信，有关传统德国人的国民教育问题》第14页，奥斯纳布吕克，1781年。

以焕发德意志精神的文献加以利用，以便为“特有的德意志国民教育”（费希特）①服务。

早在1806年以前，“民族文学经典”就被广泛用于思想宣传。而在此之前，埃内斯蒂无疑已对“经典”德语文学进行了筛选和编订。在《尼伯龙根之歌》可称为德国的新守护神之前，对《葛茨·封·伯利辛根》的“拯救”就已经指明了斗争方向。与此相同，德国的文体范例汇编书籍也必然从包罗万象的修辞学中解脱出来成为“经典”的东西；这是一种负有某种使命的典范，但不受其产生时代的约束。早在卡尔·海因茨·路德维希·波里茨（Karl Heinz Ludwig Pölitz）在其《德国经典作家作品通览实用手册》（1804）编订出版各个时期约100名——仅限于德国——作家的作品作为经典文学读物之前，“经典”（亦有“古典”之义）概念的含义已经脱离了古典的上古时期并转移到了特定的德国文学“经典作家”上；莱昂哈德·麦斯特主编的论集《德意志语言和民族文学史论集》（1777）便是对民族文学经典进行构思和规划的第一个见证。自文艺复兴以来，社会民众对古希腊罗马经典文学的偏爱一直占据着主导地位。然而这种风气在当时已经不甚流行了。这里，在考虑到这一背景的同时，还必须对德国的模式给予重视：“人们仅仅满足于阅读古代作品中那些古人在自然本身中所看到的东西。古典作家受到青睐，并被翻译和加以阐释。……人们像古人那样思考和写作，甚至常常使用古人的语言，比古人更富有独创性。对古代经典的迷信与崇拜的程度几乎相当于过去对圣人遗骨的崇拜。”②对古代经典文学的崇拜，意味着与新的经典文学相对抗，不仅涉及德国古代文学，而且还包括同时代的文学。这种奉古倾向被理性主义斥之为“迷信”。在“古典与现代的争端”中，一个著名的问题是探讨“现代”的典范性问题；在这个问题的背景下，早在1777年就对德国文学的“经典”时期开始的发现和高度评价便可以理解为突出德国文学并摆脱修辞学那种超越民族的普遍性要求的反古典文学。

1810年，当弗里德里希·封·德·哈根将其“德意志民族史诗”文本（《尼伯龙根之歌原文，附有各种手抄本的不同语句》）献给荷马研究学者弗里德里希·奥古斯特·沃尔夫（Friedrich August Wolf）时，已经不需要特别费力来

---

① 约翰·戈特利普·费希特：《对德意志民族的演讲》。源自弗里茨·麦蒂库斯（Fritz Medicus）主编：《费希特选集》（六卷本）第五卷第365～610页，第338页，达姆施塔特，1962年。

② 莱昂哈德·麦斯特：《德意志语言和民族文学史论集》第一部第16页及续页，伦敦，1777年。

感受在民族危机中逐渐增强的那份自信了。德语语言文学学科正是凭借这份自信，把古典语言文学的历史考证方法也用于这部经典之作："至于运用这种批评考证的方法来研究一部古老的爱国作品，对于手头这部被广泛认可了其典范性的作品来说是理所应当的……"①这部德国史诗的语言表现艺术"从两方面讲都甚于其他经典作家：表现方式上既有轻快，也有沉重；语句结构上既讲求随意也更讲求格律"②。这部作品的"典范性"从一开始就被认为是不言而喻的，其结果是它毫无异议地堪与荷马史诗相媲美。封·德·哈根于1807年就已经表明，在德国，新的经典作家被提出来，是为了要给遭受过拿破仑侮辱的德国人"带来慰藉并真正起到感化作用"，而从民族层面上推崇新的德国经典作家，显然迎合了新建校的柏林大学里学科研究机构的形成；因为当时刚上任的封·德·哈根在他的前言结尾部分公布了一则关于《尼伯龙根之歌》讲座的广告，"定于今年，还在这所学术气氛活跃的大学；在这里，一种彻底的自由精神也可以让人期待德国古代文化研究作为一门学科得到广泛的认可"③。在这种情况下，正如哈根在拿破仑战争胜利以后回忆道，《尼伯龙根之歌》成了一部抚慰人民心灵的民族文学经典作品，也必然令人怀抱着那失落的帝国复兴的希望："在祖国最屈辱的时刻，它对我来说是一种巨大的安慰，真正令人精神振奋，也是德意志重返旧日辉煌的崇高希望。"④

在这种背景下，这部作品的出现必然带着一种特殊的重要使命，即在哥廷根大学建立已久的正统的古代文化研究与新兴的、争取官方认可的德国古代文化研究之间寻求结合点。这个结合点——而且是特别重要的结合点——则出现在封·德·哈根于1805至1812年间与哥廷根古代语文学家克里斯蒂安·戈特利普·海涅(Christian Gottlieb Heyne)的书信往来之中。这些书信的主要内容是这位年轻学者开始从柏林，后来又从布雷斯劳不断向他著名的同事提出索要书籍的愿望，所涉及的书籍都是封·德·哈根所承担的大量研究项目所需要的，有些书来自哥廷根图书馆，还有些书是海涅所赠，尽管他有时也并不痛快；后来有些书拖欠不还，哥廷根大学图书馆不得不采用法律警告

---

① 弗里德里希·海因里希·封·德·哈根：前言。源自弗里德里希·海因里希·封·德·哈根编：《尼伯龙根之歌原文，附有各种手抄本的不同语句》第7页，柏林，1810年。

② 同上，第8页。

③ 同上，第16页。

④ 弗里德里希·海因里希·封·德·哈根：《尼伯龙根——它的现实意义和永恒意义》第196页，布雷斯劳，1819年。引自鲁道夫·劳默尔：《德国日耳曼学史》第335页，慕尼黑，1870年。

的方式将书索回。然而尤其有趣的是这位年轻人关于他热衷于出版的原因所留下的不多的话语：在第一封信中——落款日期为1805年11月28日，是在转折年代之前写下的——25岁的封·德·哈根就把自己称为“为事业而发奋”因而必须予以谅解的人，因为他“几年来……受到我早期爱好的驱使，热心投身于我们祖国的古代文学研究之中了”①。他发现了中古文学作品的“历史价值”，并希望能“以古代经典作家的作品为楷模”来阐释这些作品②，尤其要把《尼伯龙根之歌》誉为“唯一真正爱国的民族史诗”③。他认为，这些作品的历史价值不仅仅在于它们在用我们的语言叙事因而与我们更亲近，还在于它们在整个(还不甚广为人知的)民族文学中所能发挥的迎合时代的作用：“终于到了我们这个时代，人们又特别推崇古代文学作品，整理出版，让它们焕发活力，让人们阅读它们，热爱它们，并再一次燃起我们的文学的新生命。”④虽然封·德·哈根也许完全按照他未来资助者的意思作出了承诺，“要对这部史诗的传说和虚构情节进行历史考证研究”⑤，然而，当他表明了他最重要的意图时，他就已经脱离了曾声称的“古代经典作家的楷模”；他的意图是为了推出“新的”德国经典作家，“为了焕发出这部民族文学作品的生命力和影响力，所以要用我们的活生生的语言来改编这部作品”⑥。这个意图明确强调了“活生生的”语言和“民族”影响力，实际上已经在申请书的外表之下与民族产生之前以及超越民族的古典文学那些死亡的语言划清了界限。

这个界限也贯穿在封·德·哈根于1806年1月20日写给海涅的第二封信里。哈根在信里还表明了他们对现实状况共同的政治态度：“我衷心地祝愿你们国家受压迫的状况尽快得到改善。然而，当前在外部到处都遭受屈辱的情况下，只有在古代文化中、在远古时代、在古代的诗和历史中，简言之，只有在内心世界里才有我们的荣耀、幸福和生命：虽然这只是一个梦幻，但是任何人也不可能夺走它……”⑦回归内心世界，回归只有在文学中才能实现的史前时代的梦想，这个梦想不受侵犯，它与外部现实相抗衡。这种回归内心世界的倾向使得新生的德国经典作家的地位较之于“古老的经典作家”则大大提高，

---

① 弗·海·封·德·哈根致克·戈·海涅(1805～1812)和G. Fr. 贝内克(Benecke)(1810～1820)的书信集第4页，卡尔·吉亚茨科编，莱比锡，1893年。

② 同上，第6页。

③ 同上，第5页。

④ 同上，第5页。

⑤ 同上，第7页。

⑥ 同上，第6页。

⑦ 同上，第11页及续页。

这一点无需封·德·哈根再表明了。从这方面来讲,这一历史时期(即拿破仑已经经历过的或者还面临的民族"事业"的威胁)对于从现代——也就是说,用以凝聚民族精神的——德语文学的层面上来解决这个无以言表的小小争端是有好处的。如果说,古典语言文学的职业化体现在突出其研究对象的历史意义方面,那么德语语言文学则在同等程度上强调了本学科的现实功能。古典概念从**古典**语言文学到**德语**语言文学的转移,显然是这种从突出研究对象的历史意义向强调研究对象的现实功能的重点转移的表现。在此方面,封·德·哈根仅略有提及。而早在1806年以前,德语语言文学就已经表现出了越来越明显的民族化倾向。

特奥多尔·海因希乌斯(Theodor Heinsius)在其书名为《托伊特》(Teut,1811)的文学教科书中率先把从哈勒尔、克洛普施托克到莱辛这一文学时期称为"古典文学时代"。① 然而,对于德国古典文学时期仅仅是逐步规划形成的这一情况来说,弗里德里希·威廉·蒂尔施(Friedrich Wilhelm Thiersch,1784-1860)说法似乎更具有独特性。蒂尔施是巴伐利亚州新人文主义运动的主要代表之一,1811年创立了语言文学院,该学院于1826年划归慕尼黑大学。虽然他在其高级中学教育学著作《论研究型学校——以巴伐利亚的学校为主》(1826~1827)中提出了"德国文学及其最优秀的作品"②的主张,但是他只允许"德国经典作家文库"③的阅读在课外进行,只用于和古希腊罗马作家的作品进行文体比较研究。

也有在学校里推行费希特的国民教育规划的做法,但完全没有"崇尚古典"的意思。当然,这种尝试早先就已经宣告失败了。蒂尔施的同事、巴伐利

① 特奥多尔·海因希乌斯:《托伊特》第四部分第471页及续页,第492页,第519页及续页,柏林2,1818年。引自埃娃·贝克尔(Eva Becker):《1780-1860德语文学史编撰中的"经典作家"》,出自尧斯特·赫尔曼德(Jost Hermand)、曼弗雷德·温德弗尔(Manfred Windfuhr)编:《1815-1848复辟时期的文学——研究报告和论文》第349~370页,斯图加特,1970年。此处:第355页。按照贝克尔的原意,这里的定语"经典的""既表示启蒙运动仿古典主义的风格倾向,也表示——具有历史意义的——民族文学的最高成就"(第355页)。所以,赫尔姆特·温特尔(Hellmuth Winter)(《德国语言、文学及演说艺术史》2,1829年)不满海因希乌斯"经典文学时代"的概念,为此提出"独立的民族文学时代"(引自:贝克尔,第354页)的说法是非常有代表性的。

② 弗里德里希·威廉·蒂尔施:《论研究型学校——以巴伐利亚的学校为主》,第三卷第396页,斯图加特,1837年。引自汉斯-格奥尔格·赫尔利茨:《高级中学德语课堂经典阅读书目:教学用的母语文学史》第85页,海德堡,1964年。

③ 同上,第50页。

亚州中央教育顾问弗里德里希·伊马努埃尔·尼特哈默尔(Friedrich Immanuel Niethammer,1766-1848),曾和费希特一起出版了《哲学杂志》。他在撰文《博爱主义与人文主义在我们时代教学理论中的争端》时完全遵循费希特的思想,并极力主张"让我们民族的精神产品体现民族的特性"①。1808 年 6 月 22 日,他在题为《作为国民普及教育之基础的民族文学经典的需求》的鉴定意见中也重申了这一主张。当时,他必须征得政府的许可,以便邀请约翰·海因里希·福斯(Johann Heinrich Voß)和歌德作为所计划的"民族文学经典书籍"的编者。这个计划一旦完成,这部书便成为德国文学的经典之作,也就是说,"从我们民族经典作家的丰富宝藏中选出最优秀的作品作为民族文学经典书籍"②。由于"在分裂的德意志国土上每个国家所使用的文集不同,而且正因为如此,全德意志几乎没有一个统一的民族文学"③,为此,落到文学上的任务便是"成为一个民族最自然的纽带"④,似乎"未来统一的可能确实仅仅取决于对德意志语言和文学的维护"⑤,正如约阿希姆·海因里希·坎佩一年前所希望的那样。具体地说,在这种通过文学来统一政治分裂的意义上,雅各布·格林在几乎 50 年后也还把他的《德语词典》(1854 年等)构想为德意志民族经典:"除了我们的语言和文学,我们还有什么共同的东西呢?"⑥像雅各布·格林一样,他的语文学先驱和战友也都"在德语语文学的繁荣和人民对母语的敏感性方面看到了政治统一的保障,他们被强烈的爱国之心和渴望祖国统一的热情所触动"⑦,为此,在不断构建民族文学经典的过程中——无论在文学或语言方面树立一座"经典的"德国教育模式的丰碑——都突出了这个保障。

然而,格林的《德语词典》于 1961 年才宣告完成。这一年正值建造柏林墙

---

① 弗里德里希·伊马努埃尔·尼特哈默尔:《博爱主义与人文主义在我们时代教学理论中的争端》第 23 页,耶拿,1808 年。引自汉斯-格奥尔格·赫尔利茨:《高级中学德语课堂经典阅读书目:教学用的母语文学史》第 92 页,海德堡,1964 年。

② 引自评语的完整印刷版本,见《歌德文集》第 42 卷,第二部分第 399～408 页,受公爵夫人苏菲·封·萨克森的委托出版,魏玛,1907 年。此处:第 402 页。

③ 同上,第 403 页。

④ 同上,第 404 页。

⑤ 约阿希姆·海因里希·坎佩:《德语词典》第一部第 23 页,布伦瑞克,1807 年。(原注为:坎佩[见注释 20],第 23 页。注释 20 即本书第 223 页注释①,似有误,故酌改。——译者)

⑥ 雅各布·格林:《序言》,见《德语词典》第一卷,莱比锡,1854 年,Sp. III。

⑦ 同上。

时期，德国处于空前的分裂状态。由尼特哈默尔设计的、在他看来是“我们德国国民教育急需的”①民族文学经典书籍并没有完成，因为歌德的前期完稿——1808年8月9日就已寄给尼特哈默尔——在民族经典文学的规划方面，既不符合纯文学的性质，也不符合德国人的特点。当尼特哈默尔于1808年11月5日在他撰写的《公办学校设置的总体标准》中第一套民族文学经典作品——不过现今因全德统一的要求而进行了删减——仅在巴伐利亚州范围内宣布之后，德意志“古典作家”的规划和构建似乎就完成了；这项工作具有国民教育的意图，并且只能通过大学里德语语言文学学科机构的形成，尤其通过德意志民族文学史家的努力才能完成。不过，奥古斯特·科伯施泰因(August Koberstein，1782-1870)受普鲁士教育部门的委托，撰写了《德意志民族文学史概论》(1827)一书，并由此开创了一个新的、用于国民教育的文学史编撰模式，广泛流行于19世纪。② 由此，科伯施泰因要比他的巴伐利亚同行尼特哈默尔更富有成就。路德维希·瓦赫勒(1818)、奥古斯特·科伯施泰因(1827)、格奥尔格·戈特弗里德·格尔维努斯(1835)、路德维希·维尔(1840)、约瑟夫·希勒布兰德(1845)、奥古斯特·戈特弗里德·克里斯蒂安·费尔马(1845)、海因里希·格尔策(1847)、威廉·布赫纳(1852)、鲁道夫·戈特沙尔(1855)、海因里希·费霍夫(1857)、赫尔曼·克鲁格(1869)等人的文学史版本的经常性多次印刷，充分说明了整个民族迫切求教于这些文学史家，以期从德意志民族文学的历史中感悟到文化民族是民族国家的保障这一道理。显然，国民教育模式中文学经典的形成，更有效的是通过那种评注性的德意志民族文学史来实现的，因为此类文学史起到了民族文学经典的作用，而远不是通过从《尼伯龙根之歌》到歌德之间的经典作家作品的读书笔记之类的东西来实现的。19世纪的文学史可以说是构建与规划一个文化民族的历史，而这样的文学史似乎才满足了尼特哈默尔提出的“作为国民普及教育之基础的民族文学经典的需求”。

如果在功用视角下把民族文学经典的发展步骤看成是一个从德意志古代文化研究到德意志文学史、从《尼伯龙根之歌》到**民族文学**的发展过程，那么教育原则及其文学经典模式的民族化倾向则表现为——自封·德·哈根受聘于

① 尼特哈默尔，第405页。

② 参见：奥古斯特·科伯施泰因：《至16世纪末期的德意志民族文学史》，第六版，经卡尔·巴尔赤(Karl Bartsch)修改，莱比锡，1884年，第1页：“德意志民族文学史应该描述德意志民族从古至今在其独特的文学生活中——表现于诗与辩才——不断进取的过程……”

柏林之后从机构上也得到了支持——用语言文学和文学史来阐明那种抚慰心灵的理由的框架条件，因为那些抚慰心灵的理由是从德意志的过去指向一个更为美好的未来；它反映了日耳曼学早期历史的特征，即并不是从1806年以来才开始重视德语语言文学对于民族身份形成所作出的贡献，而是很早就已经——而且不断地——从政治角度对其进行研究和扶持。因此，如果把现代日耳曼学史当做民族身份形成中自我反思的表现（和手段），从跨学科，甚至也可能从跨文化角度来对待的话，那么现代日耳曼学史就不可能抹杀一个事实，即它正如自己的研究对象一样，也是一个充满危机的现象。

1800年后德语语言文学学科的双重起源[①]

(德)乌尔里希·维斯 著 聂 军 译

一

断定德语文学学科的起源并非易事。若从以往探讨文学的众多话题中抽出一个专题,是否有意义呢?语文学不是历来就从学科上对文学及其学科进行探讨吗?[②] 如此说来,当西吉斯蒙德·兰比奇(Sigismund Lempicki)着手撰写关于德国文学的文学史时,他对这个问题的理解必定是正确的。本书从中古德语叙事文学开始,展开了一段文学批评方面的探讨,然后继续写到16世纪。[③] 然而,鲁道夫·封·劳默尔(Rudolf von Raumer)既不特别强调语法范畴与语言史研究之间的区别,也不严格区分文学史与文学知识所关注的对象;他把两者都纳入了"语文学"(Philologie)这一学科概念之下。时至今日,学术界仍习惯于这种观点。[④] 不过,他明确指出,在论及"日耳曼语文学"(germanische Philologie)方面,自从浪漫主义产生以来,诗意的主题越来越明显地受到关注。1815年以后,随着学术研究朝着"更为严格的科学性的转向",这一点似乎又发生了变化。事实上,人们长期以来把雅各布·格林在其

---

① 译自 Jürgen Fohrmann u. Wilhelm Voβkamp(hrsg.),*Wissenschaft und Nation-Studien zur Entstehungsgeschichte der deutschen Literaturwissenschaft*(《学术与民族——德语文学学术之形成史研究》),München:Wilhelm Fink Verlag,1991,S. 73-88.

② 参见海因茨·施拉弗尔(Heinz Schlaffer):《文学与知识——审美意识和语文学认识的产生》第159页及续页,法兰克福,1990年。

③ 希吉斯蒙德·封·莱姆毕奇:《至18世纪末期的德国文学学科史》,哥廷根,1920年。

④ 鲁道夫·劳默尔:《德国日耳曼学史》,慕尼黑,1870年。

《德语语法》中的突破与克服日耳曼学中浪漫主义诗意的缺点的做法等同了起来。①

这样就出现了另一种解释方式:1810 至 1840 年间的某个阶段必定流行着一种新的、偏离文学的话语方式——不论出于何种原因。浪漫主义文人那种无限翱翔的想象肯定受制于反对民族传统潮流的影响。从这个角度可以说明,施莱格尔兄弟的文学史系列讲稿还不能算作文学学科,而是一种批评思考的大型项目,其目的在于验证和宣传浪漫主义的文艺原理和学说。之后,海涅于 1836 年发表的《论浪漫派》则竭力把德国文学史纳入一种反浪漫主义的理论体系之中。于是,文学表现为世界史方面和民族问题的一个象征,或者说本质性的东西,这一点正是海涅力图从历史哲学角度所强调的。卡尔·罗森克兰茨(Karl Rosenkranz)的《德意志中世纪文学史》(1830)②也不过如此,因为他是以中世纪文学为资料来阐释黑格尔的艺术哲学和历史哲学的。当生命的火焰在文学纷争之中熄灭之后,文学史作为一门独立知识的严格学科才得以产生:格尔维努斯的《德意志诗意的民族文学史》第一卷发表于 1835 年。汉斯·迈耶尔(Hans Mayer)是如此看待这一背景的③:文学学科是黄昏的出现,在黄昏里,一个有生命的形象已经变得老态龙钟,而密涅瓦展开了她的翅膀……

第三种解释方式试图从唯心主义哲学中推导出文学学科。荷尔德林、谢林的美学体系和构想,更有甚者黑格尔的美学,不是给了旧时代规范诗学致命的打击吗?于是,艺术的形象可以当做精神的历史形式来理解,而且,当首先促成这种做法的思辨哲学体系本身已经步入阴间之时,这种做法还远远没有结束。因此,文学史成了唯心主义美学追求的积极有益的东西,而唯心主义美学则可以参与到新的科学领域中来。④

第一种观点的出发点在于,文学学科原本一直存在,因为一直有人在写关于文学的东西。后人若要把它的现代学科形式分离出来,似乎是徒劳的,因为这样做必须要进行专断的分类:文学批评何处终止,而文学学科又何处开始?

---

① 参见乌尔里希·维斯(Ulrich Wyss):《原始的语文学 —— 雅各布·格林和历史主义》第 14 页及续页,第 229 页,慕尼黑,1979 年。

② 卡尔·罗森克兰茨:《德意志中世纪文学史》,哈勒,1830 年。

③ 汉斯·迈耶尔:《德国的文学学科》(词条),见《费舍尔百科全书》(文学 II)第 317 页及续页,法兰克福(美),1965 年。

④ 参见乌尔里希·维斯:《后现代时期的格林语文学》。源自莱纳尔·希尔德布兰特(Rainer Hildebrandt)、乌尔里希·克诺普(Ulrich Knoop)主编:《历史角度的词语研究——格林兄弟研讨会论文集》第 64 页及续页,尤其见第 279 页,柏林,1986 年。

时至今日，我们的罗马语族和盎格鲁撒克逊同行不是可以放弃这个矛盾而又不丧失研究方法的严肃性吗？——第二种观点如果把文学学科理解成对文学创造性衰退的补偿，那么就把这门新兴学科与文学史本身的演进过程牢牢拴在了一起。第三种观点最终采取了一种求本溯源的方式，把新的东西归咎于某个旧的东西，虽然说明了此物生于何处，但并没有说明为什么产生。

这三种解释方式都没有触及文学学科自身本源上的思想现实性。它们没有明确强调一门新兴学科形成初期那种断续性特征，而是都一味关注某些连续的东西，例如，关注语文学学究气的不断延续、艺术时期及其终结的辩证关系，并且还热衷于从历史角度把某一学科与其哲学上的开路先锋联系在一起。至于文学学科如何经历了 19 世纪早期的风风雨雨，则没有得到解释，也无法解释清楚。假如本源的作用无需研究，那么我们是否应该放弃探寻学科的起源呢？确定学科的起源，是一项进退两难的课题：源头是存在的，肯定曾经有过，但是我们找不到它。人类祖先、开国元勋以及最早的文本文献的合法性何在？从历史研究角度看，这种合法性必然在不断地分化瓦解；历史所描述的对象总是那些已经产生的东西。尽管如此，对起源的追问还是合法的。如何回答这个问题，也许神话能找到答案。也许我们这些科学史工作者应该作为神话学家不断进行尝试。我无意在此像考古学家一样，把我们这个专业早先各个时期所积淀的尘土层层挖开，而是要勾勒出一幅文学形态图，从探讨的议题中可以看出一种断续性，这种断续性一方面存在于浪漫主义论文学和借助文学所进行的思辨中，另一方面存在于文学学科稳固的职业性中。同时还要阐明，这种断续性应该归因于问题的提出、问题方向和文学之美的连续性上。这里论及学科“英雄时代”(即王国初建、至今还调解着科学活动的学科早期)的一种神话故事。然而，在那些创造历史的开国英雄们的故事里，还活动着他们来自远古的神人替身；这些神规定着英雄们的需求和能力。比如，吠陀神话里的众神就可以通过这种方式和《摩诃婆罗多》的叙事情节联系在一起。①

这种双重性明确表达了本文的论点：文学作为一门学科，虽然形成了学科机构，也创造了自己独立的研究方法和策略，但却仍然在一种受仿古典主义影响的美学理论和文学创作实践的问题上艰辛地挣扎着，具体地说，它不可避免地要把诗意的美从逝去的世界里拉回到现实中来，同时还要构造其历史形成的过程，这个过程既把现实与过去分割开来，同样也把两者联系在一起。从古

---

① 参见施蒂克·维坎德(Stig Wikander)：*Pandavasagn och Mahabharatas mytiske förutsättingar*, In：Religion och Bibel 6，1947，S. 27-39。与此观点一致的还有乔治·杜梅齐尔(Georges Dumézil)：《神话与史诗》(I)，巴黎，1968 年。

典与现代的争端以来，谈论文学总要涉及两个方面：追述过去以期获得直接感受或冷静疏离以期达到客观审视，享受或者反思，细读或者走马观花。1800年之后，这两方面在文学史所认为的史前文学形态中都能见到，而且在构想具体科学研究策略的文本中出现得更多。

二

蒂克出版的《施瓦本时代的骑士抒情歌》(1803)以及他非常著名的引言可以看做是第一种形态。可以看出其中的一个主题：坚持诗比历史生活更重要的思想。蒂克态度明确、异常审慎地阐发自己的思路。不相关的东西被坚决排除掉。首先，所有滔滔不绝的说教诗就是这种情况，我们通常把这样的作品称为箴言诗：此类作品已经表明了一个时代的衰落，在那个时代，诗是"生活的一种普遍需求，并且与生活密不可分"①。英雄史诗则是另一种情况：它首先表现人类早期的真实历史，然后——"让诗充分展现，让人从表现对象中获得快感"②——在这种程度上再让历史消失。另外，骑士传奇把"爱情、宗教、骑士精神和巫术"交织成"一首宏大而美妙的诗，所有的叙事诗都是一个整体的一部分"③。可以说，诗的能量到处都在消耗历史素材。与此相反，骑士抒情歌则不需要费此辛劳，其创作题材丝毫不阻碍诗人的想象力；在这种情况下，美的形式便会自然地产生出来。"……当他渴望一种艺术性或者一种单纯性的时候，他想让他的表现对象变得优雅悦耳，想把自己的情感以优美的形式展示出来，并且还采用韵律让人为之动情，从而领悟这种优雅与渴念的情怀。在这种情况下，每一种思想意识都会随着他的内心而活动。……正因为如此，此类诗歌大都展现出一种优雅的风格，令人无法区分其中的必然和偶然，而且表现形式和内容天衣无缝地融为了一体。"④

优美的无序形式也贯穿在中古德语的语句形式之中："有些词语几乎都是通过元音来变换的，无论是 e、o，还是 a，几乎都无所谓；字母和音节的后加和省略也同样是允许的，这样做是为了让诗句的音调更生硬或者更悦耳，更柔和

① 《施瓦本时代的骑士抒情诗》，由路德维希·蒂克主编。前言摘引根据冲印版，见格拉尔德·克齐雷克(Gerard Kozielek)：《中世纪文化的接受——浪漫主义对古德意志文学的接受文论》第 44～62 页，此处第 55 页，图宾根。

② 同上，第 48 页。

③ 同上，第 48 页。

④ 同上，第 51 页。

或者更缠绵。”①

语法上的无规则并不是一个问题，不像语文学所指责的那样：格林和拉赫曼极力主张中古德语文学语言的规范化在蒂克那里还看不出来。相反，词形的不稳定性是被当做德语的独特性加以阐释的：“以这种方式来确定词形，这在其他所有的欧洲语言中都是行不通的。”在此，这种形式却属于一种“允许一切惯用语、同义反复、缩略语”②的文字符号游戏——不仅词形没有规律，而且词语与其相应的含义也不讲规则、不受约束；语言发展至今，在语义上还未曾达到如此慷慨的自由度。此外，还有丰富多彩的韵律声色。抒情歌手“丝毫不考虑古人的作诗法则”，将长短音节混杂起来，尽可能接近“一种纯音乐组合”的理想效果。“对音色的喜爱令人费解，那是主宰他的思想的东西。他渴望能解释语言中那些零散的、互无联系的音素，让它们之间产生联系并在爱的情愫之中得以结合。”③抒情歌在歌词里表现的内容，往往是根据作者的意图、通过韵律结构的纯音乐性以象征性手法表达出来的。这种象征性表现手法远远超出了一切仿古典主义的想象。这样做，似乎可以采用那种不规则的、常常令人感觉不自然的语言表达方式让言语本身作为音乐发出声来。

根据蒂克的看法，这种魅力在古典作家身上，尤其在彼得拉克的《歌集》中已经丧失了。那种性爱魅力的自由空间则让给了所谓行会般的纯正实在的品格。爱的力量并没有直接表现出来，而是屈从于一种理性化的剖析。

然而，如果说蒂克就他而言要重新找回早期的诗，那么他要怎么做呢？他认为最关键的一点是，不能丝毫削减印象的直接性。他把其他一切考虑都归入这个命令之下。“涉及历史的东西”，还有“仅能使学者感兴趣的东西”，他都不予考虑。城市和国家的名称他也会删去，以便使诗歌“更具有普遍性”④。语法形式上会做一些革新。他试图恢复文本可能原有的效果，所以绝不给学究式评论提供任何机会，因为此类评论只能导致现代读者更茫然，进而损害那种纯粹生动性的魅力。诗的追忆在此意味着，阅读一种逝去的文学形式，使其与读者的创造力产生交流。蒂克竟然还在这部抒情歌曲集里附了一首自己的诗歌，像一般中世纪歌曲手抄本的习惯那样，没有标题，但有许多押韵之处，大

① 《施瓦本时代的骑士抒情诗》，由路德维希·蒂克主编。前言摘引根据冲印版，见格拉尔德·克齐雷克：《中世纪文化的接受——浪漫主义对古德意志文学的接受文论》第51页，图宾根。

② 同上，第51页。

③ 同上，第52页。

④ 同上，第59、60页。

致上是以康拉德·封·维尔茨堡的风格写成的。所表现的内容自然是试图定义浪漫主义诗人与骑士抒情歌之间的关系：留住昔日的美，赋予它现实的生命力。但这毕竟是一种徒劳的尝试。

谁紧闭双唇，
欲歌无声，
谁在冬日里不见鲜花，
他真诚地爱恋，
满怀渴念，
在歌声中。
他的心要悄悄融化，
祝愿、永远惦念，是他能得到的花。

诗人在冬天里，内心充满期待。他那真诚的爱恋，必定是一场无尽头的渴望。尤其是他紧闭双唇，没有唱出他的歌声——如此看来，第三行的第三格宾语“谁”与第一行的这个词是对应相关的。歌声只能暗自感悟，不再响亮。他没有说明歌中的渴念，而他的心必定要在无言的歌中渐渐融化。那种符号游戏的无限自由完结了，留下来的是那永不可实现的祝愿，骑士抒情歌的效仿诗人（指诗人蒂克）将永远惦念那永不复得的艺术。

我们看到，蒂克自己非常清楚，他追忆古昔的工作一开始就并不顺畅。对直接性的崇拜让他付出了代价，也让他明白了一个道理：对他人作品进行纯粹的、不加思考的直接体验是不可能的。蒂克作为本时代天才的翻译家之一，在整理骑士抒情歌的过程中体会到，其实直接性也只能是间接的。要想让读者有所感受，工作者就必须精确考虑那些有差异的东西。显然，蒂克在整理骑士抒情歌时尚未达到这个程度。他的各种中世纪项目大都归于失败，尤其是对《尼伯龙根之歌》的修复以及要对日耳曼英雄传说的整个材料做一番整理的“英雄史书”。① 他资助的《恩斯特公爵》一书并未印刷出版。② 仅有一部关于乌尔里希·封·利希藤施泰因（Ulrich von Liechtenstein）的整理书稿于 1812 年得以出版。毫无疑问，这一切在当时的文学活动条件下自有其具体原因，但

① 参见吉泽拉·布林克-加布勒（Gisela Brinker-Gabler）：《对中世纪诗意的、科学的接受——路德维希·蒂克对古德意志文学的修复》第 74 页及续页，格平根，1980 年。

② 参见出版前言：《古德意志叙事诗》（多数首次出自手稿并由路德维希·蒂克整理），第一卷：《洛特尔国王》，乌维·麦维斯（Uwe Meves）（编），格平根，1979 年。

是值得疑问的是，蒂克的失败是否首先在于他对中世纪文学的现实性太过于苛求了？或者换句话说，他是否采用不合适的文学手法对中世纪文学进行了再创造？有一点可以说明，他的诗体后记（我从中摘引了最后一段）句法结构太过于松散，使得其中的音乐魅力影响了文本的可读性。这一点在中古德语中是没有的。

如果涉及从文学史角度来评价骑士抒情歌，那么在今天看来，蒂克处在1803 年的景况并不坏。他最先发现宫廷抒情文学取得的艺术成就和展现的魅力，难道不正是值得肯定的吗？一百多年以后，我们这些语文学家对宫廷抒情诗的艰辛研究也并未取得更大的进展：如何定义爱情的本质？这个问题还是一如既往地使我们陷入尴尬的境地。我们不是常常只把它看成是隐喻、一种打比方的说话方式、一种高雅的混淆是非吗？就此而言，我们不应该驳斥这位浪漫主义文人，因为他是以独特的诗意体验的方式来阐释骑士抒情诗的。

雅各布·格林年轻时曾经读过蒂克的《骑士抒情歌》，并且终生都对这本书怀着深深的敬意。1817 年，他在预告威廉·米勒的《骑士抒情歌手采花集》时，明确提到了蒂克的做法："这位编者执意放弃至今人们认为古德语诗歌所具有的一切长处（正如历史学家、语文学家以及伦理学家可以从中得出各种结论那样），由此更加执著地依恋这些作品的内蕴和沁人肺腑之处。"①这完全不是批评之言。蒂克对古代文本的处理方式今天似乎已经过时了，他筛选作品的标准也是有争议的，但是对格林来说，蒂克"为此更加渴望完成全部原作"②的功绩是不可估量的。这一点是至关重要的。蒂克的著作旨在寻求一种直接性文化（表现方式），由此让诗人的文字能为自己说话。至于他早期沉湎于一种对直接性的崇拜之中，这一点是不可否认的。然而值得疑问的是，文学研究在领悟诗的过程中是否超越了某种抽象的直接性呢？

如果说蒂克的骑士抒情诗突出了这项首要任务的史前形态的话，那么它的对立面则是拉赫曼的文本考证。这种做法同样要还原文学语言的原貌，但采用的是完全不同的手段。原有的方法是对表现对象的奇特之处进行诗意的模糊思考和领悟，以便使作品阅读起来尽可能容易理解；现在取而代之的是严格的语文学批评考证方法。对读者来说，这种方法并没有消除理解文本的困难，没有阐明古语形式的晦涩之处，也没有消除那些历史印迹……人们总是把这种做法看做是文本感悟方法的严格对立面，这种文本感悟方法是蒂克，还有封·德·哈根以及《尼伯龙根之歌》的其他早期编者所推行的方法。然而，现

---

① 雅各布·格林：《短篇文论集》(VI)第 233 页，柏林，1882 年。

② 同上。

在情况不是恰恰相反吗？拉赫曼以极为严格的手段实现了蒂克采用诗意感悟方式所追求的东西。他要对古代文本进行整理，使之免遭传统习俗的歪曲。

批评考证工作是让那些文本再一次问世，即再出生一次。我们知道，拉赫曼喜欢把他的文本出版想象成分娩。① 他总是提到“分娩的阵痛”、“分娩的痛苦”以及“推压状况”等词语；在他与其同事加朋友莫里茨·霍普特的书信往来中，他用从报纸上剪下来的出生通知寻开心，或者有意虚构远远超出高雅界限的东西。这一点，也许只能用心理分析的方法来理解一二。② 拉赫曼曾因为他的莱辛作品版本要求作者权引发纠纷，并试图上诉法庭来解决——其结果败诉。③

在这种情况下，文学语言的直接性不是通过天才的即兴作品，而是借助系统的语文学活动又得到了恢复。这样一来，对直接性的崇拜被超越了吗？拉赫曼著名的、他自己根本无需教条而运用的方法能否发挥那种思考作用，然后把蒂克的骑士抒情歌的抽象直接性转换成一种具体的、凌驾于间接性之上的直接性呢？很明显的一点，是影响阅读拉赫曼版本的各种障碍：没有方法说明，没有作品评注。甚至他在《尼伯龙根之歌》少量诗行分段中关于七行诗段的假说，也只是在书版印刷编排时做了暗示，但并未具体商讨过，或者说，根本就没有论证过。他对自己出版的作品几乎从未做过注解。关于《帕尔齐法尔》的一篇深刻敏锐的评论文章是他死后才发表的。④ 直到今天，德语语言文学还一直受到拉赫曼在评论、翻译和阐释方面寡言节制的负面影响。弗兰茨·普法伊弗尔(Franz Pfeiffer)和卡尔·巴尔赤(Karl Bartsch)出版的配有详细注解的中古文学经典作家作品被许多地方权威的拉赫曼信徒视为一种下里巴人的半吊子产品打发掉了。其结果是：在当今书市上找不到一本配有注解的《帕尔齐法尔》。人们可以想象一下，意大利文学没有加注的但丁、英国文学没有加注的莎士比亚会是怎样的情形啊！

拉赫曼要让自己所做的工作都包含在文学作品之中。这种奇怪的癖好反映出当时对直接体验需求的影响还是非常严重的。如果说蒂克不注重历史细节的话，那么拉赫曼则让其保留在文本之中，但并无意做任何解释。如果说蒂

---

① 哈拉尔德·维格尔(Harald Weigel)：《“唯独你从未见过的东西将永远延续下去。”——卡尔·拉赫曼和科学版本的产生》第174页，尤其见第181页及续页，弗赖堡，1989年。

② 同上，第185页。

③ 同上，第36页及续页。

④ 卡尔·拉赫曼：《关于帕尔齐法尔的内容》，源自《德意志古代文化杂志》5第191～208页，1879。

克剔除了上古时期的语言形式的话，那么拉赫曼则清理了马虎无知的抄写员对原文的涂改。如果说蒂克推崇丰富多彩的语调的话，那么拉赫曼则力求恢复一套完好无损的语法。还有，如果说蒂克能坦率地说明自己即兴创作想法的话，那么拉赫曼则对自己的处理方法保持沉默。然而这种含蓄方式同样源自于一种羞怯，即羞于对所创作的文字以及这种文字的审美经验过于亲近。关于分娩的幻觉则说明了这一点，即科学不应该再去谈论文学了。我认为有一点是确定无疑的，即在这种情况下，蒂克对直接体验的唯美主义式崇拜必将被那种严格的职业化研究策略的恐怖做法所替代：但是在一种成就了的注重直接体验的文化中却没有获得拯救。

三

作为文学学科史前史的第二种形态是特里斯坦叙事诗的第一章节，是奥古斯特·威廉·施莱格尔于 1800 年写下的。作品是这样开始的：

亚瑟的骑士和圆桌，
美妙的奇迹和幻境，
我在古书里发现，我要
真实地重新讲述；
讲述那圣杯，在勇敢者当中，
只有最纯洁的人才能平息这冒险，
讲述两个骑士，平时情操高尚，
由于甜蜜的过错丧失了荣誉。

特里斯坦和兰斯洛特，高贵的骑士，
他们志趣相投，结为好友。
……①

接下来，便是特里斯坦从童年开始到被商人们拐走的故事，施莱格尔在此大致遵循了戈特弗里德·封·斯特拉斯堡的文本。但是，序言部分则要讲述的更多，尤其是有关亚瑟的叙事诗，特里斯坦的故事和圣杯小说。施莱格尔之

① 奥古斯特·威廉·施莱格尔：《特里斯坦》。出自爱德华·伯京（Eduardo Böcking）主编：《作品全集》第一卷第 100 页及续页，莱比锡，1846 年。

所以要把兰斯洛特的冒险故事插入特里斯坦的故事情节里，是因为古法语的散文体小说早已在追求素材的完整性。事实上，在13世纪前半叶，特里斯坦的散文体小说之所以已经达到相当大的篇幅，因为作品把这位英俊的通奸者(他叔父妻子的情人)与同样英俊的兰斯洛特(王后吉娜薇的情人)对应了起来。小说特里斯坦的各种版本情节交错迷乱，故事错综复杂，至今还没有一个语文学家通览过全部内容。有一种校勘版之所以得以完成，是因为它是以一部极为残缺不全的手稿为基础的。① 由此看来，施莱格尔从一开始就对这一题材最重要的部分进行非常细致的修复，并不是没有道理的。序言的诗句点出了主要题材：亚瑟王的圆桌骑士、寻找圣杯以及特里斯坦和兰斯洛特的爱情悲剧，并且还提出要求，要"真实地"讲述，只不过应该更换一种叙事形式，显然是借用阿里奥斯托的八行体诗。这在1800年前后是叙述骑士传奇故事方面唯一采用的形式，因为克里蒂安·德·特罗亚和沃尔夫拉姆·封·埃申巴赫的双叠韵诗体早已经没有人阅读了，因此也不可能用这种诗体来作诗了。至今经验表明，那些中古文学经典作家的翻译者想要保留双叠韵四行扬格诗体的做法也是失败的。与此相反，阿里奥斯托和塔索并不需要那种学究式的考古学做法；他们的诗律是歌德用德语进行诗歌创作时发现的。

至于施莱格尔不久就放弃了这个项目，其原因并不在于他过分苛求对古代文学的直接体验，如蒂克所尝试的那样；施莱格尔并不看重那种直接体验的做法，而是主张发挥学科的中介作用。他不想忽略本时代的文化状况，而是要修复一种视角，使人能在这个视角下对陌生的东西有所感悟。凡在蒂克那里表达出的愿望和永远怀念之类的东西，在施莱格尔这里则转化成为因审视而疏离的需求。正是那些被遗忘的诗人及其作品的背景和联系应该得到研究并介绍给现代读者。因此，施莱格尔重视中古德语箴言诗，并不是偶然的；而这一文学体裁正是蒂克从他的骑士抒情诗经典篇目中剔除的部分。1812年，施莱格尔让他弟弟在其杂志《德意志博物馆》发表了一篇题为《同时代人写给鲁道夫·封·哈布斯堡的诗》的论文。他认为，"了解同时代人那种坦率的评判方式和正直的观点是非常重要的"②。他按照相关政治事件的年代顺序来整理文学作品，并从历史角度写出评价观点，还附加一些词语解释。反过来，他根本不看重严格的文献考证工作；他反对那种不实用且"艰辛的考证工作"，而

① 参见雷内·L·库尔蒂斯(Renée L. Curtis)：《特里斯坦散文史诗》，三卷本，慕尼黑，莱顿，1976；伦敦，1986(根据 Hs. Carpentras)，第404页。

② 奥古斯特·威廉·施莱格尔：《同时代人写给鲁道夫·封·哈布斯堡的诗》，见《德意志博物馆》1/3 第189～323页，此处第289页，1812年。

采用一种“创新的写法”①,力求使文本浅显易懂。他只在论文结尾简短地提到了所论述诗歌的形式。他把这种形式与哥特式建筑艺术成就进行了比较,并得出结论:后者也是诗意形象的立体表现。

另一方面,对蒂克来说,彼得拉克是衰落时期的大师,在这一时期,骑士抒情诗早期的魅力已经消失了;然而在威廉·施莱格尔看来,彼得拉克则是时代的经典作家。因此,他阅读德国箴言诗人的作品,总要与这位大师的生平和作品进行严格类比。

至于语文学对资料的挖掘还很不成功这一点,施莱格尔非常清楚:“我们绝不夸耀自己对古德意志文物已经有了全面了解……但是,只要我们力所能及,我们很愿意传授知识。”②施莱格尔的文章是以这句话结尾的,这里又开辟了一个视角。他甚至从较大的背景联系出发,来为自己作为语文学家的阅读与活动下定义。由此能否产生一门新的科学?

如果说蒂克对直接性(体验)的崇拜变成了拉赫曼式方法论崇拜的话,那么施莱格尔对古代文学审视的阅读方式则奠定了一个知识传授大全。这些知识不是立刻与逝去了的美产生交流,而是徜徉在蜿蜒迂回的历史反思长廊里,也同样徜徉在自我反思的长廊里。施莱格尔为此付出的代价是显而易见的:他无法坦然接受审美内涵的东西,而是对此不得不采取扼杀的态度。因此,他注重政治诗这一点就不足为奇了;然而时至今日,要从政治诗中获得文学性则是一件很困难的事。由此说来,这是一种迂腐的学究气——施莱格尔短命的特里斯坦项目就说明了这一点。如果说施莱格尔借用兰斯洛特和圣杯素材来补充特里斯坦题材的话,那么这一点仅仅说明了他在文学史方面探索的兴趣,但是并没有说明他对文学题材叙事潜能的意识。用感伤的夸张手法把爱与死亡联系起来,这是浪漫主义者对特里斯坦题材的处理方式,并且在瓦格纳的音乐剧里达到了目的。恰恰重要的是,此处删去了宫廷冒险的旁枝末节,而不是像施莱格尔那样,围绕爱情悲剧还要再设置一个骑士故事的迷宫。对中世纪文化传统的敬重影响了文学效果的发挥。这一点在卡尔·希姆洛克(Karl Simrock)的《阿摩龙根》史诗中也有相似之处③:一位职业的文学史家把尼伯龙根故事之外的日耳曼英雄故事整理成了一部篇幅宏大的叙事诗。这部作品

---

① 奥古斯特·威廉·施莱格尔:《同时代人写给鲁道夫·封·哈布斯堡的诗》,见《德意志博物馆》1/3 第 291 页,1812 年。

② 同上,第 189～323 页,此处第 323 页。

③ 参见胡戈·摩泽尔(Hugo Moser):《卡尔·希姆洛克》第 343 页及续页,柏林,1976 年。

唯一的优点在于文献资料的完整。即使在这一领域也只有里夏德·瓦格纳这位日耳曼文化的业余爱好者取得了不凡的成就。他把冗长的北欧神话文本和中世纪英雄史诗凝聚成了一部世界性剧作,虽然这部作品从语文学角度看是毫无章法的。希姆洛克的《阿摩龙根之歌》发表于1843年至1849年之间。这部作品标志着修复古德语文学的结束,并由此显示了施莱格尔注重间接性的做法所产生的结果。所以,想借此获得诗意形象的美,显然是错误的;这种虚构情节的做法,如前所述,最终使文学史角度的诠释以及审美评价直接变成了文学史,审美对象的直观形象被断送了,人所谈论的文学在话题当中根本没有必要出现了。也许不出现是好事,至少文学工作者可以省去面对作品坚持己见的必要了。或者反过来,可以借助枯燥乏味的作品介绍相关的历史背景知识,不至于在文学层面上令读者对语文学的研究对象感到失望。所以,文学史一开始并不是作为独立授权学科出现的,可能也并非偶然:文学史知识总要涉及其他科学的研究课题。1836年,卡尔·罗森克兰茨(Karl Rosenkranz)的《德意志中世纪文学史》就是这样问世的。尤其是这部著作的第一卷是由一位哲学家撰写的,作者把黑格尔的精神哲学体系作为他描述历史素材的基础。这一点与格尔维努斯的做法没有两样:他那部划时代的专著是一位历史学家的著作。

总结一下:如果说,在拉赫曼的语文学研究实践中那种分娩的幻觉是有害的——语文学工作者在处理文本时必须使用母性——那么思考文学史内在联系的结果则是对父亲身份的澄清。苏格拉底不是曾经教诲过:假如一本书不知道该对谁讲话、不该对谁讲话,那么这本书就是糟糕的。“如果她受到伤害或无端的辱骂,那么她总是需要父亲的帮助:因为她既不能保护自己,也没有自救能力。”①文学史,如果它不是一座庞大的机器为孤苦伶仃的话语提供父亲般帮助的话,那么它是别的什么呢?文学史家俨如一个知识广博的继父,赶忙跑过来帮助那些到处面临曲解和滥用的文学作品。

四

第三种处理文学作品的早期形式见于雅各布·格林的著作之中。走进杂志《古德意志森林》,1813年第一分册的读者会注意到雅各布关于《埃申巴赫

① 《斐多篇》,275e。

〈帕尔齐法尔〉中一处的评注》[①]:这是一篇臭名昭著的论文。尽管奥古斯特·威廉·施莱格尔在评论《古德意志森林》时流露出了愤怒情绪[②],不,恰恰因为如此,我才始终认为,这是年轻的雅各布·格林最卓越的成就之一。这里汇集的所有现象都让人感到格林首创的原始语文学是低劣的:解释作品的某一处,丝毫不考虑其文学史上的具体联系;采用了一种近乎轻率的推理方式,还固执己见地要达到目标,如强调某种文化现象中的自然性潜能的作用;打破了文学体验与古代文化阐释学之间的界限。“如此轻柔娇媚但重要的传说确实不多见,如帕尔齐法尔故事中我们的传说那样。”当格林评论《帕尔齐法尔》第六章的“血滴场面”时,这就是他的原则。他特别注重红、白、黑颜色的象征性表现手法,并根据人进行阐释:如象征人的身体,象征出生、生命与死亡,象征人类部族,当然——在此,格林的阐释学从自然范畴转移到了文化范畴——还象征情欲、无辜和痛苦等等。“作者的确堆积了很多白、红、黑色,令人眼花缭乱。”此类语句出现在施莱格尔的评论中,言辞激烈,但却是一种温和而风趣的论战。[③] 我再回到那探讨多次的事例上来,因为它恰恰涉及远古的史前史和专业的学科发展史之间的分界线。威廉·舍勒尔从施莱格尔的反对言论中听出了有关当局的声音,即曾以严格的科学性为由召见了这位四处游说的浪漫主义文人。[④] 格林本人以其《德语语法》达到了语言学学科的水平,而语言学则禁止他那种随意确定词源的做法,并由此推翻了他在“血滴”论文中的大部分引证。从这方面而言,舍勒尔是正确的。不过,如果他认为格林此后成为一位合格、标准的语言文学学者的话,那么他就错了。恰恰在此,我认为,格林的语文学研究独特之处恰恰不能平均分割为神话虚构和历史两部分。无疑,格林早期的意图和直觉并没有成为日耳曼学行业的共有财产。尽管如此,他们还是被职业化了:在格林自己的全集里。这一点表现出了另外一种状况,与文学学科中的其他两种形态是不同的。

这种做法既不能产生文学作品复兴的幻觉,也不为其下落不明的父亲而担忧。它既不构建忠实于原作的文本,也没有将其归入相关的历史联系之中。

---

① 雅各布·格林:《埃申巴赫〈帕尔齐法尔〉中一处的评注》。见乌尔里希·维斯编:《自传》第 106～124 页,慕尼黑,1984 年。

② 参见乌尔里希·维斯(Ulrich Wyss):《原始的语文学 —— 雅各布·格林和历史主义》第 227 页及续页,慕尼黑,1979 年。

③ 奥古斯特·威廉·施莱格尔:《同时代人写给鲁道夫·封·哈布斯堡的诗》,见《德意志博物馆》1/3 第 12 卷第 393 页,1812 年。

④ 参见:乌尔里希·维斯(Ulrich Wyss):《原始的语文学 —— 雅各布·格林和历史主义》第 229 页及续页,慕尼黑,1979 年。

它们在父母亲身份体系中的位置，格林的语文学并不能轻易找到。他的语文学实现了那恰恰不可能存在的第三种形态：没有分娩的生育和没有生育的分娩，即单性生殖。格林对植物世界特别感兴趣，这是偶然的吗？若干年后他曾说道，他是一位过得去的植物学家。①

五

蒂克、施莱格尔、格林：这三位整理典故的人物以及本学科类似的早期学者突出地表明了一种断续性状况，这种断续性构成了德国的文学学科的概念。这一学科明显表现在两个同时存在的问题之中：对文学的直接体验和文学史的构思体系，但也表现在雅各布·格林那种分离现象的缺失方面，因为格林的语文学总是处于一种特立独行的状况。我们今天能称之为文学学科，是因为我们发现这两大主题正好是互补的。如果没有一方，另一方则是不存在的；而且语文学家的概念和文学史家密不可分也并不是偶然的。当彼得·斯聪蒂(Peter Szondi)撰写他的论著《论语文学认识》时②，他必然要公平对待这一学科的两个方面。只有对本行业盲然无知的人，才会认为文本考证与历史评注是泾渭分明的。甚至文学评论家，只要能称得上这个名称的，也不可能不顾学科的章法；这一行当里最出色的代表不也正是一流的批评家吗？我只列举恩斯特·罗伯特·库尔蒂斯(Ernst Robert Curtius)。假若语文学认为在没有审美判断、没有从事当代文学的责任心的情况下也能过得去的话，那么它在科学事业方面常常是走不远的。

但是，为什么文学中多种多样的议题恰恰在1800年前后汇集成了一种学科形态呢？对此谈谈最后一点看法。在我们通常用浪漫主义和革命等词语来表示的文学时期提出了两种极端的诗学观。第一种是弗里德里希·施莱格尔提出的“渐进的、涵盖一切的诗”，其意图可以这样来表达：“一切都应该变得富有诗意，文学的权限应该延伸到整个生活中去。”另一种观点是黑格尔关于艺术终结的构想。这种观点在其美学体系的背景下意味着：“诗曾经是一切，关于世界的实质性真理都曾经在诗中得以表明。”这两种观点均消解了诗在思想

---

① 参见雅各布·格林：《谈谈威廉·格林》。见乌尔里希·维斯编：《自传》第75页，慕尼黑，1984年。

② 彼得·斯聪蒂：《论语文学认识》，见《荷尔德林研究》第9～34页，法兰克福(美)，1970年。

传播方面曾经区别于其他方式的特殊权能。[①] 它们对文学要求和期待的比以往更多，即文学必须为现实有机联系的整体性担保。它们要求太多了吗？无论如何，1800 年前后的文学话语被夹在绝对真实的过去和绝对真实的未来当中这一点是肯定的，并且处于一种通俗化的压力之下。由此，有关文学的新兴科学才具有了活力。至于语文学家所从事的对象，大多都面临着危险，而并不是一种纯文学的学问。文学学科的任务不停地更新，因为这始终关系到要借助文学来表现生命的全部内在关联。任何人都会感受到古代文学作品的魅力，因为这些作品珍藏着一个完整的世界面貌——由此便产生了直接体验作品的贪欲，而且这种贪欲根本无法得到满足。同时，那种对中介的需求也是无止境的，因为只有从历史角度来看待文学体验的做法才能获得时间上的界定。这也是这门学科资料欠缺的问题永远无法解决的原因。作品必须符合时代，常看常新，而文学史经历每一代人都必须重写；早期的文学史读起来常常像是在读小说。因此，一位风趣的同事把弗兰西斯科·德·桑克蒂斯的《意大利文学史》称为 19 世纪最优秀的意大利小说……

在《雅典娜神殿》片断的思辨和黑格尔的绝对精神哲学中，诗意的东西被大大通俗化了，因此，那种没有历史观点的文学学科则变得不可想象。形式主义或者那种缺乏历史观点的新批评主义的一切策略都或早或晚地被这一划时代的原动力超越了。如此看来，把文学学科解释为革命时代唯心主义美学影响的结果无疑是正确的。这种结果就是哲学思辨的具体化，即以诗的形态来破解过去或未来精神的表现形式。但是这是否也涉及了哲学思辨的一种衰落形式呢？这一点也许很容易让人推测。黑格尔对艺术品的实体性分析永远优于典型中产阶级的历史主义的诚实品格吗？关于对《神曲》的阐释，语文学在黑格尔的美学讲座一百年后的确没有什么进展；埃里希·奥尔巴赫(Erich Auerbach)对此不止一次地给予了充分肯定和赞叹。[②] 但是，为什么彼得·斯聪蒂一再开设讲座、不厌其烦地重复黑格尔的逻辑学或谢林的思想体系呢？[③] 为什么哲学家阿多诺的《文学笔记》和《美学理论》能比语文学本行出版的全部图书给予一代(我的一代)文学研究人员更多的专业启示呢？——衰落形式的

---

① 参见海因茨·施拉弗尔(Heinz Schlaffer)：《文学与知识——审美意识和语文学认识的产生》第 11 页及续页，法兰克福，1990 年。

② 尤其参见埃里希·奥尔巴赫：《作为世俗世界诗人的但丁》，柏林、莱比锡，1929 年。另，《浪漫主义对但丁的发现》，见《浪漫主义语文学论文集》第 176～183 页，伯尔尼，1967 年。

③ 彼得·斯聪蒂：《诗学和历史哲学》(第一、二卷)，法兰克福(美)，1974 年。

论点只表达了一半真理。一方面，这个提法指明了一点，即实证主义的狭隘导致文学学科衰退到了庸俗和迂腐的地步；另一方面，假若把上上世纪转折时期的哲学命题及其作为“美学理论”部分内容简单地作为论文学的真理加以接受，那就错了。唯心主义的艺术理论试图将直接体验作品的做法和历史的观点融为一体。这种做法所存在的困难，在本雅明和阿多诺关于波德莱尔分析研究核心部分的阐述中就显示了出来：“通过深入细节来审视一部作品”的做法与历史哲学思辨之间是一种怎样的关系呢？① 这一点并不是很清楚，因为这里并不取决于诗与历史的相互融合，而是取决于两者的互补性。文学研究者在实际工作中必须明白这一点，也对此一直有着清楚的认识。在这一点上，文学研究又优于美学理论。

但是，彻底的通俗化要求本身也是很矛盾的。它不仅涉及文学，而且也涉及文学学科。文学学科不可能被（自己的认识对象）文学创作所取代。它自身终究还是文学。这一点被那些着重探讨语文学在意识形态方面的重要性的研究课题忽略了②；此类观点把文学史仅仅看做是超级政治符号。同样的情况也表现在对本学科机构形成和建立的分析方面③：它们也不考虑研究对象的文学本质。然而，文学与文学学科的密切关系源远流长。有事实特别能说明这一点：我们在蒂克和奥古斯特·威廉·施莱格尔的文本中见到了一些美的类型，只要涉及文学，这些美的类型就会一再出现。我在此列举两个非常显著的例子。

每当马塞尔·普鲁斯特探讨文学问题时，他总会涉及一个问题，即否认父亲的身份。他的小说构思原本是作为论战而设计的，反驳的对象是那种主张从“人与作品”出发研究文学的学科观点。《驳圣伯夫》就是从叙事者与其母亲的一段长篇对话中发展出来的理论探讨。在《复制品》中，他以模仿的方式描述了古典作家的风格特征，并运用了杰出的简练手法。每当他要描述一种文学现象时，他都要或多或少引用记忆里的例句④，好像是他自己写下的句子一样，因为这就是他的方法：“只有从作者角度研究过去的代表作，才能获得一种

① 瓦尔特·本雅明：《书信集》第二卷第782页及续页，法兰克福（美），1966年。引语见第794页1938年12月9日从巴黎致阿多诺的信。

② 例如约尔格·约亨·穆勒（Jörg Jochen Müller）：《日耳曼学和德意志民族1806-1848》，斯图加特，1974年。

③ 例如，约翰内斯·雅诺塔编：《一门科学的建立：1810-1870》，图宾根，1980年。关于这个问题资料最多的，见克劳斯·魏玛（Klaus Weimar）：《至19世纪末期的德国文学学科史》，慕尼黑，1989年。

④ 见马塞尔·普鲁斯特：《驳圣伯夫》第586～600页，巴黎，1971年。

诠释;而脱离作者的看法,就只能是一种敬而远之的解释。”①阿尔诺·施密特的情况则完全不同。他采用一种极端的传记写作方式,撰写了下落不明的浪漫主义作家弗里德里希·德·拉·摩特·富凯的生平传记,并且还对不幸的卡尔·迈进行了分析,不外乎是描述了作家的强迫症。② 最后,他的代表作甚至还要让小说承担说明作者身份的义务。《蔡特尔的梦想》是描写埃德加·艾伦·坡生平的作品。然而,自我克制达到了一种互补的效果——这本书还展示了阅读和翻译坡的作品所存在的困难,具体地说,是对诗意的语句直接体验的问题。在这样的作品中,文学和文学研究是无法区分的。诗意的众神不会完全把他们在英雄世界的同类交付给语文学从而来满足那种世俗的学术研究。从社会史和科学社会学角度来解释文学学科的产生,这对于我在此所要描述的文学和精神的内在特质来说,必然是肤浅的。

① 见马塞尔·普鲁斯特:《驳圣伯夫》第 278 页,巴黎,1971 年。

② 阿尔诺·施密特:《通向西塔拉的路》,卡尔斯鲁尔,1963 年。

德语语文学的学科机构形成过程：教授职位设置时期

（约1810年至19世纪60年代末）①

（德）乌伟·梅弗斯 **著** 杨文革② **译** 聂军 **译校**

一、前言

本文尝试描述形成之中的新学科德语语文学教授职位的设立过程，时间从19世纪初期开始，到所有德国大学都设立了教授职位并将这一学科作为大学学科完全认可为止。③ 当时出现的态度和言论足以说明教授职位设立对学科机构形成的意义。1817年，图宾根大学评议会的一位成员说道："只有在大学设立教席才能保证一个专业在大学里持久存在并得到相应的发展。"近50年以后，柯尼斯堡大学哲学系在关于重设德语语言文学教授职位的问题上取得了一致意见并表达了如下观点："这一专业继续设立教授职位是符合事业发展的要求的，因为只要有这样一位教授存在，就能使学生认识到一个专业的重

---

① 本文译自于尔根·弗尔曼（Jürgen Fohrmann）和威廉·弗斯坎普（Wilhelm Voβkamp）编：《19世纪日耳曼语言文学学科发展史》（*Wissenschaftsgeschichte der Germanistik im 19. Jahrhundert*）第115～203页，斯图加特，1994年。本文篇幅冗长，注释繁多。考虑到中国日耳曼学界读者阅读的一般需求，故在不影响理解、保证内容贯通的前提下对正文稍作了删减，主要删去了大部分注释。——译者。

② 杨文革，文学硕士，西安外国语大学德语系副教授，主要研究翻译与跨文化交际，发表《论翻译中对异域文化的处理》等论文多篇，出版《中国新疆—历史与现状》（合译）等译著多部。

③ 在后来的德意志帝国疆域（包括明斯特学院）共有以下大学：柏林、波恩、布雷斯劳、埃尔兰根、弗赖堡、吉森、哥廷根、格赖夫斯瓦尔德、哈雷-威腾堡、海德堡、耶拿、基尔、柯尼斯堡、莱比锡、马尔堡、慕尼黑、罗斯托克、图宾根、维尔茨堡。关于日耳曼语言文学在奥地利的发展，参见本集艾格尔马勒（H. Egglmaler）的文章。

要性,甚至不可或缺的地位,从而使这一专业得到普遍认可。"①这个观点得到了现代学科史研究的证实:"在德国大学的传统中,一个专业的学科机构形成过程总是与教授职位联系在一起的。"

本文标题中之所以采用"德语语文学"(Deutsche Philologie)(而不是"日耳曼语言文学"[Germanistik])这一名称,首先是因为这个概念在所论述的时间段里主要用做这一新兴学科的名称,其中包含在一个学科内对语言和文学进行研究的要求。德语语言和文学通常被称为大学教授所从事的研究领域。如果把语言学或者文学(分支)学科分别作为研究对象,那么德语语文学作为大学专业的统一性就很容易被忽视。关于整个19世纪日耳曼语言文学的历史,克劳斯·威玛(Klaus Weimar)新近提出了合理的论断,认为,日耳曼语言文学的初始是一个"由不独立的学科分支向'德语语文学'的学科核心靠近和融合的过程,而这个学科核心与后来的完整学科相比,已经变得更为细化,或者说更为专门化了"②。尽管"德语语文学"这个名称并不是在19世纪前30多年里"参照'古典语文学'构造出来的",但是它的确突出了这一学科,让人看到该学科在把新专业纳入大学专业范围方面发挥了最大作用,同时在各个领域都成为德语语文学的典范,并有助于其学科定位。古典语文学不仅是德语语文学的"大姐和老师",而且还是一个很强大的竞争者,正如弗里德里希·查恩克(Friedrich Zarncke)于1863年在一个重要场合表述的那样:"不久前它(德语语文学)才敢于含蓄地表示要求平等,直到现在,有些地方的人对其研究内容和影响力都根本没有什么了解。新学科谈不上要保护遗产,而是要一边征服一边前进……"尤其是在德语语文学作为"面包学科",或者说职业科学并与教育和就业体系相联系的情况下,这种竞争也有着特殊的意义(参见第Ⅳ及Ⅵ节)。

这一新兴学科在德国大学设立教授职位的过程长达半个世纪之久。这种状况表明了它的学科机构形成过程非常缓慢,没有什么欢欣鼓舞之处。在各个大学,这一过程在时间上也极不相同——当时还处于民族国家形成的不同阶段——并且受各种力量的影响,表现得很不均等。关于这一点,将在第Ⅳ、Ⅴ及Ⅶ章中论及,而这里要把20所大学纳入其中,则不得不限制篇幅。本文

---

① 1863年7月19日给大学学监的意见。梅尔泽堡国家秘密档案馆(= GStA),编目76,分类11,目录IV,编号21,第V册,栏目151~152。载梅弗斯:《文献册》(注13)。

② 克劳斯·威玛:《德国文学与历史的关系》,载《德国文学社会历史国际档案馆》16,第149~156页,此处引自第154页,1991年。

主要以目前尚未发表和公开的原始文献为依据①，因此也会自行出现一些当时的观点。

二、初始阶段：1810年前后的情况

1805年，《坦言者或严肃与玩笑》杂志刊登了一篇关于“德语语言和文学研究”的短文，对“我们的大学完全忽视了本学科”的状况提出了尖锐批评。②文中强调，不能把本学科的研究视为“无关紧要的事情”。对此，作者不仅用“市民的全部生活”中语言技能的功利性价值来进行说理，而且还将其作为“全民教育的一个根本问题”来说明它的意义。因此，作者尤其感到遗憾的是，“没有一所大学为德语语言文学设立真正的、名副其实的教授职位”。这一批评观点被《高雅世界报》中一篇无名文章所采纳，并且与大学改革阶段联系了起来。③“由于大学的办学模式陈旧落后，这样的职位……是不可想象的。然而，连普鲁士和巴伐利亚的大学——这些大学思想开放，改善了旧基金会，扩展了新机构——都未曾设立德语语言专业的教席，这就让人感到不可理解了。……还有，在德国大学的课程目录里也几乎见不到德语语言和文学的讲座课。”

本文作者只报道了莱比锡和威腾堡的情况，指出，那里只有普利茨(Pölitz)教授在1803至1805年间为通常50至70名听众开设过《德语语言和德国古典文学》的讲座课。仅仅过了几个星期，《文学汇报》上有一篇关于“海尔姆施泰特大公德意志协会”创立庆典的报道提到，希望这个协会的活动“将激励其他学术机构高度重视对母语的研究，不能再忽视这一领域，对布鲁德夫(Bredow)教授……质问的答复也不能再拖延下去了。他的问题是：‘各学科的教师队伍壮大，光彩夺目；可是在德国的大学里，哪里能找到冠名德语文学的教师呢？’”

随后，对这一问题的正面答复则屈指可数。在《新文学指针》中，J. K. 霍克(Höck)指出，虽然在国外，比如伯尔尼聘任了一位“美学和德语文学教授”，可是在自己的祖国，他只知道J. C. 施吕特（Schlüter）在明斯特受聘为“德语文体与德国文学的正式教师”，以及在海德堡已有打算“设立一个专门的德语语言文学教职”。类似的消息此前在《坦言者》报纸中已有介绍：“据我本人所

① 参见我关于19世纪普鲁士大学学科机构形成过程的文献汇编（缩略本）。

② 第132期，1805年7月4日，第12页；下面引文出处相同，文章上有“Hz.”标记。

③ 《高雅世界报》第93期，1805年8月3日，第744页。

知，只有唯一一个(真正的德语语言文学教授职位)，而且就在人极少能猜到的明斯特。早在四五年前，施吕特……就已被聘为这里的德语文体与德国文学的正式教师了。”

施吕特的教学活动是从给法学专业学生开设讲座开始的，题为《德语文体理论——以德语文学和论文写作实践指导为重点》，如一位听众所言，他的课堂上“大多数是攻读神学和法学专业的学生”。显然，这一课程的目的是提高这些未来法律人才的德语知识水平和能力。在后来几年里，陆续增加了修辞学课程(包括实践练习)、朗诵课程(理论与实践)，偶尔也有美学讲座。从1803/04冬季学期开始，施吕特也像他在哥廷根的老师博特威克(Bouterwerk)那样，把德国文学史以及批评纳入他的课程大纲。当这位(古典)语文学教授1804年去世以后，拉丁文学的课程就转交给了当时薪水微薄的施吕特。1810年夏季学期，他像前几学期那样，开设了一门德语散文文体理论课程，并以德国文学为重点(结合实践性指导)，此外还讲授了朗诵和演讲课程，特别是以公开报告为主。

1809年，曾经在哈雷师从沃尔夫攻读(古典)语文学的约翰·弗里德里希·费迪南·德尔布吕克(Johann Friedrich Ferdinand Delbrück，1772-1848)被任命为柯尼斯堡大学的纯艺术理论、批评与文学专业的副教授。①德尔布吕克开设的课程有：修辞学与诗学(大约1810年夏季学期)、德国文学与辞令史、修辞术讲座、中世纪德国神话以及18世纪文学史。此外，他还讲授了朗诵、德国文学赏析、德语口头表达、写作以及报告等实践课。德尔布吕克是兼职从事教学活动的；直到1816年，他的主要职务是东普鲁士政府教会和教育代表机构的行政专员。

与此同时，已于1789年受聘为古典文学、德国文学、考古及艺术学副教授的约翰·阿道夫·纳塞尔(Johann Adolph Nasser，1753-1828)在尚属丹麦的基尔任教。与之相应，他的授课面相当宽，从考古学(他是基尔讲授这一课程的第一人)、古罗马文学到德国文学史，甚至当代文学也被纳入其中一并处理。

1810年，在尚属瑞典的格赖夫斯瓦尔德大学，雅各布·瓦伦尼乌斯(Jakob Wallenius，1761-1819)以一门美学讲座和一门前几学期公布的德语文体指导课程结束了自己的教师生涯。此外，他为夏季学期开设了《希伯来语[…]和阿拉伯语的起源》，并自愿继续开设拉丁语辩论术、瑞典语课程以及“其他的语文学专题课”。另外还有一门《自选拉丁语经典作品解析》和一门《拉丁

---

① 《德国通传》(ADB)第5卷第36页及续页，1877年。汉斯·普鲁茨：《19世纪普鲁士柯尼斯堡皇家阿尔伯特大学》第31页，柯尼斯堡，1894年。

语文体导论与练习》。瓦伦尼乌斯于1785年被聘为格赖夫斯瓦尔德大学希腊语言文学的讲师,10年后,还是在此,他获得了德语文体学、美学、古典拉丁语言文学和东方语言的副教授职位,1810年因就任吕根岛的一个牧师职位才放弃了这一教职。

1805年,曾担任图书管理员的格奥尔格·弗里德里希·贝内克(Georg Friedrich Benecke, 1762-1844)被哥廷根大学聘为哲学系副教授(没有更确切的专业名称),其授课内容从德语语言文学延伸到英语语言文学,工作量大致相当。1810年之前,他多次开设关于莎士比亚和斯宾塞的讲座,并公布了他在传统主题范围内流动开设的课程《现代文学史,从科学的重建谈起》(1806/07、1807/08、1809/1810冬季学期)和《德、英纯文学知识导论兼名著解读》(1806/07、1807/08、1808/09、1809/10冬季学期)。与此同时,同样是图书管理员,又任枢密官的杰里米雅思·戴维·罗伊斯(Jeremias David Reuß, 1750-1837,自1785年为教授)、东方学学者及博学者约翰·戈特弗里德·艾希霍恩(Johann Gottfried Eichhorn)以及哲学家弗里德里希·博特威克(Friedrich Bouterwerk)都开设过关于文学史的讲座课(哥廷根大学自建校起一直开设)。

1810年8月11日,编外学者兼法律工作者弗里德里希·海因里希·封·德·哈根(Friedrich Heinrich von der Hagen)向普鲁士内政部公共教育司递交了一份申请,希望通过在新建的柏林大学设立教授职位,以使"德国古代文化学"专业"从国家方面"得到正式认可。①由于施莱尔马赫对此申请的否定答复,他很快从三个方面对其申请进行了修改:

——他对"任何形式的聘任合同"都会感到满意;

——他表示,除申请的专业外,他还愿意讲授如"普通文学史"和"美学"之类的传统题目;

——最后,他试图打消新专业在大学声誉方面引起的疑虑,便提到哥廷根大学,申明他所申请的"部分知识科目"已被纳入大学讲座的范围。

凭借1810年9月21日的信函,封·德·哈根被公共教育司任命为德语副教授,但是没有薪酬。教育司采纳了封·德·哈根在第一份申请书中确定

① 详见乌·梅弗斯:《柏林大学第一个德语语言教授职位的设立》(1810年),载《德语语文学杂志》104第161~184页,1985年。申请文稿同上,第180页及续页。克·威玛:《历史》(注2),第217~219页。关于封·德·哈根的生平与著作详见埃·格伦纳瓦尔特(Eckhard Grunewald):《弗里德里希·海因里希·封·德·哈根(1780-1856)——日耳曼语言文学早期历史》,柏林/纽约,1988年,此处主要参考第10~33页。

的“传统名称”,作为他授课内容的名称。至于具体内容,封·德·哈根在1810年10月3日感谢教育司对他任命的回信中再次强调说,对他的任命表明政府“对祖国古代文化学专业的重视,这一专业定会快速发展,进入与其他学科平等的行列”。关于对祖国古代文化学的理解,封·德·哈根在他的第一份申请书里为未来的教授职位所设计的授课大纲中作了具体说明:

1. 德语语言史,最大范围地包含各个时代及各种方言,也涉及一些相近的语言,并对正在使用中的语言进行比较。

2. 德国文学史:

a)韵文体,

b)散文体。

3. 在上述基础上论述德国诗歌与散文史。

4. 关于道德、风俗、宗教、公共与家庭生活的研究,或一般狭义上对德国古代文化学的理解。

5.(政治史、外交等,只要有联系,也应尽可能纳入研究范围。)

6. 单个作家及作品研究,完全按照经典作家的类型来进行;首先是那些得到广泛认可的优秀作品,如:尼伯龙根传说,英雄史书,提图瑞尔、特里斯坦、列那狐。

在柏林大学成立后的第一个学期,封·德·哈根预告要作一场为时三小时、题为《德国古代诗歌史入门——以尼伯龙根之歌为重点》的报告,而且要“从语法和古代文化角度对这首诗的原始文本”进行阐释。1811年夏季学期,他自愿作了两个长达三小时的讲座:其一是以公开形式从语法和古代文化角度阐释尼伯龙根之歌续讲,其二是小范围讲授《日耳曼古代诗歌文学史》。1811年秋天,封·德·哈根如愿调往布雷斯劳,在柏林无人继任他的职位。影响这次调动的关键既不是政治原因,也不是学术机构方面的原因,主要是由于经济方面的困境。封·德·哈根希望能在计划修建的西里西亚中心图书馆受聘于一个付薪酬的职位来摆脱经济困境。

如果说普鲁士国家方面起初对封·德·哈根提出的倡议反应冷淡的话,那么《德语语言文学及口头与书面报告练习》的教学岗位设置则首先是由符腾堡政府于1811年在图宾根大学开始的。这一教职显然是专门为1810年前往图宾根大学任职的法语语言文学教授萨罗蒙·米夏艾利斯(Salomo Michaelis)安排的,米夏艾利斯与大学督学封·旺恩海姆(Freiherr von Wangenheim)男爵的交情似乎在这方面起了决定性作用。米夏艾利斯开设了德语文体学和古代文学史方面的课程,但是他“更多地致力于法语语言”教学,而在自己的学科领域“文学方面毫无建树”。1817年,他放弃了自己并不成功的教师生涯，转任符腾堡国家与政府报的编辑。此后，在大学评议会里展开了一场富有启发性的、有关填补这一教职的讨论，并出现了各种与德语语言文学学科相关联的意见和想法。尽管有人强调“德国的大学也应该重视本民族文学”，还有人指出该学科当下正出现了许多很有成就的学术成果，使之科学声誉日益提高，但是这些观点均没有显示出足够的分量，其结果是没有聘任接班人。

不同的教学人员对于本学科发展的影响，是以另一种方式体现在兰茨胡特大学的。① 1804 年，这所大学被重新划分为两大类学科：一是“普通科学类”，其教学内容属于高级的精神文化方面的内容，不考虑国家内部的某一特殊情况；二是“专门科学类”，传授“履行国家某一职能”所需要的知识。1804/05 年冬季学期，美学教授格奥尔格·阿洛伊斯·迪特尔（Georg Aloys Dietl，1752-1809）在“普通科学类”的第四系，即“纯艺术与科学系”开设了题为《德国经典文学——以朗诵练习为重点》的课程。除了讲授普通美学的课程外，迪特尔还多次开设了一门《德国经典作家》讲座，甚至还开设过一门《莪相与莎士比亚》讲座。在 1807 年末出版的大学培养计划中，普通科学类的必修课教学内容中也明确列有《德国经典作家以及文体练习》的课程。不过，1805 年《高雅世界报》中所发表的希望设立德语教师职位的意见在改革后的巴伐利亚各大学仍然没有成为现实。1809 年 5 月迪特尔去世后，约翰·克里斯蒂安·西本基斯教授（Johann Christian Siebenkees，1753-1851）作为后继者被聘为文学史教授。此前，自 1776 年起他一直是阿尔特多夫大学的法学和历史学教授。随着人员的变化，授课内容也发生了根本性变化。虽然迪特尔曾计划 1809 年夏季学期再次开设《德国经典作家》讲座，但是有着“活图书馆”之称的西本基斯并没有把解读经典作家这一任务继续下去。1811 年，他讲授了一门侧重应用的课程，即《德语语言学与公文文体练习》。

上面提到的为数不多的人物以及对授课大纲极不全面的介绍大致能够表明，1810 年前后，侧重实践性的大学德语课程占据了主流，“全科型教授”明显居多，那些教职名称已经说明了这一点。比如，1795 年，雅各布·瓦伦尼乌斯被聘为“美学、德语文体学、拉丁语言文学和东方语言教授”。在海德堡大学，受聘接替路德维希·蒂克（Ludwig Tieck）的美学教授施莱伯（Schreiber）从

---

① 下述内容引自莱·阿·穆勒（Rainer Albert Müller）：《英格尔施达特、兰茨胡特以及慕尼黑大学德语语文学发展史研究（1799-1849）》，载莱提茨雅·伯姆（Laetitia Boehm）/约翰内斯·斯波尔（Johannes Spörl）编《路德维希·马克西米里安大学各学科》第 2 卷第 185～255 页，慕尼黑，1982 年，此处引自 190～193 页。

1806/07 年冬季学期起,几乎每学期(直到 1811 年夏季学期)都开设一门《侧重公文文体的德语文体学》讲座,并且还零星地讲授《文学与造型艺术理论和历史》(1807、1807/08、1811/12)。除此之外,1809/10 年冬季学期以及紧接着的夏季学期,一门《从中世纪到当代的文学与文化史》讲座课也在他的授课目录之中。从 1806 年起,贝内克(Benecke)定期开设的、题目稍有变化的讲座《德国古代文学导论——重点解读施瓦本时期流传下来的诗歌》标志着一个转折。由此,贝内克满足了此前由埃尔杜因·尤里乌斯·科赫(Erduin Julius Koch)提出的——不局限于德国古代文学——要求:"的确,我要求……未来的德语语文学家要先成为希腊语和古罗马语文学家。"封·德·哈根也努力把德国古代语言文学专业"提升到与其他学科同等的地位,并且至少能使之与古希腊罗马文化研究等量齐观:简言之,即着实推进语文学研究与学科建设"。当然,不能像贝内克的情况那样,用一个诸如"语文学的"关键词来说明封·德·哈根的科学事业。他为未来德语教授职位所设计的教学大纲与一般大学的德语教学没有任何共同之处。封·德·哈根的讲座题目明显集中于一个特定的领域,即祖国的古代文化学,与之相关联,此前所涉及的整个学科领域就必然从内容上存在着某些限定。1810 年时,两个人在看待德语语文学的问题上就代表着两种不同的、后来颇为典型的观点。这两种观点在更大范围内可以从戈特弗里德·赫尔曼(Gottfried Hermann)与奥古斯特·博克(August Boeckh)这两个对手之间展开的"语文学"讨论中看出一二。赫尔曼认为,语文学的任务是以评判的方式对古希腊罗马文学进行修复和阐释,而博克则认为,语文学应该"从各个方面描绘出每个民族整体的精神发展轨迹以及文化发展的历史"。

三、确立阶段:1810 年至 19 世纪 40 年代末

德语语文学取得的成就是"以专业化、语文化、科学性要求以及专门化为基础的",这是克劳斯·威玛新近以充分的理由提出的一个论断。但是,在起始时间的确定以及阶段划分方面则有所不同。威玛认为,德语语文学的"发展速度不同寻常","最晚在 1820 年前后新学科就已经确立并得到了认可"。在 19 世纪前 20 年——1818 年拉赫曼被聘为教授和 1819 年格林的《德语语法》第一卷问世,构成了外在的界定时间——已作出了结束和取代"全科教授"的决定(威玛视其为第三代德语教授职位),"与此同时——在第四代教授职位期间——德语语文学经过封·德·哈根式的德国古代文化学的发展而取得了胜利。"是否如威玛所言,1820 年前后这个时间是德语语文学专业确立的标志,

这一点将在下面加以考证。

1813 年，贝内克晋升为教授（如在哥廷根那样，无具体专业名称）。1817 年，封·德·哈根在布雷斯劳也晋升为同样的职位。由此，德语语言文学专业在普鲁士第一次获准成为大学学科，也就是说，本学科带头人从此拥有相应的学术权利，从狭义上讲是系部的一员。封·德·哈根被任命为教授的时间，与文化及公共教育部从内政部划出并独立成部委几乎是在同一天。在设立专门的教育部之前，文化司已于 1817 年 5 月在柯尼斯堡询问过弗里德里希高级专科学校的高级教师卡尔·拉赫曼（Karl Lachmann）是否有意先以编外讲师身份开设此前一直由德尔布吕克主讲的研究方向的课程，因为德尔布吕克 1816 年要求调往杜塞尔多夫担任政府参事及学监。学校同意给予拉赫曼副教授职位，并且同意"讲座内容为文学"后，他才答应担任此职。作为"文学及文艺学理论与批评"的教授——德尔布吕克教授职位的原有名称得以保留——拉赫曼开设的课程中，关于古希腊—拉丁语作家的内容与德国古代语言文学史以及 13 世纪文学的内容几乎平分秋色，而且他对这个教授职位的贡献并不仅限于唯一的美学课程（1821）。

拉赫曼被任命后还没过几个月，普鲁士首任文化部长封·阿尔腾施泰因（von Altenstein）就提交了一份关于普鲁士全国大学教育的总报告（1818 年 5 月）。报告中罗列了柏林大学哲学系空缺的教授职位，也包括"文学与文艺学"和"德语语言文学"教授职位。在此，这些教授职位第一次被纳入普鲁士大学专业目录的国家规划，其空缺被认为是个损失。由于 1818 年受聘前往柏林担任教授的著名"全科学者"奥古斯特·威廉·施莱格尔（August Wilhelm Schlegel）出于个人原因在波恩就职，而争取聘任路德维希·蒂克代替施莱格尔担任文学教授的计划也无法实现，最后只能任命弗里德里希·威廉·瓦伦汀·施密特（Friedrich Wilhelm Valentin Schmidt）担任副教授，主讲《文学与近代语言史》。但是，不能把这一点简单地理解成"为了设立新型教授职位而撤销'全科教授职位'"。除了封·德·哈根在文化部的个人与业务影响都比较小这个因素以外，他为从布雷斯劳回到柏林任职所做的大量努力，能使人清楚地看到文化部官员对柏林大学德语语言文学教授职位的设想："这所大学还缺少的是一位教师，他不仅有能力讲授德语语言文学及相关方言的课程，并具备在这方面进行哲学批评的广博而深厚的历史知识，不仅能涉足中世纪文化及其文学，而且还能胜任整个学科的教学工作……"这个方案有三个方面值得注意：在这个领域里语言和文学并重；该领域并不局限于中世纪，而且还包括当代的语言和文学；历史方法和哲学方法同等重要。

《波恩大学任职新一览表》（1818 年 7 月 23 日）给普通科学系规定的 17

个教授职位中有一个"普通文学与文艺学"和一个"德语语言文学"教授职位。如同1818年5月的总报告所显示的情况,设置一个特殊的冠名教授职位则标志着"德语语言文学"作为一个独立的大学学科得到了认可。除了这两个教授职位外,还有一个"侧重德语语言研究"的副教授职位。这个职位规划中所附的人员名单建议(约·弗·德尔布吕克、格林兄弟、约翰·戈特利普·拉德洛夫)几乎涵盖了德语语言文学学科这个复合体当时所有的研究方向。这同时还表明,文化部方面还没有确定这些不同学科方向中的具体职位。1818年9月,德尔布吕克被授予教授职位,其学科名称为"演讲艺术与纯文学,既全面又具体地涉及德语语言、美学以及相关的实践哲学"。这位柯尼斯堡大学的前任教授可以看做是全科教授的典型代表。然而,聘任格林兄弟的计划没有成功,这是因为图书管理员的职位比教学职位更适合他们。与他们不同的是,对编外学者拉德洛夫的聘任提议不是来自文化部。拉德洛夫继承了阿德龙的规范语法传统,并试图从语言哲学和历史两方面进行更为深入的研究。他的研究尝试主要针对"当代语言、方言及地域口语研究"的范畴。由于健康原因,他不得不于1820/21年停止自己的教学活动。拉德洛夫被"排除"在学科建设的过程之外,这一点会引起一种联想,似乎有人在他的学术发展方面从中作梗。在拉德洛夫1872年正式离开波恩大学的教师队伍后,学校认为填补他的教授职位没有必要。

这件事情并不是个案,在布雷斯劳也有同样的情形:封·德·哈根的同事及朋友约翰·古斯塔夫·比申(Johann Gustav Büsching,1783-1828)于1822年夏天——并没有作为封·德·哈根的继任者——被任命为艺术史、证书学与徽章学教授。1824年3月10日,哲学系建议以雅各布·格林为第一人选来填补封·德·哈根的教授职位,拉赫曼为第二人选,这主要是因为格林在德语语法方面的成就。但派驻大学的政府副全权代表认为,专门的德语语言文学教授职位是可以空缺的教授职位之一,因而主张把因封·德·哈根的教授职位空缺而闲置的资金作为可支配资金用于满足其他更为迫切的需求。比申去世后,哲学系提交了一份引人注目的评估报告,题目为《德语语言文学教授职位的重要性》(1829年6月25日),诺伊曼再次反对填补该教授职位。文化部方面同意,把因比申去世而空余的薪酬一部分用作附加工资,一部分赠予妇产医学院和艺术博物馆。

19世纪30年代,这门新兴学科才逐渐在大学扎下了根。1824年,自修学者埃伯哈特·戈特利普·格拉夫(Eberhard Gottlieb Graf,1780-1841)被任命为柯尼斯堡大学德语语言文学副教授。1828年晋升为教授后,格拉夫先获得长期研修假,之后于1832年调往柏林研究院。

随着1824年1月28日的任命，封·德·哈根多年以来一直争取的工作调动终于实现了。他从布雷斯劳来到柏林，晋升为首都大学德语语言文学专业的第一任教授。①在拉赫曼申请从柯尼斯堡调往柏林任职之前，(文化部)原则上已经同意封·德·哈根的调动要求。优先任命封·德·哈根而不是拉赫曼，并非出于政治上的考虑。1825年，拉赫曼最终作为副教授调往柏林任职，并于1827年6月27日——与柯尼斯堡的格拉夫在同一年——晋升为“德语与古典语文学专业”教授。由此，柏林大学在语文学新专业的两个不同方向都设立了教授职位。

在巴伐利亚，兰茨胡特大学于1826年迁往慕尼黑。1827年，约翰·安德烈亚斯·施迈勒(Johann Andreas Schmeller)和汉斯·费迪南·马斯曼(Hans Ferdinand Maßmann，1797-1874)开设古代德语语言与文学课程，并以此开始成立学科。同年，在弗里德里希·蒂尔施(Friedrich Thiersch)和弗里德里希·威廉·谢林(Friedrich Wilhelm Schelling)的推动下引入的所谓“自由研习规定”(把作为基础的哲学系的必修学习时间减少到一年，然后自由选择普通学科)生效。自修学者施迈勒多次努力失败后，1827年慕尼黑大学授予他“日耳曼语言文学”名誉博士学位。1828年10月8日，他被任命为“古代德语语言与文学”副教授，这是“慕尼黑大学在开设独立的德语语言文学专业方面迈出的第一步”。施迈勒在慕尼黑大学宣布新专业开课时所作的就职讲座足以证明这个学科此前在大学专业中卑微的地位。

由于施迈勒调往国家图书馆，已于1828年3月28日被任命为古代德语语言文学编外讲师的马斯曼在一年之后晋升为施迈勒的继任者，“在随后的15年中，他独自成为慕尼黑大学日耳曼语言文学专业的带头人”，其课程目录也侧重德语文体学练习与文化史主题。

在图宾根大学，米夏艾利斯退职(1817年)后，德语教授的职位一直空缺，直到古代语文学家康恩茨(Conz)去世后，有一副教授职位空缺出来，米氏的教授职位才于1829年得到填补。法学家路德维希·乌兰德(Ludwig Uhland，1787-1862)得到了此时已降为副教授职位的德语语言文学职位。早在1818年，他就已得到评议会的提名，但文化部认为他不是该职位的合适人选，因为这个职位要求“能力特别优秀的教师”。乌兰德的教学活动仅持续了

---

① 参阅乌·梅弗斯:《学科机构形成》(注68)，第126页及续。封·德·哈根在1823年12月2日的一封信中承诺，“对德语语言及其历史进行深入、全面的研究，不断开拓已在语法和文献考证方面实力雄厚的古代德语语文学研究领域，促使学科兴盛繁荣”(同上，第129页)。

4 个学期，由于国王拒绝了他请假去履行国会议员职责的请求，这位反对党的自由派议员于 1833 年辞去教职。

随着雅各布・格林于 1829 年受聘到哥廷根担任图书管理员和教授，其弟威廉于 1831 年被聘为副教授，哥廷根大学取代了柏林大学在新专业领域的领先地位。当时雅各布・格林把这个专业称为德语语文学。1837 年，雅各布・格林和威廉・格林因抗议汉诺威国王恩斯特・奥古斯特单方面废除宪法而遭辞退，并被驱逐出境，由此这个领先阶段戛然终止。在当时两大派别之间展开的一场语文学大讨论中，雅各布・格林所开设的课程就已经表明了自己的立场。"语文学"——这是他在德国文学史讲座里下的定义——"不仅指德语知识，也指古代文化学"。

19 世纪 40 年代，这门新专业作为大学学科的机构，其形成过程仍然十分缓慢，并且总体上并不统一。除了在哥廷根格林兄弟的教授职位以及在图宾根乌兰德的教授职位因政治原因缺失以外，缺失的还有因人而设的柯尼斯堡大学格拉夫的教授职位。虽然督学及高级中学校长克里斯蒂安・特奥多尔・路德维希・卢卡斯（Christian Theodor Ludwig Lucas，1796-1854）于 1835 年申请到了"历史与德国文学的副教授职位"，但是他因为履行公职，只把学术研究"当做副业"。在布雷斯劳，哲学系——不顾政府全权代表的反对——仍然主张聘任德语语言文学教授，但是文化部聘任图书馆馆长海因里希・霍夫曼（封・法勒斯雷本）（Heinrich Hoffmann，1798-1874）的反对意见却未被采纳，因为霍夫曼不是按规定获得编外讲师的授课资格的。霍夫曼于 1830 年被聘为副教授，凭借与文化部保持的密切关系，1835 年即晋升为这个专业的教授。他强调，正是这一点证明了普鲁士文化部部长阿尔腾施泰因"并没有认为德国大学的德语语文学是可有可无的"。① 在同一年，与霍夫曼一样，汉・费・马斯曼在慕尼黑大学晋升为古代德语语言文学教授。"这个教授职位的设立对慕尼黑的德语语文学历史来说是个决定性的突破，从而保证了该专业在系里的最终确立。"这是巴伐利亚大学第一次为这个新学科设立了一个教授职位。

根据威玛的观点，从 30 年代中期开始，各大学开始为后备力量"开启第五代德语教授职位：不是全科教授，不是语文学教授，而是文学史教授，并且仅限于德语文学本身，明显常常与美学相关联"。1837 年，罗斯托克大学聘任的美

① 霍夫曼于 1836 年 2 月 16 日致阿尔腾施泰因的信，梅尔泽堡国家秘密档案馆，编目 76，分类文学 H，目录 IV 编号 11，编册 I，栏目 127～127v。值得注意的是，霍夫曼的文献汇编《德语语文学概要》（布雷斯劳，1836 年）是献给普鲁士文化部高级中学与大学司司长约翰内斯・舒尔策的。

学与近代文学教授克里斯蒂安·维尔布兰特(Christian Wilbrandt,1810-1867)便是担任此类教授职位的第一人。但是,他的授课内容并不仅限于德语文学,而是把欧洲文学也纳入其中,从而沿着他的前任维克托·艾美·胡贝尔特(Viktor Aimè Hubert)所代表的欧洲文学史方向继续前进。

30年代,有两个方面比教授层面的变化对学科机构形成的意义更大:其一,取得大学授课资格的人数迅速增加;其二,接受编外讲师从事教学工作,使他们看到了在这一新兴学科中的发展前景,因为在系章程里已为新专业设立了一些专门的教授职位。1800年前后,获得博士学位即被认为具有教学资格,而现在各大学则更多地把——各大学有不同规定的——教学资格与申请执教的论著相挂钩,作为大学执教的基本要求。①哪些要求在现代意义上与大学执教的论著相挂钩呢?对此,柏林大学哲学系1838年1月29日的章程有一个大致明确的说明。教授有权在所有"归属系里的学科开设课程",而编外讲师只能在"自己申请执教资格时所说明的学科范围内开设课程"。这个规定摘自1816年的大学章程,波恩和布雷斯劳的章程与此基本一致。埃瓦尔德·霍恩(Ewald Horn)曾经强调大学章程规定对于科学内部分化发展的原则性意义。图尔纳(Turner)的研究表明,作为"层次分明的科学活动中的最低阶层",编外讲师在质量(研究要求)和数量方面真正产生影响,当始于三月前革命时期普鲁士大学改革之后。获得大学执教资格的程序同时也赋予教授们更高的权力和地位,因为他们行使申请能否成功的最终决定权,因而对学术后备力量的影响也更加明显。

在此后的10年中,取得大学教师资格的人数继续增加,这与哲学系的总体发展是一致的。②在新的编外讲师中,大多数基本上可归入由卡尔·拉赫曼和雅各布·格林所代表的专业方向(哈恩[Hahn]、穆勒[Müller]、米伦霍夫[Müllenhoff]、索默尔[Sommer]、弗劳尔[Frauer]、魏因霍尔特[Weinhold]、霍兰德[Holland]、李林克罗恩[Liliencron]以及魏甘德[Weigand])。除了

---

① 参见道德(P. Daude):《编外讲师的法律地位》,柏林,1896年;亚历山大·布什(Alexander Busch):《编外讲师史》第21页及续页,斯图加特,1959年;亚历山大·克卢格(Alexander Kluge):《大学自治》第173页及续页,法兰克福/美因兹,1958年;罗伊·斯蒂文·图尔纳(Roy Steven Turner):《普鲁士大学及其研究要求——1806-1848》第363页及续页,第461页及续页,普林斯顿,1973年。

② 在普鲁士,哲学系编外讲师数量从1834年的61名增至1854年的90名(增加34%),参见R. St. 图尔纳:《普鲁士各大学》(注117),第366、463页。在40年代,第一次若干人获得"现代语言文学"授课资格,参见汉斯·赫尔姆特·克里斯特曼:《罗曼语言文学与英语语言文学》(注5),第22页。

1846年去世的埃米尔·索默尔和路德维希·弗劳尔以外,其余所有人在此后几年中均晋升为副教授。在他们之前,图宾根的阿德尔贝特·凯勒(Adelbert Keller,1841)、布雷斯劳的奥古斯特·卡勒特(August Kahlert)和特奥多尔·雅各比(Theodor Jacobi,1843)以及马尔堡的弗兰茨·迪特里希(Franz Dietrich)都已由编外讲师晋升为副教授。与基尔大学和马尔堡大学相同,维尔茨堡大学、格赖夫斯瓦尔德大学、莱比锡大学、埃尔兰根大学以及海德堡大学也在40年代第一次任命了副教授,构成了新专业或兼任其他专业的学术带头人。1840年,被人称为博学型学者的弗里德里希·安东·莱奥波德·罗伊思(Friedrich Anton Leopold Reuß,1810-1868)——医学博士,1835年获得"普通科学"授课资格——获得了维尔茨堡新设立的德语语文学副教授职位,同时被任命为副图书管理员。罗伊思讲授德国文学史、德语古代文化学、外交学和徽章学。这个被冠名德语语文学的学科内部跨度究竟有多大,这一点,维尔茨堡的语文学外行罗伊思和莱比锡的莫里茨·豪普特(Moriz Haupt)几乎同时受聘的事实足以表明。豪普特是赫尔曼门下的一位语文学者,后者后来成为了他的岳父。豪普特是德语语文学领域的自修学者,于1837年在莱比锡大学取得古典语言文学授课资格,翌年被任命为哲学副教授(但直到1841年,大学才完成了此次任命),1843年他已晋升为德语语言文学教授。①与此相反,埃尔兰根的鲁道夫·封·劳默尔(Rudolf von Raumer)在其继任者看来,"不能称为语文学家",而应该称为"文化史学家、文化史方面的语言研究专家"。1840年,劳默尔在埃尔兰根大学获得授课资格(未标明专业),主讲日耳曼语言、世界历史与德国历史。1846年,他被任命为副教授(未标专业名称),应归咎于普鲁士文化部长艾布霍恩向历史学家劳默尔所表达的需要。就这点而言,还不能把1846年毫无保留地视为德语语文学在埃尔兰根成为新学科的开始。相应地,这一点也适用于耶拿大学和海因里希·吕克尔特(Heinrich Rückert,1823-1875)的情况。1844年11月,吕克尔特在耶拿大学哲学系申请历史专业授课资格,并要求作为编外讲师工作。他于1845年5月满足了章程规定的开课条件(演讲、试讲并提供由父亲作为经济担保的证明),然后在1845年夏季学期第一次开设讲座(中世纪历史)。1848年,他被任命为副教授(无薪酬),未标明专业名称。

格赖夫斯瓦尔德大学的阿尔伯特·赫费尔(Albert Hoefer,1812-1883)和马尔堡大学的弗兰茨·迪特里希(Franz Dietrich, 1810-1833)主要研究东方

---

① 参见沃尔夫冈·弗莱舍(Wolfgang Fleischer):《论莱比锡日耳曼语言学历史》,载《德语作为外国语》杂志,第21期,1984年,第257~264页,此处引自第259页及续。

语言与比较语言学，古代德语语文学只是其中的一个分支。他们的大学工作经历也基本一致。迪特里希于1838年在马尔堡获得日耳曼语言与闪米特语言授课资格；同年，赫费尔在柏林获得梵文、语言比较与古代德语语文学授课资格。1840年，赫费尔被格赖夫斯瓦尔德大学任命为东方语言、比较语言学及古代德语语文学副教授；四年后，迪特里希在马尔堡成为东方语言与日耳曼语副教授。1847年，赫费尔获得教授职位（未标出“古代德语语文学”专业）；一年后，迪特里希晋升为东方文学与古代德语文学教授。

40年代，本学科“在机构形成方面最重要的成果来自‘德国语文学史’……”。1844年，图宾根大学的弗里德里希·特奥多尔·菲舍尔(Friedrich Theodor Fischer)获得新设立的第二个哲学教授职位，阿·凯勒获得“日耳曼语言文学”教授职位。由此，哲学和语文—历史方向各有一个教授职位，在哲学系具有平等的地位。布雷斯劳大学的奥古斯特·卡勒特(August Kahlert)、哥特沙尔克·爱德华·古劳尔(Gottschalk Eduard Guhrauer，1809-1854)和特奥多尔·蒙特(Theodor Mundt，1808-1861)、哈雷威腾堡大学的罗伯特·普鲁茨(Robert Prutz，1816-1872)以及波恩大学的戈特弗里德·金克尔(Gottfried Kinkel，1815-1882)均晋升为副教授。这些任命都是因人而设，因此威玛认为，这不应该视为“科学政策构想已经实现”，而且这些“文学教授”的学科方向并不完全一致（参见卡勒特及古劳尔）。布雷斯劳大学哲学系想通过任命古劳尔来填补普通文学史专业的教授职位。这个职位一直由历史学家路德维希·瓦赫勒(Ludwig Wachler)兼任，直至他1830年去世。然而事与愿违，1848年，特奥多尔·蒙特从柏林调往布雷斯劳。在这件事情上，普鲁士文化部长的政治考虑以及蒙特政治态度的改变对这次调动起到了关键作用。自由反对派人物罗·普鲁茨多次应聘高校教职受挫后，在1848/1849间的革命年代中再次努力，终于成功。在革命派文化部长封·拉登贝格的支持下，普鲁茨越过编外讲师工作阶段，也得到哲学系多数人同意，于1849年2月22日被任命为哈雷大学文学史副教授，并根据系里的希望，所开设的课程“不局限于德国文学及文学史，而应该更多地在普通文学史方面做准备”。此前，哈雷大学德语语文学专业的带头人是编外讲师卡尔·魏因霍尔特(Karl Weinhold)，但是在普鲁茨被任命为德语语文学与文学史副教授几个月后，魏因霍尔特便前往布雷斯劳任职。在哈雷大学为普鲁茨安排了教授职位以后，积极参与1848年革命的戈特弗里德·金克尔(Gottfried Kinkel)失去了他在波恩大学近代艺术史、文学史与文化史的教授职位。1845年，波恩大学学监极力争取把金克尔从新教神学系调到哲学系，尽管他觉得“聘用一位专门的德国文学史与艺术史”教师并不十分必要，因为弗里德里希·迪茨

(Friedrich Diez,自 1830 年起为中古与近代文学教授)可以兼授德国古代文学课程,历史学家洛贝尔(Loebell)也可以兼授近代文学课程。无论是奥·威·施莱格尔的去世(1845 年),还是约·弗·费·德尔布吕克的去世(1848 年),哲学系都认为填补这些全科教授职位没有必要。因此,卡尔·西姆罗克(Karl Simrock)同期递交的授予德国文学教授职位(含薪酬)的申请——他提到了自己在 1830 年受到的不公正对待——遭到拒绝一事就不足为奇了,因为波恩大学"已经为德语语言文学教授职位作了充分安排"。

与波恩大学的情况不同,明斯特学院的施吕特于 1841 年去世后,尽管威斯特伐利亚省最高主席团认为"完全不必要"填补这个教授职位,因为现有的教授可以兼任他的课程,但学院还是保留了一个全科教授职位。哲学系也持类似的观点,但仍然希望聘任一位副教授或编外讲师来承担那些无人讲授的课程,如修辞学、演讲术、美学或诗艺,以及此前在明斯特"从未教授过……的普通语言学课程",其中没有提到古代德语语文学。我们在阐述德语语文学作为大学学科的机构形成过程与德语教师培养之间的关系之前,先对 19 世纪上半叶末期新学科的确立状况作一个中期总结。

首先,看一下教授职位的设置情况,这对取得大学学科的资格有着决定性影响。1848/1849 年间,在囊括的 20 所大学中,只有 8 所大学为新学科设立了共 9 个教授职位(加上菲舍尔为 10 个),其中只有 4 个是专为这个新学科所设,而其他情况下,新学科只是教授职位所承担的两个或多个学科(古典语文学、近代[欧洲]文学、东方语言与文学、比较语言学、美学等)的其中之一。还有同样数量的大学至此尚未设立德语语文学教授职位(埃尔兰根、弗赖堡、吉森、哈雷、海德堡、耶拿、基尔、维尔茨堡)。已有的教授职位在任职者被辞退(哥廷根、布雷斯劳)、调离(柯尼斯堡)或去世(波恩)后,或者未进行填补,或者由副教授替代。在此期间,大多数大学都有副教授,但是一部分没有固定薪酬,如海德堡的哈恩和耶拿的吕克尔特。只有弗赖堡、吉森和柯尼斯堡(在卢卡斯调离后)没有此类教授职位。40 年代副教授大量增加,此前 10 年开始获得大学授课资格者的人数也明显增多,这些都标志着德语语文学在大学学科中的地位越来越重要,并且得到了巩固,同时也标志着学科后备力量在大学就职的兴盛和发展前景。

威玛认为,"德国大学"已经"在 1820 年前后作出了四项原则性决定,并进行了具体实施":

1. "德语语言文学最终会被纳入科学范畴……";

2. "新学科只能以贝内克、格林兄弟和拉赫曼所进行建设的方式得到认可,成为学术研究领域,即专门研究中世纪的德语语文学……";

3.“同样也是专门研究中世纪的封·德·哈根式的研究流派，但不是语文学式的，只会保持现状，不再得到支持……”；

4.“所有早期的、非专门化的学科形式最终将走向消亡(施吕特的继任者戴克斯例外)”。

此前的论述表明，即使在25年后，各大学的情况仍然表现出不统一、不明确的局面。抛开全科学者、文学史学者及美学家不谈，对那些可粗略归入贝内克—拉赫曼—格林兄弟研究方向的课程担任者，可以从威玛所发现的外延和内涵专业化方面加以区分。外延专业化，即仅“限于古代德语方面(第239页)，并不太适合于雅各比、劳默尔、吕克尔特和魏因霍尔德，但是从某种程度上讲，更是完全不适合于莱辛文集编者拉赫曼或米伦霍夫”①。如果考虑到学校方面把新学科教授职位的安排视为一项重要需求，就不会只想到一位“古代德语语文学家”。比如，1849年柯尼斯堡大学哲学系一致要求“由一位过得硬的专家来担任中古与近代德语语言文学的教授”。

内涵专业化，即“把德语语文学限定为语法、诗韵学与版本的紧密结合”(第239页)，这无疑是拉赫曼式研究流派的特点，但不适合于雅各布·格林。随后不久，雅各布·格林在《致拉赫曼的讲话》中简洁地描述了篇章语文学研究流派和语言学研究流派之间的区别。雅各布·格林的《德语语法》为语言学领域设定了新标准，并为历史比较方法的主导地位以及为这个学科的带头人能专门从事日耳曼语言文学与古代德语语言史研究奠定了基础。然而，在这些带头人中也仍然能找出那些并未放弃早期研究方法的教授。他们试图用哲学、生理语音学以及方言学的方式来补充或拓展历史研究方法(如拉普[Rapp]、施迈勒、赫费尔、雅各比、劳默尔和魏因霍尔德)。雅各比认为，“单方面的独立研究”与哲学和历史学观察方式相结合的整体研究是“严格的科学研究”的首要要求。

当时(古典)语文学论战的两个主要流派及其各自不同的研究领域对正处于形成过程中的德语语文学产生了极大影响。豪普特和凯勒的教授职位聘任，标志着拉赫曼学派得到了进一步发展。然而在19世纪50年代，德国大学中仍然存在着研究方法各异的古代文化学或文化学流派(如：封·德·哈根、罗伊思、雅各比、劳默尔、吕克尔特、魏因霍尔德、米伦霍夫、穆勒)。

---

① 参阅米伦霍夫对“德语语文学”的定义：“人们通常把德语语文学称为古代德语语文学，似乎并不知道这样是对其本质的一个完全错误的认识。德语语文学就是关于德意志民俗的科学，而不是关于我们历史的各个时期的科学。”载《德语语文学及高等教育》，见《德语季刊》第239～266页，1851年，此处引自第242页。

四、德语语文学专业与教师培养

古典语文学作为主导学科不仅对于学科形成过程之中的德语语文学在人员、方法以及定义方面有着重要的意义,而且对于专业之间的相互影响以及围绕这些专业的大学、中学和就业体制也有着重要意义。大学内部体制变化的核心是,18/19世纪各德意志邦国的大学哲学系在形式上、时间上表现出完全不同的转型过程,即从作为更高一级的、可获职业资格的三个学科(神学、法学、医学)的必修预科转变为独立的平等学科。“确切地说,19世纪前半叶可称为这个解放过程最激烈的阶段;这个解放过程引领哲学系走出预科的地牢,并赋予其他各个学科领域——不仅仅作为师范专业——特有的科学声望。除哲学专业外,历史、数学、物理学、语文学等也进入了大学学科行列,并越来越多地得到了学术上的认可。”①在1847/1849改革之前,当巴伐利亚规定普通专业作为攻读三个高级学科中某一科的必修预科时,普鲁士柏林大学哲学系一成立便获得了一种核心功能,即哲学系以新人文主义的科学和教育构想为基本特征,二级和三级教育也随之产生相应的内部分化和分离:高级中学获得了预科性通识教育的功能,从高级中学毕业后即可直接转入此前的三个高级学科学习,从而获得职业资格;哲学系则承担着“学术研究型通识教育以及继续发展各科学的任务”。在国家考试委员会的指导下,高级中学教师培养的任务便分配给了哲学系,由此,哲学系便发展成为高级中学教师的培养机构。鉴于哲学系的这项功能以及德语课越来越重要并且不断分化的情况,克·威玛认为,“至少从长期来看,成立为德语课教学作准备的新学科已无法避免”。此前,作为大学学科的德语语文学及其教师培养与高级中学德语课程之间的关系总体上并未受到重视,此处由于篇幅不能具体展开论述。但是,应该重视直至本世纪中叶已逐步在各大学确立并且从机构上得到保障的德语语文学专业与普鲁士高级中学德语教师培养之间的内在联系。根据约尔克·毕尔曼(Jörg Bürmann)的笼统看法,“日耳曼语言文学专业成为大学机构的条件”恰恰在于国家文化当局从历史上所赋予的师资培养任务。

1831年4月20日,由国家宗教、教育与医疗事务部颁布的高级中学教师考试规定正式生效,由此,普鲁士首次明确要求未来的教师必须接受德语语言考试。如果说,1810年7月12日通过的对教师培养具有重要意义的普鲁士

---

① 莱纳尔·阿·穆勒:《德国高校发展中的巴伐利亚之特例》,载《孤独与自由》(注68),第255~267页,此处引自第261页。

考试章程仅笼统地要求教师必须具备语文、历史及数学方面知识的话，那么新规定从内容上对各学科作出了具体要求。

在德语方面，考试内容应“包括普通语法、德语的特点与规律、德语的历史发展及其文学史。在德语语言与文学方面没有这些知识且没有接受过这些知识教育的人，因为无法在各年级，尤其是高年级从事德语教学，因而也无权要求授予语文学学科的无限制授课资格”。

虽然要求中对古代语言方面的文字描述是对德语方面描述的四倍，但是所引述的规定还是作出了这方面要求，至少那些准备任教的考生必须了解尚处于学科机构形成过程中的德语语文学学科的研究成果。阿道夫·马蒂亚斯(Adolf Matthias)认为，1831 年的考试章程使德语专业“在声望方面获得了与语文学各学科的同等地位，并且赞成把考试章程颁布日作为‘德语教师的诞生日’”。只有在上述背景下，才可以理解这种说法。尽管德语作为学科已经“诞生”，但 1831 年后还是多次出现了大学教师抱怨师范专业学生对学习德语语文学缺乏兴趣的情况。“因为不在‘职业科学’之列”，即使未来的德语教师也并不认为必须学习德语语文学。霍夫曼在其《纲要》中对高级中学教师知识水平不足以及他们对语文学缺乏兴趣所提出的批评与学生的态度是相符的：“大多数担任高级中学德语课教学的教师对目前德语语文学的现状知之甚少，对语言的历史发展过程更是一无所知，并且也不想在这方面有所建树。”(第 742 页)

霍夫曼认为，上面引用的 1831 年的考试章程对德语课程的要求清楚表明，“对祖国语言文学研究的忽视并不是主管当局的有意行为”。文化部 1831 年 11 月 12 日颁布的一个规定再次印证了这一观点。由于受到柏林学术考试委员会的质询，规定澄清了新考试章程的实施细则。由于“很少发生，而且在我们迄今为止的实践中几乎从未出现过”考生根据考试规定完全有权要求获得语文学专业方面不受限制的授课能力证书的事情，所以柏林考试委员会——当时卡尔·拉赫曼也是委员会成员之一——提出申请，对那些在德语语言文学方面知识水平很一般的人也颁发这种授课能力证书，但要“附上明确的保留意见，即考生还需研修德语专业课程……”。文化部断然拒绝了这个申请，并进一步强调了文化部对德语语言文学知识的高度重视：“文化部过去认为、现在仍然认为，那些想要获得语文学专业不受限制的授课能力证书的人必须把古代语言文化专业的学习与现代教育历史的学习结合起来，并且认为，一段时间以来，人们已经认识到，许多语文工作者的德语语言与文学知识明显缺乏，而且所受的教育也不够，的确应该为此设立一个目标，以便为高级中学培养足够数量的、除讲授拉丁语和希腊语之外还能胜任高年级德语教学的教师……文化部认为，目前不宜授予任何人不受限制的授课能力证书，或者只给少数把语文学作为主修专业的师范生授予证书，而不应该通过降低考试章程中对德语语言文学知识的要求来怂恿某些未来的语文工作者至今一直抱有的幻想，似乎那些未来的高年级教师在语文学课堂上完全可以不需要德语语言文学知识以及与此紧密相关的科学教育背景。”

尽管有1831年的考试章程，但实际上日耳曼语言文学专业的大学学历并不成为高级中学高年级聘任德语教师必不可少的前提条件。汉斯·于尔根·阿贝尔（Hans-Jürgen Apel）根据1820年至1850年间的情况所得出的结论，即学生的学习态度符合“考试章程中所包含的要求”，并不符合德语专业师范生的情况。学生的学习态度并不是由考试章程的“标准”规定的，而是取决于考试委员会的人员组成与实际执行考试规定的情况。如约瑟夫·穆采尔（Josef Mützell）——《高级中学教育体制》杂志的主编，后来也是柏林考试委员会德语专业考官——所抱怨的那样，学生们学习以应付考试为目的，并且“巧妙利用考官的嗜好与兴趣”。

自1816年以来，普鲁士各地成立了学术考试委员会，每个委员会通常由四名成员组成（分别代表普通教育学、语文学、历史地理学、数学与自然科学）。1825年增加了第五个成员，负责新教神学和希伯来语（明斯特例外），1831年在布雷斯劳和波恩增加了负责天主教神学的考官，1839年各委员会都增加一名负责自然科学的成员，1854年又扩充一名负责英语和法语的成员。19世纪上半叶，大学日耳曼语言文学学者中只有卡尔·拉赫曼一人是考试委员会成员（1825～1833年为柏林委员会成员）——这主要得益于他被任命为古典语文学与德语语文学教授。德语考试通常由哲学、教育或历史学专家主持。1831年以前，德语学科在考试中的从属地位从下面这件事上可见一斑：从1820年起，年度考试结果一览表中才出现“德语”或“德语知识”一栏，有时又没有这一栏，如1825至1831年间波恩的考试结果一览表便是这样，德语被列入“哲学与教育学”一栏，通常没有关于知识水平的报告，或者有关陈述非常笼统，极少提及德国文学（哈雷，1828年）以及文学史和语言史方面的知识（明斯特，1824年；哈雷，1830年）。唯一一项记录是“可能熟悉语言法则”（哈雷，1821年）。1831年以后，各个考试委员会之间出现了较大差异。虽然从1821年起就规定了专门的德语专业栏目，但是到30年代各地的考试表格也还是缺少一个专门的德语专业栏目，情况也各不相同（例如，波恩学术考试委员会、柏林学术考试委员会把德语归入“古代语言”或“近代语言”下面）。有关古德语语法、语音学、词形学、古代方言、德国古代民族文学史以及——从40年代起——德国近代民族文学史的内容（明斯特、哈雷、布雷斯劳学术考试委员会）

才经常出现。

教师培养——可以得出一个暂时的结论——并不像数学专业那样成为德语语文学专业学科机构成立的条件。约尔格·约亨·穆勒(Jörg Jochen Müller)指出,“从30年代起,德语教师的培养与考试已逐渐成为大学日耳曼语言文学教师的职责”。其实,这一说法必须加以更正,因为大学教授职位的设立在大学学科与德语教师培养之间在功能上出现有效的联系之前就完成了。然而,一直都有个别的考试委员会强调该专业对于德语教师培养的重要性。比如,基尔大学学术委员会就提出建议,专门设立一个日耳曼语言的教授职位,其依据是,“我们的大学或其他高等教育机构需要这个专业”。1849年,在明斯特学院商讨其章程修订时,教师培养的问题也起过一定的作用。院长和评议会都表示要为德国文学及文学史、美学、修辞学设立一个专门的教授职位,此前这些学科一直由讲授古罗马文学和古代语言文化学的教授兼任。

1849年,普鲁士文化部长封·拉登贝格(von Ladenberg)在柏林召开了讨论高级中学改革的大会。在会上,学校方面针对大学的师资培养功能进行了讨论。文化部草案第21条规定,大学有义务“在科学方面对高级中学教师进行培养”(第54页)。负责商讨这一条款的大会委员会由教师自由选举确定了代表,并表达了愿望,“每所大学都应该专门设立教育学和近代语言专业的教授职位”,为此他们相信,“若能让人们更为深刻地认识到德语课程的重要性、认识到德语课程从数量和质量上在当代民族意识中的地位日益显著的话,那么对于专门设立近代语言,尤其是德语语言文学教授职位的认可定会得到大会的同意……”(第55页)。

对于这份由6人委员会提出的建议,22个参会者(大会的三分之二参会者)在会议纪要中声明,认为有必要“在我们的大学——如果尚未设立的话——设立日耳曼语言文学和罗曼语言文学教授职位”。尤利乌斯·穆采尔(Julius Mützell)和属于哈雷青年黑格尔派的梅尔泽堡高级中学教师罗伯特·海因里希·希克(Robert Heinrich Hieck)都是这个声明的共同签署者。希克在自己的著作《德国高级中学的德语教学》中已经关注到了德语教师培养的问题,因为这是他实现自己的德语教学构想的根本条件。在他的构想中,高年级阅读莱辛、席勒和歌德作品的课程极其重要。然而必须正视的是,“在培养未来德语教师方面还缺少一个基本条件,这个条件在高级中学教学的其他领域都不缺少——而缺少的是专门的大学教师。虽然有几所大学在古代德语语文学方面做了足够的工作,但是在现代德语语文学方面怎样呢?难道现代语文学的重要性真的不及前者吗?”(第284页)

要使未来的德语教师真正具备履行职业的素质,那么在大学里对“现代德语语文学"(第286页)进行全面细致的学习则是必不可少的。希克可能是第一个从高级中学教师的职业领域和大学的培养功能出发来阐述自己的观点的。他要求分别设立专门的古代德语语文学和现代德语语文学教授职位,使学科的专门化发展在机构方面固定下来。"虽然古代德语语文学学者云集,但这还是远远不够的;德语语言文学领域已经大大地拓展了,即使不考虑自路德以来各大学为本学科的发展都聘用了专门的大学教师,也能预测到当今时代接下来的需求会越来越大。"(第286页)

希克主张把德语语言文学与教师培养相结合的要求与卡尔·马格尔(Karl Mager,1810-1858)的观点如出一辙。马格尔不仅是一位教育理论家和实践者,而且也是一位学识广博、富有创造性的学者。他的论文《现代语文学与德国学校》被罗曼语言文学家汉·赫·克里斯特曼(H. H. Christmann)称赞为"现代语文学创立的总结性证明"。马格尔在日耳曼语言文学学科史领域几乎没有受到重视,因为日耳曼语言文学专业忽略了德语语文学作为大学学科的学科机构形成过程与教师培养之间的内在联系,而马格尔注重的正是这种内在联系。为了使学校实现现代人文教育的目标,他要求那些从事现代语言文学及其相关课程教学的教师应该达到与古典语文学工作者相当的水平(第216页)。然而,德国的大学并不具备使现代语文学教育达到这一水平的条件:"在几所大学可攻读德语语文学;法语和英语语文学(——这个术语的最早证明——)在大多数大学还根本没有教授职位。"(第218页)

1843年时,马格尔仅知道波恩(迪茨担任教授职位)、马尔堡(胡贝尔特)以及图宾根大学(凯勒)是例外。因此,他要求中等规模的大学应该设立三个现代语文学教授职位:"设立两个教授职位,分别为日耳曼语言文学和罗曼语言文学,一个副教授职位应首先考虑安排给英语语文学。有了教授职位,编外讲师就会自行到来。"(第306页)

这些教授要完成三个主要任务:

1. 为全校开设文学史、文学评论的讲座报告以及为各系学生开设文体练习课程;

2. 负责为高级中学培养未来的教师;

3. 负责培养科学后备力量。

为了完成后两项任务,马格尔主张成立现代语文学专题研究班(第306页)。由此,他的功绩在于,最早要求成立现代语文学专题研究班。如果不考虑罗斯托克早先成立了专题研究班的话(1839/58),那么他的这个要求几十年之后才得以兑现。

五、巩固阶段的开端:19世纪50年代

1851年,卡尔·米伦霍夫恰如其分地描述了19世纪后半叶初期德语语文学的学科发展状况:“就实际影响而言,德语语文学处于一种并非令人愉快的中间状况。它还太年轻,进入大学的时间太短,因而学生人数也不可能太多。在这里,它更多地只被当做一种业余爱好,或者当做与教师任务没有太大必然联系的专业来学习。……德语语文学尚未在所有大学找到立身之地,在有些大学尚未得到作为科学所需要的任务和重要性,或者还没有担当这些任务和重要性的学科带头人。”

与19世纪前半叶相比,学科机构形成过程在后半叶的前20年里大大加速。1850年只有8所大学设有新学科的教授职位,1860年已增加到了13所,到1870年已有19所大学设有教授职位。因而可以说,在这一时期,教授层面上的学科机构形成过程已经完成。德语语文学作为大学学科,随着它的社会保障体系在“最终确立阶段”经过“学派形成”这一过程而发生了巨大变化,因而在帝国成立之前便得到了完全认可,并获得与其他学科平等的地位。

然而先要提及一下教授职位方面的波折。

国家方面对这一专业的疑虑和担心以及本专业的现状公布于1849年11月17日巴登内政部的一份报告中。在哈恩(Hahn,1849)离开海德堡前往布拉格以后,内政部认为,聘任“一位外国的继任者”一事由于经费原因无法实现,而且“更大的花费……可能招致非议和攻击,因为许多大学正是由于经费原因而忽视了对现代德语语文学的研究,而且这个学科一直被低估,或没有受到应有的重视,许多相关的课程常常听众并不多”。

最终,在巴登皇宫担任宫廷教师的阿道夫·霍尔茨曼(Adolf Holtzmann,1810-1870)于1852年以“低薪”受聘为教授,由此便满足了内政部以对海德堡手抄本典籍进行科学整理为由而提出的争取聘用一个合适的本国人的愿望。霍尔茨曼在受聘的那一年被授予海德堡大学的名誉博士,此前他主要研究梵文,而且在比较语言学研究方面成绩突出。哲学系在表态中把他列为第一人选,同时也在学术研究方向的范围内表明了立场:“通晓德国文学、一般的文学史和美学”根本不足以胜任一个教师职位,而受聘的大学教师更应该是一位受过正规教育的语文学者。

与海德堡的情况一样,埃尔兰根大学于1852年首次设立了德语语言文学教授职位;两年后基尔大学设立了教授职位。在埃尔兰根、波恩和基尔晋升为教授的分别是鲁道夫·封·劳默尔、卡尔·西姆罗克(1852)和卡尔·米伦霍

夫。在哥廷根——经过长期的等待后——威廉·穆勒(Wilhelm Müller, 1856)晋升为教授;同年,康拉德·霍夫曼(Konrad Hofmann,1849-1890)在慕尼黑晋升为教授。霍夫曼从未正式获得过大学授课资格,而且他于1852年向慕尼黑大学递交的应聘印欧语言文学专业副教授职位的申请也没有成功。在施迈勒去世后(1852),哲学系赞同聘任他为副教授,但是就聘任他为日耳曼语言文学教授一事却给出了不同寻常的理由:霍夫曼不仅在古日耳曼语言文学,而且在罗曼语言文学和梵文方面均有造诣。显然,系里希望他也能开设这些学科的课程。1869年霍夫曼正式获得罗曼语文学教职。

同一时期,维尔茨堡大学(1856)聘任法律工作者赫尔曼·穆勒(Hermann Müller)为德语语文学教授,这一任命表明,任用本国人的做法会导致完全忽视学术水准。1855年莱奥波德·罗伊斯因为从学校图书馆偷窃珍贵藏品这一不光彩事件而被开除。显然,内政部是"应愿"聘任了赫尔曼·穆勒为教授的。1839年至1850年间,穆勒在维尔茨堡法学系工作,在请假参加1848年的法兰克福国民会议后,便再未返回学校。在1867年10月举行的哈雷语文学工作者全体大会上,他被选为计划在维尔茨堡举行的下届语文学工作者全体大会的主席;1868年他即告退休。

柯尼斯堡的事例表明,即使在19世纪后半叶开始时,日耳曼学教授职位也并未全部有人担任或得到填补。柯尼斯堡大学哲学系在1859年发布的一个声明中强调指出,"10多年来系里多次"倡议把设立德语语言文学教授职位"作为一项迫切的需求"。当文化部借填补柯尼斯堡高级图书管理员职位之际,并因经费问题而提议把这一职位与"设立德语语言文学教授职位"进行合并时,系里立即表示同意,并考虑把哈雷的尤利乌斯·扎赫(Julius Zacher, 1816-1887)作为人选。

如果说对扎赫的任命使柯尼斯堡大学德语语言文学专业在教授职位空缺30年后又得到了填补,那么吉森和耶拿大学在50年代初期才首次设立了这一学科的副教授职位。1849年,吉森的实科中学教师弗里德里希·路德维希·卡尔·魏甘德(Friedrich Karl Weigand,1804-1878)因在词典编写方面公认的突出成绩而未经考试与公开答辩获得了大学授课资格。此前,吉森大学德语语言学与德国文学领域根本没有教师。1851年,魏甘德被任命为副教授,但他仍然任教于吉森实科中学,并于1857年正式接任该校领导职务——直到1867年被任命为教授为止。

奥古斯特·施莱歇(August Schleicher,1821-1868)是一位有影响的语言学家。他出于个人和政治原因,一直试图放弃布拉格大学德语语言学、比较语言学与梵文的教授职位,而乐于接受耶拿薪水微薄得多的德语语文学与比较语言学的荣誉教授职位。

巴登的弗赖堡大学在另一方面扮演着一个特殊角色。尚在1857年，哲学系在制订整体需求规划时表示，“有必要设立一个农林经济学教授职位，工艺技术课程方面也同样，但是还根本考虑不上为德语语文学设立一个专门教授职位”。直到1865年才设立了一个副教授职位。“此前，弗赖堡大学既没有编外讲师和副教授，也没有在自己的重点领域获得认可的德语语文学主要学科带头人。”期间，日耳曼语言文学专业的课程（古代文化学、尼伯龙根之歌、古代和现代文学史、语言史）分别由历史学教授承担（恩斯特·明希[Ernst Münch]、维尔德里希·魏克[Wilderich Weick]、约翰·海因里希·施莱伯[Johann Heinrich Schreiber]、奥古斯特·弗里德里希·格弗罗勒[August Friedrich Gfrörer]），偶尔也有古代语文学和哲学教授主讲这些内容。

自霍夫曼·封·法勒斯雷本1842年被解雇以来，布雷斯劳大学的德语语文学专业只有副教授职位。当魏因霍尔特前往克拉科夫（1850）任职后，哲学系多次申请填补这一职位，但没有得到回复。哲学系在重新递交的申请中（1851年2月28日）把教师培养问题作为核心依据，主要内容在霍夫曼的文章《普鲁士大学与学校的德语研究》中可知一二：“自从魏因霍尔特教授离开我们的大学以后，这个从科学与民族意识方面看同等重要的领域已有一年没有任何人担任教授职位。按照所规定的条款，皇家学术考试委员会应该严格要求那些将在中学高年级担任语言教学的语文学教师也要具备良好的母语语文学知识，但是目前我校没有任何机会可以提供给年轻学者，使他们能在这一非常重要的专业中接受教育。因此，倘若谁不想在首席教师考试中失败的话，那么他除了转往其他大学将别无选择。任何人，只要了解那些攻读语文学的人大多数都处于贫困之中，肯定都不希望这样做。”

1852年，海因里希·吕克尔特从耶拿聘任到了布雷斯劳。正是考虑到教师培养的问题，耶拿学监曾极力反对吕克尔特离开。

与布雷斯劳大学哲学系的情况不同，慕尼黑大学哲学系并不把未来德语教师的专业教育视为自己的任务。1851年8月4日，部委要求哲学系针对德语专业在学校教育中的重要性提交一份评估报告，同时对“在未来高级中学教师培养中片面重视古代语文学的做法”明确表示了不满。关于师范生考试的问题，哲学系仅认为值得追求的目标是，考虑“他们的德语口头和书面表达能力，做到语法正确、文体优美”。①

1852 年，明斯特学院哲学系递交了关于设立德语语言文学包括美学和修辞学专业教授职位的申请。在没有得到回复的情况下，校长和评议会于 1856 年再次郑重申请“尽快设立三个新的教授职位并给予资助……这三个职位分别安排给自然科学、德国文学和现代语言研究”。文化部认为，在这三个教授职位中，德国文学教授职位是“最重要的”，这一说法明显是以高级中学德语课的重要性为依据的：“不仅德语是高级中学教学内容中最为重要的内容之一，而且当前德语语言学的观点也得到了最大程度的发展，并且最为适宜引导学生认识到从历史角度研究所有语言形态的必要性，特别是以生动的方法教他们如何把语言学观点应用于古代语言的学习。”

从 1856 年起，哈雷威滕堡大学除了一个文学史副教授（普鲁茨）外，还有一个德语语言文学副教授职位。编外讲师尤利乌斯·扎赫于 1855 年 7 月 2 日首次提出申请，要求授予有薪水的教授职位，先是遭到了拒绝。他在申请中要求“哈雷大学为这个学科设立特别教授职位”，其理由是，这个学科“也可以为 21 所高级中学以及作为教师培训学校的其他几个乡村地区高级学校服务”。哲学系支持他的申请，并且“坚信，对每所德国大学而言，德语语言文学教授职位已成为一个日益增长的需求，原因在于各高级中学已逐渐认识到德语教学必须要建立在科学基础之上……”。扎赫于 1859 年前往柯尼斯堡任职，一到任就努力通过举荐优秀教师来提高普鲁士乡村地区高级中学的教学水平。很显然，他在柯尼斯堡的教学活动取得了成功，这一点从哲学系提出的关于填补因扎赫返回哈雷而空缺的教授职位的申请书中就可以看出：“此前这所大学的这个教授职位空缺长达 30 多年，几乎整个一代高级中学教师失去了攻读德语语言这一重要专业的机会。在扎赫担任教授职位的短短几年中可以明显看出，填补这一空缺对全面培养语文学学生产生了特别好的影响。令人深感遗憾的是，这一重要专业在这里经过短暂的辉煌之后，再一次被荒废了。”扎赫非常重视学校、教师培养与科学这三者之间联系，最能说明这一点的，是之后不久《德语语文学杂志》和《日耳曼语言文学参考藏书》(1869)的创办，以

---

① 1848 年，随着阿贝尔的大学学习立法被废除，未来高级中学教师也要研修日耳曼语言文学课程的大学通识学业也被取消了（参见上面第 135 及 151 页）。由于培养方式的改变，以后的几年中“也没有了这个前提条件，只有一小部分感兴趣的人继续研修德语语文学课程，然而这方面的知识在高级中学并不受到重视”（莱·阿·穆勒：《英格尔施达特、兰茨胡特以及慕尼黑大学德语语文学发展史研究》[注 48]，第 207 页）。1850 年，大学生委员会向大学评议会表示，要求学校重视开设德国文学史课程的问题，参见校长 1850 年 3 月 20 日写给哲学系主任的信（慕尼黑大学档案馆 O-I-29，栏目 25）。

及德语语文学专题研究班(1875)的成立。

对教师培养有着重要意义的"专题研究班"一词,表明了学科机构形成已进入一个新阶段,这里不再继续描述。然而,第一个日耳曼语言文学专题研究班成立于50年代末期,并且在较长一段时间里是唯一的。当副校长封·博特(von Both)有机会前往罗斯托克大学任职并前去看望纽伦堡德意志博物馆技术主管卡尔·巴尔奇(Karl Bartsch)时,对1839年在封·博特倡议下成立的哲学与美学专题研究班进行改革一事从一开始就是一个重要议题。专题讨论由维尔布兰特主持,参加者多为神学和法学学生。

在成立专题研究班之前,已有一些日耳曼语言文学教授要求自己的学生积极参加讨论课。早在1823年夏季学期,柯尼斯堡的卡尔·拉赫曼就把他关于古代德语起源的讲座与实践性练习结合了起来。从1830/31年冬季学期起,布雷斯劳的海因里希·霍夫曼经常把古代文学讲座与实践性练习相结合。1837/38年冬季学期,他把语言与文学史练习课纳入课程目录。1839/40冬季学期,德语语文学实践练习课进入课程目录。从40年代开始,经常出现一些专题研讨课程,通常是以松散的兴趣小组、联合会或(德语)协会的形式举行。典型的例子有:1849年,罗伯特·普鲁茨试图在哈雷大学成立"德语协会",特别具有启发性。普鲁茨以自己的计划加入了由哈雷的艾米尔·索默尔和卡尔·魏因霍尔特所宣布的"德语协会练习课"(1845年夏季学期)以及"德语练习课"行列(1849年夏季学期)。显然,他努力通过强调"语文学一面"来反驳哈雷的对手如海因里希·莱奥对他学术浅薄的指责。

虽然罗斯托克大学新成立的德语语文学专题研究班也和以前的一样,面向全校各系学生开放,但主要还是要求那些"攻读师范专业的学生"参加专题讨论课。①而实际上参加者仍然以神学和法学学生为主。卡尔·巴尔奇认为,原因在于梅克伦堡"当时还没有语文学国家考试",其结果,"大多数语文学学生,尤其是年长一些的学生都是在其他大学,尤其是普鲁士各大学度过了大部分学习时间,目的是参加那里的考试"。直到60年代末,梅克伦堡才设立了考试委员会,参加专题研究班的人数随之增多,几乎全是语文学学生。

---

① 根据专题研究班章程第4条;重印本见莱·贝希施泰因《备忘录》(注281),第10页。而且下一个成立的专题研究班,即1867年临时成立、1872年正式设立的图宾根现代语言专题研究班(德语、法语及英语),"首先是为培养师范学校和实科中学的未来教师而成立的"。转引自乌·布尔克哈特《历史》(注2),第XI页。

六、走向职业科学的德语语文学专业

19世纪60年代是德语语文学专业发展成为职业科学的重大转折点。在1861年法兰克福(美因河畔)第20届德语语文学工作者大会上，埃尔兰根的日耳曼语言文学家鲁道夫·封·劳默尔提出了12条经过多次讨论的论纲，题为《关于高级中学古代德语教学以及所需师资力量培养的论纲》。看待这个论纲，应该结合他不久前在《德语语文学的任务》一文中提出的设想。劳默尔反对“把古典语文和德语课截然分开”(第141页)，要求古典语言教师“应该了解当今语言教学的整个领域并掌握这方面的古德语知识，有能力承担现代德语课程，其中能力最强的人也能讲授古德语课程”(第171页)。相应地，高级中学教师职位的语文学考试也应该对“德语语法的历史沿革和德国古代文学方面的知识”提出要求(第171页)。如此一来，劳默尔就把这些要求与他早在1852年提出的建议结合了起来。①

劳默尔的要求在讨论中得到了普鲁士文化部高级中学教育司负责人的积极响应。早在1860年，文化部就征求过学术考试委员会和各省教育咨询委员会关于修改高级中学教师职位考试规定的意见。路德维希·维泽(Ludwig Wiese)明确表示，应该把古代德语语言文学纳入教学计划，“不能授予那些没有完成相应大学学业以及不具备专业教学能力的人授课资格”。

为了不让在讨论劳默尔的论纲时“表达的看法”仅仅停留在纸上，维泽很快以实际行动去兑现自己的诺言。文化部在1862年4月24日给财政部的备忘录中表示，支持哈雷大学关于设立“德语语言文学教授职位”的申请。这项要求的理由很独特：“必须承认设立教授职位这件事经过了充分论证，因为自从格林兄弟唤醒了德语语言学以来，一大批最优秀的语文学家对这一领域进行了拓展。因此，德国各大学要为学生提供机会，使他们获得全面系统的母语知识，这是一件义不容辞的事情。鉴于当前的科学发展水平，这样的机会尤其对未来的文理和实科中学教师而言，的确是必不可少的。哈雷是教师培养方面最重要的学校之一，约有100位年轻的语文学工作者在攻读大学学业。”

---

① 鲁道夫·封·劳默尔：《当前学校的德语课》，载卡尔·封·劳默尔《从古典语文学研究的复兴到现代的教育学历史》，第3部分，第2节，斯图加特，1852年，第99～151页，此处引自第148～151页。劳默尔在此处已赋予大学的古代德语语文学以下任务：“让未来的高级中学教师具备必要的知识，进而能胜任适合于高级中学的相关教学工作。”从这一方面讲，语文学具有“特殊职业科学”的特征(第149页)。

1862 年末，普鲁士文化部在一份下发给各省高级中学德语课咨询委员会的文件中规定，高年级学生对德语的历史“至少应有所了解，知道德语语文学的存在，鼓励他们在教师指导下阅读《尼伯龙根之歌》的原始文本，了解原文的丰富性，并获得启发，开展进一步研究”。

几个月过后，普鲁士文化部长封·穆勒向财政部长提出申请，要求增加考试委员会的经费预算，因为需要为所有考试委员会增加第二位负责自然科学考试的考官，并且还要增加一位德语考试考官。这份文件非常有启示性，从中可知谁此前在考试委员会中负责德语学科以及要求增加德语专业考官的理由：“此外，德语语言文学学科此前一直与哲学和教育学联系在一起，但是通常情况下，相关的考试委员会成员是哲学教授，而不是语言学教授，致使德语的历史发展及其规律一直被忽视。这一缺陷是根本性的，无需进一步论述，消除缺陷应该从祖国利益出发来加以考虑。高级中学高年级德语教师必须了解我们民族的古代文学和我们语言的发展历史，并且有机会在参加师范生考试时向内行的评判者证明自己这方面的知识。”

这是当时最大的例外。阿尔伯特·赫费尔是 19 世纪中期以后（自 1852 年起）考试委员会中唯一的日耳曼语言文学大学教师（格赖夫斯瓦尔德）。他不是以日耳曼语言文学工作者的身份受聘于考试委员会的，主要是因为他精通多种现代语言。1857 年，阿尔伯特·赫费尔在一篇颇为引人注目的、论及作为大学学科的德语语文学对教师培养和中学德语课目的重要性的专题报告中提出了批评意见：“这看上去令人难以相信，但却是真实的；这种经历每天都会得到证实，现在学生很冷漠，而且与德语语文学擦肩而过，以后很长时间或许只用母语讲授高级中学的高年级课程……”赫费尔认为，那些未来的德语教师通常并不攻读德语语文学专业，而“令他们感到心安理得的是，他们知道自己不会落入这方面的考官之手，可以顺利通过考试，像他们的老师那样，轻而易举地获得授课能力资格证书，也同样像他们那样去施展自己的能力，而既不需要学习梵文和比较语言学，也不必去攻读哥特语、古德语和中古德语……”。

可以想见，比较认真学习日耳曼语言文学专业的人，最多是那些在考试中把德语作为“主修专业”的人。而这样的学生毕竟是少数。1865 年，布雷斯劳的日耳曼语言文学家海因里希·吕克尔特就抱怨道：“许多高级课程教师的候选人承担了德语课教学任务，却从不关心这一领域的大学学业”；尽管现在大学里“到处都有这方面的专业教师”，可他们依然是得过且过。吕克尔特以此来解释这种常见的情况：“学生离开大学时，要求提交教师职业培训的合格证明；然而，在认定考生具备讲授德语课的资格或者考生自认为具备授课资格时,有关日耳曼语言文学学习情况的证明通常并不计算在内。德语科目考试中应该对这类考生作何要求,对此根本就没有科学的界定。”

在普鲁士,大多数师范生的考试在柏林考试委员会举行。在拉赫曼离职后,长期担任委员会主任并颇有影响的哲学家特伦德林堡(Trendelenburg)在1835年至1860年间担任德语主考。特伦德林堡希望语言学考生了解一般语法或哲学语法知识。由于他继承了其岳父卡尔·费迪南·贝克尔(Karl Ferdinand Becker)的哲学语法观,因而促使师范生去研究贝克尔的著作,这对于推广贝克尔的观点起到了很大作用,不仅对德语教学,而且对拉丁语及希腊语语法教学也有着决定性影响。引用一下1860年的有关意见,可以清楚地表明一点,即考试委员会成员的身份便于在考试规定中突出自己学科的地位,并排斥对德语语文学的重视:“值得疑问的是,对于一个未划分的古典语文学专业而言,要求掌握哥特语和古德语知识技能,并且扩展第17条中所要求的德语历史发展的知识,这一点到何种程度才有效?但是,若要合理从事德语教学及一般语言教学,最为重要的是重视常常受到忽略的普通语法。更为实用的是,把良好的哲学基础知识作为德语授课资格认定的必备条件,并把这一点写入第17条。”

显而易见,这一观点与1866年末新颁布的《高级中学教师职位考试规章》有着密切的内在联系:若想获得高年级德语课的授课资格,按第24款规定,“必须熟悉文体学、德国文学中最重要的流派及其发展过程,尤其是了解中世纪经典时期和近代文学作品,并根据自己的见解做出审美评判。此外,不仅要掌握语言发展史方面的知识,能阅读和阐释古德语及中古德语文本,解释德语的构词规律”,还要拥有哲学方面的知识,具备从事哲学预科教学的能力。

直到1866年,普鲁士的所有考试委员会中才第一次安排大学日耳曼语言文学专家作为德语语言文学学科的考官,如:米伦霍夫在柏林,西姆罗克在波恩,吕克尔特在布雷斯劳,赫费尔在格赖夫斯瓦尔德,扎赫在哈雷,沙德在柯尼斯堡,斯托尔克在明斯特。由于在对高年级的规定上有不同意见,米伦霍夫于1867年退出了考试委员会。相反,鲁道夫·海姆(Rudolf Haym)则把作为备选方案得到承认的文学史与哲学知识结合方案作为自己申请晋升哲学教授的理由:“对学生而言,能够表明总体成绩的东西,理应通过大学相应学科的教授得到认可。”

由于德语语言文学的大学教师作为考官获得了与古代语文学、历史学、哲学、神学、当代语言学、数学以及自然科学专家同等的地位,他们的学科无疑也赢得了声望和认可,这反过来又增强了日耳曼语言文学学者的自信。特别是古典语文学学科带头人的反应更能说明德语语文学和日耳曼语言文学的上升态势，因为古典语文学在“语文学专业”中还一直是主导学科。路德维希·维泽在一篇题为《师资力量及其增强》的报告中指出了普鲁士1864～1869年间的情况：“在几所大学里，古典语言文学的带头人感到自己的领域受到了德语语文学的威胁，而那些越来越多参与教学活动的日耳曼语言文学专家却还并未得到满足；随着(1866年)新章程的颁布，这些师资力量近几年在德国语言文学研究领域找到了用武之地；并且存在着这样一种观点，每个高等学校的德语教师都必须显示出这一方面的研究能力。”

实际上，许多方面可以说明，由于考试委员会委员的身份，听课的人数明显增加。这两个因素也是促使日耳曼语言文学专家作为考官并且收入得到显著改善的原因。可以设想，在由德语语文学考官主持的考试中，尤其会要求考生具备较为深入的德国古代语言文学领域的知识。明斯特学院哲学系在1866年批准的教学计划中，也已对未来语文学学者提出，“确切了解早期德语语言及其随后几个世纪直至近代的变化”方面的知识，是“必不可少的需求”。由于在1867年新制定的普鲁士考试一览表中不再列举考试内容，因而无法得知准备担任高年级德语课程教师的考生是偏重“古代德语”还是“哲学”考试。无论如何，哲学专家们仍然可以对德语考试发表重要的看法。1873年，哲学家于尔根·博纳·迈耶尔(Jürgen Bona Meyer)——1870年至1877年间为波恩考试委员会成员——就公开批评了选择性规定的影响：“鉴于那个规定，以前的德语考试全部或部分交由大学哲学教师来进行……而他们在考试中偏重哲学。这一事实从另一方面导致学生在准备考试时不太重视德语课。”如果“德语考试不再是哲学考试的附庸，而是一项完全独立的考试内容，那么就必须任命专门的专业考官，这样才能促使情况发生真正的好转”。

从博纳·迈耶尔的感受可以看出，即使在1866年的考试章程颁布后，攻读日耳曼语言文学专业对未来的德语教师来说也并不是不可或缺的。威玛认为，60年代颁布的新考试章程——符滕堡1865年、普鲁士1866年、巴登1867年、黑森大公国1868年——“规定的德语考试水平只有通过日耳曼学专业学习才能达到”。这种说法过于简单和笼统。

虽然巴伐利亚1873年颁布的新考试章程至少从理论上讲提高了德语考试要求，但是并未根本改变古代语文学在高级中学德语课中的主导地位。考生可以选择在一项专门考试中证明自己具备中古德语和德国文学史方面的授课能力。这项规定的结果是，至少在1876年底以前“还没有一位考生通过那种‘专门辩论’，拉丁语学校和高级中学德语课还不得不一如既往地交给那些没有通过考试获得能力证明的人讲授”。

维尔茨堡的马帝亚斯·莱克塞尔(Matthias Lexer)教授在自己的校长就

职讲话中谈到的这种情况也不无道理:“就作为职业科学的实际影响而言”,他自己的学科——德语语文学——在巴伐利亚各大学中的排名非常靠后。

七、巩固阶段结束:19世纪60年代

19世纪60年代,教授职位数量的增长超过以前任何年代(见表1):

表1:大学教师

年代	编外讲师	副教授	教授
1810	—	3	1
1820	—	2	4
1830	1	3	6
1840	10	6	8
1850	6	12	9
1860	6	8	13
1870	8	10	20

1863年,在哈雷大学——“最重要的培养教师的母校”之一——第一次设立了德语语言文学教授职位。在扎赫调往哈雷的同时,哈雷的编外讲师奥斯卡·沙德(Oskar Schade,1826-1906)受聘前往柯尼斯堡任职。

布雷斯劳大学的德语语文学由副教授主持长达25年之后,哲学系于1867年再次(这次获得成功)申请重新“确立一门学科应有的权力,这门学科曾经多次成为哲学系一部分,所有的普鲁士大学——不管是原有的,还是新获得的——都宣称这门学科是其一部分,而且自本世纪初科学开始发展以来,这门学科在德国大学根本不该被缩减:这就是德语语文学”。鉴于吕克尔特的健康状况已经好转,并能更好地投身教学活动,哲学系在要求给吕克尔特“授予日耳曼语言文学教授职位”的申请中特别提到,吕克尔特从不久前开始又可以履行学术考试委员会考官的职责。

由于兼并了在1866年德意志之战中与奥地利一道作战的北德各国,哥廷根、基尔和马尔堡大学也归入了普鲁士。此时,只有马尔堡还没有专门的德语语文学教授,在此执教的是弗兰茨·迪特里希(Franz Dietrich)的学生费迪南·尤斯堤(Ferdinand Justi,1837-1907)(迪特里希于1859年转入神学系)。自1861年起,他作为编外讲师主讲比较语言学、东方学和日耳曼语言文学。1865年被任命为比较语法与日耳曼语文学副教授后,他把重点转向东方学。关于1868年任命哈雷的编外讲师卡尔·卢凯(Karl Lucai,1833-1888)为德语语言文学副教授一事,哲学系只是得到了普鲁士新任教育总长的告知。对于

卢凯的任命，扎赫功不可没。他于1867年积极向普鲁士文化部长封·穆勒举荐哈雷的编外讲师卢凯和海涅，理由很普通，即支持（晋升）有前途的科学后备力量符合国家的利益；“第二个原因是，如果说（1866年的）新考试章程完全有理由要求申请德语课程授课资格的教师候选人应具备德语语文学知识，那么学生们同样也有理由期待在国内每所大学都有足够机会获得足够的所要求的知识，并且是按好的方法获得的。但是，目前还有两所普鲁士地域的大学——格赖夫斯瓦尔德和马尔堡大学——各缺少一名德语语文学教授，因为语言学专家所能保证的临时授课即使在最有利的情况下最多也只是个应急手段”。

1868/69年冬季学期，卢凯就已获得了考试委员会新设立的德语语言考官职位，负责为研究型学校正式教师职位的申请者举行考试。

扎赫的说法，即语言学专家临时授课最多只能看做是应急手段，明显是影射在格赖夫斯瓦尔德执教的阿尔伯特·赫费尔。“从1840年任命至1874年，他一直是格赖夫斯瓦尔德唯一一位德语语文学的学科带头人。”当赫费尔1873年退出考试委员会后，格赖夫斯瓦尔德便缺少一位合适的“德语语文学及古德语语法”主考官。于是，考试委员会主任向文化部提出申请，拟聘任一位教授，必须能主持赫费尔不曾兼顾的专业领域，并能“长期满足学术考试委员会的要求。由于屡次要把参加高年级德语课教学资格考试的考生转到其他的学术考试委员会参加考试，可能导致本校攻读语文学和历史的学生人数减少。因此，任命德语专业主考一事的决定就显得愈加迫切”。

两个理由都再次出现在文化部向财政部递交的申请中，申请要求为德语语文学设立“专门教授职位”提供资金，所聘任的教授应该“能全面代表各个研究方向的水平”。赫费尔拒绝继续参与学术考试委员会工作，最终导致格赖夫斯瓦尔德大学重新为德语语文学设立了一个独立的教授职位。在校内经过艰难的协商之后，最后聘任（未获得大学教学资格的）柏林高级中学教师威廉·威尔曼斯（Wilhelm Willmanns）担任此职。

与格赖夫斯瓦尔德的情况不同，在弗赖堡大学设立德语语言文学教授职位是由巴登国家提议的。国家于1863年4月8日宣布聘任马蒂亚斯·莱克塞尔担任副教授，但显然事先未与哲学系协商。部委向大学评议会和哲学系解释“由上面任命”一事的理由是，弗赖堡大学“根本没有相应学科的专家”。莱克塞尔1865/66年冬季学期才开始授课，1866年晋升为教授，仅两年后就受聘为维尔茨堡大学德语语言文学教授。据莱克塞尔自己的表述，维尔茨堡的德语语文学学科始于他的教授职位聘任，因为从正式的登记表上看，其前任罗伊斯和穆勒“公布开设的课程从未讲授过”。

除了哈雷和弗赖堡大学，60年代才第一次为新学科设立教授职位的学校还有黑森大公国的吉森大学。卡尔·魏甘德长年在此担任副教授,在雅各布·格林1863年去世后,魏甘德与鲁道夫·希尔德布兰特继续编纂《德语词典》。1867年,魏甘德晋升为德语语言文学教授,同时辞去了吉森实科中学校长职务。1867年,在尤利乌斯·扎赫主持的哈雷语文学工作者大会上,日耳曼语言文学分部向北德意志联邦提交了书面申请,要求继续资助《德语词典》的编写工作。在这一申请的推动下,莱比锡托马斯学校教师鲁道夫·希尔德布兰特(Rudolf Hildebrand,1824-1894)被任命为莱比锡大学(1869)现代德国文学与语言副教授。

除了格赖夫斯瓦尔德这个特例,到60年代末,几乎所有德国的大学均设立了德语语言文学教授职位。只有图林根的耶拿大学在这方面晚了几年,原因是受到人尽皆知的财政紧张的困扰。

随着1867年青年语法学派学者爱德华·西弗尔斯(Eduard Sievers,1850-1932)被任命为德语语文学教授(兼罗曼语文学教学),学科机构的形成便进入了一个新阶段。

60年代学科机构发展最突出的特征是——在教授职位长期持续地缓慢增加之后——教授数量由1860年的13个骤增至1870年的20个(不包括菲舍尔和海姆),接近55%的增长率明显超出同期哲学系教授数量的增长率。1840年,德语语文学教授已占哲学系全部教授数量的3%,1860年为4.8%,1870年微增至5.2%。为了更准确地评估教授数量对德语语文学的意义,需要把它与相邻学科如古典语文学和历史学的教授数量加以比较。但是针对本文所涉及的这个时期,只有克里斯蒂安·封·费尔贝(Christian von Ferber)1864年和1873年的数据可供参考。①根据费尔贝的调查结果,1864年(1873年的数字在括弧中)德国大学的语文学教授数为14(20),古典语文学教授数为43(49),历史学教授数为37(43)。1864年,古典语文学和历史学教授尽管基数不同,但都比较高;到1873年,这两个学科与德语语文学这个新兴学科一样,都只增加了6个职位。

八、结束语

鲁道夫·封·劳默尔在1861年法兰克福语文学工作者大会上作了题为《关于高级中学古代德语教学以及所需师资力量培养的论纲》的报告,在关于

① 《1864-1954年间德国大学及高等学校师资力量的发展》第196和206页,哥廷根,1956年。

学校古代德语教学的讨论方面起到了一个重要的推动作用。有关讨论自封·德·哈根于19世纪初发起以来就未曾中断过。此外，劳默尔在大会上还与罗斯托克、巴塞尔的同行卡尔·巴尔奇和威廉·瓦克纳格尔（Wilhelm Wackernagel）一道，提出了设立日耳曼语言文学分部的申请。大会批准了这个申请，并委托哈雷的高级中学校长艾克施泰因（Eckstein）、巴登的行政专员弗恩哈勃尔（Firnhaber）以及劳默尔制定章程，章程后来在1862年的奥格斯堡大会上获得通过。克·威玛把1862年分部的成立看做是“给国家政府的一个信号，是‘德语语文学’学科展示自己作用的一个标志，即在教师培养方面发挥着强大的社会功能”。这个说法并不完全妥当。我觉得更为重要的是，应该把分部的成立看做是日耳曼语言文学工作者的自我意识的表达。然而，日耳曼语言文学工作者的自我意识仍然不是特别强，他们同样把“罗曼语文学与东欧语言学的学科代表们”看做是日耳曼语言文学分部的成员。日耳曼语言文学分部实质上是现代语文学分部，与古典语文学明显区分开来，并成为其竞争对手。这一点在弗里德里希·查恩克作为1863年迈森语文学工作者大会日耳曼学分部主席所致的欢迎辞中也表露了出来。查恩克在迈森“特别热情地”欢迎罗曼语言文学的代表：“只有与你们一道，日耳曼语文学才能实现自己的具体目标，只有与你们一道，我们才可以代表一个科学学科，才有自己的重点；因为谁能把罗曼语言文学与日耳曼语言文学分开讲授而不相互考虑到对方呢？我们必须与你们一道首先考虑近代各语言和文学的学术课程，并为一个独立的专业提供足够的内容。只有我们每所大学除了一个日耳曼语文学教授职位外，还有一个罗曼语言文学教授职位，只有它们共同拥有一个配备齐全的现代语言与文学专业专题研究班，我们的学科才算获得了一个稳固的基础……”

查恩克关于成立专题研究班的重要性的说法，在此提供了一个重要的关键词。从学科机构史的角度看，这个关键词可以视为德语语文学专业最终融入大学教学研究活动的一个标志，或者至少也可以看做是学科机构形成过程的暂时结束。随着日耳曼语言文学大学专题研究班的成立，日耳曼语言文学在走向与古典语文学学科机构看齐的道路上已经向前迈出了重要一步。由此，“日耳曼语言文学专业与古典语文学专业在哲学系内部逐步走向平等，而且就高级中学专业教师的职业领域而言，它们也变得更为平等”。90年代，成立了最后一批日耳曼语言文学专题研究班（慕尼黑大学的专题研究班成立于1892年，明斯特成立于1895年）。与此同时，德语课的地位在高级中学课程体系中也得到了显著提升。对于新阶段开始最具重要意义的是，在大学教师方面，与此前几个年代相比，编外讲师人数增加非常显著（参见表1）；从1870

年至1880年的10年间共有近30人取得了大学执教资格。人数的上升一方面表明大学内教师职业生涯得到巩固——1860年有一半教授没有取得过大学执教资格，1870年为三分之一稍多；另一方面表明，学术后备力量在大学学科内部不断分化的背景下对于从事大学职业的期望也在不断上升。

新中国翻译文论的模式及其意义

张　进①

内容提要：中国语境中的“西方文论”可以适切地称之为“翻译文论”，相关研究要直接面对翻译文论话语本身。文论话语的四种模式及其在新中国翻译文论中的历史存在启示我们：相关研究要保持对四种模式的开放性和包容性，避免某一模式的霸权，避免中西对立的二重式思维，运用四重式思维，追求四种话语之间的共生共成，实现“所说”研究与“所做”研究之间的互补互证。

关键词：新中国　翻译文论　话语模式　话语行为

一、面对翻译文论话语本身

新中国翻译文论，指的是新中国成立以来“在”中国的外国文论，尤其是西方文论。尽管其赫然存在是一个不争的学术事实，其功能作用和研究实绩亦为人们所目睹和感受，但这决不意味着人们对它的认识和评价方面已有共识，而是存在着巨大的歧异，并因之而形成了不同的思考评判模式。

长期以来，谈及“在”中国的“西方文论”，研究者总会自觉不自觉地先将它与“中国文论”分离开来并以二元对立模式来定位其间关系，进而寻求二者之间的“体用关系”或“分化关系”。然而，这种二重对立式思维方式，一开始就将西方文论与中国文论人为地对立起来，偏离了作为逻辑起点的一元化整体研究视角；而且这种二元对立模式的容量不足，能够从中析离出来的关系类型也很有限，比如说，从“体用说”析离出来的关系无非是“中体西用”（张之洞）、“西

① 张进，男，兰州大学文学院教授、博士生导师，从事文艺学研究。

体中用”（李泽厚）和“互体互用”①（王岳川），能够从“分化论”中引申出来的关系类型无非是西化论、中化论或互化论。更为严重的是，这种模式并不能有效地解释西方文论“在”中国的历史实际，比如，我们多以“中”、“西”、“马”来概括中国当代的文论类型，但是，“马克思主义文论”和未被列举出来的中国“五四”以来的文论究竟应归入哪一类？是“西化”的，还是“中化”的？是“西体中用”的，还是“中体西用”的？

进而言之，一以概之的汉语语境中的“西方文论”之名，还遮蔽着其他思维盲点。首先，它在所指内容上主要是通过翻译活动（这个“翻译活动”有时并非表现为物质的实际过程，而是意识和思维所凭借的语言符号层面的转换）进入中国语境的“西方文论”，其中已经包含了翻译作为阐释活动所进行的选择、损益、再造和改写的实质性成分，偏离了“原原本本”的西方文论。但这个术语却暗示，研究者面对的是“原汁原味”、“原封不动”的“西方文论”，漠视甚至忽略了翻译活动作为特定社会空间对“西方文论”的变异再造，将西方语境中的西方文论与中国语境中的西方文论直接等同起来。其次，国内的西方文论研究设定研究者是在西方文化的逻辑序列中对其进行考察定位，但漠视研究者及其身处的中国语境对西方文论不可避免的选择改写，进而忽略了理论从一种语境空间进入另一语境空间的“旅行”过程所获得的附加意义。再次，完全囿于西方文论的逻辑序列研究其“所说”，将西语西方文论原典设定为真假优劣的最后判准，以译作与原作是否符合为追求目标，忽略了文论话语在“说什么”的同时也在“做什么”甚或“做别的什么”的学术事实②，也无法阐明西方文论在中国文论建设中之“所做”及其意义价值。说到底，这种研究基本上囿限于时间优先的研究视野，未能重视从西语西方文论到“翻译西方文论”的空间转换所必然产生的意义增殖或流失，未能充分意识到中国的西方文论研究“不是在阐释之外，而是在谈判（商讨）和交易的隐秘处”的阐释地位。③

鉴于此，笔者认为，用一个一元化的“翻译文论”来命名“在”中国的“西方文论”，是一个相对较好的选择。它既可以避免一开始即陷入二元对立模式的思维局限，又可以借助阐释学的洞见而直接切入文论话语本身。恰如我们面对商品领域的“可口可乐”或“肯德基”时，不要首先被“体用”和“分化”之类的问题裹挟而去，而是直接面对它的“事实本身”，考察它的成因及成败得失。当然，物质商品领域里的体用或分化关系还是有可能通过技术手段弄清楚的，但

---

① 王岳川：《发现东方》第 35 页，北京图书馆出版社，2003 年。

② 杨玉成：《奥斯汀：现象学与哲学》第 81～82 页，商务印书馆，2002 年。

③ 张京媛主编：《新历史主义与文学批评》第 15 页，北京大学出版社，1993 年。

精神产品可能就要复杂得多。在“全球地方化”的今天,如何避免研究陷入“体与用”、“中化与西化”的伪问题的陷阱之中,这也是深化学术研究的重要契机。

中国语境中的西方文论以及对它的研究,并不是一个整齐划一的本质主义的实体性存在,而是一个充满差异的“话语的宇宙”。卡西尔在研究艺术流派时认为,“各不同美学流派之间的全部争论在某种意义上可归结为一点:所有这些学派都不得不承认的是,艺术是一个独立的‘话语的宇宙’”①。其实,新中国语境中千姿百态、范式丛集的西方文论,从特定视角看,都属于“话语的宇宙”。我们要“在话语本身中寻找全部辩证法的根源”②。新中国的西方文论中各要素之间的关系,就包含在这种话语的辩证法之中。

当代思想对话语的研究认为,“话语”具有“对话性”(巴赫金)、“行事性”(奥斯丁)、“事件性”(利科尔)和“能产性”(福柯),是历史的、具体的和实践的“语言”。③ 这些特点都集中指向了话语叙事的价值维度。柯里研究发现,后现代叙事理论重在揭示叙事的意识形态,尤其是“叙事学的叙事中的意识形态”,“它的走向不是阐释事物,而是对事物的阐释的阐释,也就是说,是对元叙事的阐释,而不是对叙事本身进行阐释。……因为所有的叙事最终是元叙事”④。新中国语境中的西方文论,其实质是“学术的叙事学”,是在学术的层面上讲述的西方文论及相关研究的故事。说到底是“对阐释进行阐释”,对“眨眼示意之眨眼示意加以眨眼示意”,其目的在于扩大人类话语的空间,追踪社会话语的取向,揭示其多重内涵,展示文化符号意义结构的复杂社会基础和含义。⑤

当代“元史学”、“元叙事”和“元评论”研究具有特殊的参考价值。因为“评论之评论的目的在于找出潜意识压抑力本身的逻辑,找出它从中产生的环境的逻辑”⑥。怀特的研究之所以对我们具有参照价值,是因为其“元史学”的目标是研究“十九世纪欧洲的历史想象”,他面对和分析的并不是一般历史学家为自己设定的“历史事实”,而是考察当时的历史学家如何想象和描述那种“事实”,也就是考察他们如何对这种“事实”进行“叙事”,因而即是一种“叙事之叙

---

① 卡西尔:《人论》第 193 页,上海译文出版社,1985 年。

② 保罗·利科尔:《解释学和人文学科》第 135 页,河北人民出版社,1987 年。

③ 伊格尔顿:《二十世纪西方文学理论》第 126～131 页,陕西师范大学出版社,1987 年。

④ 马克·柯里:《后现代叙事理论》第 16 页,北京大学出版社,2003 年。

⑤ 格尔兹:《文化的解释》第 32 页,上海人民出版社,1999 年。

⑥ 詹姆逊:《元评论》,见詹姆逊《快感:文化与政治》第 17 页,中国社会科学出版社,1998 年。

事”、“阐释之阐释”；而且，他在揭示这些历史修撰者叙事历史之“情节模式”和“论证模式”的同时，还揭示了这些“模式”与“意识形态蕴涵模式”之间的“亲和关系”，这就将“潜在结构”与“充满差异”的“多元价值”领域连接起来了。① 新中国语境中的西方文论叙事，一方面的确与某种“潜在的结构”相关，另一方面，也体现出叙事本身的价值内涵和意识形态性。

二、四重式文论话语叙事模式

鉴于二重式话语模式的容量、类型和阐释能力相对有限，笔者更倾向于运用四重式话语模式来阐发中国语境中的西方文论。四重式基于对话语转义理论的发挥发展。“转义”(trope)指喻体对于本体的“乖离”，“转义学”(tropology)则是关于这种语言现象的理论，自古以来就是修辞学的重要内容。但古典修辞学将转义作为正常语言的特殊表达来研究，认定正常语言表达可以避免转义及其非透明性；而现代转义学则将转义作为语言的普遍的、正常的模式来研究，认为语言转义叙事是“元符码”(meta-code)，是有关现实的信息得以传播的人类普遍基础，而人的思想意识的结构是由非透明的语言基本转义类型构成的。

从历史上看，维柯最早确定了四种基本转义格：隐喻(基于相似原则)、换喻(基于邻接原则)、提喻(基于部分从属于整体的关系)和反讽(基于对立性)，并将它们与人类文化史的各个阶段对应起来，发现了语言与现实、意识与社会之间的辩证关系以及文化史深层之“诗性”。② 弗莱将类似四重式与情节编排的四种模式即浪漫剧、悲剧、喜剧和讽刺剧关联起来，并引向普遍的历史叙述，与四种论证解释模式即形式型、机械型、有机型和语境型以及四种意识形态含义模式即无政府主义、激进主义、保守主义和自由主义(包括虚无主义)对应关联起来。文学理论家邦尼卡斯尔将这种四重式和四个阶段论结合起来，与一个“文学学生身上的反应”③等心理接受过程对应关联起来。这样，四重式话语模式就成为体大虑周而整饬简明的理论体系。这个对应体系的方法论意义在于，它既不同于一分为二也不同于一分为三，而是“一分为四”的思维方法。四重式理论在西方思想家那里屡见不鲜，除了上述研究者之外，还有黑格尔、

---

① 海登·怀特：《元史学：十九世纪欧洲的历史想像》第38页，译林出版社，2004年。

② 维柯：《新科学》第380页，商务印书馆，1997年。

③ 邦尼卡斯尔：《寻找权威——文学理论概论》第108页，吉林大学出版社，2003年。

德罗森、尼采、福柯等人。[1]“四重式”并不一定就优于“二重式”或“三重式”，但它具有更大的“包容性”，因而可以用来揭示研究对象更复杂的品质。将它用在新中国的西方文论研究，应该会深化对这个问题的思考。

我们结合一些理论家的总结[2]，将其要旨归纳如下：

话语转义	情节编排	论证解释	意识形态	心理过程	中国的西方文论叙事
隐喻	浪漫剧	形式型	无政府主义	命名事物，或学习已被承认的事物的名字	认同、全盘西化、罗曼司型如愿以偿、形式型、拿来主义
换喻	悲剧	机械型	激进主义	在时间和空间上将相邻的事物联系起来	简化、中西差异、悲剧型法则启示（“失语”）、机械型因果论
提喻	喜剧	有机型	保守主义	通过将部分联系起来的方法建立整体感	综合、中西互通、喜剧型调和化解、有机整体说、通而不同
反讽	讽刺剧	语境型	良性自由主义 恶性虚无主义	认识所获取的整体的不完善性	否定、自我批判、反本质主义；或一味解构；或试图建构。

从话语转义模式看，“隐喻实质上是再现的，换喻是还原的，提喻是综合的，而反讽则是否定的”[3]。隐喻对应着情节编排中的“浪漫剧”，具体表现为“如愿以偿”；在论证解释上是形式型的，即通过对事件进行客观再现和精确描述而解释论证；在意识形态含义方面则表现为无政府主义，即否认制度和权威对人的用处；在心理过程上则表现为“认同”，与其对象之间是一种“情人”关系，发现对象是一个有趣的领域，倾向于命名事物，或学习已被承认事物的名字，以文学学生为例，他甚至“也有一种生理方面的东西，通常包括喜爱书籍的感觉、对不同铅字体产生的感觉、图书馆气氛的感觉”[4]；研究者在对待中国语境中的西方文论时亦复如此，趋于认同，强调西化。

换喻对应着情节编排中的悲剧，表现为“法则启示”；在论证模式上是机械型的，即通过将某种局部的法则确定为“因”来解释作为“果”的其他部分；在意识形态立场上是激进主义的，即要求改变和瓦解现状；在接受过程中试图“分

---

① 徐贲：《走向后现代与后殖民》第24页，中国社会科学出版社，1993年。
② Alun Munslow, Deconstructing History, p. 154, Routledge, 1997.
③ 怀特：《后现代历史叙事学》第407页，中国社会科学出版社，2003年。
④ 邦尼卡斯尔：《寻找权威——文学理论概论》第108页，吉林大学出版社，2003年。

析"对象而使研究者成为"分析家","通常是当你对一部文学作品的起因及其创作时的社会背景十分感兴趣时出现的",因为一个层次的经历(文本阅读的经历)同另一层次的现实(作者的生活)息息相关,并可能被另一层次的现实所解释;在对待中国语境中的西方文论时则趋于"简化",强调中西差异和各自因果逻辑的不同。

提喻对应着情节编排中的喜剧,表现为"调和化解";在论证解释模式上是有机型的,即通过将各种条件联系起来的方式来解释它们作为部分在人类整体历史中的地位;在意识形态立场上是保守主义的,极力维持现状;在接受过程上倾向于完整化和理想化的思维模式,力图从外部表象转移到产生它们的内心真实,认为部分的本质意义与整体意义有关,这个阶段造就"领导者",他能从精神本质层面把握对象;在对待中国语境中的西方文论时则趋于"综合",强调"和而不同"以及中西文论精神整合的重要性。

反讽对应着情节编排中的讽刺剧,表现为"反复无常";在论证解释上是语境型的,即通过对事件得以发生的环境和条件的描述而解释;在意识形态立场上则要么是良性的自由主义,即相信人有认识和解决问题的能力,要么是恶性的虚无主义,此亦一是非,彼亦一是非;在接受心理过程上,人们意识到自己的理解建立在一定的假设基础之上,认识到这些特征并非普遍的,因此从根本上讲是有缺陷和不完整的,因此要对已经建立的整体展开"一个解构的过程"①,这个阶段造就"解构者",他需要分析自我;在对待中国语境中的西方文论时则趋于"否定"、"自我批判"和"质疑反思"。

前三类批评家对应于米勒所说的"机敏型"(canny),第四类则是"盲乱型"(uncanny)。前者认为最终能找到文学研究的理性秩序,坚信运用逻辑线索可洞察存在之渊源,批评乃理性和理性化活动;后者多力图使逻辑线索伸向荒诞区域,在此逻辑无能为力之际,适足是其洞穿文学语言以及语言本身真实性状之时,后结构主义者即此。米勒认为盲乱优于机敏:盲乱的后结构主义从教条主义的梦中惊醒过来,始觉其沉醉于中的信仰和诺言,原本是一场空话。②神鬼不信的盲乱作风,却成了机敏过人的洞见。

对于大多数文学批评家来说,以不同方法看待文学理论批评是一件不言而喻的事情,但简单地追求符合"事实"却无法解决最重要的争端。在看待文学活动时,我们需要对不同的方法进行分类。只有这样,我们才能发现主要的

---

① 邦尼卡斯尔:《寻找权威——文学理论概论》第 112 页,吉林大学出版社,2003 年。

② 卡勒:《论解构:结构主义之后的理论和批评》第 13～15 页,中国社会科学出版社,1998 年。

范式，并找出一些解决范式冲突的方法。对于具体的某个人来说，他未必会经历全部四个阶段，而且，在“生活中的不同领域，他们处在这些领域的不同阶段上”①。但是，由四个阶段的总体图式构成的视野，无疑具有解释潜力和参考价值。

三、新中国翻译文论的四重式话语

二重式话语叙事的解释潜力已基本耗尽，无法在有关中国语境中的西方文论问题讨论中发挥“知识生产”作用。因此，我们这里试图以“一元化”的“话语”为研究对象，以“四重模式”代替“二元模式”，与文论话语活动中的“多个层面”构成的“网络关系”，研究中国语境中的西方文论。其目的是呈现研究对象的类型性状。

1. 浪漫剧—形式型话语

此类文论话语的基本取向是“认同”，是“情人式”地拥抱西方文论，认为西方文论从术语概念到方法观念都具有普世性，设定中国语境对它们无实质性的选择和影响（尽管我们在接触西方文论时已经无意识地带入了语境因素对它的遴选）。这种话语景观对应着新时期翻译文论的第一个十年，大致是从1978年到1989年间。

在这种叙事类型中，西方文论作为一个整体被理解成浪漫剧的主人公，虽历经千难万险和人事沧桑，而终未受到任何实质性的影响和改变，到剧终时他们还是戏剧开始时的样子，通常仍然那么年轻美丽。认为西方文论的功能价值在我国之所以没有全部实现的根本原因，在于我们移译不足、介绍不全、运用不够；而一旦完成这些工作，西方文论在中国终会“如愿以偿”。李泽厚在1980年全国第一次美学会议上强调，“目前应该组织力量尽快地将国外美学著作翻译过来。我认为这对于彻底改善我们目前的美学研究状况具有重要意义，有价值的翻译工作比缺乏学术价值的文章用处大得多”。他甚至要求在翻译时“与其十年磨一剑，慢腾腾地搞出一两个完美定本，倒不如放手先翻译，几年内多出一些书。所以，一方面应该提倡字斟句酌，力求信、达、雅，另一方面又不求全责备，决不因噎废食。总之，有胜于无，逐步提高和改善”②。在这种文化气氛中，梁启超所说的“今日中国欲自强，第一策，当以译书为第一事”，被

① 邦尼卡斯尔：《寻找权威——文学理论概论》第115页，吉林大学出版社，2003年。

② 李泽厚：《美学译文丛书·序》，霍埃《批评的循环》，辽宁人民出版社，1987年。

浓墨重彩地征引，用于论证翻译的重要性。① 这其实是新时期语境下的“拿来主义”。

这类西方文论研究，在解释时往往采用“形式型”解释模式，它重在发现西方文论的“独特性”，主要表现为独特的术语、概念、方法、观念和思想。正因为这样，我们在这种类型的西方文论研究中看到了术语迭出、方法遽变、观念翻新、思想日出的文论奇观，术语满天飞，方法遍地来，“各领风骚三五年”。这种解释方式在“方法论年”(1986)和“观念年”(1987)达到了顶峰。研究发现，“在西方本是历时性的自然取代的话语更迭，在中国成了共时性的排闼而来，理论基础的迅猛更迭，使得80年代中期的中国当代文论史上出现了一个术语大换班（‘新名词大轰炸’）和多元话语（包括一度风行的自然科学的艰深话语，如：熵）交织的奇观”②。

这类西方文论叙事，其重心既不在于西方文论所从出和所抵达的社会、历史和文化语境，也不在于揭示其话语表述与其真实内涵之间的背离和矛盾，而只重在概念本身以及思想方法所引起的感动。这种孤立出来的术语概念和思想方法，尽管在被大量套用中扩大着自身的话语空间，但这种孤立状态却无益于“学术的”考究和批判分析。因此，进入90年代，有人将之批评为“思想重于学术”的研究。③ 这事实上是脱离其语境的术语、方法和观念的大量流通所导致的必然后果。

这种类型的西方文论研究者认为，尽管西方文论是西方人人性的表达，但人性恰恰是不分东西的；尽管中国与西方在社会形态和意识形态上都不尽相同，但这并不能使文论也带上这种区别，因此西方文论能普遍地适用于中国。正是在这种倾向中，研究者动手“拿来”，倡言“西化”，并不认为有什么不妥。如果我们竟然没有从西方文论中获得好处，那主要是因为我们没能“拿来”西方文论中最好的东西。显然，这种对待西方文论的方式，并未将问题放在社会形态、政治制度和历史文化形态差异性的平台上来对待。

对每个个体的意识进程和心理过程来说，这种与研究对象之间“情人式”的恋爱关系是一个初级阶段的研究，必然要向下一阶段转移，也终究会意识到

---

① “文化：中国与世界”编委会：《现代西方学术文库·总序》，萨特《存在与虚无》，三联书店，1987年。

② 孙绍振：《西方话语的引进和我国文学经典的解读》，《文学评论》，1999年第5期。

③ 朱学勤：《五四思潮与八十年代、九十年代——对一种反省的反省》，见《现代与传统》，1995年第1辑。

自己这一阶段研究的不成熟。① 进入90年代以后,大部分这种模式的研究者也都发生了兴趣和方法的转变,成为其他研究方式的信仰者。

尽管如此,我们认为,中国语境中的“西方文论”是一个多维立体的历史性存在,因此总会有新进者源源不断地成为这个阶段这种类型的研究者,成为这种研究范式的坚定的执行者。钟爱这一解释模式的通常是年轻的研究者,他们会与其他已经走出这一阶段的研究者发生观念冲突,他们甚至不愿意看到“西方文论”被老一代的研究者苛刻地评头品足。因此,尽管这个阶段对于研究个体来说是初级阶段,但当我们将“西方文论在中国”作为一个历史存在来对待时,就不得不承认,但总有一部分人不可避免地处于这一阶段。这一学术事实要求我们的西方文论研究共同体应该对这种研究类型保持宽容心态。正是这个阶段研究者特有的“热情”,促动一批又一批的研究者投身其中,造就一批批新生的研究人员,壮大研究队伍。这种学术现实,也要求我们的西方文论教学做出调整,针对处在不同阶段的学生,施以相应的文论叙事模式。

2.悲剧—机械型话语

这种类型的西方文论叙事,其基本取向是“简化”或“还原”,是“分析家”式地调查它所从出的社会、历史和文化语境,进而将语境中的某个或某些因素推定为“因”,将西方文论的发生发展看成这些“因”所造成的“果”,从而达到一种“因果论”式的把握(尽管事实上可能有更多的或另外的“因”,有时甚至是“互为因果”的)。这种话语景观对应着新中国十七年和新时期第二个十年的翻译文论(大致是从1989年到1999年间)。

沿着这一思路,进一步的研究必将说明,西方文论是在与中国传统文论完全不同的语境和逻辑序列中,由其特殊的“因”造成的,两种文论之间具有本质上的“不可通约性”,其间的差异甚至在术语、方法、观念的层面上都会表现出来。从“术语”层面看,“中国古代‘文论’与西方‘诗学’都是自成一体的文化样式,它们之间的差别是结构系统上的,因而无法通约”。“‘中西比较诗学’这一称谓在根本上取消了中国古代‘文论’与西方‘诗学’的思想文化差异,以及现代汉语语境下这两大语词的语义空间差异,独断式地假定了‘文论’同一于‘诗学’(文学理论)的同一性。”②术语上的不同意味着“起因”上的差异,因此寻求和论证这种“结构差异”就成为合理合法的学术工作。也无须细究,即可发现中国传统是“诗文评”,而后来进入中国的则是“现代形态的文艺学”,缘此可以论证两者在“思维对象、思维方式、治学方法,范畴、命题、观念、术语,价值取

---

① 陶东风:《文化研究:西方话语与中国语境》,《文艺研究》1998年第3期。

② 余虹:《中国文论与西方诗学》第3页,三联书店,1999年。

向,哲学基础等等"方面的不同。① 也正是基于这种思维模式,才有"从ontology看中学与西学的不可比性"的说法。②

在这种文论叙事中,西方文论作为整体被理解为悲剧主人公,被理解为"行为主体—行为的关系形式或因果关系的形式"。③ 也就是说,西方文论在中国的历程被解释为一种悲剧,而造成悲剧的"原因"也正是西方文论本身的逻辑序列与中国的不同。尽管西方文论可能是西方语境中产生的"英雄",尽管我们无法论证它比起中国文论是"好"还是"坏",但我们通常设定它"并不坏",只是它一旦进入中国语境,就必然地对其自身和中国文论都是一种伤害,因而其在中国的旅行必然以悲剧告终,它带给中国文论的也必然是悲剧,会导致"中国文论失语"的严重后果。"失语症"④论者认为,中国当代没有一套自己的文论话语,一套自己特有的表达、沟通、解读的学术规则,一旦离开了西方文论话语,就没法说话,这是中西文化剧烈碰撞的结果,因为我们从"五四"以来彻底否定了传统文化而代之以西方文化的一统天下。将中西文论差异归结为各自不同的"因"成的"果",又沿因果论而将中国文论失语之"因"归结为西方文论入侵,这是因果论的集中表现。

这种理解解释方式是机械论的,它强调对因果关系的研究,后者作为一种法则,又具有重大的"启示"意义。就拿"比较诗学"来说,"'比较诗学'这一说法不仅来自于西方,也只能是'西方的'……当有人将它用之于西方文化圈和非西方文化圈的相关精神遗产之比较研究时,这种做法的正当性就大为可疑了,因为非西方文化圈中并无什么'诗学'"⑤。作为一种"不可比性"法则,它理所当然地对"比较诗学"的前提提出了质疑:非西方批评家用西方标准来论证其自身文化的文学实践,实际上所有这些努力都建立在一种不稳定的前提上。⑥ 这个"法则启示"在意识形态蕴涵方面的合理推论是"激进主义的":必须对文论状况做出"结构性改造",这种"改造"一是时间维度上的,即中国"传

---

① 杜书瀛、钱竞主编:《中国20世纪文艺学学术史·全书序论》第22～26页,上海文艺出版社,2001年。

② 方朝晖:《"中国"与"西学"——重新解读现代中国学术史》第151页,河北大学出版社,2002年。

③ 海登·怀特:《元史学:十九世纪欧洲的历史想像》第45～46页,译林出版社,2004年。

④ 曹顺庆:《21世纪中国文化发展战略与重建文论话语》,《东方丛刊》1995年第3辑;《文论失语症与病态》,《文艺争鸣》1996年第2期。

⑤ 余虹:《中国文论与西方诗学》第4页,三联书店,1999年。

⑥ 泰特罗:《本文人类学》第59～60页,北京大学出版社,1996年。

统文论的现代转型”;一是空间维度上的,即“西方文论的中国化”。前一条途径看似平和,实则更为“激进”,至其极即是对西方文论的拒绝甚至“复仇”,这也正是弗莱针对悲剧说的:“就其最基本的形式而言,这种规律的景象是通过‘复仇’或报仇显现出来的。”①

从研究者心理过程的特点来看,这类西方文论叙事是将其中的一个部分在时间或空间上与其他因素联系起来,是一种寻找和确定事物之“因”的心理。这在事实上拓展了理解的范围,与上一阶段相比,不能不算是一个小小的推进。在中国新时期的西方文论研究中,与第一个十年人们普遍地沉浸在术语方法和思想观念层面不同,第二个十年人们更多地去寻找思想观念的“因由”,这种工作显示出更多的“学术性”,但一味如此的研究则又显得“思想性”不足,因此在 90 年代有所谓“学术重于思想”的批评。② 这种模式的价值在于,它可以通过因果还原而得出尽管片面但不乏深度的结论;其潜在危险在于,以所得出的片面结论排斥其他一切结论,变成一种针对西方文论的“拒绝主义”。而且,由于归因错误,也极有可能在处理中西方文论关系时,将中国文论目前的一切不景气都归结为西方文论的不良影响,改换成时间维度上的“传统—现代模式”或空间维度上的“挑战—反应模式”,进而萌发一种“复仇心理”。

总之,这类西方文论叙事,研究者有分析事物的愿望,把事物放在最基本的结构层次上,有实证主义倾向。在文论家之间建立联系时,通常是把他们放在其历史背景和理论逻辑序列中研究。有细节知识的积累,但没有强烈的整体感。③ 从根本上说,这就是一种实证主义的细节研究,小处明白而大处模糊,这对于西方文论的进一步研究是非常必要的,从历史背景方面对西方文论展开研究,这始终是深入的整体研究的必要准备。我们应该力求对这种研究的过分激进的意识形态倾向加以限制,以免将中西方文论对立起来,防止滑向全盘拒绝的泥淖。

3.喜剧—有机型话语

这类的西方文论叙事,其基本取向是“综合”,强调研究对象的各个部分之间尽管存在着差异,但各部分都拥有一个共同的“精神”,因此各部分通过精神观念上的共通性而联系起来,构成一个理想的整体。这种取向的基础通常导向结构主义式的研究。以这种模式研究西方文论的人颇像一个“领导者”,他

---

① 弗莱:《批评的解剖》第 256 页,百花文艺出版社,1998 年。

② 朱学勤:《五四思潮与八十年代、九十年代——对一种反省的反省》,见《现代与传统》,1995 年第 1 辑。

③ 邦尼卡斯尔:《寻找权威——文学理论概论》第 108 页,吉林大学出版社,2003 年。

认为自己能从全局上把握西方文论(包括中国文论)之“道”、“心”或“精神”(尽管这种“道”、“心”或“精神”可能不过是缘于自己特定立场和情境的“设定”)。

在这种话语中,西方文论作为一个整体被理解成喜剧主人公,中国语境则构成这个主人公的境遇,尽管主人公与其境遇之间实际上存在着差异和矛盾,但在精神上可以“调和”,可以“互通”,即“和而不同”、“和而不流”。弗莱认为,“喜剧的运动常常是从一种社会环境到另一种社会环境的运动”,“喜剧通常走向一个愉快的结尾”。① 因此西方文论与中国文论之间不存在根本的对立和冲突,必将以“调和化解”而告终,对话而非独白、沟通而非自封才是应该采取的态度。

这种文论话语对其对象采取“有机论”的解释方式,倾向于将中西方文论理解为一个有机体,“单个实体成了所合成的整体的部分,而整体不仅大于部分之和,在性质上也与之差异”,“综合实体要比叙述过程中分析或记述的任何单个实在都重要得多”。② 这样,中西方文论关系的历史会被描述成走向某种综合与整体的进程,一个共同构成的有机体,它们的单个实体可能不同,但精神上相通,因此,可“交融”和“融汇”。钱钟书先生是这一文论叙事的代表,他强调“东海西海,心理攸同;南学北学,道术未裂”③。但是,他所寻求的相通之处并不在实体意义上的术语或字句,而是“心理”、“道术”,而是通过“擘肌分理”和“取心析骨”而达到的“莫逆冥契”的诗心诗意。而“莫逆冥契”的诗心诗意,“不仅仅存在于中国传统诗文本身,而且存在于诗文与俗语、谣谚、曲艺等之间,更存在于中西诗文之间,将中国传统诗话文论与西方文论相沟通,成为《谈艺录》的显著特色与最大贡献”④。

从意识形态蕴涵上说,这种类型的西方文论研究,一般持保守主义立场。“保守主义者用植物般缓慢生长的类比来看待社会变迁。”⑤这种保守主义并不是抵制任何变化,但它抵制“结构性”变化。在对待中西文化关系时,它提倡通过“文化共同体主义”或“文化交往主义”解决问题,以便彻底抛弃“文化中心主义”,有效解决“文化相对主义”,将中西文化关系推向深入。⑥ 事实上,“中西文论对话”是当前中国学术界应对西方文论的最为普遍的“意识形态”,其可

① 弗莱:《批评的解剖》第195页,百花文艺出版社,1998年。

② 海登·怀特:《元史学:十九世纪欧洲的历史想像》第19页,译林出版社,2004年。

③ 钱钟书:《谈艺录·序》,中华书局,1994年。

④ 季进:《钱钟书与现代西学》第15页,上海三联书店,2002年。

⑤ 海登·怀特:《元史学:十九世纪欧洲的历史想像》第31页,译林出版社,2004年。

⑥ 曹卫东:《交往理性与诗学话语》第176页,天津社会科学出版社,2001年。

选择的途径是"西方文论引进与我国文学经典的解读"相结合。①

这种文论叙事模式的"折中调和"性质，使其观点相对温和，因而也常常是持"悲剧—机械型"叙事模式者试图"建构"其理论体系时的选择，比如，余虹在否定了中国文论与西方诗学的"不可通约性"之后又认为，"深入开掘中国'文论'和'西方诗学'（文学理论）结构性差异背后的局部相通交汇之处，不仅是可能的，也是必需的，因为只有立足于这些相通交汇之处，才可能详细考辨中国文论与西方诗学最为内在的人思之路和言述空间，才能为两者的有效对话确立一个有意义的支点"②。也许，这种叙事模式背后的思维盲区只有在"讽刺剧—语境型"的叙事视野下才能完全暴露出来。

4. 讽刺剧—语境型话语

这种话语类型的基本取向是"否定"和"自我批判"，研究者以"解构家"姿态出现，通过揭示文论话语言实相悖、言意相反的"反讽"性差异而使之解体，解构本质主义的真理话语和宏大叙事，强化话语的历史性、具体性和意识形态性分析。相对于第三种类型，研究者突然意识到他先前所认识到的"真理"主要是建立在他作为优势阶层（社会上层、白人或男性等）的条件之上的，其实对于大部分非优势阶层（社会底层、有色女性等）而言，他认为"对的"东西基本上是错误的或是不能被接受的。这会将第三阶段的哲人式的领导者变成一个"异化、贫乏、毫无创造力的虚无主义者"③。这种态度可能造成西方语境中或中国语境中的西方文论话语之能指与所指之间对应链条的断裂，因而导致话语及其所指系统的解体（但它同时也可能自觉不自觉地在能指与新的所指之间确立某种新对应关联）。"反讽在一定意义上是元比喻式的，因为它是在修辞性语言可能误用这一自觉意识中被使用的。"④这种话语景观对应着我国新世纪以来的翻译文论。

这种类型的翻译文论叙事，将西方文论作为一个整体解释为讽刺剧的主人公，"当我们从信念和理性的外围回到感觉的实实在在的现实中来时，讽刺也接踵而至"⑤。讽刺剧的内容是"反复无常，无目的可言"。西方文论在时间维度（主要在西方）和空间维度（主要在中国）的旅行，其价值和功能都经历着不可避免的变迁，但又无目的可言，无规律可循，"此亦一是非，彼亦一是

---

① 孙绍振：《西方话语的引进和我国文学经典的解读》，《文学评论》，1999年第5期。

② 余虹：《中国文论与西方诗学》第7页，三联书店，1999年。

③ 邦尼卡斯尔：《寻找权威——文学理论概论》第113页，吉林大学出版社，2003年。

④ 海登·怀特：《元史学：十九世纪欧洲的历史想像》第48页，译林出版社，2004年。

⑤ 弗莱：《批评的解剖》第293页，百花文艺出版社，1998年。

非”。西方文论在中国，这不仅不单纯是一个它“说什么”的问题，而且是一个“做什么”的问题；而它之“所做”，不仅涉及西方文论本身的内涵，而且涉及研究者的立场，涉及研究者在自己的语境中如何选择立场、如何对自己的立场进行反思批判的问题。这种研究特别强调研究者的自我反思、自我批判和自我否定。比如对“后殖民主义”的研究，假如我们只是袖手旁观、隔山打牛式地研究，那它就只能对西方文化的解构具有价值，而无法切身地讨论它对我们自身的反思意义。然而“今天后殖民主义所讨论的种种问题，对于我们这个曾经在历史上遭受过帝国主义列强的侵略和占领，有着屈辱的半殖民地经验的民族来说，却是有着切肤之痛的，是不能袖手旁观的”①。正是这种立场，使其成为一个反讽式的研究者。

与这类西方文论叙事相对应的解释模式通常是“语境论”的。它的前提是：将事件置于其发生的情境中，它就得到解释，通过揭示它们与其他同在一个历史情境下发生的事件之间的特殊关系就能解释。这是一种“横向超越”，它并不满足于“追求抽象的永恒的本质，而要求回到具体的、变动不居的现实世界”②。从而超越到不在场或未出场的现实事物中去，这也是它异于前三种解释模式的根本特征所在，形式论解释只是局限于在场的自身之中并对自身形式展开研究，机械论解释是超越到同样在场的现实事物并将之推为因果链条上的“因”，有机论解释是超越到某种高于现实事物的“精神”或“观念”中去。这些超越方式一定程度上都是“纵向的”，都有将所超越到的事物“实体化”的倾向。这种解释模式的特质在于解释者的自我批判与质疑，否则，即使研究的对象是所谓“解构主义”或“后现代主义”，若其研究并未达到自我批判而是连同“问题”也一同“进口”过来，则这种研究仍然不属于这里所说的“语境论”。

后现代文论话语是典型的反讽话语，其基本宗旨是质疑和批判现代性的本质主义，由此产生了对现代主义的一元论、客观本质、永恒真理、绝对基础、唯一视角、纯粹理性、终极意义、标准答案等相关命题、观念的质疑与否定。卡勒的《文学理论》是新时期以来引进的“后现代主义”文论著作，它声称文学理论的总体情势和倾向是：跨学科性、分析性、拆解常识和质疑基本的知识范型。③ 它在总体倾向上重在解构已有的关于文学、主体、性属、身份等的学说。

---

① 罗钢、刘象愚主编：《后殖民主义文化理论》第 8 页，中国社会科学出版社，1999 年。

② 张世英：《哲学导论》第 33 页，北京大学出版社，2002 年。

③ Jonathan Culler, *Literary Theory: A Very Short Introduction*, pp. 14-15, Oxford University Press, 1997.

它也是倾向于后现代主义的中国文论著作者的参照经典，其中的观点被大量引用，如王一川在其《文学理论·引言》中就引证5次之多，南帆在其《文学理论·导言(新读本)》中亦引证5处(另有一条卡勒的观点来自另外一书)。但他们在建构自己的文学理论架构时大都只是借重其“不致盲目寻求其学科封闭性、捍卫文学的审美纯洁性或者谋求唯一的文学本质。对此，卡勒的论述可谓警钟长鸣”。在此基础上，研究转向“建构”，认为“卡勒对文学理论的概括可以适用于文学理论的总体情形，但却不一定适用于一种具体的文学理论框架。……每种文学理论却毕竟存在着或者要努力去寻求自身的特殊立足点、相对连贯性和有序性，以及个人的独特见解或结论等，从而形成自身区别于其他文学理论的独特特点。正是基于这一认识，我尝试在这里提出并阐述我自己的一种文学理论框架——一种建立在对于文学的感性修辞属性的理解基础上的文学理论”①。文学可能没有什么本质可言，但文学自有其“属性”可说，因此，可以在积极的(或良性的)意义上考察文学的“属性”，从而形成一种“文学理论”。

陶东风的文学理论著作亦引用卡勒关于文学的反讽式解释，“文学是一种自相矛盾、似是而非的机制……而同时文学又是十足的制造混乱的代名词”②。他在引用这一观点之后认为，“当然这并不意味着我们认为文学根本没有本质，因而也就根本不存在什么关于文学的‘理论’。一方面我们坚信文学与其他的人类社会文化现象一样是随着时代的变化而变化的，不存在万古不变的文学特征(本质)，因而也不存在万古不变的大文学理论(Literary Theory)；同时我们也不否认，在一定的时代与社会中，文学活动可能呈现出相对稳定的一致性特征，从而一种关于文学特征或本质的界说可能在知识界获得相当程度的支配性，得到多数文学研究者乃至一般大众的认同。但是我们仍然不认为这种‘一致性’‘共识’体现了文学的永恒特征或对于文学本质的一劳永逸的揭示。相反，这种‘一致性’‘共识’的出现是有具体的社会历史条件的，是与各种非文学因素相互缠连的，是一种历史性与地方性的话语建构”③。

同样，南帆的文学理论著作大量征引了卡勒文学本质的充满反讽的阐述，但他确信，文学观念能够形成，不过“文学观念的形成并不是真正意义上的文

---

① 王一川：《文学理论》第7页，四川人民出版社，2003年。

② 卡勒：《文学理论》第29～44页，辽宁人民出版社，1998年。

③ 陶东风主编：《文学理论基本问题》第11页，北京大学出版社，2004年。

学独立。历史语境仍然限定了文学观念的规模和地位”①。由此出发，他认为“文学理论”是“开放的研究”。

从如上分析可以看到，卡勒的后现代主义文学理论作为西方文论，如何在我国得以介绍和运用；同样，我们也可看到，一种偏于解构的“反讽式”理论话语，在跨越时空而进入新的语境中时，是如何经历“语境的拆除”与“语境的重建”过程的。利科尔说，“每一个文本都可自由地进入到与其他文本的关系之中。这种文本对于文本的关系，由于我们所说的语境的消除，产生了文本或文学的准语境”②。卡勒的文学理论观点，在这种“拆除”和“重建”中，由一种反讽性的虚无主义解构话语，在中国变成了一种讽刺性的自由主义建构话语。

四、文论话语模式的启示意义

综上所述，我们认为新中国 60 年的翻译文论研究取得了巨大的成就，四种文论话语模式也都在相应的历史阶段发挥了不可替代的历史作用，即使在世界范围内，这个成绩也都是值得骄傲的。

参照四种模式综合考量，我们也发现三个突出的倾斜现象。

一是在历时性维度上，四种模式中的某一种在历史的特定阶段形成了“霸权”或“垄断”的局面，出现了翻译文化风景的单一化。这非常不利于各种话语之间的正态分布和共成互补。就拿新时期来说，这四种模式之间在时间维度上存在着从浪漫剧—形式型主导（第一个十年）依次向悲剧—机械型（第二个十年）再向讽刺剧—语境型（第三个十年）的转化的印迹，但这种转化并非完全是“进步论”意义上的。换言之，从“认同”到随后的“简化”、“综合”和“否定”，这个过程并不一定只是认识的深化。而更多地表现为某一模式在特定时期排他性地占据主导，抑制了其他话语，也显示出研究领域盲从多于慎思的问题。比如说，新时期第一个十年，对西方文论的认同占据绝对的主导地位，导致了不平衡的研究局面，而“认同”过程中的问题没有机会得到其他话语模式的质疑和校正。在某些特殊的历史阶段，比如“文革”期间，“悲剧论”则被推到了极端，其他话语则无容身之地。

二是在共时性维度上，我们对西方文论之“所说”研究大大多于对翻译文论之“所做”的研究，也就是说，我们更多地关注西方文论在其自身的逻辑序列中的“意思是什么”、“说了什么”，但不大关注翻译文论在脱离其原初语境之后

---

① 南帆：《文学理论（新读本）》第 4 页，浙江文艺出版社，2002 年。

② 保罗·利科尔：《解释学与人文科学》第 152 页，河北人民出版社，1987 年。

的“意义是什么”、“做了什么”、“如何做”、“做得怎么样”、“所做与所说又有哪些不同”。比如说，我们大家并不陌生西方文论中的“内部研究”观念和方法，但它被引入中国之后之所做，在哪些方面与它在西方文论序列中之所说和所做不同呢？稍加留意，我们就会发现，西方文论逻辑序列中的“内部研究”与它在中国引发的“向内转”之间存在着很大不同。因此，我们要加强从话语行为角度理解文论话语之所做，要强化翻译文论研究中的语境意识。

三是在思维模式上，我们过多地受制于中西方二元对立的二重式思维的限制，动辄掉入“他化”或“化他”的宏大动机的陷阱之中，缺乏对具体问题的深入系统的研究。事实上，如果从一元化的“翻译文论”切入，以四重式话语去审视，强调四种话语之间的互补互用，则无论是浪漫剧—形式型话语、悲剧—机械型话语、喜剧—有机型话语，还是讽刺剧—语境型话语，它们或“认同”，或“简化”、“综合”和“否定”，也都是必要的解释方式，都是翻译文论风景上的色彩，也都会为这个风景增光。而且，更为重要的是，也都是在满足相应学习研究者的需要而同时在壮大着研究队伍。

这种情况启示我们，中国的西方文论研究，也还应该强调对四种模式的包容性和开放性，应该强调四种模式之间的交往和互补。尽管某些模式，比如喜剧—有机型，看上去有更大的合理性和更多的支持者，但这决不意味着因此就可以定于一尊。西方文论本身的复杂性、中西方语境的复合性和研究者队伍的多层次性，都要求我们在对西方文论研究模式的要求上具有更大的开放性、包容性和多层次性。

新时代，新视野，新诗学

——《中西比较诗学新探》等著作读后

孟庆枢①

内容提要：史忠义先生的《中西比较诗学新探》等系列著作体现了自改革开放以来中国学人在新的视野建构新诗学的许多新意。他提出的"感物说"，对从动态把握"文学"的实质、全方位的"对话"构想与实践都具有启发性。可以说，史著是改革开放三十年来在中西诗学比较方面有建树的著述。

关键词：中西比较诗学新探　研究

史忠义教授的《中西比较诗学新探》、《20 世纪法国小说诗学　比较文学和诗学文选》②可谓皇皇巨著。但是，展卷之后居然能让人手不释卷，连我自己也颇感惊讶。是著者对理论探讨的执著，还是纵横捭阖的广征博引的学识丰赡，还是源自西部黄土高原的淳朴学风使然？恐怕是兼而有之。

一

从 20 世纪 80 年代以来，中西诗学比较研究的著述绵绵不断，留下了众多探索者的足迹。我国学界中西比较诗学的研究热是改革开放以来东西方文化进一步交融的产物，可以说是建设有中国特色的社会主义文化的组成部分。史忠义先生上述著作在改革开放三十年之际推出，可谓应运而生。上述著述体现了改革开放以来中国学人在新的视野建构新诗学的许多新意。

---

① 孟庆枢，广东韩山师范学院中文系教授，比较文学与世界文学学科带头人，博士生导师。

② 均为河南大学出版社出版，2008 年 7 月、8 月版。文中引《中西比较诗学新探》，简称《新探》，只标明页码。

在《新探》中著者把文学艺术也看作“第一生产力”。因为先进的文学艺术“代表着人类的普遍愿望和历史的发展趋势。这种广义的强大的第一生产力将迫使并促进生产关系的不断调整，促进人类社会的均衡发展，促进人与自然的和谐发展，从而把我们的世界带入一个新的和谐的自然形态和社会形态”(P407)。这是著者从事这一领域研究的根本目的所在。

20世纪六七十年代伊始，敏感的西方学者们就以不同的表述认为人类社会进入了一个新的转型期、一个新的时代，或叫“后工业社会”、“信息社会”、“后现代社会”，不管其内涵如何多元、诡谲，有一点使人们开始产生共识：当今世界的种种变化其根本是人的思维模式的变化，这是人类适应生存环境的必然抉择。对于后现代主义的评判褒贬不一，众说纷纭，我们可以再深入探究。但是，有一点是值得格外予以注意的：有学者认为“后现代主义(postmodernism)既是一种文化思潮，也是一种思维方式”①。西方学者D.C.霍伊说：“从中国人的观点看，后现代主义可能被看做是从西方传入中国的最近的思潮，而从西方的观点看，中国则常常被看做是后现代主义的来源。”②

就某种意义上说，始于上个世纪后期的新一轮的东西文化交融明显地具有东西文化互动的特点，西方文化在转型期中从思维模式的反省中探求东方文化的宝贵资源的趋势引人瞩目。季羡林先生在1997年发出的“到了二十一世纪，包括中国文化在内的东方文化将在东西方文化融合的基础上再见辉煌”的至理名言应该说是对这场东西方文化交融的高屋建瓴之见。新一轮的东西文化(包括诗学)的交融是在东西方更自觉地意识到人类历史形成的东西不同思维模式、哲学基础上开展的，而且深感必须取长补短。为此，我国的中西诗学比较研究就不能不进行跨文化的基于更宽广的视野的思考。忠义先生的研究在这方面做出了富有成效的努力。在史著中可以感觉到贯穿始终的是对中西哲学观念、思维方式的比较研究。“天人合一”、“自然人文会通和合，融为一体，故称一天人”③，在我国，儒、道对此的看法是一致的。忠义先生在披阅大量中西典籍、多年钻研后提出了我国文论体现“天人合一”的具体理念为“感物说”，并将它与西方近代的“感知现象学”互相阐释。作者梳理了从《易经》以来一系列典籍的重要论述：“天地感而万物化生，圣人感人心而天下和平；观其所感，而天地万物之情可见矣”(《彖传》)；《礼记·乐记》中的“凡音之起，由人心

---

① 王治河：《后现代主义(代前言)》，王治河主编《后现代辞典》第9页，中央编译出版社，2004年。

② 同上，第3页。

③ 杨成寅：《太极哲学》第4页，学林出版社，2003年。

生也。人心之动，物使之然也。感于物而动，故形于声；声相应故生变；变成方，谓之音”。作者认为“感物说到魏晋时期趋于成熟”、“人禀七情，应物斯感，感物吟志，莫非自然”（刘勰《文心雕龙·明诗》）。忠义先生总结说：“感物说是中国诗学的机枢，总摄中国古代各种诗学观。感物说其实也是中国哲学的机枢。”（见史忠义《感知现象学与感物说》稿本）近年亦有学者提出中国古代“太极哲学”，指出“太极元范畴的内涵首先是‘实有’”①。这位学者还把这一思维称作“整体分合思维”②，读过忠义先生大著觉得与之相通。笼统地讲中国传统思维方式为“形象思维”或“综合思维”似乎着重了某种倾向，为此，我同意上述表达方式。《新探》著者将我国传统文化的“感物说”与西方的“造物说”相比较，又以海德格尔、梅洛-庞蒂为个案梳理西方哲人百年来对形而上“造物说”的突破与反思。“中国文论的哲学基础和中国哲学的理论基础折射着朴素的辩证唯物论，而西方诗学的哲学基础和西方哲学的理论基础是率性的先验形而上学。”对于这一大论题自然会见仁见智地探讨下去。笔者在这里深切感受到的是忠义先生不是简单地撷取一些材料作出空泛的结论，而是审慎地追踪了从古希腊起始的西方诗学的动态发展，又细细体味中国文论的精髓，这就使得这一结论的基础更为扎实。在《新探》中著者拈出“崇高”这一“西方的审美性诗学之纲”与中国古代文论的“神似”、“神思”、“入神”相比较，指出它们“都反映了人的精神活动，且都有升华的内涵内容，这是它们的一致点”（P105）。在西方，从朗吉努斯始至黑格尔推到极致的“崇高论”，可以说是宗教精神的体现，是把上帝作为“最完美的参照系”（P106）的产物，而以“感物论”为旨归的我国哲学里，“神似”、“神思”体现了“中和性思维的特点”（P106）。寻根溯源的比较研究必然把中西诗学放在跨文化的范畴去思考，必然引申到“一分为二”还是“合二而一”的一元论、二元论的探究。这种表面看去对文学范畴的超越已是当代诗学研究的突出趋势。忠义先生有关比较诗学的论著已延伸（姑且这么说）到比较哲学领域。他在《关于一二元统一说》这篇论文中认为：“一二元统一说建立在感物说、天人合一说和辩证唯物主义等思想的基础上，承认一元论的宇宙观是根本前提，实际上对人与自然两分、各自独立存在的二元论思想进行了改造。”“二元论不能颠覆一元论的宇宙观，实际上居于二级视野，是分析哲学意义上的概念，为我们认识和分析人与自然世界的关系提供了话语的可能性，但一二元统一说肯定对立统一在物理学的真理价值。”著者的结论是从我国古代典籍《易经》、《老子》、《论语》、《孟子》等的论述中互为参照得

① 杨成寅：《太极哲学》第266页，学林出版社，2003年。

② 钱穆：《理性与生命》第432页，上海书店，1993年。

出的，这一提法值得关注。我认为人类走出“自然人”的故乡而成为“文化人”，在交接点上(形而上地确定一个时点)是给后来人留下了蛛丝马迹的。《老子》的“有物混成，先天地生，寂兮寥兮，独立而不改，周行而不殆，可以为天地母。吾不知其名，字之曰道，强为之名曰大”是我们的先民对中国远古文化的初始记忆。作为“文化人”的最显著标志是凭借语言把握世界。语言不仅仅是人类互相交流的工具，它也决定着文化。人类通过语言拥有一个新的世界。人类在“文明”的大道上迅行，反过来必然拉大与自己过去的故乡——浑然一体的母胎——的距离。正如婴儿离开母体的最初的哭声，既有投向新世界的恐惧也有对故乡的怀恋。笔者称之为人类的“回归意识”①。人类既要前进，心灵深处又总要回归故乡，这种张力本身恐怕是人的原动力。或许是一二元论统一的真谛吧。这种“回归”不是简单地返回人类的原初，而是现代人通过对自我“根”的追求而保持不与历史断裂，克服精神危机。这种张力在我国哲学中清晰可见，在西方形而上哲学主流中也有一定反映，特别是近代以来一些西方哲人对形而上屡次挑战、质疑、颠覆，也是以一二元统一作为方向的。

从这个意义上讲，我们不能笼统地否定二元论，那种分析性的思维——特别在自然科学上——仍然要发挥它的作用，缺乏精细的分析是不会取得优秀成果的。但是，如果人类抛弃合二而一的整体论，也难免会走进死胡同。至于如何协调，保持一种和谐发展，这恐怕是人类在 21 世纪的重大课题。从这个意义上讲，当今研究比较诗学必然要进入这一层面。

二

20 世纪 80 年代以来的比较诗学探讨从深层次上说也是对“文学”的再认识，动态的理解“文学”，是与时俱进的再思考。《新探》等系列著作突出地体现了这一精神。近代意义上的“文学”产生于西方，“literature”直译成“文学”，它的内涵也越来越使研究者、读者感到困惑。我们始终是被囿于这“自明”的范式之中的。然而，正如彼德·威德森所说：“在 20 世纪后期‘文学’作为一个概念、一个术语，已经大成问题了”②。因为以前的“文学”概念无法承载当今的“文学”，为此诸如“文学的死亡”、“文学的终结”频频出现也不足为怪了。在我

① 拙文《论文学的跨学科研究》，见解恩泽主编：《跨学科研究思想方法》第 237～244 页，山东教育出版社，1994 年。

② 彼得·威德森著，钱竞等译：《现代西方文学观念简史》第 2 页，北京大学出版社，2006 年。

国，“文学”这两个字最早可见于《论语》：“文学，子游、子夏”。扬雄《法言·吾子》：“子游、子夏，得其书矣。”在春秋战国时代，“当时的‘文学’即‘记录’”①，朱自清先生的见解是非常精当的。正如忠义先生所言，我国自古以来文史哲不分家，很多学者称我国在魏晋南北朝产生了“文学的自觉”也不能理解为具有了近代意义的西方术语“literature”的内涵。忠义先生以动态的思维模式重新叩问了“文学”为何，在他的几本著作中都采取了察往、抚今、知来的探究。一般来说，撰写我国文学史（也是在西方话语影响下的操作）、文学批评基本上是按西方近代“文学”内涵来思考的，为此文学理论方面从“诗言志”肇始成为定规。然而，如果我们仔细查阅，一些中国文学（文学批评）史著中也有学者显示了不止于此、从更宽广的视域中审视的努力。本文只从一本文学史谈起。（这一工作还要做下去，一些被“经典化”的所谓“主流”文学史、理论排除、压抑的许多有见地的论述应重新发现）有的研究者提出过：“称‘先秦文学史’为‘大文学史’，不仅仅是因为这时期史的跨度极长，兼有几个社会形态的文化，为后来的断代文学史所无法比拟，最主要的还在于它是文化发端期的文学，具有更为突出的文化性特征和综合形态的特点。”②在这部文学史里已明确指出这里的“文学”观念异于“纯文学”观念，提出“文化发生学研究”、“文化综合动态关系研究”③的动议。

在这方面史忠义格外关注了中西文论（诗学）的“原动状态”和“潜在诗学”。著者把周初的《周易》卦爻辞作为“商代歌谣集”来看待（对此罗根泽先生已提出过）。忠义先生援引王国维、梁漱溟的观点“以周公为代表的周初文化精英从殷之代夏、周之代殷的历史变迁中对传统宗教进行了一次深刻、彻底的反思”、“以人文取代宗教”，提出了“诗是以神话和礼仪为中介而与日常语言相分离的”，但是在中西方各有不同，在古希腊是如此，但在华夏“却反映了从天命鬼神类迷信观念向人文精神的过渡”（P5），得出了“中国人更长于中和性思维，而西方人则更多一些迷狂性思维”（P7）的论断。忠义先生的诗学比较研究回溯到先秦，“甚至更早一些”（P9），当然也盼望考古新发现，以实证来说话。

同时，忠义先生还比较了“诗言志”与“摹仿说”，指出他们“都具有多重性和多义性。他们都经历了长期的发展演变，在历史演变过程中，他们的意义因使用者的不同而有着一定的差异性”，“‘诗言志’注重的是直抒胸臆，直抒心中的政治抱负和情怀，把根基牢牢地扎在现实政治的土壤里，与《易经》和道家的

---

① 朱自清：《中国文学批评研究讲义》第127页，天津古籍出版社，2004年。

② 赵明主编：《先秦大文学史》第4页，吉林大学出版社，1993年。

③ 同上。

宇宙观不矛盾，更与儒家的政治观相吻合……而柏拉图的摹仿说则建立在理式与摹本、可视世界与永恒世界的二元论的哲学基础上，把真正意义上的存在只归于精神的存在”(P30)。忠义先生援引梁漱溟先生论述，指出中国的形而上学与西洋、印度全然不同(P246)，是值得深思的，如果不从这一根本仔细辨析，所谓中西方诗学比较往往是南辕北辙。论及中国的形而上学时梁漱溟先生有过一段切中肯棨的话，他指出，中国的形而上学“大多都具于周易。周易以前的《归藏》、《连山》和周易以后流布到处的阴阳五行思想，自然也不能全一样，然而大致总一样的。足可以周易代表他们”，又指出大家公认的中心思想是“调和”，“其大意以为宇宙间实没有那绝对的、单的、极端的、一偏的、不调和的事物；如果有这些东西，也一定是隐而不现的。凡是现出来的东西都是相对、成双、中庸、平衡、调和。一切的存在都是如此。这个话是观察变化而说的，不是看着呆静的宇宙而是看宇宙的变化的流行。所谓变化就是由调和到不调和”①。史前的东西不见文字记载有待发掘，但是梁先生的论述是在丰厚的史论基础上的体悟，是令人信服的。对于“文学”的动态的把握，体现在“诗学”(文论)上，自然是发现其中的“张力”和不同术语、概念间的碰撞，在同异中见出机微，形成问题意识。忠义先生注目于“诗言志”及对其的“反叛”与“突破”。从今人陈良运先生与前贤朱自清先生有差别的观点中得出，从总的历史视野观照，“陈先生对‘诗言志’传统的厚重程度似乎有些估计不足”(P50)。20世纪30年代以来至新中国成立后，特别是“文革”中，“什么阶级说什么话”的阶级批判论算是达到一种极致，根据是确凿的。不过我倒看出陈先生意在言外，是一种反拨的心态使然。围绕“缘情”，忠义先生梳理了源于上古，再由曹丕、陆机理论化之后赋予“缘情”变化中的丰富内涵。他援引蒋寅先生的论述得出“中国的‘诗缘情’即中国的抒情诗要比西方的抒情诗的范围广一些”(P52)的看法，这也是从整体俯瞰的把握。指出“诗缘情”即是对“诗言志”的制约，同时“缘情”中也有内部张力，为此在不同时代、不同人的或同一个人不同时期之笔下，其差异还是有的。只有这样条分缕析说的才是动态的文学。

这种动态把握在《“象”与“境”和时与空》一节(见P236～267)中的论述也十分精彩。作者提出了“中国文论主要是以‘境’这一概念来表达我们对空间的认识和我们的空间意识的”(P259)。作者还很有见地地指出：“‘似离而合’的方法的实质就是视空间为一个有机统一的生命境界，使我们进入一个动静有致、节奏匀称和谐的空间。”(P262)因为作者一直追踪理论前沿，故他在论

① 梁漱溟：《东西文化及其哲学》，《梁漱溟全集·卷一》第444～445页，山东人民出版社，2005年。

述西方的时空观中窥出了其变化动态，而非静止之形。如认为西方意识流与我国传统时空观是“靠拢”而有不同，我国传统时空观基本上都是理性的，而意识流的基本特征是“非理性”（P267）。对于这一见解见仁见智，但它起码让我们的思维动起来，不会再拘泥于一种观念。

有忠义先生的大作在，例证不必过多枚举。在这里，我深感进行中西诗学比较研究也好，重构中国诗学也好，一个基础工作是对“术语”的溯源、衍变的再探究。在这方面笔者在与忠义先生交谈中有深切同感。我在一篇拙文中写道：“对近代以来文学批评术语的探源梳理实乃是从语言哲学层面反思中国文学批评中长期存在的‘古今中外’之辨的再思考，是开拓中西文化交融新局面的重要一环，是创建有中国特色文学批评的基础性工作。任何术语都是一个阐释的过程，意义不断生成、变化的过程，它本身就是一个开放的结构，是个交流的‘场域’和网络。”①为此，从忠义先生著作里得到一种共鸣的愉悦。

三

忠义先生著作还体现了真正的“对话性”。这种对话是力图将古今中西打通的一种交流。我们的时代被称作“信息时代”，在某种意义上进入了全面“对话”的时代，这首先是人类生存状态的一种体现。人与人、人与自然的和谐从没有像今天这样强烈和迫切，为此“对话”成为人生存状态的首选。也许“对话”是老生常谈，但是真正“对话”并不容易，有的学者曾认为我们处于“失语”状态，无法与西方真正对话。但是，史著已经告诉我们，只要努力做到“知己知彼”，尽可能全面地把握中西文化真髓，就有可能和对方沟通，并说出一点新意。当然，在国力衰颓、被西洋蔑视的晚清不存在平等对话，随着国力的增强，真正对话时代已来临。我们可以列举《新探》中对巴赫金和克里斯蒂娃文论的论述作为佐证。

对巴赫金理论的深入把握不仅要准确地从他的著作入手（这是前提），而且必须从外在观点对其阐释（亦是对话）中现出深意，这样才能明白他说了一些什么。在这种对话中还可以发现他在那个时期为理论界贡献了什么，同时也可以发现他的理论的局限。这也就是立足于当今理论前沿明确巴赫金理论的现实意义。巴赫金“复调小说理论”是国内巴赫金研究者每每关注的，史著以 1960 年代巴赫金著作被译介到法国后，克里斯蒂娃、托多罗夫、热奈特的理论与巴赫金理论的对话入手，为我们进一步了解巴赫金这一论述呈现了一个

---

① 孟庆枢等著：《中国比较文学十论》第 274 页，吉林文史出版社，2005 年。

充满动感的场域。诚如所知巴赫金的“复调小说理论”是基于人类诞生之时的“对话”精神。因为巴赫金说:“生活就其本质说是对话的”,“辩证法是对话的抽象结果”。① 从这个意义上讲巴赫金的对话理论应该具有“泛对话原则”。史著中提出了“人类社会实践活动的对话性”、“物质世界的多元性和发展性”、“社会形态的多元性和统一性”、“个人存在中的他性意识,他性是个人存在的构成部分”。(P341)这就从哲学层面讲清了巴赫金这一提法的根底。史忠义先生既充分肯定了巴赫金的“对话理论”的贡献,但是又明确提出“巴赫金的对话原则既是广义的,也是有限度的。它的广义性体现在肯定独白形式内在的对话性方面;它的有限性则表现为否定诗歌与史诗、戏剧等其他体裁中的对话现象”(P330);忠义先生还以我国古代文论中的“用典”为例,很有说服力地道出了诗歌的“对话”关系。我们不能不遗憾地感觉到,由于许多西方学者对于包括中国在内的东方文化、文学理论资源的无知或贫乏,他们在建构理论时往往陷入片面而追求深刻。我国古代文论的“用典”是“对话”、“文本间性”的完美体现。把典用活,造成一种我中有你、你中有我的态势,不仅扩大文本的含量,而且使之“动”起来,引导读者加入创造,成为一个浑融的整体,这本来就是人的生存状态的写照,在中国人看来是 ABC 的常识。我这么讲无意贬低西方文论家们的成就,我正是从巴赫金、克里斯蒂娃的理论中进一步体会到“用典”、“引文”在语言哲学上的真谛,他们的精细分析也使人渐入佳境。但是,也只有通过相互阐释、对话之后,才能进一步悟出我们的先人按着独特的路数探索人类精神的奥妙确实博大精深。因此在建构新理论上不存在单一的西方文论中国化或中国古代文论的现代转型,在某种意义上,中国古代文论的现代转型就是不间断地与一切域外优秀理论成果的对话,只有这种“钻木取火”式的对话才能产生人类智慧的火花。

同时,史著中的对话性又体现了一种共同立足于时代前沿,都从共同关心的问题入手寻找“话题”的思路。各吹各的调就不能“对话”。忠义先生是深谙法国文化的专家,在他的著作中突出了当代法国哲学的最热点问题——“语言、身体、他者”,这三方面在当今世界具有普适性。

在这里仅以语言问题谈一下(其他问题另有文章)。在 20 世纪后半叶,对语言哲学的关心成为人类文化研究的热点。在众多的原因中,最突出的恐怕是对“人”的本身更深层次思考的体现。西方哲人要颠覆形而上思维,必然指

---

① 巴赫金:《关于陀思妥耶夫斯基一书的修订》,见《巴赫金全集》第五卷第 387 页,河北教育出版社,1998 年。

向语言问题。莫里斯·梅洛-庞蒂说："我们生活在言语已经建立的一个世界中"①(重点原有——引者)，他还说："因为我们有一种错觉，以为我们靠词语的普通意义已经拥有为理解本文所需的东西，而自然知觉给予我们的调色板的颜色或乐器的天然声音显然不足以形成一支乐曲的音乐意义或一幅绘画的绘画意义。但真正地说，一部文学作品的意义与其说是词语的普通意义构成的，还不如说是在改变词语的普通意义。因此，在听或读的人，说或写的人的心目中，有一种理智主义想象不到的在言语中的思想"②。忠义先生在《新探》中指出"对话理论的真谛应该是泛对话"(引言 P6～7)。他在《诗学》中从结构论、符号论、文本论、叙述学等诸方面进行的论述实际上都体现出对语言哲学的执著，而从"语言"看人的生活状态毫无疑问是其根本。

对语言的重视也是西方哲学试图走出西方形而上二元论思维困境的切入点。同样，对他者和身体的重新认识也是基于此。语言与思维的关系是当今世界深入探讨的一个重要问题。已有学者从西方文论中体悟到："思想和言语不是彼此对应，而是相互包含或者相互交叉"③，"意义只有镶嵌在语词中才出现在语言中"④。忠义先生以我国古代文论中王弼的"言、象、意"三者关系与西方诗学做了对话。

《新探》从老庄哲学的"大音希声，大象无形"、"无言独化"、"通明透亮"的语言观到王弼这位哲学奇才在《周易略例》中对言、象、意的关系的论述做了进一步的发掘与思考。(参见史著《新探》P248～249)笔者认为王弼已清楚地意识到语言的功用与局限性、人和言语的复杂关系。史忠义先生认为："魏晋时期王弼的《周易略例》是一部很有独特见解的著作。据陈良运所说，其《明象》篇是中国古代第一篇关于'立象'的专论。其实，这篇文章的明显特点是以庄释易，循着庄子的'言不尽意'、'得意忘言'的逻辑，说明'言'是'明象'的工具，'象'是'存意'的工具，因此全部注意力应当放在'意'上：'得象而忘言'，'得意而忘象'。王弼'意'的核心是以'秩序'、'规律'为道，主张道无体超象，所以他不重视以什么为象，而重视象背后的'意'，重视时位。"(P248)笔者认为王弼已意识到语言的局限性，同时深入思考了语言与"象"(外界在人头脑的现象)和"意"(人类思维和情感)的复杂关系，并将之作为一个整体来思考，这是大智慧。古代先哲解释了概念的语言(文字)无法充分表达人的复杂的思想、感情。

---

① 莫里斯·梅格-庞蒂：《知觉现象学》第 239 页，姜志辉译，商务印书馆，2001 年。

② 同上。

③ 杨大春：《语言身体他者》第 67 页，生活·读书·新知三联书店，2007 年。

④ 同上，第 69 页。

许多只可意会不可言传的东西是语言表达无法奏效的，于是提出“立象以尽意”，这里的象显然是能显露的、每个人都会切身感受到的，它丰富多彩、变化无穷。王弼悟出“得意忘象”，这是一条进一步将意转化为与象融合为一的路径。刘勰在《文心雕龙·神思》中提出的“独照之匠，窥意象运斤”，则达到了物我一如之后的庖丁的境界。到了清代的王夫之则将“意象”的理论集大成。已沾濡一定近代气息的王夫之对待“意象”更具辩证思维。他全面地论证了“意”与“辞”的关系，他既强调“以意为主”，肯定文学作品的思想内涵的重要性，同时又以悖论形式讲“不以意为主”，而肯定诗词的特殊性(不等同于政治、哲学之类)。他建立情与景的辩证关系，突破“情景虚实”的窠臼，主张“目击经心”的“情生景，景生情”的情景交融，这样才能表达“真性情”。通过王夫之在《姜斋诗话》中臧否古代诗作，提出诗要“天籁”、“自然”、“永在言外”，可以体悟他主张的是诗应从人类的原始意象出发，然后顺应时代，说出心声。这原始意象如同禅学的“无”，从无中生有，有无混融，是无穷尽的，而且是不能简单模仿的。他在《姜斋诗话笔注》卷二中说：

> 不能作景语，又何能作情语邪？古今绝唱多景语，如“高台多悲风”，“蝴蝶飞南园”，“池塘生春草”，“亭皋木叶下”，“芙蓉露下落”皆是也，而情寓其中矣。以写景之心理言情，则身心中独喻之微，轻安拈出。

他所推崇的这些诗句最大特点在于是人与物相撞后的瞬间统一，而不是主客二分，而且绵亘古今的人类的共通感情皆可寓于其中，任何一个人均可依据自己的体会去充填，为此，它的含量是在有限中拥有无限。我想忠义先生在前述章节里说的就是这个理。

忠义先生指出“19世纪下半叶以降，西方的诗语和诗艺陷入了信任危机，受到了前所未有的挑战。问题的核心是，我们的语言是否真能反映直观的真实世界”(P369)。这一问题一直绵延至今，而它的根源在于“形而上”思维主导的必然。“自柏拉图和亚里士多德以来已经走上抽象取义道路的语言，更被缩减为表达观念形态的纯粹的工具。”(P374)始于西方现代派的诗人、理论家们面对这种危机，苦苦思索，孜孜以求寻找出路，至海德格尔、德里达则将这一颠覆形而上思维的努力推向一个又一个高峰。通过剖析海氏、德里达的论述，忠义先生指出：“我们现代人正处于又一个转折性的时代，这是一个形而上学哲学趋于终结、非形而上学的‘思’和‘诗’正在兴起的时代”。(P378)虽然海氏思想语言观中有局限，但是他的旨归在于“破除传统形而上学的逻辑主义(工具主义、形式主义)的语言观”(P379)是确凿无疑的。“德里达的‘异延’

(différance)概念从另一角度揭示本真的存在方式并颠覆传统的形而上学。”(P379)忠义先生的切入点仍是语言问题。

颠覆形而上学思维模式,不仅要聚焦语言问题,同时也必然对“身体”重新审视。那种二元论的把身体仅作载体、对象的观点早已引起西方哲人的质疑。

在《知觉现象学》中,语言问题其实就是身体表达问题:语言隶属于“在世存在结构,也因此与身体、与肉身化主体不可分割。即我们通过语言而存在,就如同我们通过身体而在世。正如身体是灵性化的,而不是心灵的单纯载体,同样,语言是有意义的,而不是意义的单纯载体”①。在史著中这一问题也得到相当深刻的阐述。

如今“他者”问题极其富有现实意义。我们处在一个多元文化时代,众声喧哗中的“多元”并非各种文化的平等。这一点日本学者的论述是值得参照的。在进入21世纪之后,日本岩波书店出了一套《思考新领域》丛书(全16册另加别卷),其中姜尚中等人撰写的《开拓思维》一书中有发人深省的论述。本书批判了以亨廷顿为代表的“文明论”。“亨廷顿说有种种文化之时,到底是在策划什么呢?是为了尊重别的文明而发此言吗?完全不是。他眼里的异文化,即是野蛮,这是他要说的本意所在。”②过去殖民者、帝国主义对被侵略者直呼野蛮,太赤裸裸,而如今叫做“别一种文明”却可达到相同目的。在这种言论中存在一种“潜在的作为同质性而包摄的图式”③。在历史上有“完全否定他者的纳粹的对犹太人的灭绝”④,也有“日本在朝鲜半岛和法国在阿尔及利亚推行的统合、包摄,通过同化而完全消灭他者性”,“这两者在否定他者方面是没有变化的”⑤。在当今如何倾听不同地域、民族的声音,构建和谐世界是摆在全世界各国人民面前的大问题,为此,中西比较诗学研究不能不从这一视点来思考“他者”问题,思考“和而不同”的丰富内涵。这一点忠义先生大著中给人们的思考是非常有价值的。

正如每次与忠义先生交谈总有聊不完的学术话题,他的大作里还有好多问题可以交流,交流是长期的、互动的,均可留待他日。当然,笔者并非全部同意他的论点,如对后现代主义,我既不敢苟同忠义先生之见,对金惠敏先生的大论也不首肯,因已有拙文在,已算是一个对话。

---

① 杨大春:《语言身体他者》第65页,生活·读书·新知三联书店,2007年。

② 姜尚中等著:《开拓思维》第25页,(日本)岩波书店,2002年。

③ 同上,第25页。

④ 同上,第27页。

⑤ 同上,第27页。

克服“自明”以求新

——《中西比较诗学新探》管窥

冯丽军①

内容提要：在当今中西诗学研究中，一些“自明”的东西仍以一种范式顽固地束缚着人们的头脑，而对一些中西重要“术语”的辨析和追根溯源不失为解决问题症结之道。史忠义先生对“浪漫主义”这一术语在中西文学发展过程中的衍变进行了梳理，抓住了浪漫主义作家在题材方面的某些突出特点，厘清了许多成见。这种学术探索对于重构有中国特色的新诗学有着很大的启示意义。

关键词：中西比较诗学　浪漫主义　道家　题材

从20世纪80年代以来，中西诗学比较研究、重建中国文论的著述迭出，“诗学热”、“文论热”、“批评研究热”成为学界的一道风景线。虽然这当中不乏有分量的成果，但是总给人一种难脱窠臼的感觉。最近读了史忠义教授的《中西比较诗学新探》（河南大学出版社，2008年7月出版），却犹如吹来一缕清新的风，给人耳目一新之感。这种感受来自于著作以力求创新、不囿成见、克服“自明”而说出己见之故。

自晚清以来，我国传统文化与欧美西方文化（宽泛的概念）进行了一场持续不断的交融、碰撞。昔日，在半殖民地半封建社会形态下，东西文化交融是在一种国力衰微、对域外文化非常缺乏认识的被动情况下进行的，承继这一时代的新民主主义革命时期，一些思想家抱着救亡图存的宏愿大力倡导西学，将东西文化交融推到一个新阶段。回眸20世纪百年历史，即或有那么多教训、遗憾，但是也不能不承认，没有那段在血雨腥风中的苦斗就不会有今天。文化建设也是如此。不过，在进入21世纪的当今，为了民族的伟大复兴，我们当然要更深入地重新思考这一问题，在这当中一个很值得注意的关节点就是：在长

---

① 冯丽军，韩山师范学院中文系副教授，从事比较文学与世界文学教学与研究。

达百多年的强势西方话语笼罩下，我们在文学上的一些概念有许多“自明”的东西，现在仍以一种范式顽固地制约着我们（但是这并非是什么“失语”）。近年国内已有学者关注这一症结，欲从“术语”的追根溯源及在我国近现代文学中的衍变入手，提出“批评术语是一个阐释的过程，是意义不断生成的过程，而这一过程始终处于复杂的网络中，既有特定的历史语境，本时代的创作实践，话语阐释主体独特的生命体验，还有中国传统文化精神的传承等等”①。史先生著作的一个突出点就是对一些中西重要术语的辨析，其功力让人叹为观止。我想，史先生的良苦用心与上述引文作者是相通的。下面我就围绕史先生著作中的“道家文学与浪漫主义”这一问题来管窥蠡测。

打开我国的文学史著（包括当今受众很广的著作），“浪漫主义文学”似乎也是我国从古至今的“国货”。庄子、屈原、李白乃至现代文学中的许多诗人、作家都被冠以“浪漫主义”的标签。虽然也有疑问，但至今为止，恐怕还是一种“自明”的范式在左右人们的头脑。正如史忠义先生所言：“如今，‘现实主义’和‘浪漫主义’两个术语的使用已成铺天盖地之势，已经成为牢固的历史积淀……随着网络时代的发展，概念随意化的现象将呈上升趋势。理论批评界和文学史界理应更多地关注概念的严谨问题。”②对此，法国的巴柔（D. H. Pageaux）教授认为，“在文学研究中，重要的是避免任何本质主义（essentialism）的研究方法，我称之为贴标签和分类”③。可见，中西学者都十分重视这一问题。

克服“自明”必须要“细分析”，从原典出发，在认真辨析之后，剔出似是而非的那种浅层次的“误读”。史忠义先生先从自己切身体验入手，从1990年面对十余位西方浪漫主义文学专家谈及中国古代浪漫主义源泉后的尴尬谈起，形成问题意识。他以“求实”的态度对西方浪漫主义的产生及在各国的异彩纷呈重新过滤，在1993年有了很真切的体会。④ 他清理了许多对西方“浪漫主义”概念理解运用中的大而化之、笼而统之的非科学方法。如对于同样称为“西方”的德、英、法等国的“浪漫主义”作了条分缕析的梳理，对歌德等文学巨匠创作的复杂性都作了实事求是的再阐释。而且，史先生对我国文化传统亦追溯回顾，指出“道家与儒家是一种争鸣和共存关系”⑤。这就使我们能更好

① 孟庆枢等著：《中国比较文学十论》第274页，吉林文史出版社，2005年。

② 史忠义著：《中西比较诗学新探》第303页，河南大学出版社，2008年。

③ 中国比较文学学会第九届年会暨国际学术研讨会会议材料第32页，2008年。

④ 史忠义著：《中西比较诗学新探》第279页，河南大学出版社，2008年。

⑤ 史忠义著：《中西比较诗学新探》第285页，河南大学出版社，2008年。

地理解为什么我国古代诗人、词家身上往往儒道并存，后来集儒、道、释于一身，只不过主要倾向各不相同，或不同时期有所偏重而已。一般来说，古代文人得势、入世时儒家传统大放光彩，失意、落拓之时道家精神转为支柱，这是很好理解的。“西方浪漫主义是对古典主义、对柏拉图和亚里士多德以来的经典文论的反叛，是文学史上的一场革命。”①这就说清了为什么不可以将庄子比附作为浪漫主义文学前驱的道理。

史先生在理论上求新得之于他对文本的细读。俄国著名科学家巴甫洛夫有句名言：“细心，细心，再细心”（也可译作“观察，观察，再观察”），这句名言用在人文社会科学研究上同样合适。在当今学术研究浮躁的氛围里，史先生的著作对我们青年学子无疑有很多启发。

论及中西诗学的同与异，人们不会满足于一些概念性的结论，即或那些结论并不错，可是在实践中并不起什么作用，有时反而适得其反。目前的一些中西比较诗学研究需要克服的也是这一点。我们经常看到在诗学研究中出现似是而非、经不住推敲的结论，而且论者斩钉截铁的表述似乎是绝对真理。然而，由于这些结论是“人云亦云，拼凑编造”②，它的要害是戕害创新思维。史忠义先生在著作中指出：“缘情、猎奇、愤世嫉俗、哀怨情调、富于想象力等是文学创作中的若干共性，几乎每个时代都不乏这样的作品。它们并非浪漫主义特有的标准。”③他抓住“浪漫主义作家在题材方面的某些突出的特点”，即“可能不为其他时代所具有，或者其他时代远不可能达到浪漫主义那样的强度和密度”④。也就是说，把这些特点按图索骥，在屈原、李白等所谓“浪漫主义诗人”文本中是找不到的。当然，如果硬行挂钩，只能是拉郎配。史忠义先生从“世纪病题材”、“自杀题材”、“坟墓题材”、“黑夜题材”、“怪诞性”等方面细细道来。如对“世纪病题材”，史著梳理了1793年和1814年法国思想史，以法国浪漫主义运动的“坏小子”、“死硬派”缪塞切入，结合阿·贝特朗、奈尔瓦尔、莫里斯·德·盖兰、戈蒂耶等人的创作，写出如下文字就让人豁然开朗：“当年浪漫主义者或引以为自豪或抱怨不休的世纪病成了西方现代社会的一大神话”，“这种世纪病题材是西方世界的特产，庄子、屈原和李白的著作或作品中，不曾

① 史忠义著：《中西比较诗学新探》第285页，河南大学出版社，2008年。

② 王海龙：《人类学的视点：比较文学和文学的比较》，《国际文学人类学研究》第233页，百花文艺出版社，2006年。

③ 史忠义著：《中西比较诗学新探》第289页，河南大学出版社，2008年。

④ 史忠义著：《中西比较诗学新探》第289页，河南大学出版社，2008年。

有过这种世纪病"。[①] 特别是生在大唐盛世(虽然后来经历安史之乱)的李白恐怕怎么也不能和这一点联在一起吧？同样对待"死亡"，西方浪漫主义作家诗人的悲观厌世也绝非等同于庄子。正如史先生所说："以自杀寻求解脱的普遍现象在庄子那里是不存在的。"[②]

无论是在文学史撰写上，还是在文艺理论研究中，学界普遍存在一种比附现象。固然任何时代思潮也好，文学现象也好，从追溯本源来说往往是无限的，正如人是从类人猿进化，再追溯也可从细胞开始一样。然而，在针对具体问题时，这种方法却往往抹消了具体的时代性格。如对西方浪漫主义文学，有的文学史上写道："亚里士多德总结出'诗人的职责不在于描述已发生的事，而在于描述可能发生的事，即按照可然律或必然律可能发生的事'，就是对古代文学中浪漫手法的概括"[③]，显然这是一种误读。正如一位研究者所说："这里所说的'描述可能发生的事，即按照可然律或必然律可能发生的事'，是'诗'的共同特征，也即艺术作品的普遍特征，而绝不是浪漫主义的特征，绝不是'对古代文学中浪漫手法的概括。'"[④]大概由于同样原因，一些人把庄子、屈原、李白拉到"浪漫主义"行列。我们说他们之间并非没有相似之处，但是，最根本的是不同之处，如果偶然一点相似就并为同类，那么所谓弘扬民族文化就是一句空话，这也绝非中国文学走向世界之路。

创新并不等于简单的扬弃。一百多年来形成的许多范式具有强大的因循势力，任何采取简单化的做法只能徒劳无益。另外，一个术语的引入、衍变又总是动态地融入许多本国文化因素，不然为什么会扎下根来。为此，我们不能以扫地出门的方式解决它。试想，突然从我们的话语中抹掉、剔除许多外来术语，一时恐怕真要"失语"了。但是，不断以创新思维跟上时代发展步伐，重构有中国特色的新诗学是我们孜孜以求的，即或它是一个艰苦、漫长的过程。季羡林老先生曾说过："到了二十一世纪包括中国文化在内的东方文化，将在东西方文化融合的基础上再现辉煌。"[⑤]这昭示了美好远景，史忠义先生的著作也是朝这个方向前行而留下的坚实足迹。

---

① 史忠义著:《中西比较诗学新探》第290页，河南大学出版社，2008年。

② 史忠义著:《中西比较诗学新探》第291页，河南大学出版社，2008年。

③ 郑克鲁主编:《外国文学史(上)》第152页，北京:高等教育出版社，2001年。

④ 汪介之:《国内外国文学史编撰中的若干问题》，《南京师范大学文学院学报》，2008(4)。

⑤ 孟庆枢等主编:《二十一世纪世界文化热点丛书·卷头题辞》，吉林摄影出版社，2000年。

“帝国”网络①

(日)小森阳一② 著 张升余③ 译

内容提要:媒体就是“人类扩大了的内容”。根据其个人的扩大,以前的社会关系将发生较大变化。媒体本身所含的信息,是指其个人扩大的质量以及扩大的内容而产生的社会变化和关联性的总体。

媒体可以改变人类以前的生活方式,以新的形式来整编社会的诸多关系,在创作完全异样环境的全过程中,随着媒体技术的不断明朗化,其信息特点就会浮现出来。对文学而言,可以考虑与其关系最深的活字印刷的书籍这个媒体。

一个媒体的诞生,它会如何全面地使人类与社会的形式进行结构性改变,应该是很清楚的。所以,在如何选择文学体裁的问题上,很明显,媒体的职能是起决定性作用的。这就是在文学体裁内部,媒体显示什么样

---

① “帝国”网络是川本皓嗣、小林康夫主编的《文学方法》(日本东京大学出版会 1996 年版)中小森阳一的文章,P309-326。

② 小森阳一(Komori Youichi),1953 年 5 月生于东京,少年时代随同为社会活动家的父母在布拉格度过。现为东京大学综合文化研究科语言情报科学教授,日本近现代文学研究者,文学批评家。自 20 世纪 80 年代以来,他的许多著述从语言理论的角度批判性地提示了近现代文学研究本身与日本近代民族国家的关联,尤其是深刻地揭示了文学与历史(意识形态)之间隐秘的关系。小森阳一也是日本著名的社会活动家,近年来致力于批判日本的保守化倾向和历史认识问题,在日本文学界和思想界影响颇巨,特别是在历史问题的认识上,其影响远及国外。中文译著有《近代国语批判》(吉林人民出版社,2003 年)和《天皇的玉音放送》(三联书店,2004 年)、《作为结构的叙事》、《作为文本的故事》等。

③ 张升余,男,1952 年 8 月生,陕西省长安县人,中共党员,日本文学博士,教授,西安外国语大学日语学科带头人,东方语言文化学院院长,中国日语教学研究会副秘书长。研究方向:日语语言学、日语音韵学。先后发表论文 20 篇,著作 13 部,主持和参与科研项目 7 项。

的导向问题;另一方面,文学体裁自身是作为什么样的媒体来显现的?通过这两方面问题的分析就会清楚。本文分析了火车、电车与铁路、信件与电报、手写字与活字等网络媒体的职能与作用在夏目漱石的小说《三四郎》中的反映,分析透彻,发人深省。

关键词:网络 媒体

媒体论的射程

1964年马侠尔·麻克路翰在他发表的《媒体论》中宣称"媒体就是信息",并且将这句话作为该书第一章的标题直接使用。截至目前,这句话一直作为转达某种信息的意思广泛使用。作为透明的媒体或者道具来考虑的媒介,其本身就含有转达信息的内容,现在,我们要重新纠正它的内在含义。

根据麻克路翰解说,媒体就是"人类扩大了的内容"。使用媒体,根据构成其媒体的技术不同,个人在扩大,同时根据其人的扩大,以前的社会关系也会发生较大变化。媒体本身所蕴涵的信息,是指其个人扩大的质量以及扩大的内容而产生的社会变化和关联性的总体。不是将媒体作为人类使用的手段或道具看待,媒体可以改变人类以前的生活方式,以新的形式来整编社会的诸多关系,在创作出完全异样环境的全过程中,随着媒体技术的不断明朗化,其信息特点也随之浮现出来。

对文学而言,可以考虑与其关系最深的活字印刷的书籍这个媒体。1962年麻克路翰发表的《谷屯佰尔格的银河系》,涉及整个西欧文化活字印刷的影响。书籍的清晰化方面,在活字印刷技术发明以前,书籍都是手工的一字一字的手写本,或者是木版、铜板等手工艺技术制作而成的。活字印刷技术是最初将复杂的手工艺过程机械化,并且也是之后的所有机械化的原型。

以视角为主,由均匀统一的活字罗列而成的文字语言被准确无误地反复、复印使用,这使得复制品大量生产成为可能。过去曾是特权阶层专用的书籍,也作为商品在全社会广泛流通,这种现象使得人类语言交际的形式也发生了决定性的变化。

活字构成线条,以准确的相同间隔统一配置的姿态存在绘画世界里,早已经在文艺复兴时期被确立,固定视点的远近法思维进一步得到强化。印刷成的书籍页码的统一性和反复性,与可以连续测定时间和空间量的思维方法相结合,不仅使音声语言中的时间性可变换为文字语言的空间性,而且,以一定数量的均匀的文字填补一行,再以一定数量的行数填补一个页码,以一定数量的页码完成一卷书,形成了这样一种层次秩序,也强化了人的思维方式。

印刷成统一的“大众语言”,破坏了由方言链接的部落性社会关系、地缘、血缘等共同体,使其能通读印刷的大众语言,接受其合理的语言训练,在“国民”这个“个人”联合体中再重新整合社会。

在由一位教师给一个班多数学生使用统一印刷的教材进行单方面教育的教育现场,过去依照口头讨论或传授的传统完全消失。作为大众语言的标准语,将活字印刷的教材(中的文字)通过国家规定的正确发音朗读,使其与方言形成区别,而且将方言作为不规范语言予以驱逐,这样就使得语言的中心与周边、中央与地方的空间阶级化加大。

同样,活字印刷通过报纸这个宣传媒体可以使“国民国家”阶层的思想领域感情统合,出现了围绕国家的幻想在全民规模范围内反复再生产的状况。民族语言的多样性,也由“大众语言”的统一性所取代。

书面语言是单一的形式渗透,所谓的著作是以统一的文体写成的。另外,书面语言的单一形式也渗透于口语中,例如将受教育者的说法均匀化、平板化后,可以再把统一的连续性视角语言再生成原声的音声语言。普及而规范的书面语给语法和发音添加了较强的制约性,可以将诗与歌分离,也可以将散文与演说、辩论分离,还可以将教养语言与日常用语分离。

详细的论说可以通过读麻克路翰的著作来确认。概括起来讲,一个媒体的诞生,它会如何全面地使人类与社会的形式进行结构性改变,应该是很清楚的。所以,在如何选择文学体裁的问题上,很明显,媒体的职能是起决定性作用的。这就是在文学体裁内部,媒体显示什么样的导向问题;另一方面,文学体裁自身是作为什么样的媒体来显现的?通过这两方面问题的分析就会清楚。下面我们把夏目漱石的小说《三四郎》(1908年)作为背景尝试小说媒体逻辑分析的可能性。

火车与铁路

小说《三四郎》的开始是这样写的:

迷迷糊糊地睁开眼后,女人不知什么时候开始和旁边的老头搭上腔了。这老头的确是从前两站上车的一个乡巴佬。火车马上就要开了,他才急急忙忙地狂叫着挤上了车,而且,上来后,先脱掉了上衣,因为他背上有许多针灸的痕迹,所以,三四郎记忆很深。老头擦完汗,穿上了上衣,坐在姑娘的旁边小心地注视着周围的情况。

这位女人是从京都站和我一起上车的同行,因为她的皮肤比较黑,所以，她上车时就引起了三四郎的注意。三四郎是从九州上车，后转车到山阳线路上的。当火车接近京都、大阪地区时，他发现上车客人的皮肤越来越白，不知不觉地便有一种远离家乡的孤独感产生。正因为如此，当女人上车进来时，总感觉她有一种异样的同乡的亲近感。实际上，这女人的肤色正是九州人的肤色特点。

从火车中的描写开始，大概可以说就是该小说世界中所要说的中心内容吧。是在同一车厢，同一包厢，两位同时上车的乘客的对话情景进入刚刚睡醒的主人公的眼里，可以说这也是该小说的基本要点。

小说《三四郎》是1908年9月1日至12月29日在东京、大阪两地的《朝日新闻》上连载的。好像登场人物与现实的季节以及现实的读者设定重合似的，假如考虑是1907年11月进行的“文艺协会的演艺会”后半部分出现的小说内部事件，对于读者来说，就可以使一年前的记忆重现反复，而且，又感觉是同时进行的同时代小说。

当时，火车和铁路的问题，是作为“全民性”课题经过数年一直在报纸上议论的重要课题。为什么呢？日俄战争结束后，日本政府为了快刀斩乱麻地解决财政、经济、军事等问题，作为“战后经营的要务”就是全力促进铁路国有化的进程。1906年1月，实施日俄战争的桂太朗内阁辞职，其后的继承人西园寺公望内阁于同年2月17日在内阁会议上决定了铁路国有化草案，3月3日向第22次国会提出，3月27日在众议院反对派议员退场的波动中强行裁决通过，并于同月31日公布。

强烈主张铁路国有化的幕后，主要是军部。在日俄战争之前，北海道、本州、四国、九州等地的国有铁路约2482公里，私营铁路约5052公里。而大部分私营铁路是在日清战争后铺设的。日俄战争时，动员兵力100万，军费开支16亿日元。对于近代日本来说，这是一场竭尽全力的战争，所以必须全力利用好铁路网。

这里，关于私营铁路的军事机密和保密问题，在军部就成了一个大问题。为什么呢？因为铁路事业需要大量的资金投入。作为私营企业同样存在一个经营问题，日本当时属于铁路后进国，还有各种各样的外国资本、外国投资股份等问题存在。如果进行大规模军事运输，就必须从通常的列车运行表中减少一般列车的数量，这样一来，作战上的机密就有可能从外国人口中露出。为了保守机密，必须将主要的铁路线全部国有化，这是军部提出的强硬意见。在铁路国有化草案的裁决中，加藤高明外相也是因为反对此草案而辞职的。

铁路的国有化是日俄战争胜利后“大日本帝国”的“战后经营”策略，对外可以确立对朝鲜和中国东北的殖民地支配权，对内可以整治符合“一等国家”

的资本主义体制。所以，交通网的全面利用，可以说是在全日本阶层秩序化、网络化之后，实施帝国主义政策的关键。

从 1906 年 10 月开始，日本政府不断收买各地的私营铁路。三四郎从福冈县京都郡去东京是 1907 年，这一年 7 月，他所在地方九州的铁路被国家收买了。10 月，全国性收买工作结束，报纸上每天连载的都是这种围绕铁路国有化的情报文章。

共同体的解体与国家的共同意识

小说开头记述睡醒的三四郎听到女人和老头的对话，实际是读者对日俄战争后整体状况记忆的一个缩影。在女人讲述她自己事情的话中，提到她曾经和是一名海军职工的丈夫在广岛住过。战争中，丈夫去了中国旅顺，战后曾回国一次，听说在中国东北可以赚钱，所以，后又去大连打工了。最先，他还曾给家里寄过钱，可是，半年后就音信全无了。所以，她只好回到寄养孩子的父母亲家里。途中，女人在京都下了车，说是要在蛸药师的旁边给孩子买一个玩具。

老头的儿子是在日俄战争中被抓去当兵的，后来死在了战场上。所以，自己只好出来打工。

> “我真不明白为什么要打仗？虽说后来的情况有所好转，但是，最能依靠的儿子却被杀了。物价还不断提高，再没有比这世道坏的社会了。”他感叹地说。

这是听女人讲述自己丈夫去旅顺的话题之后，老头同情地讲出的一段话。

通过女人和老头的对话，读者明白了火车与铁路究竟给人们造成了什么样的环境等一系列问题。首先，是出生地，如地缘、血缘等共同的、社会性的，身份地位完全异样的人们本来没有任何联系，一个偶然的机会在火车这个交通工具中相遇。包括三四郎在内的三个人，每个人的情况都完全不同。可以看到，火车和铁路把人们从共同体的社会中强行分离，在这个与过去的理论完全相反的近代国民国家理论中，火车和铁路起着一种操纵的作用。从背后看，因为战争造成的家眷解体、家庭成员的妻离子散等战后状况都浮现出来了。

正因为如此，日俄战争中运输军队这件事是以大规模形式进行的。战争中，只有能当兵的男人们移动，而在战后萧条的情况下，妇女和老人也被迫开始外出移动了。女人本来是住在广岛的，丈夫外出打工也是逼迫无奈。众所周知，广岛原来有个海军造船厂，广岛的宇品军港就是给日俄战争输送军队(主要是北海道、东北地区和中部地区的士兵)的地方，可能老头的儿子也是从该军港送出去的。而且，女人的丈夫也可能是为战争需要制造军舰而出去的。正是大量的与军事有关的人们集中于广岛，物价自然也就提高了。京都地方的小孩玩具便宜等状况也是火车与铁路造成的人为的移动的结果。

老头开始同情女人是因为听了旅顺这个地名后才产生的。因为这里曾发生日俄战争中最大的一次战役，是日本兵死亡最多的地方。说不定他儿子就是在旅顺这场战役中死亡的。关键是这种共同的话题在一般情况下是不可能出现的。故乡不同，生活环境也不同，人们却能从战争这个国家规模的事件中，引发带有相同遭遇的共同意识。“旅顺”是一个陆军、海军战斗的重要战略要塞，如果说在陆地跑的运输交通网是火车和铁路，那么跨海向国外运输物资的就应该是共同的靠蒸汽机运动的汽船。

城市与农村

从这个意义上讲，小说《三四郎》开头部分就出现了由蒸汽机运动带动的陆海交通网络化的“大日本帝国”。由于日俄战争的胜利，日本在表面上成为“一等国家”帝国的背后，凝缩着其真正的内情。由于交通网络的国有化，以“帝都”东京为中心的所有铁路线都成为“上行列车”、“下行列车”这样一种阶层秩序化。城市和农村明显分化，并被重新整编。过去曾是有各自特性的地方，也被“帝都”东京中心化的铁路整编，并被改成了新的地名。文章中“从九州移入山阳线”的表达，就是一个铭刻的事实。女人后来向三四郎叙说了她是乘坐关西线去四日市方向的，也是由于铁路空间的重新整编。这些现象都是影响人们生活的根本变化。另外，三四郎所以能认定老头是“乡巴佬”，也是从“前两站”这个地方与大城市位置有关的铁路网而作出的判断。当然，在交通工具这个公共场所，随便脱衣露肌的现象也是与所谓的日本人“一等国家”风俗不相符合的批判。因为在三四郎的眼里，“乡巴佬”就等于是野蛮的象征，所以，他采用了一下子就脱了上衣、“老头”等表现手法。

城市与农村这两个对立，明显是由明治的近代化新创作的、以文明开化与脱亚入欧的达成程度为基准的、“大日本帝国”的阶层秩序造成的。东京与其他地方城市，地方中心城市与其他地域，有铁路和车站的地方与偏僻不便的地方等多层空间的差别化，都是由铁路网的阶层秩序化形成的。这种秩序过去的“都与鄙”（城市与农村），都是依靠不同的空间结构形成的。三四郎从九州换乘山阳线，慢慢地接近京都、大阪地区时，意识到女人的肤色开始变白，以此为前提也是叙述以京都为中心的“都与鄙”的价值体系。可是，从京都到东京，却发现肤色是混合的。这就是明治维新创造的以东京为新中心的日本政治、军事、经济的中心城市，“黑肤色”、“九州人”与“白肤色”即以国都天皇为中心的贵族集团的混合。明治日本向往的“白”就是“西洋”。三四郎在浜松看到穿着全身白色衣服的西洋女人后，不由地发出了惊叹声：“啊，真美！”与此同时，也感到了自己是多么的土气。

“城市与农村”这种“帝国”内的差别化的空间结构，实际与“西洋和日本”、“欧美列强和亚洲”这种世界帝国主义的割据相吻合。而使这种割据成为可能，无疑都是由于蒸汽机的交通网或者军事力量的世界性配备网造成的。倡导以肤色来使人差别化的社会进化论的新的人种差别标准，在全世界通行也是当时同一时期的社会现象。将读者诱入小说世界，视点人物三四郎的标准也只能是当时时代状况的归结。

电车轰鸣的都市

三四郎到了东京，对该城市的第一印象是这样叙述的：

> 三四郎在东京感到吃惊的事很多。首先，是对电车的铛铛铛的响声感到惊讶。然后，是在这铛铛铛的响声中，竟然有很多人上下车，而感到惊讶。第三是在丸之内（东京地名）的惊讶。最让他吃惊的就是无论怎么走都是在东京都内。

东京开通电车的时间是1903年。与此同时，沿现在山手线（东京都内电车线路）一带的人口急剧增加。从市内电车开通到《三四郎》发表的1908年，人口大约增加了9成。由于火车、电车等交通网的整备，郊区和环绕旧街道地带正好在东京周围形成了一个环状。

从乡下刚出来的三四郎还不能自如地利用市内电车。从本乡（东京地名）到神田的高等商业学校，乘电车时，不知道错上了多少次去其他方向的车，甚至还有几次坐过了站。连在东京帝国大学担任理科大学讲师的同乡长辈野野宫也说：“我一个人，要是不问乘务员，基本上是换不了车的。这两三年来，我都是糊里糊涂过来的。虽然方便了，可对我来说却反而感到困难了。”

野野宫新搬的租借房是独门独户的房子，是作为新兴住宅地刚开发的。所以，乘市内电车上班，必须在大久保车站换车到甲武线（东京电车线路名）才行。可以说，这是日俄战争前后由于市内电车的急速发展促使东京居民生活形态必然变化的一个特征。

那么，市内电车为什么要急速发展呢？这是因为住在大城市的人们在日常生活中每天都要移动形成的。从郊外的居住地到“丸之内”象征的所谓商业街，每天早晨出门，晚上沿相反路线返回的这样一种生活，应该说是压倒多数的。当然,利用市内电车的人群中,也包含从居住地到学校接受中学或高中教育的通勤学生。高等教育机关的入学人数急剧增加也是在这个时期。事实上,野野宫的妹妹也是在目白(东京地名)的女子学校上学的。中年职员在通勤电车上经常有对女学生非礼的现象,所以,作家田山花袋写的最初的电车内的痴汉小说《少女病》(1907 年)反映的就是这个时期的社会现象。

城市空间被分割为白天空间和夜间空间、资本主义生产的空间和生活的空间这种现象也促进了市内电车的发展。分析江户时代的平民,即"农工商"的生活,农民原来是与土地相关联的存在,生产空间和生活空间是一致的。另外,手工业的技术人员、开店营业的业主等多数人,他们的生产空间和生活空间也是一致的。在城市拥有商店的商人们,包括一起居住的职员,他们的生产和生活的空间都是一致的。

市内电车的急剧发展是日俄战争前后出现的,产业资本主义的急速发展而使生产空间和生活空间不一致,大量的带薪族集中在东京这个大城市造成人口急剧增加的结果。带薪族包括工厂工人、公司职员、事务员、银行职员、公务员,还有高中教师、大学讲师等脑力劳动者等,是广范围多领域的。自然,从体力劳动者到脑力劳动者,人的能力的一切都变成了商品,必须与货币进行交换,这就是最具代表的产业资本主义的特点。

人们离开种田的土地,集中到大城市,在该城市中反复地在生活空间和生产空间中往复,原来的地缘、血缘等连带关系都被那无缘的大城市的交通网和通信网所代替,在被孤立的同时,也都变成了内属复数系统的存在。

邮寄与电报

这些事情都是由三四郎初次访问野野宫大久保住处时的几件事中浮出的。

利用自己不熟悉的电车,三四郎访问野野宫在大久保的家,是因为家乡母亲把包裹寄到了野野宫家里。据说包裹内是"淹红鱼"的吃法说明。野野宫接到了一个"我住院了"的电报,这是住在大学医院里的妹妹发来的。三四郎担心他妹妹的病情会恶化,而野野宫却回答说:"病情不会恶化吧!因为有我母亲在旁边照顾着。""——如果是因为病重,乘电车跑过不是更快?""——什么呀?这肯定是妹妹的恶作剧。"然后,他求三四郎在家里看门,自己去了大学医院。

在这些似乎与主题无关的事件中,凝缩着由错综复杂的交通网和通信网形成的东京的真实情况。首先,是三四郎母亲给野野宫送来一个"淹红鱼"吃法说明的邮寄包裹。作为前提,在几天前,三四郎把新学期刚开始在东京的体验写信给母亲汇报过。他把在东京的生活情况通过信件转告给乡下。以此情报为基础,母亲通过邮寄包裹送来了家乡的特产。本来家乡的特产应该是由三四郎带来才最合适。使用同一条铁路,从乡下到东京,从东京到乡下,这样往来反复的人、情报以及物品之间的微妙区别,或者时间差,在这情报与使者分离的时代,清楚地扮演着各自的角色。

在九州的乡下和东京这个相隔甚远的空间中,情报与使者的分离以及差异,还有与此相重叠的生活空间和生产空间的乖离,就是在本乡和大久保这个东京都内较短距离中发生的。野野宫的妹妹在大学医院住院,野野宫的工作地也是在相同的本乡的东京帝国大学校内。尽管如此,哥哥野野宫至少有五天时间没有去看望妹妹。对于哥哥来说,生产空间的本乡,不仅阻碍了生活空间中兄妹之间应有的情感传递,而且,把病人从生活空间隔离的近代医疗机构也把兄妹俩分开了。这是第二天野野宫回来后才知道的。妹妹良子说"今天是星期天,也不来看我,真是太过分了"。所以,她专门在星期天的傍晚打电报叫哥哥来医院,并要陪住。

第二天星期一,野野宫工作的大学没有课。但是,在早稻田学校有课。在一周一直去本乡期间,因为大学医院很近,野野宫走的话随便都可以去。可是,他却没有去看过妹妹一次。可以看出,在工作这个生产空间连挂念有病妹妹的时间都没有。遇上这样的哥哥也没办法,为了让哥哥无论如何到医院来,所以才使用了电报(电信通信这个媒体),也是可以理解的。但是,要从只能传达极短的最小限度的电文中,把握其全部情况是不可能的。即使预测病状不会有恶化,也会留下一点不安。因为在当时,电报这个电信媒体所带来的信息多是与死亡有关的。

电信中的无线电曾在日俄战争中作为主角,是比较活跃的新媒体。就像报纸每天刊登着侦察舰信浓丸发出的电文"敌人主力部队,在203高地"等所代表的那样,电信传送的语言都是大标题式的内容。纪念日俄战争的明信片,就已经把战争中电信网模式化了。战争中传达情报最快的一般是通过电信传送的电文,然后在报纸上文字化后才成为"新闻"。但是,最引人注目的还是电报,它是把战死者的情报以最快方式传达给家人的一种工具。电信是把在外地死亡的信息传入内地的媒体工具,先是从战场到战地司令部,再到大本营,作为官方报道进行发表,然后,再变成报纸上的文章文字。在使用带有死亡色彩的非日常性媒体时,像妹妹良子,如果使用正常手段,不来看望自己的哥哥是绝对不会理睬自己说的话的,所以,她只有使用电报这个工具才打动了哥哥。

同样，在夏目漱石的小说《心》中，也有“一看见穿洋服的人，狗就叫，一封电报就是一个大事件”这样的描述，说明在乡下，1910 年，电报是作为非常事件或紧急事件的象征来接受的。电报对于九州出身的三四郎来说，自然也是以这种意识来接受的。可是，同乡出身的野野宫的妹妹良子则不同，她因为住在很近的哥哥不来看望自己，为了叫哥哥到本乡的医院来，才使出了打电报的主意。这说明良子已经变成了一个城市女人。事实上，野野宫是因为没有乘上末班电车，向大久保家里的三四郎发了一个“妹妹的身体没问题，明天我就回来”的电报。使者和情报的内容都不存在，只有情报是通过电信回路传送的，这个媒体使得使用电报像日常茶饭一样的城市人和三四郎这样的乡下人之间的差异更加明显罢了。

好像与这两个电报重叠一样，三四郎亲眼目睹了在大久保铁路岔道上被火车轧死的一位年轻女人的事故，这也并非偶然。无论“轧死”是自杀还是事故，都是由火车或电车造成的，也就是由交通网的发展造成的。当然，被车轧死的事故在日俄战争前后也是频繁发生过的。女性自杀，其多数理由是在日俄战争中失去了丈夫，由此造成经济上的困难，或者丈夫家里的父母强迫她离婚等，这都是战争带来的对女性的过分残酷的现实引起的。

在名古屋同居的“火车女人”、被“轧死”的女人，其实都是背负着日俄战争后同样残酷现实的女人。可是，三四郎则把接到野野宫电报以后的事件，作为与野野宫有关的丑闻故事，以及像报纸第三页报道的那种不好事件的梦幻来看待。最后，是在忘却的黑暗中结局的。

虽然，他安心地躺在了床上，但是，三四郎的梦幻是极其危险的。企图被火车轧死的女人是与野野宫有关系的女人，实际上，野野宫知道是她，所以没有回家。只是为了让三四郎放心，所以发了电报，说“妹妹的身体没问题”只是伪装的幌子。而且，当晚那女人被轧死时，他妹妹也真的死了。这就是野野宫的妹妹，也就是三四郎在池塘边遇见的女人。

在电报这个电信情报的背后隐藏的真相，也就是三四郎的梦，与实际的空间次元发生的事件有很大差异。这些片断化的情报绝不可能是全面存在的电文，也许是反映了日俄战争后报纸所有内容的时代实情吧。第二天早晨，在本乡的野野宫、良子、作为使者的目击者三四郎，在轧死事件告知之前，报纸上已经刊登了此事件，只是没有见到这两具完全不相干的年轻女人的尸体。

手写文字与活字文字

三四郎的“梦”表示着他开始对野野宫抱有一种潜在的嫉妒。所谓“在池塘边遇见的女人”是在三四郎记忆中铭刻的“池塘女人”，因为广田老师的搬家才第一次知道她的姓名，就是曾经说要与野野宫结婚的里见美祢子。和野野宫会面后，去了大学池塘方向的三四郎与美祢子相会，当他捡起她掉在地上的花时，野野宫向她打了声招呼。这时，三四郎注意到了野野宫口袋露出半截的信封。他相信那信封上写的字是女人的手迹。之后，野野宫在大学对面一角的“日本小间物屋”买了一个蝴蝶发带，那明显是送给女人的礼物。在大学这边有一个“西洋小间物屋”，电车正好弯绕其间，飞快地驶过。

这种文章的设定实际很周到。电车之所以要绕道，是当时计划本应通过东京帝国大学校内的城市电车线路，因为大学方面的反对，只好终止了。这是象征东京帝国大学特权性和权威性的一大事件，也保证了三四郎和野野宫的超前性。这个超前的帝国大学讲师，持有女人手迹的信封，还有女人用的发带等，这都是三四郎所向往的将“池塘女人”和野野宫两个人在潜在意识中勾勒而成的像恋爱关系似的情景。

三四郎第二次与“池塘女人”相遇，是在野野宫、良子的医院附近。第三次是在广田老师搬家的时候，就在这次，女人给了三四郎一张名片，名片上写着里见美祢子。她可是一位持有名片的女人。名片是对于不特定的多数的他人来说，可以使自己固有姓名流通的一个传媒。为了传给更多的人，就需要制作一个可大量复制的、用活字印刷出来的名片。这里描述的美祢子是一个没有经过父母以及介绍人介绍，自己主动投身于社会流行的自由恋爱的“新女性”。当然，这里的三四郎仅仅是那种不特定的多数人中的一位。

之后，美祢子却给他寄来了一个去看菊花偶人的邀请信。

> 因为明天下午一点左右要去看菊花偶人，所以，请您到广田家来。
>
> ——美祢子

这个字迹与野野宫口袋露出半截信封的字迹一模一样，所以，三四郎将它反复看了很多遍。

而且，在看菊花偶人时，三四郎第一次和美祢子两个人交谈。之后，还从她那里得到一张“画有小河，野草丛生，在绿草地上躺着两只羊，对面站着一位高大的男人拿着洋拐杖”的明信片。

明信片正面写有三四郎收，在其下面，画了一个迷失的小孩。所谓“迷失的小孩”，是因为他们两个人在一起时，美祢子经常爱说的一个有意思的口头禅，那就是“迷失的小羊”。

明信片最上边的“小川”是三四郎的姓。而落款处，是一个无姓女人的名字，而且是手写的。女人无姓，可以理解是暗示马上要结婚而更换姓的意思。明信片上的绘画对三四郎来说，与观看菊花偶人时的状况是重截的。从活字转换成手写的女人名字,三四郎总想寻找美祢子对自己的那种特别的回忆。用活字和手写字的美祢子是留言形式的传递,作为媒体的文字本身,是一个暗示其关系亲密的留言。"迷失的女人",也是描述两个人之间秘密的留言。

美祢子之所以发明信片,是想让三四郎给她回信。但是,三四郎却没有写回信。他第一次给美祢子写信是为了还钱,并表示感谢。可是,美祢子却一直没有回音。不久,来了一封活字印刷的邀请信,写的是她要与一个三四郎完全不认识的男子结婚。

三四郎很明显是误读了媒体的情报性,或者说是他根本就没有看信。假如她没有结婚,或者说她没有男人的经济支持,是不可能生活的,这就是日俄战争后女人们的真实状况,里见美祢子也应该是其中的一位。三四郎不可能把她和"火车女人"、"轧死"的女人相重截描述。

画展市场

与三四郎第一次相会时美祢子的样子,成了画家原口先生的肖像画,该作品还进了画展。这里,野野宫口袋露出的那张"活字版印刷的明信片"也是美祢子结婚婚宴的邀请信。而且,是在他给画展的目录添加记号、正要找铅笔时才发现的。

明信片是一个其内容可以公开的、邮局制度中产生的新媒体,与过去旧的信封邮件形成明显对照。手写的信函与活字印刷的明信片之间的距离,正好象征着野野宫与美祢子之间的决定性隔离。

在画展中展示的美祢子的肖像画是只有三四郎一个人见过的,而且是与她初次见面时的情态,该情态只能是不特定的多数人的眼神。

可是,美祢子的真正选择,是从一个敢给不特定的多数人送名片、将自己广告社会的开放型女人,一下子变成了一个改换自己父姓为别的男人的姓氏、并被该男人霸占为妻的无奈女人。

野野宫要给画展"目录"加"记号",也许是为了购买美祢子的肖像画,或者是以此作为模特的固有名词,而另取名为"森林女人"的绘画。所谓美祢子选择的产业资本主义下的结婚,完全是一个由男人支给生活费,被男人买下的女人生涯。

所谓画展这个媒体,就是把资本主义性质的艺术作品与以前占有特权的个人分离,发挥其吸引不特定多数人注意力的机能,与此同时,再促使其成为私有的一种市场。当然,举办画展活动的上野地方,就是展示能证明明治日本近代化的博览会记忆犹新的地方。画展展示的方法是从博览会学来的。从这一系列重复的情报中,可以看到所有的内容,人们的一切,都是商品化时代的特点。

"池塘女人"、"里见美祠子"、"美祠子"、"迷失的女人"、"森林女人"等,从这些表示一个女人的词语,不由得会让读者提出一个疑问,那就是:"作者究竟是想写一个什么样的故事呢?"

这并不是《三四郎》小说内容要反映的情报,它是作为媒体取其语言、并使其语言能重新读取其所要传达的情报,所以,没有稳定的结局点。我认为这种表现只能是论证媒体的过程。

方法探索

1B. 安达松、白石隆、白石荚译《想象的共同体》(梨部唠炮特 1987 年)

通过报纸这个媒体,深刻分析了围绕近代国民国家的观念作为想象的表象形成的过程。

2J. 哈巴玛斯、河上伦逸等译《交际行为的理论》上中下(未来社 1985-87 年)

通过寻找交际过程中的行为,使其各种媒体的实践机能理论化。

3D. 布路久、石井洋二郎译《艺术的规则》Ⅰ、Ⅱ(藤原书店 1995 年)

概括地论述了牵扯艺术的生产和再生产的过程,以及广义的媒体论方面的诸问题。

Contents